KB115106

윤석열정부와 근대화세력의 미래
-한 운동권 경세가의 간양록-

윤석열정부와 근대화세력의 미래
한 운동권 경세가의 간양록

2024년 3월 8일 초판 1쇄 펴냄

지은이 | 김대호

펴낸이 | 길도형
편 집 | 이현수
인 쇄 | 삼영인쇄문화
펴낸곳 | 타임라인출판
등 록 | 제406-2016-000076호
주 소 | 경기도 고양시 일산서구 덕산로 250
전 화 | 031-923-8668
팩 스 | 031-923-8669
E-mail | jhanulso@hanmail.net

ISBN 979-11-92267-10-4 03300

윤석열정부와 근대화세력의 미래

한 운동권 경세가의 간양록

김대호

타임라인

| 목 차 |

서문

에필로그

서문

왜 이제서야?

2023년 9월 초 집필을 시작했다. 지난 2년 간 발제·토론문 형태로 써 놓은 글들이 하도 많아서, 레고블록 조립하듯이 한 달 만에 뚝딱 탈고할 줄 알았다. 아무리 늦어도 11월 말 쯤에는 탈고하여 구시대(36년 떼법 시대) 청산과 새시대 창조를 통해 근대화를 완성하자는 캠페인을 벌일 수 있을 것이라 생각했다. 지난 20년 동안 단독 혹은 공저로 낸 경세서(經世書)가 20권 가량이라, 이번만은 맞출 줄 알았다. 무엇보다도 타이밍이 중요한 책이라 혼신의 힘을 다했다. 하지만 쓰면 쓸수록 새로 만들어야 할 레고블록이 많다는 것을 발견했다. 시간이 흐르면서 레고블록 조립이 아니라 수많은 신경과 혈관을 잇는 생체 장기 이식 같은 느낌이었다. 책이 단편 모음집이 아니라, 전체가 하나의 유기체라 서문-부-장-절-문단-문장-단어·개념의 위치나 순서가 보통 고민 거리가 아니었다. 말이라는 것은 음절의 순서에 따라 의미를 담기도 하고, 알아먹을 수 없는 잠꼬대나 옹알이가 되기도 한다. 음악도 음표의 순서에 따라 명곡이 되기도 하고 소음이 되기도 한다. 당연히 단어, 문장, 문단, 절, 장의 위치나 순서에 따라 그 의미나 느낌이 너무 달랐다. 게다가 시간은 촉박한데, 확인해야 할 사실과 숫자는 어찌 그리 많은지! 그래서 2월 초까지 밀려왔다.

윤석열정부와 기본값(default value)

　책 제목으로 삼은 주제인 '윤석열정부'는, 사실 수명이 길어야 3년 몇 개월 남은 존재다. 하지만 책의 세부 주제들은 민주공화국과 정치·정부·정당이 존재하는 한 10년이고, 20년이고, 30년이고 주요한 화두로 삼아야 할 것들이다. 윤정부는 지나쳐 버렸어도, 차기 정부나 차차기 정부는 지나치면 안 될 화두들이다. 그래서 제목과 달리, 책의 수명이 의외로 길 수도 있다고 생각한다. 아니 그런 기대를 갖고 썼다. 책의 수명은 문제가 해결되거나, 동일한 주제를 훨씬 깊은 사유와 풍부한 지식으로 천착한 책이 나올 때까지이기 때문이다. 이 책의 수명이 다하는 날이 빨리 오기를! 이 책의 핵심 화두 중의 하나는, 1987년 이후 출범한 정부 중 노태우정부를 제외한 7개(김영삼~윤석열) 정부의 실패와 좌절, 한계와 오류의 핵심 원인이다. 노태우정부를 제외한 깃은, 노정부는 거대한 시대적 전환기의 거센 바람과 파도에 떠밀리면서도, 위치·방향 감각을 잃지 않았고, 자신의 한계와 시대적 소명도 비교적 명료하게 파악하여, 해야 할 일은 대체로 하고, 하지 말아야 할 일은 대체로 하지 않은 드문 정부였기 때문이다. 다른 정부들은 그에 많이 못미친다는 얘기다. 역대 정부의 한계와 오류에 대한 보다 상세한 분석은 내 책 『진보와 보수를 넘어』(2007), 『노무현 이후』(2009), 『2013년 이후』(2011) 등에서 하였다.

　나야 이 책의 문제의식과 통찰을 윤정부와 국힘당이 전향적으로 수용했으면 좋겠지만, 과거 노무현·이명박·박근혜·문재인 정부가 그랬듯이 달리는 기차 보고 짖는 개소리처럼 취급될 공산(公算)이 크다. 사실 많은 신문의 칼럼·사설과 SNS 주장 및 댓글과 호프집 성토까지 포함하면 헤아릴 수 없이 많은 짖는 소리가 있는데, 귀 기울여 들을 만한 소리를 그 누가 알 수 있으랴!! 그러니 슬퍼하거나 노여워할 일이 아니다. 다만 7~8만 단어로

된 책 한 권 분량의 체계적, 통합적 사유와 엄밀한 실사구시(實事求是)를 거쳐서 짚어볼 뿐이다. 김대중정부를 뺀 것은 잘해서가 아니라, 그 땐 내가 본격적으로 짚지 않았기 때문이다.

이 책은 주로 윤석열정부에 대한 장기·역사적 평가를 다룬다. 2027년 대선 승패는 여기에 달려있다. 2024년 총선 전망과 밀접한 관련이 있는 단기평가(대통령 직무수행 긍정율 등)도 다루지 않은 것은 아니다. 하지만 주된 내용은 정부의 장기·역사적 평가의 핵심인 시대정신과 시대적 소명, 그리고 국정철학과 국정과제의 총체인 국정운영 플랫폼 문제이다. 총선이 다가오면서 총선의 기본값(default value); 즉 윤대통령과 국힘당의 시원치않은 지지율과 높은 비호감도, '도대체 뭐 하는지 모르겠다' 내지 '엉뚱한 데 힘을 낭비하고 있는 것 같다'는 불만, 그리고 현실정치(주로 의정활동이나 정당활동) 경험이 빈약하기 이를 데 없는 정부·여당의 지도력에 대한 우려와 성찰은 수면 아래로 가라앉았다. 오로지 상대의 허물 찾기와 내 허물 방어, 그리고 내 치적과 공약 마케팅에 혈안이 되었다.

그런데 2024년 1월말 기준, 정부여당의 핵심 지도력은 직업공무원 출신으로 현실정치 경력이 3년이 안 된 0선 대통령, 2년이 안 된 0선 당대표(비상대책위원장), 0.5선(2022.6월 보궐선거로 당선된) 사무총장, 직업공무원·대학교수 출신 0선 공관위원장, 여론조사 전문가 출신 씽크탱크 수장(여의도연구원장), 그리고 현실정치 경험이 일천한 대다수 최고위원(비대위원)과 역시 직업공무원 출신 대통령비서실장과 정무수석 등이다. 이는 정치라는 업의 성격에 비추어 보면 여간 비정상이 아니다. 뒤에 길게 얘기하겠지만 정치의 성패는 수많은 문제 중에서 무엇이 중요하고 시급한 문제인지를 파악하는 능력과 가치간 조화와 균형을 잡는 능력에 달려있다. 법령과 예산, 관행과 감사 등에 의해 직무와 조직, 권한과 책임이 세세하게 규정된 거대한 정부 조직에서 일하면 생기는 직업병을 떨쳐내려면 시간이 좀 걸린다.

진짜 문제는 한국의 거의 모든 정당은 정치의 성패를 좌우하는 능력을 축적하고 공유하는 시스템이 부실하여 현실정치가 절실히 필요로하는 경세지성을 공급하기 힘들다는 사실이다. 그런 점에서 정부여당의 지도력은 기존 체제를 전복시켜야 할 앙시앙레짐으로 간주하는 혁명정부를 제외하고는 가장 파격적인 지도력이 아닐까 한다. 그런데 0선 당대표는 한동훈분이 아니었다. 이준석과 황교안도 마찬가지였다. 다른 나라와 비교해도, 과거와 비교해도 한반도 150년 근대화혁명의 중심세력인 주류·우파 정부·정당의 지도력이 비상(非常) 상황이라는 것은 확실하다. 하지만 자유롭고 공정한 선거절차를 거쳐 세운 지도력이니 민의(民意)나 지지층의 위기의식의 발로라고 보아야 할 것이다. 대한민국 정치의 비상(非常)상황은 2010년대 초중반부터 확연하였다. 2016~17년 이른바 촛불시민혁명으로 탄생했다고 자부하는 문재인정부는 기존 체제와 정책과 사람(지도력)을 진짜 앙시앙레짐, 즉 적폐로 간주하여 서칠고 비싱한 방법으로 청산하려고 했다. 이런 노선과 행태를 운동권정치라 부른다. 과거 같았으면 공당의 그 어떤 후보도 될 수 없었던 이재명이 대선후보에 이어 당대표가 된 것은 민주당과 범진보진영을 휘감고 있는 자유·보수·우파 정부·정당에 대한 비이성적 부정, 전복, 타도, 청산 심리를 빼놓고 설명이 되지 않는다. 이 역시 기본값인데 책 제1부와 제2부에서 길게 해명하였다. 이는 장기·역사적 평가는 말할 것도 없고, 단기·총선 평가에도 지대한 영향을 미친다.

근대화세력

근대화세력은 '한반도 150년 근대화·문명화 세력'의 줄임말이다. 원래 이 세력의 이념적 정체성을 표현하는 말은 자유, 보수, 우파, 애국, 주류 등이다. 그런데 다수가 흔쾌히 동의하는 이름은 없다. 이들의 대척점에 있는 세력은 자신의 정체성을 민주, 진보, 개혁, 시민, 노동, 민중 등으로 표현하며, 자칭 진보진영이다. 박정희는 조국근대화와 민족중흥을 엄청나게 강조하였지만, 그의 사후에 근대화라는 말은 사어처럼 되었다. 내가 근대화세력이라고 지칭하는 정치세력의 이름은 1990년 3당 합당 전후해서는 보수(대연합)였다. 지금도 언론에서는 보수(세력·진영)라는 이름을 가장 많이 쓸 것이다. 그런데 영국이나 미국처럼 국민의 압도적 다수가 자랑스러워하는 위대한 역사와 전통도 없고, 무엇보다도 고칠 것이 첩첩산중인 대한민국에서 '지킨다'는 뉘앙스가 강한 보수라는 말은 대체로 꺼려하는 말이다. 그래서인지 몇 년 전부터 자유·우파, 애국세력, 자유진영이라는 말을 사용하는 사람이 많아졌다. 그런데 한국에서 자유는 곧 반공으로 등치되어 왔다. 근대 서양에서 자유는 선택의 자유, 자율책임(국가의 규제, 간섭, 보호의 최소화), 자립, 자조, 자치, 보충성의 원칙 등을 내포하고 있는데, 중국과 한국 등 동양에서는 자유 개념이 흐릿했다. 한국 운동권은 민주, 민중, 민족, 자주, 평화, 통일 등은 자주 부르짖었지만, 자유는 그렇지 않았다. 조선으로 올라가도 마찬가지다. 중국과 대만에서 국부처럼 숭상되는 쑨원(孫文)의 삼민주의(민족, 민권, 민생)에도 자유는 없다. 중국공산당은 말할 필요도 없다. 애국은 문정부와 민주당의 거친 반대한민국 행보 때문에 각광을 받은 개념으로, 전쟁 등 안보 위협이 극심할 때만 널리 사용된다. 사실 매국과 애국의 대립 구도는 북한과 좌파가 즐겨 휘두르던 것인 데서 보듯이 근거가 박약한 선동성 언어다. 반공을 그 누구보다 강하게 표방한 이승만·박정희의 경제 정책을 보면, 좌파적인 정책이 한 둘이 아니니 우파와 좌파의 대립 프레임으로 역사와 현실을 진단하기 어렵다. 자신의 정체성을 어떻게 표현하든 우리가 어떻게 여기까지 왔고(역사), 어디쯤 있고(현실·위기), 어디로 가야 할지(미래 비전)를 통일적으로 설명할 수 있어야 한다. 근대화·문명화는 물질문명은 말할 것도 없고 정신문명; 즉 근대적 자유, 재산권, 법치, 민주, 공화, 자치, 공정, 시민적 덕성, 직업윤리, 시민종교(사생관) 등을 통칭한다. 선진국형 좌파와 우파 혹은 보수와 진보는 근대화·문명화라는 공통의 플랫폼 위에서 각축하는 정치세력이다. 그런데 한국의 보수와 진보(운동권)는 공통의 플랫폼이 없다. 문정부와 민주당을 장악한 운동권정치와 북한과 중국공산당과 19세기 조선의 위정척사파 등은 근대화·문명화 역행 세력이다.

운동권

부제에 '운동권', '경세가', '간양록'이라는 생경한 단어를 세 개나 붙여 썼는데, 이 역시 주제와 관련된 것이라 간략한 설명이 필요할 듯하다. 사실 운동권이라는 말을 쓸까 말까 망설였다. 지금은 운동권이 온갖 악덕의 체현자요, 자명한 주사파, 위선자, 특권층으로 규정되어 운동권정치 청산이 시대정신처럼 되었다. 해 아래 새 것은 없으니, 오래 전부터 '운동권' 청산을 외친 사람은 있었을 것이다. 하지만 적어도 2023년 7월 이후 '운동권 정치 청산'을 개념화·이론화하여 36년 구시대 청산과 새시대 전환 운동을 전개한 대오의 선두에는 내가 있지 않을까 한다. 책 4부의 제목이 '운동권 정치 청산'인데서 보듯이 앞장서서 외치지만, 실은 오랫동안 그 누구 못지않게 운동권의 성찰, 진화, 발전과 역사적 사명을 강조해왔다. 건방지게 말하면 운동권은 고쳐써야 하고, 고쳐쓸 수 있다고 생각했다. 운동권은 원래 자신의 눈에 비친 정치사회적 모순부조리(건국산업화의 그늘 등)를 혁파하기 위해, 정치 투쟁을 통해 대중을 각성시켜, 정치를 바꾸고, 제도와 정책을 바꿔서 좋은 세상을 만들려고 했던 사람들이다. 현재 40대(1970년대생)에서 80대(1930년대생)에 걸쳐있다. 이념적 스펙트럼도 넓어서 간단히 주사파나 특권집단으로 규정하기 어렵다. 운동권은 문자 그대로 권(圈)이라,

경계도 모호하고, 문장화된 강령도, 공식적 지휘 체계도 없다. 대체로 자신의 눈에 비친 당대 모순부조리(거악)에 맞서, 공적 대의를 내걸고 자기 희생을 불사하며, 끈기있게, 용기있게 싸운 집단적 경험을 가지고 있다. 특히 나를 포함한 86운동권은 20대 초에는 혁명을 꿈꾸며, 목숨을 걸고 군사독재(?)와 싸웠고, 20대 중후반에는 노동현장이나 농촌현장에 투신(하방)하고, 30대에는 수많은 시민사회 단체를 만들었다. 그 일부는 김대중과 이회창의 젊은피 수혈 정책이나 독자 창당 노선에 따라 현실 정치에 투신하였다. 물론 86운동권 중 후배세대(1980년대 중반 학번 이후)는 지금의 코로나19 같은 주사파 바이러스에 감염된 사람이 많았다. 하지만 나는 이를 치유하고, 운동권 특유의 소명, 헌신, 희생 정신과 열정에 세계 보편 지성과 덕성을 접합시키기만 하면 대한민국을 업그레이드하는 데 소중한 동력이 될 수 있다고 봤다. 그래서 긴 세월 꽤 치열하게 노력했다고 자부하지만 처참하게 실패했다. 냉정하게 평가한다면, 민주당, 문정부, 한겨레신문, 민노총, 전교조 등 한국 운동권의 대성한(?) 자식들은 시대착오적인 철학·가치와 이념·문화를 떨쳐내지 못하여 건국산업화 세대가 피땀으로 일군 정치·경제·사회·문화적 자산을 거의 탕진하거나 훼손했다고 해도 과언이 아니다. 운동권의 핵심 정체성은 반이승만·박정희·전두환인데, 받아든 성적표(역사적 평가)를 보니, 세 분에게 송구스럽기 짝이 없다. 특히 19세기 말 조선의 운동권 청년으로, 탁월한 안목과 강철같은 의지로 근대화혁명, 즉 개화·독립과 건국·호국을 주도한 이승만 대통령에게!

개인적으로 운동권 주류의 시대착오성과 위험성은 1980년대 중후반, 주체사상이 대유행할 때부터 느꼈다. 하지만 세상이 변하고 견문이 넓어지면 봄눈 녹듯 사라질 것이라고 생각했다. 그런데 사상은 종교만큼이나 질기고 강했다. 그 폐해는 대우자동차 시절(1995.4.~2004.2.) 절감했다. 그래서 2003~06년 경 몇몇 뜻있는 동지들과 결사하여, 지금 유명해진 86운동권 정치인들을 결집한 큰 정치조직을 만들어 이념과 정책의 혁신을 도모하려고 나름 노력을 기울였으나 성과는 없었다. 노무현정부 말기부터, 특히 노무현 자살을 계기로 범진보진영은 급격히 좌익화, 친북화, 퇴행화(뭉치자 싸우자 이기자 원수 갚자)되고, 민주당은 1980년대 운동권학생화, 즉 민주노동당화·통합진보당화 되었다. 문재인 정부와 이재명의 민주당은 이 극단의 정점이다.

나와 동지들의 30여 년에 걸친 386운동권의 사상이념적 혁신 노력은 실패하였다. 2006년 이후 대략 7년에 걸친 민주당의 이념정책적 혁신 노력도 실패하였다. 작년 7월부터 외친 운동권정치 청산은 너무 사랑하다가 배신 당하면 더 증오하는, 흔한 치정극을 벌이자는 것이 아니다. 운동권정치와 그 모태인 1987년 컨센서스(정치·사회적 합의)의 공과와 그 유효기간을 정치권과 지식사회의 숙의 테이블에 올리자는 것이다. 이 책 제2부(1987년 컨센서스와 대한민국의 자살)는 그 발제문 같은 글이다. 이는 강 건너 동네에서 유행하는 악성 괴질(운동권정치)에 대한 평론만이 아니다. 윤정부와 국힘당 등 150년 근대화세력이 사는 이 쪽 동네도 무기력증(공무원정치)을 앓고 있기 때문이다. 책 전편에서 길게 얘기하겠지만 운동권정치는 한반도 150년 근대화혁명 주도 세력인 범자유진영의 총체적 혼미와 비겁과 무기력의 산물이다. 이 책은 윤정부와 국힘당의 이념정책적 혁신을 위한 몸부림이다.

경세가

운동권이라는 말이 어떤 편견(종북주사파나 특권·타락·오만·독선·위선의 화신 등)을 불러오는 말이라면, 경세가(經世家)는 건방과 겉멋을 풍기는 말이라, 너나 할 것 없이 사용하기를 꺼려하는 말이다. 수평적 기능분업보다는 수직적 위계서열 의식에 찌든 사람들은 정치가나 정책전문가보다 왠지 한 차원 높은 고민을 할 것 같은 사람의 존재가 거부감을 불러일으키는 듯하다. 국어사전에는 '세상을 다스려 나가는 사람'으로 되어 있다. 그런데 경세가로 거론되는 사람 중에 실제 세상을 다스린 사람은 별로 없다. 가장 많이 거론되는 사람이 다산 정약용인데, 주요 국가적 현안에 대한 책(목민심서, 경세유표 등)을 썼으나 당대에는 별로 알려지지 않았다. 갑신정변의 주역이자, 조선의 개화 방략을 집대성한 건백서(建白書)(1888년)의 저자 박영효(1861~1939)나 한반도선진화재단 창립자 박세일(1948 ~ 2017)을 거론하기도 하는데, 두 분 역시 현실정치에서 그 구상을 펼치지 못했다.

역사학자 이정철은 『언제나 민생을 염려하노니』(2013)에서 조선 시대 4인의 경세가로 이이, 이원익, 조익, 김육을 든다. 모두 관직을 갖고 조세제도개혁(대동법)을 이뤄낸 사람들이다. 관직을 갖고 큰 개혁을 이뤄낸 사람을 경세가라 하면, 대한민국 건국이후 인물만해도 수십 명이 될 것이다. 그런데 통상적인 어법으로 경세가는 그럴듯한 경세방략을 정립하고 주유천하했으나 뜻을 이루지 못한 이야기꾼일 뿐이다. 그럼에도 불구하고 굳이 이런 말을 쓰는 것은 윤정부의 기본값과 역대정부의 실패와 좌절의 뿌리에는 경세 개념, 즉 국정운영 플랫폼의 기본·개념 설계의 필요성과 중요성에 대한 인식의 부재가 자리하고 있기 때문이다. 수많은 가치·기능들과 부품들의 조화와 균형이 필요한 제품(자동차, 항공기, 휴대폰 등)의 설계, 개발, 판매 관련 일을 잠깐이라도 해 본 사람이라면 제품의 기본설계 혹은 개념설계가 왜 필요한지, 얼마나 중요한지 안다. 하지만 내가 아는 공무원, 교수, 시민운동가 출신 중에 이를 아는 사람은 거의 없었다. 부분적·지엽적 개선·개혁이 전체적 퇴행으로 돌아올 수도 있다는 사실, 그래서 국정운영 플랫폼이나 정당의 강령은 기본설계가 필요하다는 사실을 의외로 몰랐다. 사실 이것은 21세기판 문약(文弱) 현상의 하나이다. 언어는 존재

(생각, 사물, 필요 등)를 담는 그릇인데, 경세가(經世家)라는 말이 한국에서는 거의 쓰이지 않는다는 것은 여간 큰 지적 부실이 아니다. 민주진보는 시대착오적이어서 그렇지 총체적, 발본적 변화와 개혁을 추구하던 혁명운동의 기풍이 남아있다. 그래서 국정운영 플랫폼이나 정당의 강령에 대한 관심이 많고, 경세가나 사상가의 가치를 안다. 그런데 보이지 않는 손(시장)의 조화와 균형의 힘을 신앙으로 갖고, 각자 자신이 맡은 일을 잘하면 세상이 좋아진다고 생각하는 사람은 기본설계에 대해 심리적 거부감이 강하다. 거대한 규모의 분업과 협업으로 굴러가는 정부 조직 속에서 일하면서 '왜 이 일을 해야 하는지?' 의문을 던져 본 적이 없는 공무원 출신 역시 기본설계의 필요성을 잘 이해 못 한다. 그래서인지 범자유진영은 정당의 강령과 종합적 경세방략에 대해서도 관심이 적다. 이는 2006년 이후 정책참모나 비서진의 손에 이끌려 나 같은 유의 전문가, 즉 정당의 강령 혹은 종합적 경세방략을 연구 고민해 본 사람을 찾아 견해를 들어보려고 한 정치인의 면면을 비교해 보면 확연하다. 지금은 소소한 개선이나 혁신이 아니라 큰 틀, 즉 가치정책의 패러다임을 바꿔야 할 시기다. 시대가 요구하는 혁명을 하지 않으면, 반동적, 반역적 혁명을 당하는 시대다. 문재인과 이재명으로 대표되는, 부정과 파괴, 청산과 척결, 쟁취와 타도의 철학과 정서로 무장하고, 이른바 촛불시민혁명=박근혜정부 타도 경험까지 공유하고 있는 운동권은 반동적 혁명을 일으키고 싶은 충동이 넘치는 정치세력이다. 그런 점에서 이 비상한 시대에 국정을 책임지겠다는 정치 집단이 시대에 대한 거시적 통찰도, 국정운영 플랫폼 기본설계 개념도, 혁명적 기상도 없다는 것은 여간 큰 위험이 아니다. 천우신조로 총선에서 압승한다고 해도, 2026년 지방선거와 2027년 대선이 위험해진다. 이 책 제1부(문제는 국정운영 플랫폼)는 이 문제에 대한 정치사회적 논의를 위한 발제문 성격의 글이다. 나 한 명이 건방지다는 비난을 받는 것보다, 도발적 단어 사용으로, 이

개념을 한국 정치와 지식사회에 뿌리내리게 할 수만 있다면 충분히 보람있는 일이라고 생각한다. 간양록에 얽힌 사연은 에필로그에서 얘기하려 한다.

새 운동권, 제2중흥시대를 열 혁명주체

정권의 성공과 실패는 시대적 소명 이행 여부에 달려있다. 무엇이 중한지를 파악하여, 힘을 선택집중하여 해결하는 능력이 관건이다. 다시말해 무수히 많은 국가적·국민적 과제·위기 중에서 어떤 것이 더 중요한지, 가치 간 충돌 시에는 어느 쪽이 더 우선인지를 파악하여, 정치가 운용할 수 있는 자원인 권위, 이념, 법령, 예산, 정부·공공기관, 공권력 등으로 중한 것을 앞세우고, 우선 가치의 손을 들어주는 것이 관건이다. 학술 용어로 표현하면 정치의 본령은 '가치의 권위적 배분'(authoritative allocation of values for the society)이라 한다. 미국의 정치학자 데이비드 이스턴 (1917~2014)의 유명한 정의(定義)다. 가치의 권위적 배분은 국가권력에 의한 강제적, 일방적 가치 할당을 말한다. 이 역시 먼저 할 일, 나중에 한 일, 하면 안될 일을 분별해야 하기에, 가치의 비권위적 배분제도인 시장과 사회(공동체)가 할 일을 알아야 한다. 요컨대 무엇이 중한지를 말하려면 무엇이 덜 중한지, 무엇을 해야 할지를 말하려면 무엇을 하면 안 되는지도 말할 수 있어야 한다. 이는 정치가 해결해야 할 과제 전체와 저울질해야 할 가치 전체와 가늠해야 할 지형(정세) 전체를 알아야 한다는 것을 의미한다. 당연히 쉽지 않은 일이다. 깊은 우물 파고 들어앉아, 우물 안 세계와 우물 위 하늘만 아는 각 분야 전문가를 모아서 닦달한다고 될 일이 아니다.

정치가 해결해야 할 과제, 저울질해야 할 가치, 가늠해야 할 정세 전체에 대한 고민의 총화가 바로, 국정운영 플랫폼, 즉 국정철학·국가비전·국정과제로 집약된다. 사실 한국 정치의 혼미, 무능, 본말전도는 압도적으로 국정운영 플랫폼의 부실에서 온다. 달리 말하면 종합적·체계적 국가경영 방략을 연구하여 국정운영 플랫폼의 설계를 하는 경세가(經世家) 혹은 진짜 정치가의 부재에서 온다. 뒤에 길게 말하겠지만, 윤석열 정부를 포함한 역대 정부의 한계와 오류의 대부분은 국정운영 플랫폼의 기본설계 혹은 개념설계의 부실에서 온다. 각종 여론조사 기법으로는 선거전략은 수립할 수 있지만, 정부의 시대적 소명 이행 전략, 즉 성공적인 국정운영 전략은 수립할 수는 없다. 그 결과 운동권정치는 엉뚱한 것(국리민복 파괴적인 것)을 중시한다면, 공무원정치는 진짜 중요한 것을 놓친다고 할 수 있다. 보수와 진보를 초월한 한국 정치의 고질병이다. 총선 때마다 앞다투어 인재 영입 이벤트를 벌이는데, 한국 정치의 치명적인 문제; 즉 장님코끼리 만지기식 진단과 대안으로 국정이나 의정을 수행하는 문제는 해결할 수가 없다. 사실 한국만큼 총선 때 물갈이를 많이 하는 나라는 없다고 알려져 있다. 1988년 총선 이후 국회는 적으면 40%, 많으면 60%가 정치 신인으로 채워졌다. 하지만 정당과 국회는 정치의 본령에 가까워지기는커녕 오히려 더 멀어진다는 것이 중론이다. 물갈이든 가치·이념·정책 갈이든 정치의 본령에 충실하지 않기 때문이다. 이는 쉽게 할 수 있는 얘기가 아니다. 개인적으로 운동권 노선(국정운영 플랫폼)이 수명이 다했다는 것을 또렷하게 인지한 것은 대략 1990년대 중반 쯤인데, 새로운 국정운영 플랫폼, 즉 '7공화국 플랫폼 시안'을 책으로 까지 정리한 것은 그로부터 대략 25년 후인 2020년이다. 이번에 내는 책은 2020년 초에 출간한 책 『7공화국이 온다』와 『왜 7공화국인가』에서 미진한 것을 보완하고, 윤석열 정부의 〈120대 국정과제〉를 매개로, 주요한 국정현안까지 연구고민을 심화시켰다고 할 수 있다. 운동권정치가 의외로 견고한 것은 범야권(민주진보진영)의 '숨은 신' 역할을 하는 운동권정치 플랫폼을 공유하기 때문이고, 반드시 청산·

퇴출이 되어야 하는 이유는 그 플랫폼이 완전히 낡았기 때문이다. 국민이나 소비자가 선택하고 심판하는 모든 존재, 즉 정당, 인물(정치인), 기업, 상품서비스 등은 후진 것이 널리 유통된다면, 그 이유는 대체로 정확한 정보의 유통문제와 매력적인 대안=경쟁자의 부재에 있다. 다시말해 운동권 정치가 극성인 것은 비운동권정치, 즉 다른 대안 정치(중도개혁정치, 유연한 진보정치, 자유공화정치 등)나 다른 대안 플랫폼이 부실하기 때문이다. 정치가 해결해야 할 수많은 융복합 과제와 가치 전체를 연구고민하려야 할 수가 없는 '공무원정치'와 '공무원 플랫폼'으로는, 낡고 썩었지만 그래도 경세(經世)와 혁명을 고민해 본 운동권정치를 이기기가 쉽지 않다. 더군다나 가치정책 패러다임이 바뀌는 시대의 대전환기라면 더더욱 쉽지 않다. 새로운 대안의 이름은 아직 짓지 못했다. '2024년 컨센서스'라 할지, '7공화국 플랫폼'이라 할지, '민주공화 플랫폼'이라 할지, '제2중흥시대 플랫폼'이라 할지 모르겠다. 법고창신(法古創新) 이라고 대안 컨센서스나 대안 플랫폼도 청산·퇴출 대상이 되는 운동권의 합리적 핵심(투지, 근성, 열정, 헌신 등)을 필요로 한다. 동시에 이승만·박정희의 합리적 핵심(넓은 안목, 결단력, 추진력 등)도 필요로 한다. 로마가 하루 아침에 이뤄지지 않았고, 운동권 플랫폼이 하루 아침에 만들어지지 않았듯이, 한반도 근대화를 완성할 새로운 대안 플랫폼 역시 하루 아침에 만들어지지 않을 것이다. 혁명이나 운동권이라는 말이 하도 오염이 되어서 사용하기 꺼려지지만, 그래도 1987년에 태어나 36년 동안 성장하고 늙고 병든 한 시대를 청산하고, 새 시대를 열기위해서는 새 운동권이 필요하다. 제2중흥시대를 열 혁명 주체가 필요하다는 얘기다.

1부
문제는 국정운영 플랫폼

1장. 기울어진 운동장

기사회생 안도가 비명횡사 우려로

2022년 3월 9일은 대한민국이 기사회생(起死回生)한 날이다. 0.73%(24만 7천 표)라는 간발의 차로 나라를 '못 먹은' 이재명 일당이 저지른 수많은 권력형 범죄와 패륜들이 대부분 드러났다. '행동하는 양심'과 '깨어있는 시민'의 당으로 자부하던 민주당은 국회 과반 의석으로 하는 일이, 고작 이재명의 지시에 따라 권력형 범죄자에 대한 사법절차를 막고, 새정부의 발목을 잡는 사당(私黨)에 불과하다는 사실도 드러났다. 대한민국 민주주의도 왕년의 민주투사들의 소신과 양심도 공천권 앞에 아무것도 아니라는 것을 확인하니, '대한민국이 정말 죽을 뻔했구나' 하며 안도의 한숨을 쉬게 된다. 이재명이 대통령 권력까지 먹었다면, 지금 드러난 수많은 권력형 범죄들은 대부분 무혐의 처리되었을 것이다. 의로운 시민과 고발자, 소신있는 검사·판사·공무원들이 오히려 핍박받는 적반하장의 참극이 벌어졌을 것이다. 이재명의 집권은 한총련과 경기동부연합이라는 반국가적 성격이 농후한 집단의 집권이자, 성남시와 경기도에서 이재명의 부당한 지시명령을 거침없이 수행한 범죄 집단의 집권이다. 그러니 단순한 혼군·암군의 집권보다 문제가 훨씬 심각한 것이다. 권력 획득을 위해 수단 방법을 가리지 않았고, 권력으로 자신의 중범죄를 덮고 거짓말을 밥 먹듯하는 범죄자가 순순히 권좌에서 내려올 리가 없다. 그로 인한 참상은 아프리카, 남미, 중앙아시아, 동남아시아 등에서 지겹게 볼 수 있다. 대한민국이 피와 땀과 눈물로, 그리고 대승적 결단과 타협으로 이룬 모든 것들이 무너져 내렸을 것이다. 그런데 0.73% 득표차라는 것도 민주당과 선거연대를 즐겨해온 정의당 심상정 후보가 완주하여 2.37%(80만 3,000표)를 가져감으로써 가능했다는 생각에 이르게 되면, 대한민국이 겨우 이것밖에 안 되나 하는 위기감과 자괴감에 휩싸이게 된다. 대한민국은 천길 낭떠러지로 추락하다가 절벽에 뿌리를 내린 왜소한 나뭇가지 하나를 붙잡아 몸을 추스려 절벽을 기어오르는 느낌이다.

그런데 3.9대선 이후 거의 2년이 지난 지금 나타나는 여러가지 조짐은 3.9대선으로 기사회생한 대한민국이 2024년 4.10총선이라는 난코스에서 실족하여, 또 한 번 천 길 낭떠러지로 추락하여 비명횡사(非命橫死)하는 것 아닌가 하는 우려를 떨치기 어렵게 한다. 나름의 국정철학과 비전도 있고, 정치적 소명과 염치도 있고, 대화와 타협을 통해 정부·여당을 견제도 하고, 선도도 할 줄 아는 야당이라면, 설사 여소야대가 된다 하더라도 왜 망국을 걱정하겠는가! 아니 오히려 반길 일이다. 훌륭한 정치적 경쟁 상대에게는 패하는 것은 역사 발전에 보탬이 된다. 그런데 형편없는 경쟁 상대에게 지면, 역사의 퇴행은 급가속되게 되어 있다. 현재의 민주당이 어떤 존재인가? 선거를 통해 평화적으로 정권교체가 일어나는 수십 개 나라(OECD 가입국) 중에서, 세계가 경탄하는 자국의 역사를 친일·매국·독재 운운하며 이렇게 폄하하는 나라가 있을까? 외교안보, 경제고용, 조세재정, 사법정책과 입법·예산에서 이렇게 몰상식하고 무원칙한 야당이 있을까? 운동권 호소인 당대표와 줏대없는 국회의원도 문제지만, 그 못지않게 심각한 것은 민주당의 주인 행세를 하는, 1980년대 운동권 대학생적 역사관·세계관과 정의감으로 무장한 완고하고 극악스러운 지지층이다. 이들은 이른바 촛불시민혁명으로 짜릿한 승리감을 맛보았고, 문재인정부 하에서는 권력이 주는 젖과 꿀 맛까지 봤다. 그래서인지 더더욱 옳고 그름이 아니라 권력이 주는 이익(승진·보직, 공공부문 취직, 예산, 사업기회 등)과 손실을 중심으로 정치를 바라보는 징후를 보여주고 있다. 노무현이 정치생명을 걸고 싸운 지역주의 정도가 아니라 아예 부족주의적 약탈·먹튀 정치로 경도되어 가는 조짐이 뚜렷하다. 히틀러의 나치당이 당시 독일 사회의 제 문제를 유대인 탓으로 돌렸듯이, 한국사회의 제 문제를 이승만·박정희·전두환을 조상으로 둔 주류·보수 세력 탓으로 돌리며 혐오하고 증오하고 적대한다. 1990년대 운동권 총학생회 수준의 선동 기교와 저열한 윤리의식을 가진 집단이 민주당을 앞에서 끌어가고 뒤에서 밀어가기에 대한민국의 비명횡사를 걱정하는 것이다. 4.10총선에서 패배하면 국힘당 대표는 정계은퇴로 책임을 지겠다고 했지만, 수십 수백만 명의 상식과 양심을 가진 시민들, 민초들, 지사(志士)들은 절망, 파산, 실직, 가정파괴, 홧병과 죽음으로 책임지게 될 것이다.

오래된 우려

윤석열정부에 대한 우려는 강서구청장 보궐선거 참패로 갑자기 생긴 것이 아니다. 정권교체에 따른 희망과 기대가 넘쳐나던 출범 초기부터 있었다. 윤정부는 1988년 이후 탄생한 8개 정부 중 최약체가 명확했다. 윤석열과 이재명의 득표차, 국회의석 수, 일천한 정치 경험과 편중된 인맥, 여당의 체질; 즉 뿌리깊은 반목질시와 공유하는 서사와 이념의 부재, 그리고 취약한 소명의식과 투지·근성·동지애 등. 그 외에도 민주당과 노조 쪽으로 너무 기울어진 언론 지형, 핵심 지지층인 자유·보수·우파 시민과의 취약한 일체감, 그리고 문정부가 남기고 간 막대한 국가부채(재정여력 고갈) 등을 종합하면 최약체로 볼 수밖에 없었다. 게다가 저성장, 저출산, 고비용과 고물가, 불평등과 양극화, 취업난, 주력산업의 수명주기와 신성장

동력 위기, 소모적 정치갈등 등 씨름해야 할 과제는 대부분 오래된 난제들인데, 문정부는 이를 훨씬 악화시켜 윤정부에게 떠넘겼다. 설상가상으로 코로나 팬데믹 기간에 전세계가 펼친 급격한 재정 팽창 정책은 예상대로 인플레로 돌아왔다. 2022~2023년은 이를 진정시키기 위한 미국발 고금리와 한국 특유의 높은 가계부채(가계이자 부담)가 상승작용을 일으켜 내수(서비스)와 건설·부동산 경기를 침체시켰다. 고금리에 따른 부동산 가격 하락에 대한 기대감과 부동산 세제개혁 지연이 겹치니 부동산은 사기도 어렵고, 팔기도 어렵고, 갖고 있기도 어렵게 되었다. 여기에 미중 갈등과 중국의 경기침체, 그리고 러시아-우크라이나 전쟁에 따른 화석에너지 가격 인상과 공공요금 인상이 가세하였다. 이런 상황에서 정무적 고려 없는 급격한 긴축 재정까지 펼쳤으니 빚 많고, 소득은 늘지 않은 민생이 어떤 충격을 받을지 명약관화했다. 진짜 심각한 문제는 윤정부는 자신이 받아 안은 시대적 소명이 무엇인지, 서 있는 정치·경제·사회·문화적 지형이 얼마나 고약한지 모르는 것처럼 행동해 왔다는 사실이다. 극적인 등장과정과 당선 때문인지 기성 정치 문법을 과도하게 무시·혐오하며, 우악스럽게 국정운영을 했다. 비유하자면 윤정부가 넘어야 할 산은 눈덮힌 히말라야인데, 윤정부의 행장(行裝)과 마인드는 서울 남산의 봄 산보에 적합한 것 같았다. 지피지기(知彼知己)가 너무 안됐다는 얘기다. 적을 알고 나를 알아야 하는데, 적도 모르고 나도 잘 모른다는 얘기다. 지피(知彼)는 싸워야 할 적, 해결해야 할 과제와 전장(戰場)의 환경·지형을 아는 것이고, 지기(知己)는 주체, 즉 자기 자신의 역량을 아는 것이다. 윤정부 출범 1년 9개월 간의 국정운영상의 문제점의 근원도, 2024년 1월 말 현대 총선 전망도 밝지 않고, 역사적 평가 역시도 높지 않을 것 같은 이유도 지피지기(知彼知己)에 있다. 이는 윤대통령이 지휘자요, 정부·여당이 연주자인 '윤석열 오케스트라단'의 악보에 해당하는 국정운영 플랫폼의 총체적 부실로 집약되어 있다.

우려를 더 심화시킨 것은 국정운영플랫폼의 부실 문제를 심각하게 느끼고, 비판하고 시정하려고 노력하는 사람이나 언론을 거의 찾아볼 수 없다는 사실이다.

그래도 정부출범 초기의 우려는 총선 비명횡사가 아니라, 절체절명의 시대적 소명 이행 능력과 성과에 대한 우려였다. 다시말해 윤정부와 국힘당이 용케 총선에서 압승한다 하더라도, 엉성하고 부실하기 짝이 없는 국정운영 플랫폼과 더 부실한 국힘당의 혼과 체질을 가지고, 과연 인구·지방·재정·연금·건보·교육·주력산업·정신문화 등 다방면에서 쓰나미처럼 몰려오는 지속가능성 위기를 해결할 수 있을지? 또한 정신문화적, 정치사회적 견제·균형 장치들이 제대로 작동하지 않음으로서 증식을 멈춰야 할 가치·조직들이 무한 증식하여 나라 전체를 죽음으로 몰아가는 말기암 증상을 치유할 수 있을지? 소명과 비전을 잃은 후진 정치가 초래한 총체적 국가 퇴행·쇠락·내파·자멸 위기를 타개할 수 있을지 등이 핵심 우려였다. 그도 그럴 것이 윤정부 국정운영 플랫폼의 핵심인 〈120대 국정과제〉(이하 120과제)는 이대로 가면 국가 소멸을 초래한다고 아우성인 초저출산·저출생 대응책을 사실상 모르쇠했다. 국정과제 46번(안전하고 질 높은 양육환경 조성)의 "부모의 양육부담 완화, 아동의 건강한 성장 지원 및 저출생 위기 극복"과 국정과제 50번(공정한 노사관계 구축 및 양성평등 일자리 구현)의 "양성평등 일자리 환경 조성을 통한 저출생 대응 및 성장잠재력 제고"가 전부다. 저출산 대책이든 저출생 대책이든 아예 없는 것이다. 저출산 문제는 2024년 1월 1일 대통령 신년사에서 비로소 연금·노동·교육 등 3대개혁과 동렬의 최우선 국정과제로 부상한 듯하다. 윤대통령은 지난 20년 간 펼친 정책과 다른 차원의 접근을 천명했고, '불필요한 과잉경쟁 개선'을 위한 '지방균형발전 정책의 확실한 추진'을 공언했다. 그런데 이 역시 저출산이나, 노동시장 이중구조 문제만큼이나 난제 중의 난제이다. 어려운 문제를 상대

적으로 쉬운 문제 여럿으로 분해한 것이 아니라, 동급의 어려운 문제 여럿
으로 나눠 놓은 격이다.

초저출산의 후속 문제인 공적연금 개혁과 관련하여 120대 과제의 연금
에 대한 언급은 국민연금, 기초연금, 퇴직연금에 대한 것뿐이다. 공무원연
금, 군인연금, 특수직연금이라는 말 자체가 없다. 2024년 공무원연금 적
자는 6조 원, 군인연금 적자는 3조 원, 사학연금 적자는 5천억 원이고,
2023년 이후 공무원연금에서만 매년 적자가 1조 원씩 증가함에도 불구하
고!! 연금전문가 윤석명(국회연금개혁특위 자문위원)은 2023년 11월 말 서
울신문 인터뷰[1]에서 "사학·공무원연금은 (국민연금보다) 더욱 심한 '저부
담·고급여' 구조여서 재정적으로 훨씬 곪아 있다"면서, (윤석열정부가) "지
금 이대로라면 문재인정부보다도 더 많은 비판을 받을 수 있다. 모처럼 연
금개혁에 대한 공감대가 형성됐는데도 '맹탕' 개혁안을 내놓은 만큼 F학
점이다. 하지만 보험료율 인상과 향후 경제동향 등에 따라 연금액을 조정
하는 '자동조정장치'를 검토 중이어서 D학점은 줄 수 있다"고 비판했다.
국민연금 개혁은 120대 과제 중 하나로 채택은 되었지만, 1년 9개월이 흐
른 지금도 개혁 방향은 오리무중이다.보험료율이나 소득대체율(연금 가입
기간의 평균 소득 대비 받게 될 연금액의 비율) 등 구체적인 숫자가 나오지 않
았기 때문이다.

윤정부 출범 1주일 뒤(2022.5.16.) 국회시정연설을 통해 역설한 3대개혁
중 나머지 두 개혁도 비슷하다. 노동개혁의 경우, 검사 출신 대통령답게 노
조의 불법폭력적 집단 행동에 대해서 철퇴를 가하고, 노조의 회계 투명성
도 획기적으로 끌어올렸다. 하지만 핵심과제인 노동유연성과 노동시장 이
중구조 관련 개혁은 주69시간제 프레임에 걸려 넘어진 후 일어날 줄을 모
른다. 교육 문제도 반도체학과 증설, 수능킬러문항과 사교육 이권 카르텔

---

1) https://news.nate.com/view/20231127n01277

척결이 크게 이슈화 되긴 했지만, 국민들이 느끼는 교육 관련 가려움증에 대해서는 신발 신고 발을 긁는 느낌이다. 총선을 앞둔 시기에는 특별히 중요한 지방균형발전 문제는 국정목표 6(대한민국 어디서나 살기 좋은 지방시대 개막)의 10개 국정과제로 올려는 놓았지만 실행은 용두사미라고 해도 과언이 아니다. 시급성과 중요성에서 3대개혁에 비해 조금도 밀리지 않지만, 핵심 개혁 과제 리스트에도 오르지 못한 과제도 수두룩하다. 불합리한 국가규제, 비효율적 정부·공공, 지방자치, 사법, 세금, 예산, 부동산, 의료(건강보험 등), 언론방송이 대표적이다.

수많은 위기·부조리의 근원이자, 문제해결의 킹핀인 정치개혁, 즉 이념·정책·정당 혁신과 정치관계법(권력구조·선거제도·정당체제·국회운영방식 등) 개혁은 문정부와 민주당은 역주행해 버렸다면, 윤정부는 무관심하거나 모르쇠했다고 해도 과언이 아니다. 윤정부는 '2030 부산엑스포' 유치, 예산 긴축(증가율 2.8%), 이권 카르텔 척결, '공산전체주의와 투쟁, 의대 정원 폭증 등을 최우선 국정과제처럼 여긴다는 인상을 주었다. 노조 회계투명성과 수능킬러 문항 문제와 의과대학 증원 문제는 아는 사람은 다 아는 곁가지 개혁과제임에도 불구하고 핵심적인 개혁과제처럼 삼는다는 인상을 주었다. 대통령이 힘써 노력해도 성과가 나오기 힘들고, 천우신조로 성과를 내도, 정부의 성과로 인정 받기힘든, 수출증대와 과학기술 혁신에 매달리는 인상을 주었다. 요컨대 문정부는 역주행 또는 차기 정부로 부담 전가를 능사로 알았다면, 윤정부는 중차대한 개혁을 외면하거나, 곁가지 잡고 용을 쓴다고나 할까! 국정기조를 획기적으로 바꾸지 않으면, 이번 총선에서 압승한다 해도 다음 대선이 위험해질 것이다.

안이한 민생 대책

    무엇보다도 민생문제의 핵심인 가계부채 문제에 대해 놀라울 정도로 안이하다. 그것도 총선이 있는 해임에도 불구하고! 2023~24년 민생 문제의 상당 부분은 고금리-가계부채-부동산의 연쇄에서 발생한다는 것은 상식이다. 2023년 10월 초 국제통화기금(IMF) 발표 통계(세계부채 데이터베이스)에 따르면 한국의 GDP 대비 가계부채 비율은 2017년 92%에서 2022년 108%로 무려 16.2%p 증가했는데, 비교가능한 26개국 중 최고 수준이었다. 이 기간에는 저금리는 전세계 공통이었으나, 가계부채 비율은 독일은 2.3%p, 일본은 7.7%p 증가했을 뿐이다. 한국 가계부채는 저금리 하에서 역동적인(?) 부동산 수요-공급-대출 때문이다. 고금리 하에서 수요·공급의 위축-가격하락(기대감)-시장 경색-부동산 PF 위기-가계부채 원리금 상환위기의 연쇄가 일어나기 마련이다. 당연히 수요공급의 위축 및 부동산시장 경색과 가계나 기업의 이자부담에 따른 고통도 세계 최고 수준일 수밖에 없다. 그 중에서도 저금리 하에서 역동적으로 부동산에 투자한 20·30·40세대의 고통이 더 심할 것이다. 이들이 총선에서 얼마나 중요한지는 긴 말이 필요 없을 것이다. 그런데 경제정책 방향에서 이 중요한 세대의 이 극심한 고통에 대한 대책이 없다. 〈2024년 경제정책 방향〉(2024.1.4.)에서 가계부채 대책은 '잠재위험 관리'에 짧게 서술되어 있는데, 가계부채 총량을 2027년까지 100% 이내로 관리하고, 주택담보대출 고정금리 비중을 50% 수준으로 상향하겠다는 것뿐이다. 여기에는 DSR(총부채 원리금 상환 비율)적용 범위를 확대하여 대출을 옥죄겠다는 대책도 들어있다. 중장기 대책으로는 당연히 있어야 한다. 문제는 발등에 불이 떨어졌는데, 불 끄는 대책은 없고, 중장기적으로 화재 위험을 낮추는 대책만 있다는 것이다.

〈2023년 경제정책 방향〉에서는 가계부채 대책이 '거시경제안정 관리'의 '잠재리스크 대응'에 서술되어 있었는데, 2024년보다 오히려 더 과감하고 구체적인 대책이 많았다. 예컨대 '원리금 상환 곤란 취약 차주 주담대 채무조정 대상 확대'를 위해 '캠코 개인연체채권 매입펀드(2조 원) 신청기한 연장 및 규모 확대', '채무조정 활성화, 과다한 이자부담 제한 등 개인채무자보호제도 보완'(개인채무자보호법 국회 제출) 등이 들어 있었다. 〈2024년 경제정책 방향〉에서 '민생경제회복' 이름으로, 제시된 '지역경제 건설투자 활성화' 대책과 비교하면 가계부채 대책은 확실히 안이하다. 여기에는 '인구감소지역 부활 3종 프로젝트'가 있는데 요지는 기존 1주택자가 인구감소지역 주택 1채를 신규 취득하는 경우 1주택자로 간주하여 주택보유·거래 인센티브 확대한다는 것이다. 즉 세컨드 홈을 활성화 하여 생활인구를 확대하겠다는 것이다. 물론 관련 법률을 개정해야 가능한 일이다. 요컨대 2024년은 총선이 있는 해고, 가계부채 문제가 훨씬 신가해졌음에도 불구하고, 대책은 아예 없는거나 마찬가지인 것이다. 그것도 〈2024년 경제정책 방향〉에서 '고물가·고금리 장기화 등으로 민생 어려움 지속 및 부동산 PF, 가계부채 등 취약부문 리스크 상존'한다고 적어 놓고!!

3.9대선 이후 1년 11개월은 윤석열의 대통령 출마선언(2021.6.29.) 직후부터 많은 사람들의 우려를 확인하는 과정이었다. 혹시나 했는데 역시나라고! 국힘당과 민주당 공히 종합적이고 체계적인 국가경영 방략이 부재 혹은 부실하다는 것이다. 그 위에 윤대통령의 개인적 한계와 편향이 겹쳐졌다. 그것은 정치 경험도 없을 뿐만 아니라, 기성 정치인과 정치 기교나 관행을 존중하려야 존중할 수가 없는 27년 직업 공무원, 그것도 특수부 검사 출신이라는 사실이다. 공무원은 법과 원칙을 만드는 사람이 아니라, 그것을 준수하고 집행하는 사람이다. 문제는 지금 시대는 기존의 법과 원칙을 낳은 대전제를 실사구시하여, 폐기하거나 창조해야 하는 일을 많이 해

야 하는 시대적 전환기 내지 가치정책 패러다임 교체기라는 사실이다. 게다가 공무원은 태생적으로 쇼, 이미지, 레토릭, 내러티브 등 정무를 경시하거나 경멸하는 경향이 있다. 하지만 냉철한 논리이성보다 감성과 선동에 의해 크게 요동치는 경향이 있는 독특한 국민이 주인인 나라에서 정치는 정무 감각을 절실히 필요로 한다. 윤정부 1년 9개월은 윤대통령은 확실히 애국 공무원 대통령이자, 많은 부조리를 범죄나 카르텔의 문제로 보는 검사 대통령이라는 세간의 예단이 근거가 없지 않다는 것을 확인시켜주었다. 그럼에도 불구하고 1980년대 쯤에서 머리가 굳어버린 운동권 대통령 문재인이나, 사기꾼·양아치 대통령이 될 뻔한 이재명보다야 천백 배 낫다고 보는 것이 윤대통령의 핵심 지지층의 안도일 것이다. 하지만 여전히 국민 다수는 대통령을 상대평가로 선출해놓고, 당선 다음날부터는 시대적 소명 이행 또는 국민적 요구불만 해결이라는 절대평가를 한다는 것이다. 양강·양당이 다투는 구도에서는 상대가 넘어지거나, 상대를 깎아내려 1점이라도 앞서면 자신이 승리한다. 그런데 절대평가는 시대적 소명 이행 성적표에 달려있다. 문재인 정부는 상대평가에서는 거의 최고점을 받았으나, 절대평가는 최하점을 받은 정부로 기록될 것이다. 이런 정부가 한 둘이 아니다. 베네수엘라 차베스 정부가 대표적이다. 윤석열 정부는 양자택일이 불가능하다. 둘 다를 잘 받지 않으면 안 되는 운명이다.

2장. 문재인·윤석열 지지율의 수수께끼

한국갤럽 역대 대통령 직무수행 평가

한국갤럽이 1988년부터 매주 동일한 문항으로 실시해 온 '대통령 직무 수행 평가'에 따르면, 윤석열 대통령에 대한 긍정평가(잘하고 있다)는 2022년 5월10일 취임이후 한 달 가량은 대선 득표율(48.56%)보다 약간 높은 50%대 초반이었다. 6월 말부터 급락하여 출범 3개월 째(8월 첫째주와 둘째주)는 24~25%까지 떨어졌다. 출범 3개월 간(1년치 1분기) 평균 지지율은 50% 였지만, 이후 29%(2분기) → 30%(3분기) → 34%(4분기) → 33%(2년차 1분기) →34%(2년차 2분기) → 33%(2년차 3분기)로 꾸준히 저공 비행해왔다.

하지만 대선 득표율 41.1%로 취임한 문재인 대통령에 대한 긍정평가는 2017년 5월 10일 취임 이후 2달 가량은 80%대 초반이었고, 이후 1년 넘게(2018년 7월 첫째 주까지) 70%대를 기록하였다. 2018년 4월 남북정상회담 직후에는 반짝 83%를 기록하였다. 문정부는 출범 3개월간(1년차 1분기) 지지율은 81% 였고, 이후 75%(2분기) → 73%(3분기) → 68%(4분기) → 75% → 60% → 55%(2년차 3분기)를 기록하였다. 긍정율에서 부정율을 뺀 격차는 문재인이 70 → 58 → 54 → 45 → 60 → 30 → 19인데 반해, 윤석열은 14 → -32 → -31 → -23 → -25 → -23 → -25이다.

윤대통령에 대한 긍정평가와 부정평가가 교차한 시점은 취임 두 달

		1년차				2년차			7분기평균	긍정평가순위	긍정·부정격차순위
		1분기	2분기	3분기	4분기	1분기	2분기	3분기			
13대 노태우	긍정	29	57	53	41	45	28	26	39.9	5위	
	부정	46	16	25	27	25	41	45	32.1		
	격차	-17	41	28	14	20	-13	-19	7.7		5위
14대 김영삼	긍정	71	83	83	59	55	55	44	64.3	2위	
	부정	7	4	6	18	24	21	25	15.0		
	격차	64	79	77	41	31	34	19	49.3		1위
15대 김대중	긍정	71	62	56	63	60	52	46	58.6	3위	
	부정	7	11	17	14	16	22	29	16.6		
	격차	64	51	39	49	44	30	17	42.0		3위
16대 노무현	긍정	60	40	29	22	25	34	23	33.3	7위	
	부정	19	41	53	62	57	46	60	48.3		
	격차	41	-1	-24	-40	-32	-12	-37	-15.0		6위
17대 이명박	긍정	52	21	24	32	34	27	36	32.3	8위	
	부정	29	69	65	55	55	55	55	54.7		
	격차	23	-48	-41	-23	-21	-28	-19	-22.4		8위
18대 박근혜	긍정	42	51	60	54	55	50	44	50.9	4위	
	부정	23	23	21	33	34	39	46	31.3		
	격차	19	28	39	21	21	11	-2	19.6		4위
19대 문재인	긍정	81	75	73	68	75	60	55	69.6	1위	
	부정	11	17	19	23	15	30	36	21.6		
	격차	70	58	54	45	60	30	19	48.0		2위
20대 윤석열	긍정	50	29	30	34	33	34	33	34.7	6위	
	부정	36	61	61	57	58	57	58	55.4		
	격차	14	-32	-31	-23	-25	-23	-25	-20.7		7위

이 안 된 6월 말~7월 초였지만, 문대통령의 경우 취임 1년 6개월이 지난 2018년 12월 이후다. 그 때조차도 긍정평가는 40%대를 유지하였기에, 긍정과 부정이 몇 번이나 엎치락뒤치락하였다. 취임 3년 반이 지난 2020년 12월 경부터 비로소 부정평가가 확연히 높아졌는데, 그럼에도 불구하고 그 차이는 그리 크지 않았다. 문대통령은 퇴임 때까지 긍정평가는 40% 내외, 부정평가는 50%대를 유지하였다. 취임 4개월째부터 줄곧 부정평가가 60% 내외인 윤대통령과 비교하면 정말로 경이롭고 공포를 느낄 만한 수치가 아닐 수 없다. 문재인정부의 노선을 외교 자폐, 안보 자폭, 법치 능멸, 경제 파괴, 고용 학살, 원전 고사, 사회통합 파괴 등으로 비판하고, 그 행태를 비열, 위선, 몰상식, 무원칙, 무책임, 시대착오 등으로 비판하며, 조선 고종과 더불어 천고에 길이 남을 암군(暗君)이라고 비판한 사람들 입장에서는 너무나 당혹스러운 수치가 아닐 수 없다.

역대정부의 1년차 1분기의 지지율만 보면, 민주화운동이나 민주당을 뒷배로 가진 대통령들의 지지율은 김영삼 71%, 김대중 71%, 노무현 60%, 문재인 81%로 대선 득표율보다 훨씬 높았다. 하지만 보수 정당을 뒷배로 가진 대통령들은 노태우 29%, 이명박 52%, 박근혜 42%, 윤석열 50%로 대선 득표율보다 못하거나, 조금 높았다. 노태우와 박근혜는 1년차 2분기, 3분기로 가면서 지지율이 올라갔지만, 이명박과 윤석열은 오히려 떨어졌다. 역대 정부 출범시부터 2년차 3/4분기까지, 7분기 평균 지지율은 문재인 69.6%, 김영삼 64.4%, 김대중 58.6%, 박근혜 50.9%, 노태우 39.9%, 윤석열 34.7%, 노무현 33.3%, 이명박 32.3%였다. 대체로 민주화운동을 뒷배로 가지고, 쇼·이미지 정치를 잘 구사한 문재인·김영삼·김대중 정부의 지지율이 높았다. 그 다음은 민주화, 즉 공권력 행사 자제, 탈권위, 경제민주화, 지역균형발전 등에 적극적으로 영합한 노태우·박근혜정부였다. 하지만 기성 정치(정치인과 정당 등) 관행을 은근히 무시·혐오하면서 대통령에 당선된 노무현, 윤석열, 이명박은 각각 6위, 7위, 8위를 기록했다. 이들은 당선 후에도 자신의 기존의 성공 방정식에 따라 소신을 거침없이 발휘하였다. 다른 후보를 찍어 상실감에 빠진 국민이나 기존 정치 문법에 익숙한 국민들에 대한 정무적 고려없이 거칠고 과감한 행보를 했다는 데 공통점이 있다. 7분기 평균 직무 수행 긍정율에서 부정율을 뺀 수치를 보면, 마이너스가 가장 큰 정부는 이명박(-22.4%), 윤석열(-20.7%), 노무현(-15.0%) 순이다. 반면에 플러스가 가장 큰 정부는 김영삼(49.3%), 문재인(48.0%), 김대중(42.0%), 박근혜(19.6%), 노태우(7.7%) 순이다. 역사적 평가는 전혀 다르겠지만, 갤럽 조사는 일관된 기준(문항)으로 한 것이니 가볍게 볼 조사가 아니다.

　　역대 대통령에 대한 지지율, 특히 단기 평가는 공성추 역할을 하는 갈등·이미지 내지 가치·정책과 관련이 깊다. 공성추(攻城椎)는 파성추(破城

椎)라고도 하는데 성문을 부수는 무기다. 서양에서는 이를 'Battering Ram'이라 한다. 숫양이 화났을 때 뿔로 들이받는 모습과 비슷해서란다. 성문은 창이나 화살이나 돌팔매질로 부술 수 없다. 마찬가지로 대중의 견고한 무관심과 편견이라는 성문은 관료들의 건조한 언어로 설명하는 정책 브리핑으로 깨뜨릴 수 없다. 공성추 역할을 하는 가치·정책은 단순화, 시각화, 반복화가 필요하다. 탄탄한 내러티브, 이미지, 프레임 등이 결합되어야 한다. 핵심은 가치나 정책을 눈으로 보게 만드는 것이다. 윤정부의 1년 9개월 동안 펼친 정책 중에서 공성추에 해당하는 정책은 대통령실 용산 이전과 화물연대 불법 집단행동에 대한 단호한 대응과 이재명 체포 동의안 등이 아닐까 한다. 노조의 불법 부당한 행위에 대한 법과 원칙에 입각한 대응은 윤정부의 핵심가치로 여겨지는 법치를 생생하게 보여주었다. 하지만 대통령실 이전은 해명·해설이 시원치 않아서 그런지 엉뚱한 상상을 하도록 만들었다.

그런데 윤대통령이 수없이 고창한 자유, 공정, 상식은 공성추 역할을 거의 하지 못하였다. 이를 상징하는 정책이 갈등 장면을 만들어 내지 못했기 때문이다. 단적으로 자유로 포장되거나 설명되는 외치 정책은 있지만, 내치 정책은 없다. 공정도 마찬가지다. 윤석열을 자유대통령이나 공정대통령으로 얘기할 사람은 거의 없지만 법치대통령이라고 얘기할 사람은 적지 않을 것이다. 그런데 그 법치는 범법자를 처벌하는 검사적인 법치일 뿐이다. 법답지 않은 수많은 법을 없애거나 고치는, 한 차원 높은 시스템=법 디자인을 연상하는 사람은 없을 것이다. 윤정부가 공세적으로 제기한 노조 회계 투명성 요구, 수능킬러 문항 시비, 홍범도 흉상 이전 등도 갈등 사안이었으나, 사안의 성격상 강한 인상을 남길 만한 갈등은 아니었다. 근로시간제도 개편(주 69시간 소동)과 후쿠시마 오염처리수 방류 대응 관련 시비는 민주당이 공세적으로 한 시비인데 역시 강한 인상을 남길 사안이 아니다. 그런 점에서 윤정부의 30%대 지지율은 공성추 역할을 하는 가치와 정책을 너무 적게 보여준 것과 밀접한 관련이 있다. 유일한 예외는 2024년 2~3월에 전파를 탈 의대 정원 폭증 관련 정부-의사 간 갈등 장면이 아닐까 한다.

윤석열정부의 이례적인 현상

1987년 헌정체제 하에서 출범한 7개 정부와 윤석열정부를 비교하면, 이례적인 현상이 몇 개가 있다. 정치적 허니문(honey moon) 기간의 철저하고 완전한 실종이다. 집권 초기에 항상 있기 마련인 정권 출범의 의미 등 담대한 변화·개혁의 포부를 발산하는 퍼포먼스와 레토릭의 빈약도 이례적이다. KBS, MBC, YTN 등 공영방송의 지극히 비우호적, 아니 적대적인 태도와 대통령 부인의 이력·의상·행보에 대한 야권의 유례없는 관심과 시비도 빼놓을 수 없다. 윤정부는 논란이 된 공직인사나 튀는 정책을 특별히 많이 보여준 것도 아니다. 대통령실 용산 이전 외에 파격적인 정책은 펼치지 않았다고 보아야 한다. 대통령실 용산 이전의 경우, 초기 여론조사에서 이전 찬성이 대략 40%, 반대 60% 가량이었다. 하지만 청와대 개방 효과로 찬성이 좀 더 늘어났다고 알려져 있는데, 지금은 더 이상 국민적 관심사가 아니다. 잇단 말실수로 인해 논란을 몇 번 일으켰던 출근길 약식 문답(door stepping)은 없어졌지만, 반발하는 사람은 별로 없다. 안 하는 것이 오히려 정상이기 때문이다. 윤정부 초기 지지율에 대통령실 용산 이전과 말실수가 큰 영향을 준 것은 이론의 여지가 없지만, 이것만으로 지금까지 지속되는 낮은 지지율을 설명할 수가 없다.

집권 초기의 지지율 급락으로 말하면, 노무현정부는 말실수가 컸다면, 이명박정부는 정책·정무 실수(미국산 쇠고기 수입 등)가 컸다. 윤석열정부는 출근길 약식 문답이라는 말 실수 공장을 가동했다. 그 어떤 정부도 하지도 않았고, 요구 받지도 않은 이벤트를 한 것은 대통령이 한남동 관저에서 용산 집무실로 출근을 했기 때문이다. 또한 국정 관련 어떤 질문이든 대본없이 즉답할 수 있다는 자신감이 있었기 때문이다.

공영·준공영 방송의 적대적 편파적 보도 태도는 윤석열정부가 가장 심했을 것이다. 비록 유튜브, 페이스북 등 개인 미디어의 확산에 따라 전통적인 미디어(지상파나 유력 신문)의 영향이 예전 같지는 않겠지만! 윤정부 초기 지지율은 말할 것도 없고, 30%대 초중반에 머물러 있는 지지율의 가장 직접적인 요인은 간판 정책과 이미지일 것이다. 그 중심에는 반대층은 간명한 논리(목적과 시기와 수순 등)로 강하게 반대하고, 지지층은 찬성 논리를 피는 것이 간단치않은 '대통령실 용산 이전'이 자리잡고 있지 않을까 한다. 문재인정부에서는 탈원전이 이런 정책이었다. 관점을 달리해서 보면, 윤대통령의 특별한 소신과 집착이 낳은 '대통령실 용산 이전'의 후폭풍을 상쇄할 다른 큰 정책과 이벤트가 외치 분야 외에는 없었다고도 볼 수 있다.

집권 초기의 대통령 지지율은 국정성과보다는 대통령에 대한 호감·비호감도에 크게 의존하며, 비전·정책보다는 정무와 공직인사가 더 결정적이라는 것이 정설이다. 정무는 내 실제 의도, 노력, 성과가 무엇인지가 아니라, 그것이 대중에게 어떻게 비치는지를 먼저 생각하는 것이다. 물론 대통령 지지율은 시간이 갈수록 대통령과 주요 공직을 맡은 사람들이 보여주는 성과에 더 크게 의존할 것이다. 그래서 집권 1년차 1·2분기에 낙폭이 컸던 이명박, 노무현, 윤석열 대통령의 지지율이 시간이 가면서 회복되는 추세를 보여주었다. 높은 단기·직무수행평가와 높은 장기·치적평가라는 두 마리 토끼를 잡는 문제는 결국 단기 공성추와 장기 공성추의 문제이다. 단기 공성추는 대중의 무관심과 편견을 뚫고 윤정부가 무엇을 하는지 혹은 하려는지를 알게 하는 것으로, 문재인과 탁현민이 보여준 정무적 기교의 문제이다. 하지만 장기 공성추는 대중이 해결하라고 아우성을 치지 않아도, 국가의 생존·번영·통합·지속가능성 문제를 해결하는 정신문화, 가치정책 패러다임, 법제도를 개혁하는 것으로, 대통령의 통찰과 영혼의 문제이다. 한마디로 대통령 프로젝트 문제이다.

민주당과 국힘당의 서사와 정체성

대한민국은 1987년 12월부터 2022년 3월까지 8번의 대선을 단 한번의 예외도 없이 축제가 아니라 전쟁으로 치렀다. 2022년 대선은 그 정점이었을 것이다. 진 쪽에 투표한 국민들은 대체로 가슴이 뻥 뚫리는 슬픔을 겪었다. 하지만, 보수당 계열 패자(이회창, 홍준표)를 지지한 국민들은 선거 결과에 승복하고 민주당 계열 승자·대통령을, 적어도 정부 초기에는 아낌없이 지지해 주었다. 김영삼은 보수당(민주자유당)으로 당선됐지만, 그 이력·인맥이나 가치·이념으로 보면 민주당 계열로 보아야 한다. 그런데 갤럽의 지지율 통계가 말해 주듯이 보수당 계열 승자인, 이명박·박근혜·윤석열 대통령에 대해서는 반대한 국민들이 마음으로 승복한 것 같지가 않다. 왜 이럴까? 뒤에 얘기하겠지만, 1987년 이후 밀물처럼 대한민국을 뒤덮었다가, 문재인정부에서 만조를 이룬 후 썰물처럼 빠져나가고있는 운동권 혹은 민주진보의 이념적·정책적·문화적 헤게모니 때문이다. 1987년 헌정 체제(1988년 2월 25일부터 시작)가 시작된 이래 지금까지는 민주진보 쪽으로 기울어진 운동장이었다는 얘기다.

이념과 지역이 결정적인 변수였던 1987년 대선 득표율은 노태우·민주정의당 36.6% 김영삼·통일민주당 28.0%, 김대중·평화민주당 27.1%, 김종필·신민주공화당 8.1% 순이었다. 1990년 1월, 3당(민주정의당 + 통일민주당 + 신민주공화당) 합당으로 217석(총의석 299석)의 민주자유당을 탄생시켰다. 1992년 12월 대선 득표율은 김영삼·민주자유당 41.96%, 김대중·민주당 33.82%, 정주영·통일국민당 16.31% 였다. 그런데 김영삼이 민주자유당에 들어가서 민주자유당이 보수화 된 것이 아니라, 오히려 대통령이 되면서 민주자유당이 민주진보화 되었다고 할 수 있다. 민주진보의 이념적·정책적·문화적 헤게모니는 흔들리지 않았다는 얘기다.

민주진보의 이념적·문화적 헤게모니를 말해 주는 증거 중의 하나가 2007년 주간지 〈여의도통신〉이 국회의원 299명을 대상으로 한 '가장 존경하는 인물은 누구입니까?'(답변 263명, 미답변 36명)라는 설문 조사다. 백범 김구가 압도적인 1위를 차지하였는데, 놀랍게도 이승만, 전두환, 노태우를 선택한 의원은 단 한 명도 없었다. 당시 김구를 1순위로 선택한 의원은 79명인데, 2순위와 3순위까지 합치면 모두 89명이었다. 김구는 당시 한나라당을 포함한 모든 정당, 성별, 지역, 연령의 지지를 골고루 받았다. 이 조사에서 존경하는 인물 1순위 선택자는 이순신(31명), 정약용(16명), 세종대왕(10명), 아버지(8명), 링컨(7명), 간디(6명), 안창호, 전태일, 장준하, 안중근, 루즈벨트(이상 4명), 문익환, 박정희, 신채호, 김대중, 정조대왕, 만델라, 대처(이상 3명) 순이었다. 2007년 8월 한국은행 화폐도안자문위원회가 여론조사로 2009년 발행 예정이었던 10만 원권 지폐 인물을 선정하는 작업을 한 적이 있는데, 김구, 김정희, 신사임당, 안창호, 유관순, 장보고, 장영실, 정약용, 주시경, 한용운(가나다순) 중에서 김구를 선택한 사람이 압도적으로 많았다. 2017년 4월 세계일보의 15~18대 유력 대선후보를 상대로 한 조사에서도 김구가 가장 많이 나왔다.

모든 정치 분석이나 평론이 그렇듯이 역대 대통령의 지지율에 대한 설명도, 존경하는 역사적 인물에 대한 설명도 검증이 불가능한 가설일 뿐이다. 그럼에도 불구하고 3.9대선에서 윤후보를 지지했던 48.56% 중, 이른바 산

토끼들의 실망·이반·관망과 이재명 후보를 지지했던 47.83% 중 산토끼 대부분이 여전히 윤정부 지지를 유보하고 있다는 것은 분명하다. 왜 이런 차이가 나는 걸까? 이는 기본적으로 윤석열 지지층과 이재명 지지층의 양대 정당에 대한 서사(敍事)와 정체성(正體性)의 차이에서 기인한다. 서사는 자신이 누구인지에 대한 설명이고, 정체성은 다른 존재와 구별되는 자신의 핵심 특징이다. 3.9대선에서 이재명이 얻은 47.83%·16,147,738표에게, 이재명은 불의한 세상을 확 뒤집어 엎고, 주류·보수 기득권을 무자비하게 짓밟아 줄 것 같은 사람이다. 오세훈 서울시장은 중앙일보(2024.1.3.) 대담 [2]에서 이렇게 말했다.

이재명 대표가 먹히는 건 사람들 보기에 정말 해줄 것 같아서예요. 사람이 좀 독하잖아요. 막 뜯어내고 막 걷어내는 이런 행정을 통해 보여준 이미지가 다 뒤집을 깃 같은 거예요. '성격이 못됐어? 더 좋아. 그래야 뒤집지, 좌고우면하면 못 뒤집어. 그러니까 오히려 신뢰가 있어. 도덕적으로 바닥이라도 좋아. 이 세상이 저주스러운 사람부터 판이 좀 바뀌길 바라는 사람들이 이재명을 지지하는 건 그거예요.

민주당은 오욕으로 얼룩진 대한민국을 확 뒤집어엎기 위해 싸워온 정당이라는 이미지를 구축했다. 이 과정에서 숱한 고난(ordeal)을 겪은 인사들의 피, 땀, 눈물과 감동적인 승리의 스토리를 몸에 두르고 있다. 허구와 과장으로 점철되어 있지만 이것이 자타가 공인하는, 아니 공인 받고 싶어하는 민주당의 핵심 서사와 정체성이다. 문재인정부와 민주당을 견고하게 만드는 것은 허구적 역사인식에 근거한 서사 외에도 물질적 특혜도 빼놓을 수 없다. 이들은 1987년 이후 출범한 8개 정부 중에서 거의 처음으로, 무

---

2) https://www.joongang.co.kr/article/25219325

장 강도 집단이 부유한 도시를 점령했을 때 하던 행태를 보였다. 염치, 상식, 지속가능성 등을 완전히 무시하고, 지지층에게 물질적 특혜(공직, 예산, 규제 등)을 삼태기로 퍼부어주는 정책을 과감하게 펼쳤다. 그 수혜자가 가장 많았던 정책은 공공부문 일자리 늘리기 및 공공부문 비정규직의 정규직화 정책, 그리고 편파적 공직인사(지연, 학연 등 민주당의 특수관계인에 대한 승진 및 꿀보직 제공)일 것이다. 그 외에도 태양광 사업, 도로 표지판(시속 50km) 교체 사업 등 수백 수천 개의 예산 사업의 수혜자를 따져보면 민주당 특수관계인이 중심이 된 이권 카르텔이 나올 것이다. 그러니 정권교체에 따른 특수이익 상실 가능성에 분노하는 사람이 수백만 명은 될 것이다. 이 역시 47.83%가 강고한 이유 중의 하나다. 민주당은 비주류·소외의식이 강한 일부 호남민의 부족주의적 욕망 실현 수단이기도 하다. 이는 정치와 공직을 공적가치를 실현하는 수단이 아니라, 자신들이 부당하게 빼앗겼다고 생각하는 사적가치를 얻는 수단으로 본다는 것을 의미한다. 권력을 통해 자리(채용, 승진, 보직)와 예산을 해 먹는 것을 능사로 안다는 얘기다. 핵심 명분은 주류·영남·보수 기득권이 훨씬 많이 해먹었는데, 이제 비로소 조금 해먹는 것이 무슨 문제냐는 것이다. 물론 영남민 중에도 권력을 부족주의적 욕망 실현 수단으로 보는 사람이 없을 리 없다. 다만 비주류·소외의식이 상대적으로 약하기에 뻔뻔함은 덜할 것이다. 이재명에 환호하는 심리의 저변에는 스스로를 비주류, 소외자, 피해자, 약자라고 생각하는 사람들의 대한민국과 주류·우파에 대한 상대적 박탈감과 질투심, 그리고 분노와 적의가 들끓고 있다. 이것이 어떻게 형성되고 유지되는지, 다른 나라와 어떻게 다르고, 과거와 어떻게 다른지, 그리고 이것을 어떻게 발전의 에너지로 승화시킬지는 대한민국 민주주의의 성패를 가를 중요한 화두일 것이다.

그렇다면 3.9대선에서 윤석열이 얻은 48.56%,·1,639만 4,815표(윤석열

지지층)에게 윤석열과 국힘당은 어떤 존재일까? 당연히 이재명과 민주당에 공포와 혐오를 느끼는 사람들의 유일한 대안이었을 것이다. 여론조사나 유권자 조사에 따르면 지역은 영남, 세대는 60대 이상, 계층은 중하층에서 강세다. 분노와 불안을 중심으로 48.56%를 살펴보면 북한과 종북주사파의 공작에 의한 대한민국의 체제 존속 위협을 심각하게 느끼는 이른바 안보·반공·기독교 보수가 지지층의 절반 쯤 될 것이다. 그 외에도 좌파 포퓰리즘으로 대한민국 경제가 남미나 필리핀처럼 추락할지도 모른다는 위기감을 느끼는 경제 보수(자유시장주의자), 문정부와 민주당의 거짓·위선·내로남불·적반하장 행태와 노골적인 승진·보직·채용 및 예산·사업기회 특혜 제공 행태 등 분노하는 층, 그 외에 안철수 지지층, 운동권 성찰·전향파, 반이재명·친이낙연 진보(깨어있는 시민연대당) 등으로 구성되어 있을 것이다. 가장 취약한 지지층은 이재명이 대통령이 되는 것만은 막아야 한다는 일념에 따라, 울며 겨자 먹는 심정으로 윤석열을 선택한 사람들일 것이다. 그런데 윤정부와 국힘당은 이 취약한 선거연합의 유지와 확대를 위한 노력을 별로 기울이지 않았다. 48.56%의 상당수에게 윤석열은 독선, 불통의 이미지와 더불어 소신, 원칙, 배포, 우직의 이미지가 있지만, 국힘당의 긍정적 정체성은 뚜렷하지 않다. 민주당에 비해 좀 온건, 합리적이라는 것, 염치와 상식을 조금은 안다는 것, 의원 대부분이 공무원이나 교수로서 비교적 착실하게 살아온 사람이라는 것 등이 긍정적 인상의 요체다. 하지만 불의한 세상을 확 뒤집어 엎으려는 담대한 기상도 없고, 불의와 싸우는 과정에서 피와 땀도 별로 흘리지 않았고, 흘릴 집단으로도 보이지 않는다는 것이다. 모순부조리에 대한 분노와 지속가능성에 대한 불안이 들끓는 상황에서 웰빙족 이미지나 민초의 고통에 둔감한 공무원 이미지는 국힘당에 대한 비호감과 비매력의 주요한 원천의 하나이다. 또 하나, 조선시대 이래 지조·의리·명분·강단을 중시하고, 비운의 패배자(정몽주, 김구 등)를 높이 받드는 정신문화에서 고난 서사의 부재도 빼놓을 수 없는 비매력의 원천일 것이다. 두 지지층의 가치·이념과 권력에 대한 기대와 요구의 차이로 인해 48.56%는 대부분 선거 승복을 알지만, 47.83%는 선거 승복을 모르는 사람이 상대적으로 많다. 다시말해 48.56%의 대다수는 선거가 끝났으면 정권 초기에는 승자가 자신의 가치·이념과 정책을 맘껏 펼치도록 도와주고 기다려줘야 한다는 입장이지만 47.83%는 그렇지 않다. 문정부와 윤정부의 초기 지지율 격차는 바로 여기서 나온다.

민주당 지지층 상당수가 공유하는 허구적 스토리의 결론은 "아무리 이재명이 문제 있다고 해도 어떻게 국힘당 후보를 찍을 수 있냐!?"이다. 권력형 부정비리 백화점인 이재명과, 위선, 거짓, 무능의 화신인 문재인의 임기말까지 지속된 가공할 만한 지지율은 민주진보 진영이 개발하고 유포한 허구적 스토리의 힘을 보여준다. 그런 점에서 윤석열의 48.56%는 경제발전과 함께, 민주공화국의 시민적 덕성도 성장한 중진국 혹은 선진국 시민의 비중이 상대적으로 높다면, 이재명의 47.83%는 시민적 덕성이 성장을 멈춘 후진국 시민의 비중이 상대적으로 높다고 보아야 한다. 이들은 대한민국의 건국, 산업화, 개방화, 자유화 과정에서 치명적인 문제가 있다고 생각하면서, 민주·진보·정의·노동·평화·약자 등을 표방하는 비주류세력을 지지해 왔는데, 2016~17년 촛불 시위의 성공과 문재인정부 출범을 계기로 특수이익 세례를 받으면서 더 편협하고 전투적으로 변해버린 것처럼 보인다.

문재인·이재명·운동권·개딸이 지배하는 민주당에게 진보(이재명·민주당)와 보수(윤석열·국힘당)의 대결은 항일과 친일, 평화와 전쟁, 개혁과 수구, 정의와 불의, 민주와 독재, 지조·양심과 변절·기회주의, 정(正)과 사(邪), 선과 악의 생사를 건 투쟁이다. 일방이 선거전을 선악, 정사, 정의·불의 대결로 몰아가면, 다른 일방도 생존을 위해 상대를 악마화 하게 되어 있다. 그래서 2022년 3.9대선이 증오와 적대가 최고조에 달한 대선이 된 것이다. 이 여진은 계속되다가, 4.10총선을 앞두고 다시 달아오르고 있다. 양당·양강 대결을 선과 악, 남북 간 평화와 전쟁을 놓고 다투는 건곤일척 (乾坤一擲)의 대결로 보면, 승리를 위해서라면 적대국과 내통하는 후보나 정당이나 정권도 생겨나지 않을 수 없다. 이재명의 경기지사 시절의 대북 불법송금 혐의와 문재인정부의 대중 굴종외교와 비핵화 사기극이 그 전형이다. 이재명·민주당 지지층의 윤정부·국힘당과 자유·보수·우파 에 대한 과도한 혐오, 증오, 적의가 어디서 오는지는 한국 정치학, 사회학, 역사학, 심리학 등이 풀어야 할 국가존망이 달린 수수께끼가 아닐까 한다.

3장. 운동권정치와 공무원정치

운동권 현실 정치

윤석열정부 성패의 관건이 지피지기(知彼知己)에 있다면, 지피(知彼)의 핵심은 문재인정부와 이재명의 민주당, 그리고 진보언론, 시민단체, SNS논객과 친민주당 성향 관료(법관, 경찰 등)를 다 포괄하는 범야권·진보진영의 인적, 이념적, 문화적 지배자인 '운동권 출신' 인사들과 이들이 주도한 '운동권정치'를 아는 것이다. 지기(知己)의 핵심은 1987년 이후 운동권의 거센 공세에 주눅이 들어 항시 수세적으로 대응해 온, (범여권·자유진영이 아닌) 윤석열정부와 황교안-김종인-이준석-김기현-한동훈으로 이어지는 국힘당 대표 체제가 보여주고 있는 '공무원정치'를 아는 것이다.

2009년 5월에는 운동권이라는 야수와 불편한 관계에 있던 노무현이 자살로서 생을 마감하고, 8월에는 호남의 절대적 지지를 뒷배로 하여 이 야수를 어르고 달래며 끌고간 노련한 조련사 김대중이 노환으로 죽었다. 야수를 제어해 온 인적 고삐가 풀어져 버린 것이다. 노무현 자살은 고인의 의도나 유언과 다르게, 운동권이라는 야수로 하여금 분노와 증오를 거리낌없이 발산할 명분을 주었다. 그리고 2012년 민주당 전당대회와 총선·대선 – 박근혜 탄핵 – 2017년 대선을 거치면서 운동권의 민주당 지배가 완성되었다. 결과적으로 민주당은 혁명이론 없는 혁명정당, 즉 기존 체제와 문화를 무차별 부정하고, 전복하고, 파괴하는 것을 능사로 아는 정당이 되었다.

반면에 윤정부와 국힘당은 이승만·박정희·전두환 정부 때는 좀 있던, 선공후사의 정신과 국가대개조(조국 근대화 등)를 도모하던 혁명적 기풍이 거의 사라졌다. 법과 원칙을 새롭게 만들고 고치는 것이 아니라 법과 원칙을 잘 지키고, 그 틀 안에서 작지만 손에 잡히는 소소한 혁신을 추구하는 일을 능사로 아는 직업 공무원 정부·정당화 되었다. 양대 정당의 지향과 기풍은 2010년대 들어 시나브로 벌어져왔지만, 2022년 대선 이후에는 더 크게 벌어져, 민주당은 1980년대 운동권화로, 국힘당은 직업 공무원화로 달려갔다.

운동권정치는 책의 핵심 주제와 관련된 것이라 간략하게 설명하고 4부에서 길게 얘기하려고 한다.

운동권을 사전적으로 정의한다면, 1960~90년대 대략 30~40년 간 한국 정치를 뒤흔든 장외·비제도권 정치세력이다.

1960~70년대는 운동권을 재야(在野)라 불렀다. 재야·운동권의 뿌리는 조선시대 성균관 유생들의 집단 시위인 권당(捲堂)과 벼슬을 하지 않으면서 상소나 서원 등을 통해 중앙정치에 큰 영향력을 행사한 사림(士林) 혹은 산림(山林)으로까지 거슬러 올라간다고 말하는 학자도 있다. 19세기 말에서 20세기 초에는 이승만이야말로 전형적인 운동권 청년이었다. 1898년 만민공동회 과정에서 보여준 그의 용기, 격정, 선동(연설), 설익은 생각, 과격성, 비타협성 등은 그를 극혐하는 1980년대 운동권과 너무나 닮았다.

운동권정치는 '운동권 현실 정치'의 줄임말이다. 원래 운동권도 조선 사림처럼 권력(행정·입법·사법·정당 등)과 일정한 거리를 두고 정치에 영향력을 행사해 왔다. 집회·시위, 입법 청원, 인사 추천과 권력·의정 감시, 공정 선거 감시, 투표 독려, 부적절한 인사에 대한 낙선·낙천운동 등이 주요한 수단이었다. 그런데 2017년 이후부터는 운동권의 철학 가치 정서를 거의 그대로 가진채 대통령, 행정각부 장차관, 공공기관장, 국회의원, 당3역 등이 되었다. 그리고는 적폐수사, 탈원전, 최저임금 폭등, 9.19 군사합의 등 헤아릴 수 없이 많은 난폭하고 무도한 정치 행위를 해왔다. 이것이 바로 운동권정치다. 운동권의 재야·아스팔트 정치가 운동권 재조·현실 정치로 되어, 국가사회적으로 어마무시한 패악(悖惡)을 초래함으로써 운동권정치 청산 담론이 들끓게 된 것이다.

운동권은 건국·산업화에 이어 또 하나의 기적으로 평가되는 민주화의 주역으로 평가된다. 민주화운동 훈장(?)을 몇 개 가진 사람으로서, 공에 비해 너무나 과분한 평가라고 생각하지만, 어쨌든 노태우정부에서 윤석열 정부까지 8개 정부는 한 목소리로 민주화를 산업화와 비슷한 반열에 올려 놓았다. 김일성의 항일무장투쟁 신화만큼은 아니지만, 한국 민주화의 객관적 성취 수준과 재야·운동권의 기여는 너무 과대 평가됐다고 생각한다. 특히 선거(1985년 2.12총선과 1986~87년의 대통령 직선제 개헌 운동 등)와 야당 지도자인 김영삼과 김대중을 너무 무시하거나 과소평가 했다고 생각한다. 하지만 사회적으로 공인된, 아니 정치적으로 합의된 평가는 산업화와 민주화는 둘 다 성공한 세계사적 기적이라는 것이다. 결과적으로 재야·운동권의 정치사회적 위상은 엄청나게 높아져 버렸다. 민주화의 주역은 5.18 민주화운동을 주도한 광주시민들과 1980년대 학생운동을 주도한 86세대(1960년대 출생, 1980년대 학번) 운동권이라는 것이 정설로 굳어져 있다. 물론 1988년 이후 주사파의 대세 장악에 따라, 친북·통일운동으로 달려간 학생운동에 관한 한 민주화운동으로 인정하기를 꺼리는 사람이 적지 않지만! 1980년대 학생운동은 각종 영화, 드라마, 소설, 시, 노래, 구전 무용담 등을 통해, 전두환은 악마로 만들고, 운동권의 허물은 감추어, 고난을 극복하고 마침내 승리한 대중이 좋아하는 영웅 서사의 주인공으로 만들었다. 1980년 5.18의 윤상원, 1987년의 박종철과 이한열 등 감히 좌파나 주사파 시비를 하기 힘든 희생자들도 즐비하다.

윤석열대통령인수위 백서(2022.6)에는 "산업화와 민주화를 이룩한 위대한 국민의 성취를 바탕으로 대한민국의 재도약을 (…) 과거 보수정부가 추구한 '더 큰 대한민국', 진보정부가 추구한 '더 따뜻한 대한민국'을 동시에 추구해야 한다"고 적혀있다. 김영삼정부 이후 윤석열정부까지 일관된 양시론(兩是論)이다. 이렇듯 '민주화'와 '더 따뜻한 대한민국'과 '진보정부'에 대한 운동권의 기여는 모든 정부와 국민 다수가 공인한 사실이다. 5.18 민주화운동의 헌법전문 수록을 윤석열 대통령에 이어 한동훈 비대위원장도 공언한 것은 5.18 유혈 항쟁을 한국 민주화운동의 일환 혹은 금자탑(金字塔)으로 보는 다수 국민의 시각을 거스르기 쉽지 않아서 일 것이다. 이 뒤에는 1980년대 거리와 광장에서 민주화를 외치며 투쟁한 수백만 명의 피와 땀과 눈물이 있다. 만약 운동권정치 청산·퇴출을 외치려면 '민주화'와 '더 따뜻한 대한민국'을 추동한 '그 아름다운 운동권'과 지금 청산·퇴출의 대상이 되어야 마땅한 '이 추한 운동권'이 무엇이 어떻게 다른지를 얘기해야 한다. 특히 사심없는 희생과 헌신으로 민주화 투쟁을 한 운동권 대중·넥타이부대 등 수백만 명의 피와 땀과 눈물을 '이 운동권'이 어떻게 배신했는지를 말해야 한다.

재야·운동권의 핵심 정체성은 당대 모순부조리에 맞서, 나름 공적 대의에 대한 헌신과 희생 정신으로 격렬하게, 용기있게 반응한 것이다. 정보와 지식의 한계, 시민이나 군중의 불안과 공포, 주동 세력의 시대착오적 가치·이념 등으로 인해 엉뚱한 과녁을 향해 돌팔매를 날리고 죽창질을 한 적도 많았다. 하지만 국민통합 차원에서 민주화운동의 작지 않은 허물에는 눈을 감고, 그 공만 크게 보자는 것, 그리고 이를 건국·산업화세력에게도 적용하자는 것이 사회적 합의였다. 그런데 2009년 노무현·김대중 죽음 이후, 특히 2017년 문정부 출범이후 운동권이 현실 정치를 쥐락펴락하면서 암묵적 합의는 깨졌다. 민주화운동은 공만 부각되고, 건국·산업화는 과만 부각되었다. 그 결과 1980년대 말 군정(군부 권위주의 정권) 종식 담론의 맥을 잇는 운동권정치 청산 담론이 등장하게 되었다.

왜 진보나 좌파가 아니라 운동권인가?

연령, 전공, 직업, 이념 등의 스펙트럼상 너무나 다양한 재야·운동권을 하나의 실체로 묶을 수 있을까? 사실 1960~90년대에 운동권 학생이었다면, 2024년 현재 연령대는 40대(1970년대 생)~80대(1940년대생)다. 동시대 운동권조차 골수 주사파도 있고, 이들을 극혐하는 민중민주파와 자유민주파도 있는데, 이 넓은 연령대 운동권 출신의 가치·이념 스펙트럼은 오죽 다양하겠는가! 게다가 사람이 나이를 먹고, 견문이 쌓이고, 시대가 바뀌면 생각이 바뀌는 경우가 많은데, 운동권을 하나의 분석·성토 대상으로 규정하는 것은 혹시 허수아비 때리기나 마녀사냥이 아닐까?

기독교의 경우 성경과 권위있는 신학자·목회자도 있어서 시공간을 초월하여 정체성이 유지되는 종파들이 적지 않다. 그런데 2012년 이후 민주당을 앞에서 끌고, 뒤에서 밀어가는 운동권은 경전도 없고 신학자(이론가)도 없다. 하지만 1980년대에 형성된 생각의 기본 틀, 즉 이심전심으로 공유되는 '운동권 컨센서스(consensus)'는 있다. 민주당과 범진보진영을 끌어가는 정치적·이념적·문화적 권위자와 권력자도 있다. 1938년생 백낙청(창비 편집인), 1941년생 신영복(작고), 1942년생 함세웅, 1944년생 한명숙과 남편 박성준(1940년생), 1952년생 문재인과 이해찬, 1959년생 유시민, 1963년생 송영길, 1964년생 이재명과 이인영, 1965년생 조국, 1966년생 임종석, 1968년생 김어준 등. 이들이 공유하는 운동권 컨센서스는 문대통령 연설과 문정부의 정책, 그리고 책, 잡지, 영화('1987'과 '서울의봄' 등), 유튜브영상(백년전쟁 등), SNS 등으로 널리 공유되어 왔다. 백낙청이 1966년부터 발행해 온 『창작과 비평』과 1970년대 민주언론운동을 한 주역들이 1988년 창간한 한겨레신문, 1994년 창립된 참여연대와 민변 등의 성명과 투쟁, 김어준의 SNS 등이 큰 역할을 해왔다.

　재야·운동권은 1960~90년대에 민주·자유·정의·민족(자주 혹은 평화)·노동·민중·인권·도덕 등을 기치로, 자신들이 독재정권, 친일매국정권, 반통일정권, 친재벌·반노동정권 등으로 규정한 박정희·전두환·노태우·김영삼 정부와 싸우며, 급진적 변화와 개혁(?)을 추구한 정치세력이다. 반이승만, 반박정희는 1960년대부터 정착된 운동권 정체성의 핵심이었다. 특히 이승만을 분단의 책임자(정읍발언), 친일부역자의 핵심 후견인, 권력욕의 화신, 권모술수의 달인, 비겁하고 무책임한 런승만(한강다리 끊고 자기만 살겠다고 달아났단다), 미국보다 미국의 이익을 더 옹호한 숭미사대주의자, 스위스은행에 부정축재한 돈을 숨겨두고 하와이로 망명한 비루한 독재자 등으로 폄훼했다. 물론 이승만과 그의 시대에 대한 완전한 무지요, 진실에 대한 테러이다. 그런데 이는 종북주사파만의 공작과 편향이 아니다. 이들과 싸운 다른 정파(민중민주파 등)도 마찬가지였다. 1960~70년대 순수한 자유민주주의 운동권들도 그리 다르지 않았다. 실은 나를 포함한 운동권 성찰파들도 토지개혁이나 한미상호방위조약 등을 이승만의 위대한 공적으로 칭송하면서도 오랫동안 이승만과 그의 시대를 중립적, 균형적으로 이해하지 못하였다. 1980년대 내내 재야·운동권의 압도적 다수는 이승만·박정희·전두환을 극혐하고, 동시에 김영삼·김대중이 이끌던 민주당을 타협적이고 기회주의적인 보수야당으로 폄하하였다. 1980년대 후반으로 가면서 북한 한민전 방송의 지시를 충실히 따르는 종북주사파가 대세를 장악하였다. 점점 소수화 주변화된 운동권은 외환위기 이후에는 노조가 중심이 되어 신자유주의·세계화 반대-공공성 강화(공공개혁 반대)를 고창하여, 김대중·노무현 정부의 경제·노동·공공 개혁 노선과 정면 충돌하였다.

2012년 이후 민주당을 지배한 운동권의 역사관, 세계관 등은 위로는 백낙청, 신영복, 함세웅, 한명숙부터 아래로는 1982년생 김남국과 더 젊은 2030 청년정치인까지 공유하고 있다. 민주당 운동권 출신 국회의원과 노영방송 노조원과 가짜 뉴스를 열심히 퍼나르는 진보 SNS 일꾼들과 40~50대 개딸 아줌마들까지도 운동권 컨센서스를 공유하기에, 청산의 대상이 되는 운동권은 일종의 종파(宗派) 내지 정파(政派)라고 해도 과언이 아니다.

운동권정치는 2016~17년 이른바 '촛불시민혁명'을 성공시켰다고 뻐겨온 문재인정부와 민주당 운동권정치인들이 보여줬거나 보여주고 있는 정치다. 촛불시민혁명도 혁명이라고, 기존 체제를 구체제(앙시앙레짐)로 규정하여 파괴하려는 강력한 충동을 갖고 있다. 위와 아래, 주류와 비주류를 뒤집어 엎고, 기존의 지배적인 철학·가치와 제도·정책 패러다임을 획기적, 급진적으로 바꾸려 하였다. 상대는 거악·기득권·가해자로, 자신은 소악이거나 피해자라는 확신을 내면화해야 혁명적 에너지가 생성되기에 세상을 다양한 이분법으로 갈랐다. 문정부 특유의 급진성, 자부심, 오만, 독선, 도덕적 둔감성 등은 촛불시민혁명 세력이라는 자의식으로부터 나왔다.

운동권 현실 정치의 엔진은 문재인 등 운동권 출신 정치 지도자가 아니다. 1980년대 운동권의 사고방식과 행동양식에 환호하고, 2000년대 이후에는 각종 촛불시위에 열심히 참여하고 응원한 행동하는 대중, 즉 자칭 촛불시민이 엔진이다. 전통적으로 숙의보다 함성(대중 집회시위)을 중시한 한국 민주화가 인터넷·모바일 기술과 만나고, 포퓰리즘 세례를 받고, 결정적으로 영육이 다 허약한 정치적 견제세력을 만나서 탄생한 존재가 바로 운동권정치이다. 촛불시민혁명세력은 문정부와 민주당만 장악한 것이 아니다. 진보 지자체, 진보 언론사, 시민단체, 노동조합, 교육기관(대학 등) 등에도 튼튼한 진지를 구축했다. 법원과 정부·공공기관에도 산개하여 종종 비상식적 판결이나 결정을 내리기도 한다. 이들은 개인 미디어(SNS 등)로 생각을 널리 공유하며, 민주당의 열성 당원이나 열성 지지자로도 활동한다. 2019년에는 서초동에 조국수호대로 집결했고, 최근에는 개딸(개혁의 딸)로 조직되어, 비전도 소신도 양심도 부실한 민주당을 끌어가기도 하고 밀고가기도 한다. 이들은 1980년대 운동권이 정립하여 널리 공유해 온 운동권 컨센서스를 체화하고 있다. 운동권 현실정치는 체계화된 혁명 이론이나 강령에 입각한 정치가 아니다. 불의한 세상을 확 뒤집어 엎자는 혁명적 정서를 토대로 한, 오만과 독선, 부정과 파괴, 타도와 전복의 정치다. 한마디로 1980년대 운동권 대학생 수준의 역사관·세계관·정의감과 1990년대 운동권 총학생회 수준의 선전선동 기교와 저열한 윤리의식으로 정부·국회·정당·언론사 등을 운영하는 것이다. 1960~80년대는 대학생은 많이 배운 사람(지성인)이었으나 지금은 생각이 덜 여문 사람 혹은 지적으로 미숙한 사람이다. 운동권 대학생 수준이라는 것은 기본적으로 역사와 현실에 대한 공부와 고민이 부족하여 생각이 덜 여물었다는 얘기다. 격정과 분노는 과잉이나, 견문은 좁고, 성찰과 반성은 부실하고, 사유체계의 정합성은 없다. 그런데 생각이 덜 여문 것은 공무원정치도 마찬가지다. 물론 운동권정치보다야 백배, 천배 낫지만! 하지만 공무원정치로 운동권정치를 제압하는 것은 쉽지 않을 것이다.

운동권 컨센서스가 집이라면 그 토대와 골조는 독특한 역사인식과 좌파 철학이다. 문정부와 민주당은 수많은 정책, 법안, 인사, 예산과 연설 등을 통해서 운동권이라는 신흥 종파의 정체성을 아주 세밀하게 보여주었다. 운동권정치는 판도라의 상자에 갇혀 있던 분노·증오·혐오 에너지 덩어리다. 그런데 2009년 노무현 자살과 김대중의 병사, 2012년 한명숙·문성근·이해찬·문재인의 민주당 장악, 2014년 세월호 참사, 2016~17년 촛불 시위 성공(박근혜 탄핵)과 문재인정부 출범, 그리고 2020년 총선 압승으로 이중 삼중 빗장을 완전히 풀고 세상에 뛰쳐 나왔다고 할 수 있다. 2017년 이후 '운동권 천하'는 1970년대 생 '운동권 대중'들이 사회의 중추 세대로 부상한 것과도 밀접한 관련이 있을 것이다. 이들은 대학생 시절 외환위기로 고생을 하기도 하고, 전대협·한총련·전교조·민노총·민언련 등에 의해 자학과 혐오의 역사관 세례도 받았다. 하지만 북한을 좋아하지도 않고, 사회주의를 대안체제로 여기지는 않는다. 온갖 궂은 일을 다하며 천신만고 끝에 집안을 일으킨 아버지의 허물을 혐오하는 철부지 자식의 심리를 가지고 있다. 너무나 열악했던 대한민국의 출발(건국) 조건을 알지 못하고, 미국, 유럽, 일본 등 선진국들과 대한민국을 단순 비교하며, 왜 이 정도밖에 안 되냐며, 건국·호국·산업화를 이끈 할아버지·아버지 세대를 혐오한다. 물론 이 뒤에는 어떡하든 주류·보수 집권세력의 허물을 들추고 흠집을 내야 권력을 쟁취할 수 있는 비주류·야당의 이해와 요구도 있다. 북한과 주사파 운동권이 주도한 대한민국 정통성 훼손 공작도 없었을 리 없다. 사실 이승만 격하가 노리는 것은 대한민국 격하요, 대한민국에 대한 자부심·애착심·애국심 파괴다. 민주당의 저변이 바뀌자, 생각하는 대로 살기보다는 사는 대로 생각하는 경향이 뚜렷한 송영길 등도 자신이 비판하던, 문재인으로 대표되는 화석(化石) 운동권에 코드를 맞추었다. 민주당의 열성 지지층 자체가 조국기(曺國旗) 부대화와 개딸화, 즉 운동권화 되었기 때문이다. 송영길도 홍범도 흉상 이전 등을 거론하며 '정권이 아니라 나라를 빼앗겼다'면서, 윤대통령 탄핵을 공공연하게 거론한다. 운동권이라는 말이 물고 있는 연상어는 대학생, 붉은 머리띠, 데모대, 최루탄, 화염병 등이다. 뒤이어 철부지, 미숙, 과격, 투쟁, 타도, 쟁취 등이 따라온다. 과거의 재야·운동권은 지조, 절개, 양심, 용기, 희생, 헌신, 풍찬노숙을 연상시켰다면,

지금은 늙음과 낡음, 떼법과 위법, 위선과 독선, 내로남불, 종북주사, 시대착오 등을 연상시킨다. 2017년 이후 민주당의 정체성은 '진보'나 '좌파'나 '종북주사파'보다 '운동권'이라는 말을 써야 적확하게 표현할 수 있다.

4장. 100일 만에 꽉 찬 집, 대통령 프로젝트의 빈약함

'윤석열정부는 어떤 정부로 기억될 것인가?'라는 질문은 냉혹한 역사적 평가를 묻는 것이다.

이는 대통령 직무수행 긍정율의 5년 평균이 아니다. 사실 이 수치로 말하면 6공화국 8개 정부 중 김영삼·문재인정부가 수위를 다툴 것이고, 이명박·윤석열 정부가 꼴찌를 다툴 것이다. 하지만 역사적 평가는 김영삼·문재인정부가 가장 낮은 축에 속할 것이다. 건국 이후 모든 정부를 비교하면, 이승만·박정희 정부는 재임 중의 평균 지지율은 낮을 지는 몰라도 역사적 평가는 수위를 다툴 것이다. 죽어서 국립묘지에도 들어가지 못하는 전두환·노태우 정부에 대한 역사적 평가도 결코 낮지 않을 것이다.

정부에 대한 역사적 평가의 핵심은 주체적 결단으로 받아 안은 시대적 소명 이행 성적표다. 모든 대통령과 정부는 후보 시절이나 재임 중에 치적에 대한 얘기는 많이 한다. 하지만 냉혹한 역사적 평가에 대해서는 거의 얘기하지 않는다. 그럼에도 불구하고 시간이 가면 대통령을 점점 무겁게 내리누르는 화두일 것이다. 윤대통령의 시대인식과 시대적 소명과 국정철학 등은 출마의 변(2021.6.29.)과 대통령 취임사(2022.5.9.) 등에 약간 드러나 있다. 2022년 5월, 6월, 7월에 각각 내놓은 〈윤석열정부 110대 국정과제〉, 〈제20대대통령인수위원회 백서〉, 〈윤석열정부 120대 국정과제〉에서는 더 상세하게 풀었다. 6월 중순에는 관계부처 합동 명의로 내놓은 〈새정부 경제정책 방향〉(이하 새경방)을 통해 더 풍부하게 풀었다. 2022년 12월부터 한 달 가량 진행된 부처 업무보고의 대통령 모두 발언과 마무리 발언을 정리한 〈다시 대한민국: 2023년 업무보고로 보는 윤석열 대통령의 국정철학〉은 분야별 국정철학을 보다 구체적으로 풀었다. 그 외에도 국무회의 발언, 주요 기념사와 연설, 공직인사와 일정 및 이벤트, 그리고 예산안 등으로 시대적 소명과 국정철학과 국정과제를 구체화 시켜왔다.

정부출범 100일 기념(2022.8.17. 발표) 10대 치적 브리핑과 윤정부의 실질적인 첫 예산인 2024년 예산안(2023.8.29. 국무회의 심의·의결)과 3.9대선 후 지금까지 고위 공직인사는 말이 아니라 실제 실행한 것이다. 따라서 역사적 평가의 핵심인 시대인식과 시대적 소명에 대한 가장 강력한 응답이다. 사실 떡잎만 봐도 나무를 안다는데, 현재 윤정부는 떡잎은 물론, 묘목 수준도 지난 상태라고 할 수 있다. 다만 윤정부는 유전자와 환경에 의해 몇십 년 뒤의 미래까지 예측 가능한 식물이 아니라, 얼마든지 국정기조와 인사를 바꿀 수 있는 인간의 조직이다. 남은 3년 3개월의 임기 동안 얼마든지 파격적 변신이 가능하기에 역사적 평가를 속단하기에는 이르다. 하지만 관성이나 습성이 있기에 윤정부 1,825일(5년)에 대한 역사적 평가는 70~80%는 예측할 수 있다고 보아야 한다.

윤정부 평가와 관련하여 내가 특별히 주목한 것은 2022년 6월의 인수위 백서, 7월의 〈120대 국정과제〉, 8월의 정부출범 100일(2022년 8월 17일) 기념 17쪽 짜리 문건인 〈윤석열정부 국민과 함께한 100일〉이다. 이들은 바둑으로 치면 초기 포석이요, 사람으로 치면 X선 사진에 허옇게 드러나는 전신 골격 같은 존재다. 사람의 X선 사진도 상당한 의학 지식이 있어야 판독할 수 있듯이, 인수위 백서와 120과제 등도 역대 정부의 그것과 비교해야 그 특징과 문제를 파악 할 수 있다. 의과대학에서는 인체의 X선 사진을 판독하는 사람을 수없이 배출했지만, 한국 정치·정당·정부와 경세·정책 담론을 생산하는 지식사회는 국정운영 플랫폼의 문제나 특징을 읽고 해석하는 사람을 거의 배출하지 못하였다. 아니 그 일이 왜 필요한지도 모르는 것처럼 보인다.

정책공약집(2022.2), 인수위 백서, 120과제는 책 한 권 분량이다. 아마 윤대통령이 이름도 얼굴도 잘 모르는 참모들의 주도로 만들어졌을 것이고, 바쁜 일정상 꼼꼼히 들여다보려야 볼 수가 없었을 것이다. 하지만 대통령후보 시절부터 한 주요 연설과 정부출범 100일 기념 10대 치적, 그리고 국무회의 및 각 부처 2023년 업무보고 발언(주요 지시사항) 등은 특별히 꼼꼼히 살피지 않을 수 없었을 것이다. 100일 기념 10대 치적 브리핑은 다른 문서와 달리, 윤대통령이 실천한 것(성과)과 국민들에게 특별히 강조하고 싶은 것으로 구성되어 있어서 윤정부의 초기 포석 내지 맨 먼저 촬영한 X선 골격 사진이라고 할 수 있다. 100일 기념 브리핑은 '윤석열정부는 무엇을 하려고 하는 정부인지?' 혹은 '어떤 정부로 기억될 것인지'에 대한 가장 먼저 내놓은 대답이라고 할 수 있다.

10대 치적은 다음과 같다. ①국민에게 가까이 다가서기(청와대 개방-대통령실 용산 이전-도어 스테핑) ②제왕적 권력 내려놓기(대통령실 조직·기능 효율화=축소, 민정수석실 폐지 등) ③무너진 대한민국 정체성 확립(한미동맹, 한일관계, NATO정상회담, 서해공무원 피살-북한 어민 강제북송 사건 등 숨겼던 진상 규명) ④소주성폐기와 민간주도경제(규제개혁, 세제 개편, 재정 건전기조 전환, 공공기관 혁신 가이드라인) ⑤서민경제 최우선 챙김(물가부담완화, 안심전환대출, 추경 등) ⑥집값 전세값 안정 ⑦탈원전폐기 ⑧첨단과학기술과 미래산업 육성(반도체 전문인재 15만 명 육성, 우주경제시대 개막, 바이오헬스 산업 육성) ⑨최대규모 방산수출 ⑩법과 원칙에 입각한 노사문화(산업현장 불법행위 근절, 대우조선 하청지회 파업, 화물연대 운송거부에 법과 원칙에 의한 해결)

이 대부분은 윤석열 후보를 열렬히 지지했던 자유·보수·우파·애국 시민들이 간절히 바랐던 정책들이다. 특히 전통 지지층(정치 고관여층)으로부터 가장 열렬한 환영을 받은 것은 ③무너진 대한민국 정체성 확립(한미동맹, 한일관계, NATO정상회담, 서해공무원 피살-북한 어민 강제북송 사건 등 숨겼던 진상 규명) ④소주성폐기와 민간주도경제(규제개혁, 세제 개편, 재정 건전기조 전환, 공공기관 혁신 가이드라인) ⑦탈원전폐기 ⑩법과 원칙에 입각한 노사문화(산업현장 불법행위 근절, 대우조선 하청지회 파업, 화물연대 운송거부에 법과 원칙에 의한 해결) 등일 것이다.

가장 뜨겁게 환영 받은 것은 ③무너진 대한민국 정체성 확립일 것이다. 주요 내용은 다음과 같다. "우리의 국정 기조는 '자유'와 '인권' 그리고 '법치'라는 인류의 보편적 가치를 바로 세우고 이러한 가치를 공유하는 국가들과의 확고한 연대 하에 세계시민의 자유를 지켜 나가는 것"이며, "무너진 한미동맹을 취임초 한미정상회담을 통해 재건하고, 굳건한 혈맹관계를 확인"했고, "한미연합방위태세를 공고히 하고, 북핵에 대해서는 더욱 강화된 확장억제 체제를 구축"했고, "한미동맹을 안보를 넘어 경제·기술 분야로 확장"했고 "한일관계의 정상화를 신속하게 추진"했고, "김대중-오부치 공동선언을 계승"하고, "안보주권이 결코 타협의 대상이 될 수 없음을 대내외에 천명"했고, "북한 인권 증진을 위한 국제협력을 뒷받침하고자 북한인권국제협력대사를 임명"했고, "서해공무원 피살사건('20.9), 북한 어민 강제북송('19.11) 사건 등 숨겼던 사건들의 진상을 공개"했다고 하였다. 이로써 문재인·이재명을 결사적으로 반대한 시민들이 가장 크게 우려하던 한미관계, 한일관계, 대북정책을 완전히 돌려놓았다고 해도 과언이 아니다. 종종 극우로 매도 당하기도 하는 강성 우파·애국 시민들은 아마 ③이 요구의 80% 쯤 될 것이다. 이들은 2023년 8.15 광복절 대통령 경축사 이후 6.25침략의 주체인 북한-중국-러시아와 대한민국 좌익세력을 겨냥하여 "공산전체주의 세력", "그 맹종 세력", "기회주의적 추종 세력", "반국가세력"과 일전불사 의지를 누차 피력하는 윤대통령에 대한 지지는 더 높아졌을 것이다. 그럼 점에서 윤대통령에 대한 직무수행 긍정율의 핵심 버팀목은 외치와 법치(불법폭력 엄단) 일것이다. 외치는 주로 외교·안보·통상+북한·통일·방첩 정책 노선으로, 120과제의 국정목표5(자유, 평화, 번영에 기여하는 글로벌 중추국가)의 총 18개 국정과제로 정리되어 실행되고 있다. 〈다시 대한민국〉에서도 이 기조는 유지 되고 있다.

그런데 ⑨방산 수출과 ⑥집값·전세값 안정은, 2023년 초부터 시작된 공공요금 인상 행진처럼 윤정부의 정책적 결단과 노력의 산물이 아니라 외부 변수의 영향이다. ⑧첨단 과학기술과 미래산업 육성은 역대정부가 하나같이 중시하던 일이다. 아마 김일성·김정일이나 스탈린·마오쩌둥·시진핑도 중시했을 것이다. 하지만 자유로운 시장과 인간의 창의·열정을 발양시키는 제도(재산권 보호, 상속세제 등)와 문화는 전제권력과 충돌하는 경우가 많다. 그래서 핵과 미사일 등 군사기술이 앞선 소련이나 북한이 글로벌 경쟁력이 있는 상품과 산업을 제대로 만들어 내지 못하는 것이다. 윤대통령이 관심을 기울이면, 수출도 잘되고 과학기술 발전도 빨라질 것이라고 생각하는 사람은 거의 없을 것이다. 그럼에도 불구하고 원전생태계를 고사시키려 한 문재인을 떠올리며 원전의 기사회생에 가슴을 쓸어내리는 사람은 많을 것이다.

윤정부에 대한 요구와 기대는 여기서 그치는 것이 아니다. 사람의 창의·열정과 돈을 규율하는 망국적 제도·문화를 개혁해 달라는 것도 너무나 간절한 요구다. 하지만 윤정부가 중시하는 국정철학과 국정과제(대통령 프로젝트)는 이 중병의 곁가지만 건드리는 느낌을 주었다.

윤대통령도 대통령 프로젝트 혹은 국정과제(agenda)의 빈약함을 느껴서인지, 정부출범 1주일 만에 국회시정연설을 통해 연금·노동·교육의 3대 개혁을 공언했다. 그런데 연금개혁은 아직도 방향과 목표가 흐릿하다. 국민적 컨센서스는 커녕 자유·보수·우파 진영내 컨센서스조차 형성되지 않았다. 노동개혁은 2022년 11월 말 화물연대 집단행동을 계기로 건설현장 노조폭력과 부당금품수수 엄단, 노조회계자료 제출요구(회계 투명성 제고) 등 공세를 취하여 소기의 성과를 냈다. 하지만 이는 '비정상의 정상화'지, 노동시장의 이중구조 등을 바꾸는 개혁에서는 거리가 멀다. 교육개혁은 수능킬러 문항과 사교육 이권카르텔 문제를 제기하였는데, 이 역시도 문제의 본질에서 거리가 멀다. 김포시 등 일부 서울 위성도시의 서울 편입도 비효율을 약간은 개선하겠지만, 지방소멸 내지 지방시대 문제와는 거리가 멀다.

10대 치적의 최대의 문제는 윤대통령이 중시하던 것, 즉 대외적으로 표방한 대통령 프로젝트를 100일 만에 거의 다 해버렸다는 것이다. 다시말해 자유의 이름으로 ③무너진 대한민국 정체성을 확립하고, 법치의 이름으로 노조와 이재명과 문정권의 불법무도한 행태에 철퇴를 내리고, 상식의 이름으로 소주성·탈원전 같은 황당한 정책들을 폐기한 것은 적지 않은 성과이다. 문제는 이런 정책들로는 인구·지방·재정·연금·건보·교육·주력산업·정신문화 등 다방면의 지속가능성 위기와 총체적 퇴행·쇠락·내파 위기를 타개할 수가 없다는 사실이다.

물론 120과제와 관계부처 합동으로 내놓는 새경방, 다시 대한민국, 2024년 예산안 등에 위기 타개 방략이 있으면 되는데 역시 없다. 대통령 업무보고에서는 경쟁력, 수출, 과학·기술, 스타트업, 디지털 고도화·첨단화·산업화와 고부가가치화 등을 특별히 강조했다. 그런데 정부의 예산·인력 투입으로 큰 성과를 낼 수 있다면, 첨단 산업대국이 안 된 나라가 단하나도 없을 것이다. 구조 개혁 없이도 여러가지 문제를 해결 혹은 완화하는 것이 경제성장과 수출증대인데, 개방 경제 하에서는 금리, 환율(강달러)은 정부 임의대로 움직일 수가 없다. 국제 에너지·곡물·원자재 가격이 오르면 국내 물가도 동반 상승하게 되어 있다. 수출 역시 중국 등 세계 경기 상황과 산업기업 경쟁력에 달려 있기에, 드라이브를 건다고 늘어날 리가 없다. 재정은 윤대통령의 말대로(2023.10.31. 시정연설) "정치적 목적이 앞선 방만한 재정 운용으로 재정수지 적자가 빠르게 확대"되어 "나라 빚은 GDP의 절반 수준인 1,000조 원을 이미 넘어"서 버렸다. 엎친데 덮친 격으로 "세계적인 고금리와 금융 불안정 상황"이니 "국가 재정의 건전한 관리와 국제신인도 확보가 무엇보다 중요"하게 되었다. 경제, 수출, 민생 문제 등이 하나같이 어렵게 되어 있다.

그런 점에서 윤후보를 지지한 시민들 중에서 저출산·불평등·양극화·일자리와 불공정·몰상식·지속가능성 위기 등을 심히 우려하는 사람들은 윤정부는 도대체 뭐 하는지 모르겠다며 박한 평가를 내릴 만하다. 비유하자면 윤정부는 집(비전하우스)을 너무나 좁고 작게 짓다 보니, 100일 만에 집이 꽉 차버렸다고 할 수 있다. 그런 점에서 윤정부 문제의 90%는 국정운영 플랫폼의 문제이다. 대통령 프로젝트 내지 국정과제 설정(Agenda setting)의 문제이다. 무수히 많은 과제·프로젝트 중에서 무엇을 할지, 즉 어디에 선택·집중할지가 정부에 대한 역사적 평가를 좌우하기에, 윤정부는 국정과제를 전면 재설정하지 않으면 역사적 평가가 결코 좋을 수 없다.

윤정부의 국정운영 플랫폼 부실의 문제가 거의 공론화 되지 않은 것은 아마, 대통령실·정부·여당과 자유·보수·우파 시민사회 공히 외치와 법치의 화려한 성과에 취했기 때문이 아닐까 한다. 사실 직업공무원과 강성 자유·보수·우파 시민의 관점에서 볼 때, 대통령의 가장 본질적이고 핵심적인 임무는 나라가 죽고사는 문제를 다루는 외치를 잘하는 것이다. 하지만 외치와 법치는 공기와 물 같아서 평시에 고마움을 느끼기가 쉽지 않다. 일반 국민의 관점에서는 대통령의 가장 중요한 임무는 먹고 사는 문제를 다루는 내치를 잘하는 것이다.

그런데 윤정부의 경제민생은 그야말로 내우외환이다. 문재인정부가 악화시켜 떠넘긴 난제 위에 미국발 고금리, 러우전쟁발 고유가(화석에너지)와 공공요금 인상, 코로나 팬데믹 시절 푼 재정으로 인한 물가상승과 건설경기위축과 부동산시장 경색에 따른 고통, 미중 갈등과 중국 경제의 저성장(부동산 거품 등), 취업난(일자리), 긴축에 따른 예산 절벽 등이 추가 되었기 때문이다. 그럼에도 불구하고 문정부는 국가 부채와 공공부문 규모를 폭발적으로 증가시켜놓았기 때문에 예산과 공공기관을 활용한 과감한 경기부양책이나 경제적 충격 완충책을 사용하기 힘들게 되어 있다. 진짜 문제는 경제민생의 고통이 가중되는 와중에서 정무적 대응은 거의 제로 였다는 사실이다. 경제민생 고통 관련 책임 소재 규명도 제대로 하지 않았고, 경제민생의 고통의 불가피성을 이해시키는 행위도 하지 않았고, 정부와 여당이 고통 경감을 위해 눈물겹게 노력한다는 인상도 주지 못하였다. 또한 국가부채 폭증과 세수 급감에 따른 긴축 예산은 필연이었지만, 이 과정에서는 정무적 터치는 거의 없었다. R&D예산 등 수많은 예산 항목을 놓고, 경제민생의 충격을 줄이기 위해, 미래 성장 잠재력 확보를 위해 노심초사한다는 인상도 전혀 주지 못하였다. 한마디로 문정부가 무도하고 무책임한 운동권 정권이라면 윤정부은 서민의 애환에 무심하고 둔감한 정무가 아예 없는 공무원 정권이라는 인상을 주었다.

5장. 윤정부 포석단계의 최대 패착

제왕적 대통령이 문제라는 착각; 뇌를 축소하고 손발을 잘라내다

정부출범 100일 기념 10대 치적 중 간판 치적은 ①(국민에게 가까이 다가 섰습니다)과 ②(제왕적 권력을 내려 놓았습니다)이다. ①의 핵심은 청와대 개방, 대통령실 용산 이전, 출근길 약식 문답(도어스테핑) 등이다. 이에 대해 '공간'과 '형식'이 지배하던 권위주의 정치권력을 끝냈고, 신비주의에 쌓여 있던 대통령 문화를 친근하게 바꿨다고 자평했다. ②의 핵심은 대통령실 조직과 기능 효율화, 민정수석실 폐지, 인사검증업무의 법무부 인사정보관리단으로 이관 등이다. 결론만 먼저 말하면 이 두 정책은 윤정부가 초기에 범한 가장 큰 패착이다. 이를 낳은 현실 인식을 근본적으로 바꾸지 않는다면, 윤정부의 장기·역사적 평가는 말할 것도 없고, 단기·총선 평가도 좋을 수가 없다. 특히 ②가 가장 치명적인 패착인데, 시대에 대한 거시적 통찰력이 부실한 직업공무원들이 흔히 범하는 오류다. ①의 경우 출근길 약식 문답만 빼놓고(2022년 11월 취소), 나머지는 다 완료되었다. 출근길 약식 문답은 몇번의 실언(거친 발언, 현안 파악 미흡 등), 언론의 편파·왜곡 보도, 질문 제한 소동 등을 겪으면서, 중단과 재개를 몇 번 반복하다가 끝내 사라졌다. 검찰총장 시절이라면 크게 문제되지 않았을 발언들이 대통령의 입에서 나오면서, 큰 정치사회적 파장을 일으키고, 결과적으로 지지율을 갉아먹은 주요한 요인이 되었다고 봤기 때문일 것이다. 출근길 약식 문답은 검찰 시절처럼 웬만한 문제는 다 파악하고 답변할 수 있다는 자신감의 발로이다. 취소는 되었지만, 문제의 뿌리인 국정운영의 광대무변함과 복잡미묘함, 그리고 대통령 말의 폭발력과 적대적 언론 및 정치지형 등을 간과한 대통령의 인식은 얼마나 바뀌었는지는 의문이다. 윤정부 1년 9개월의 가장 큰 패착은 부실한 국정운영 플랫폼이고, 그 중에서 하나만 고르라면 단연코 ②다. 이 내용을 좀 더 살펴보면, '작은 대통령실', '일하는 내각'을 목표로 (기존) 3실장 8수석 2보좌관 2차장 체제를 2실장 5수석 2차장 체제로 개편하므로서 △장관급(실장) 1명 △차관급(수석·보좌관) 5명을 감축했다. 감축된 장관급(실장)은 바로 정책실장인데, 2023년 11월 부활되었고, 정책기획수석이던 이관섭을 임명하였다. 그런데 한 달 만에 이관섭을 비서실장으로 기용하여, 결과적으로 비서실장과 정책실장을 겸임하는 효과를 가져왔다. 또한 대통령실은 과거 정부와 달리 더 이상 '사정'의 컨트롤 타워 역할을 하지 않는다고 하였다. 민정수석실의 사정기능은 법무부와 행정안전부로 이관하여, 국민과 국회에 의해 통제 받을 수 있게 하고, 인사검증업무는 법무부에 설치된 '인사정보관리단'에서 독립적인 인사혁신처 출신 인사전문가가 수행하게 하고, 경찰업무도 행정안전부 내 경찰국을 신설하여, 법률에 따른 민주적 통제가 가능한 시스템으로 정상화했다고 평가했다. 결론만 먼저 말하면, ②는 윤정부의 뇌를 축소하고, 뇌로 들어오는 신선한 피(다양한 경험, 정보, 지식, 투지, 근성 등)를 차단하고, 손발을 잘라낸 것이나 마찬가지다. 특히 인사검증업무를 복잡미묘한 국정운영을 알 수도 없고, 51% 선거연합 유지·강화 등 정무적 고려를 할 수도 없는 직업공무원에게 맡긴 것은, 인재풀을 아주 협소하게 만든 패착 중의 패착이다. 오류의 뿌리는 깊다. 사실 핵심 내용은 국힘당 강령(2020.9.2.)과 정책공약집(2022.2.)의 "정부혁신" 공약과 120과제의 12번(국정운영 방식의 대전환, 자율·책임·소통의 정부)을 관통한다.

국힘당 강령(2020.9.2.) "5. 국민과 함께 만드는 정치개혁"의 요지는 다음과 같다.

5-1 (국민과 함께 만드는 정치개혁) 제왕적 대통령제의 폐해를 줄이기 위해 대통령이 임명하는 직위를 대폭 축소한다. 당론투표는 (…) 최소화하며 헌법과 양심에 따른 의정활동을 보장한다.

5-2 (유능한 정부 혁신) 민정수석실과 인사수석실 폐지 등 대통령비서실에 과도하게 집중된 권한을 정부 부처로 환원한다. 직업 공무원에 대한 정치적 간섭을 배제하여 공정하고 적극적인 행정을 펼칠 수 있도록 제도적 환경을 만들고 (…)

5-3 (국민에 의한 권력기관 개혁) 경찰, 검찰 등 권력기관의 힘이 한 곳으로 집중되지 않고 견제와 균형을 유지할 수 있도록 조정한다. 청와대의 수사기관 관여 행위를 금지해 권력기관의 정치적 중립성을 확보하며 살아있는 권력도 수사할 수 있도록 제도적 기반을 마련한다. 검찰, 경찰 등 권력기관의 인사는 청와대가 아닌 국민을 대표하는 독립된 기구가 담당하도록 하여 국민의 권력기관으로 거듭나도록 한다.

이는 정책공약집 〈공정과 상식으로 만들어가는 새로운 대한민국〉(2022.2)의 "정부혁신" 분야 1번 공약; "국정운영 방식 대전환으로 '국민과 함께하는 대통령' 실현"과도 대체로 일치한다. 분야별 민·관합동위원회만 빼놓고! "정부혁신" 분야 공약은 '국정운영 방식 대전환' 외에도 '국가재정 관리를 위한 재정준칙 도입', '여성가족부 폐지, 다양한 사회적 문제에 대응할 수 있는 부처 신설' 등 3개인데 그중 1번(329쪽) '국민과 함께하는 대통령'의 주요 내용은 다음과 같다.

"기존 대통령실은 부처 위에 군림하며 권력을 독점, 국가적 위기에는 제대로 대처 못하고 미래 준비에 소홀, (그러므로) 조직구조와 일하는 방식이 전혀 다른 새로운 개념의 대통령실 필요. '제왕적 대통령'은 궁궐식 청와대 구조의 산물"이라면서 다음과 같이 약속을 하였다.

- 대통령실 '정예화 한 참모'와 '분야별 민·관합동 위원회'로 조직개편
- 공무원 및 민간 최고 인재, 해외 교포, 경륜 있는 중장년층, 패기있는 젊은 인재 등 실력만 있으면 누구라도 국정운영 참여
- 국정운영 참여 민간인에 대한 윤리·감시체계 마련
▶ 수석비서관 폐지, 민정수석실 폐지, 제2부속실 폐지, 인원 30% 감축 등 조직 슬림화하여 전략조직으로 재편
- 대통령실은 범부처·범국가적 현안 기획·조정·추진, 미래전략수립에 집중
▶ 총리 및 장관 자율성, 책임성 확대
▶ 청와대 해체 및 대통령실 광화문 이전으로 '제왕적 대통령' 잔재 청산

이 공약은 120과제의 12번(국정운영 방식의 대전환, 자율·책임·소통의 정부)으로 되었다. 주요 내용은 △책임총리·장관제 이행 △대통령 집무실 이전 및 조직슬림화 △대통령실 민관합동위원회 운영 등 다양한 분야·계층의 참여를 확대를 위한 위원회 통·폐합, 검소한 관사 운영 등이다. 이렇듯 ②는 국힘당 강령-정책공약집-120과제-100일기념 10대 치적이라는 4개의 관문을 다 통과한, 자기 희생을 무릅쓰고 내린 대단한 용단이다. 이 정도로 일관성이 있는 정책은 외치 정책과 에너지 정책 정도이다. ②는 '제왕적 대통령'을 정치·정부 혁신의 최대 과제로 설정하는 직업공무원들과 정치현실을 잘 모르는 상당수 강단 정치학자들의 지론이다. 하지만 작동할 수 없는 안이다. 대통령의 의지(권력욕 등)의 문제가 아니라, 현실적으로

작동할 수가 없는 안이기 때문이다. 실제 윤대통령의 국정운영 모습은 출범 초기부터 책임총리·장관제에서 멀었다. 혹시 윤대통령이 총리와 장관에게 대부분의 권한을 넘기고 뒤로 빠졌으면 책임총리·장관제가 잘 작동했을까? 단연코 아니라고 생각한다. 사실 책임총리·장관제는 대통령 개인(급조된 캠프)이 아닌 정당이 집권의 주체인 내각제 국가에서나 가능한 일이다. 내각제 국가의 유력 정당에는 10~20년에 걸쳐 행정각부의 주요 정책을 꿰고, 해당 분야의 정책을 이끌어온 다선 의원들로 구성된 예비 내각(shadow cabinet)이 있다. 게다가 정당이 집권 주체이기에, 강령이나 총선 공약을 허투로 만들지 않는다. 요컨대 당과 내각이 공유하는 국정운영 플랫폼이 아주 잘 만들어져 있고, 행정 각부의 장은 상당한 정치적 정책적 전문성과 권위도 있고, 장들끼리 호흡을 맞춰 온 세월도 있다. 이런 토대 위에서 책임총리·장관제가 작동한다. 그런데 한국은 뭐 하나 갖춘 것이 없다. 대통령의 정치이력도 너무나 짧고, 정당의 이념정책적 컨센서스도 취약하다. 행정 각부의 장들끼리도 호흡을 맞춘 적도 없고, 자기 책임 분야(나와바리)가 아니면, 토론을 할 수 있을 만큼 잘 알지도 못한다. 이런 상황이니 부처 간 이해관계가 상충하는 사안에 대해, 이를 통합 조정할 수 있는 사람은 현실적으로 대통령밖에 없다.

국정전반을 꿰고 있어서 대통령이 믿고 맡길 수 있는 현자·책임총리가 있는지도 의문이지만, 있어도 알아볼지도 의문이다. 용케 알아보고 쓰려고해도 윤정부에 대해 딴지를 거는 것을 능사로 아는 야당이 국회를 장악하고 있는 한, 국회 인준도 쉽지 않을 것이다. 한국 정치 수준이 초등학생이라면, 책임총리·장관제는 고등학생이나 대학생에 맞는 교육 프로그램이라고 할 수 있다. 민정수석실이 하던 여론조사는 민정수석실과 함께 폐지되고, 국정원이나 경찰의 민심 동향보고 역시 민간 사찰 시비로 폐지되었다고 알려져 있다. 그렇다면 이전 정부에 비해 대통령실의 눈과 귀가 훨씬 어두워지고, 손과 발은 많이 잘려 나갔다고 보아야 한다. 여당이 이 역할을 보완해야 하는데, 여당과 대통령실의 소통이 잘 될 리가 없다. 물론 소통의 문제가 아닐 것이다. 여당 자체가 정부를 향도할 의사도 능력도 없다는 것이 문제의 본질일 것이다.

대통령 집무실 이전 및 조직·기능 축소 혹은 슬림화 등은 즉각 실천되었다. 하지만, 원래의 취지, 즉 제왕적 대통령 면모 탈피와는 멀다. 여태까지 윤대통령이 보여준 이미지는 검사들을 일사불란하게 지휘하며 범죄집단과 전쟁을 치르는 검사장이나 검찰총장의 모습이다. 전장의 선봉에 서서 호령도 하고 호통도 치는 (지장이나 덕장이 아닌) 용장 혹은 군사령관 이미지는 1987년 이후 출범한 8개 정부 중 단연 원탑(one top)이 아닐까 한다. 민간합동위는 대통령실 조직 슬림화 내지 소수 정예화의 대전제로, 사실상 하나의 패키지였다. 그런데 조직은 슬림화는 되었으나(민정수석실 폐지, 12부속실 폐지, 인원 30% 감축 등), 정예화 되었다고 보는 사람은 거의 없다. 무엇보다도 민관합동위는 윤정부의 문제점을 상당히 완충할 수 있는 좋은 안임에도 불구하고, 이렇다할 해명도 없이 사라졌다. 기존 정부조직과의 엇박자, 대정부 로비 통로화로 인한 부패 우려 등이 제기되었다는 후문이 있지만, 정확한 이유는 알 수 없다. 민관합동위는 전혀 컨트롤되지 않는 언로로서, 윤대통령의 귀나 문고리를 선점한(?) 자들과 '관'(늘공과 대통령실의 어공)의 이해관계에 확실히 반하는 것은 분명하다. 윤대통령은 지극히 짧은 정치이력과 정당생활, 그리고 대통령실 주요 구성원(주로 정통 관료)의 특성상 다양한 분야의 경험, 지식, 지혜와 소신의 유입이 절실히 필요한데 조직 슬림화의 보완재인 민관합동위 폐지에 따라 유입 채널이 확실히 줄었다. 물론 지금은 휴대폰과 SNS 등이 워낙 발달하여 윤대통령이 비공식 언로를 따로 가지고 있으면 문제는 어느 정도 완화되긴 한다. 그런데 국정운영 플랫폼, 즉 일에 대한 정의와 일의 우선순위와 해결 방법 등의 총체가 부실하고, 이것이 제대로 공유되지 않은 채, 이른바 관료 출신 인사 전문가에게 많은 권한을 준 것도 여간 큰 실책이 아니다.

사실 인사가 만사라고 하는데, 틀린 얘기다. 인사는 일의 후속 아니 종속변수다. 아무나 해도 되는 쉬운 일이라면 널리 인재를 구할 필요가 없다. 그 동안 신세진 사람이나 충성한 사람이나 사적 인연이 깊은 사람에게 선물로 자리를 주면 된다. 이렇듯 인사가 망사(亡事)가 되는 이유는 대개 그 사람=자리가 처리해야 할 일(미션)을 정확히 모르는 데 있다. 거듭 얘기하지만 인사의 선행은 엄청나게 방대하고 복잡미묘한 일을 아는 것이다. 당연히 이를 알 수 없는 직업공무원이 인사전문가가 되기 어렵다. 국정전반을 총괄하면서, 일을 알아가는 대통령실에 인사총괄 기능을 두는 것보다 훨씬 못하다는 얘기다.

종합하면 책임총리·장관제는 작동할 수 없으니 유야무야되었고, 약식문답은 안 하면 그만이다. 민관합동위도 운영하지 않아도, 대통령이 다른 방식으로 소통을 하면 그 빈 공간을 어느 정도 메울 수 있다. 하지만, 대통령실 조직슬림화와 인사검증업무의 법무부 인사정보관리단으로의 이관은 다른 방식으로는 보완이 쉽지 않은 너무나 치명적인 패착이 아닐 수 없다. 윤정부의 정책공약이나 120과제 중에서 득보다 실이 크다고 판단한 많은 정책들은 폐지되거나, 크게 변형되었다. 노동·교육·연금개혁 등 미진한 것은 후에 수정 보완되었다. 그런데 국정과제 12번과 이를 받아안은 100일 기념 치적 ①과 ②는 윤정부의 역사적 평가·평점을 크게 떨어뜨릴 치명적 오류 임이 분명함에도 비판도 별로 없고, 교정하려는 시도도 잘 보이지 않는다. 이는 '대통령의 제왕적 권력 축소'가 민주주의 발전과 정치 선진화에 일조한다는 강고한 편견 혹은 단견 때문이다. 이는 1987년 컨센서스의 주요 지주 중의 하나인데, 직업공무원들과 강단 정치학자들에게 널리 퍼져있다. 그 쌍둥이 버전이 재벌대기업에서 제왕적 총수가 문제라는 인식인데,

대개 그 아래 고위 임원들과 엘리트 직원의 문제인식이다.

외치와 내치, 법치와 정치의 선후

정치는 정책과 정무로 나누기도 하고, 외치와 내치로 나누기도 한다. 단순화하면 외치는 나라가 죽고 사는 문제(외교안보)를 다루고, 내치는 나라가 먹고 사는 문제(경제민생)를 다룬다. 정책은 이념, 제도, 예산, 인사 등을 바꿔서 목적하는 일을 이루는 엔지니어링에 가깝다면, 정무는 모든 행위가 대중에게 어떻게 비칠까를 먼저 생각하는 마케팅에 가깝다. 한편 법과 원칙에 어긋남이 없는지를 먼저 따져 묻는 것이 법치라면, 법과 원칙 그 자체의 타당성을 묻고, 때로는 새로운 법과 원칙을 만드는 것이 정치다. 요컨대 법치 위에 정치가 있는데, 좋은 정치가 있으면 나라가 흥하고, 나쁜 정치가 있으면 나라가 망한다. 직업 공무원은 생래적으로 법치와 외치에는 익숙해도 정치에는 익숙하지 않다. 또한 정치와 법치가 얽히고, 정책과 정무가 얽히고, 유관부처가 많은 내치에도 익숙하지 않다.

정책과 정무도, 외치와 내치도, 정치와 법치도 칼로 무 자르듯이 나눠지지 않는다. 분명한 것은 외치가 잘못되면 조선 고종이 잘 보여주었듯이, 얼마든지 피할 수도 있는 (청일·러일) 전쟁을 자초하고, 망국(경술국치)의 좁은 길로 달려 갈 수 있다. 반대로 이승만이 잘 보여주었듯이, 외교를 통해 해방과 독립(남한단독정부 수립)을 이뤄내고, 북중소 3국 합작 침략 전쟁(6.25)을 격퇴하고, 미국이 한사코 거부한 한미상호방위조약을 쟁취하여, 한강의 기적의 기틀을 닦기도 한다. 요컨대 외치가 외인(外因)에 의한 국가의 사고사(事故死) 내지 외파 위험을 해결하는 것이라면, 내치는 국가의 내파 위험, 즉 자살·암(癌)·노화(만성질환)·정신질환 위험을 해결하는 것이다.

일반적으로 국정과제=대통령 프로젝트의 최우선 순위는 국가의 외파 위기를 해결하는 외치다. 하지만 외파 위기가 해결되면 국가의 노화·퇴행·내파·자멸 위기를 해결하는 내치가 최우선 순위가 된다. 외파 위기는 사실상 윤정부의 100일 기념 치적 ③무너진 대한민국 정체성 확립(한미동맹, 한일관계, NATO정상회담, 서해공무원 피살-북한 어민 강제북송 사건 등 숨겼던 진상 규명 등)에서 해결되었거나, 해결의 방향을 잡았다. 그런네 진짜 문제는 저출산, 저성장, 산업경쟁력, 소모적인 갈등, 지속가능성 위기 등 노화·퇴행·내파·자멸 위기이다. 내치 문제가 최우선 대통령 프로젝트가 되어야 한다는 얘기이다. 그런데 윤정부는 정부 출범 1년 9개월이 되도록 내치에 관한 한 본체가 아니라 곁가지만 건드리고 있다. 이는 120과제와 '3대개혁'을 논할 때 자세히 얘기할 것이다. 사실 사우디 리야드에 119대 29로 결말이 난 부산엑스포 유치에 엄청난 정력을 기울인 것도 근원적으로는 국정과제의 우선순위, 즉 진짜 중요한 대통령 프로젝트에 대한 연구 고민이 깊지 않았기 때문이다. 따지고 보면 역대정부의 실패와 좌절은 거의 국정과제의 우선순위의 문제였다. 과제를 풀어가는 방향, 속도, 수순은 그 다음이었다. 2020년 총선으로 역대 최강의 권력을 틀어쥔 문재인 대통령은 아예 국가적 위기가 무엇인지도 모르고, 하지 말아야 할 일을 너무 많이 했으니 논외로 치더라도, 그 못지않게 강한 권력을 쥐었던 이명박 대통령도 국정과제의 우선순위를 잘못 설정함으로써 할 수도 있고, 해야 할 일을 너무 많이 놓쳤다.

박근혜 세력과 전쟁을 하느라, 아니 박근혜 세력과 반목을 해소하지 못하여 하려면 할 수도 있었던 개혁을 너무 많이 놓쳤다. 박근혜 대통령도 마찬가지였다. 유승민 등에 대한 구원(舊怨)을 대승적으로 승화시키지 못하여 압승 가능성도 있던 2016년 총선을 석패로 끝냈다. 황교안도 2020년 총선을 자신의 대권 경쟁자를 제거하고, 대권 가도를 탄탄히 하는 계기로 삼으려다가 사상 최악의 참패를 당했다. 이런 일이 반복되지 않는다는 보장이 없다. 문재인·이명박 정권이 가르쳐 준 것은 아무리 정권의 힘이 세도, 개혁 의지나 방략이 없으면 개혁을 못 한다는 것이다. 박근혜·황교안이 가르쳐 준 것은 총선을 자기 일파의 정치적 사익추구(경쟁자 제거와 자기세력 확장)의 계기로 삼다가는 압승도 가능한 선거를 패배로 마무리한다는 것이다. 이것이 한두 번 더 반복되면 그 끝은 대한민국의 확실한 3류 국가로의 추락일 것이다.

외치의 힘은 내치에서 나온다. 외치는 대통령의 가장 중요한 헌법적 책무로 외교·안보·북한(평화 협력·공영·통일) 관련 업무가 대종이다. 한국의 주된 안보 위협은 북한과 중국으로부터 온다. 북한과 남한 주사파는 다양한 방식으로 사상이념적 무장해제 공작을 해왔기에, 국가정보원이 주도하는 반공방첩 업무도 주요한 외치 업무이다. 통상에 국가의 생존·번영을 크게 의존하는 나라이기에 통상 업무도 주요한 외치 업무라고 볼 수도 있다. 물론 내치는 외치를 제외한 나머지로, 경제, 노동, 복지, 교육, 문화, 사법, 지방자치, 조세재정 등 엄청나게 다양하다. 국회에 조약 비준권이 있긴 하지만, 외치 정책은 대통령에게 큰 폭으로 위임되어 있어서, 윤정부 출범 이후 빠른 속도로 정상화되었다. '자유·평화·번영에 기여하는 글로벌 중추국가' 비전을 정립하여 흔들림 없이 가고 있다. 성역 없는 법집행, 즉 불법 엄단이라는 의미에서의 법치도 정상화되었다. 하지만 법다운 법을 만들고, 법답지 않은 법은 폐지하는 것을 의미하는 법치까지는 도달하지 못했다. 그런데 이는 국회를 지배하는 야당의 비협조 때문만은 아니다. 외치 노선에 관한 한 이승만-박정희가 정립하고, 보수 정부들이 충실히 받아 안은 주류 노선(한미동맹·한일협력·힘에 의한 평화 등)이 있다. 김영삼, 김대중, 노무현 정부는 전통 노선으로부터 다소 엇나갔다. 김영삼정부는 탈냉전시대(소련해체-중국의 개혁개방)와 남북 체제 경쟁의 확고한 우위 등을 배경으로

'동맹보다 민족'을 강조하고, '일본의 버르장머리를 고쳐주겠다'면서 전통 노선에서 크게 이탈하였다. 김대중정부는 비핵화에 대한 낙관도 있었지만, 무엇보다도 남북관계를 정략적으로 이용(2000년 4월 총선 활용)하기 위해, 대북송금과 6.15 남북정상회담을 결행하여 전통 노선에서 크게 이탈하였다. 노무현정부는 동북아 균형자(미중 등거리 외교)를 표방하며 이탈하였다. 문재인은 아예 대북 대중 굴종적 태도를 통해서 전통노선에 정면 반했다. 요컨대 김영삼·김대중·노무현이 전통 외교노선으로부터 약간 이탈했다면, 문재인은 아예 역주행했다고 할 수 있다.

외치 노선은 대통령-정부-여당-학계-자유·보수·우파 언론 및 시민사회가 널리 공유·합의하고, 세계 보편 지성이 지지옹호하니 쉽게 정상화 될 수 있었다. 하지만 외치보다 백배는 더 얽히고 설킨게 많은 내치는 그렇지 않았다. 문제가 무엇이고, 해법; 즉 목표, 방향, 수순, 킹핀 등이 무엇인지 등에 대한 공통의 컨센서스가 없다. 따지고 보면 외치 문제는 대부분 내치 문제에서 파생된 것이다. 법치 문제도 마찬가지다. 조선 고종과 문대통령이 잘 보여주었듯이, 권력을 독점 혹은 전횡하기 위한 사생결단의 경쟁과 갈등은 위정자들로 하여금 엄혹한 국제정세에 어둡게 만들었다. 심지어 권력 장악을 위해 외세의 하수인이 되거나 결탁도 한다. 김대중정부가 대북송금과 6.15정상회담을 한 것도, 문재인정부가 북한과 중국에 굴종적인 태도를 취한 것도, 이재명 당시 경기지사가 북한과 반역적 거래를 시도한 것도 모두 북한이나 중국을 활용하여 선거에서 재미를 보거나 권력 경쟁에 앞서 나가기 위함이었다.

공무원들에게 대통령의 첫째가는 직업적 소명은 외치일 것이다. 아마 공무원 출신들은 내치는 공무원에게 맡기고, 외치에만 전념하시라고 충고했는지도 모르겠다. 그러나 한국 대통령의 단기·장기 평가를 좌우하는 것은 내치다. 내치 과제는 쓰나미처럼 밀려오는 지속가능성 위기, 견제와 균형이 작동하지 않아 발생하는 말기암 증상, 사회의 총체적인 퇴행·열화·쇠락·내파 증상 등 고질적인 문제에 더하여 2022년 이후 고금리, 고유가, 고물가, 부동산, 취업난과 긴축에 따른 예산 절벽의 충격을 완화하는 것이다. 요컨대 지금 대한민국은 내치가 핵심이고 외치는 파생이다. 한국에서 외치는 정치라기보다는 직업공무원들에게 익숙한 행정의 일종이다. 내치가 바로잡히면 외치는 따라온다. 문재인의 반역적 대북정책과 이재명의 대북송금은 기본적으로 권력 쟁취 혹은 사수, 즉 내치=정치를 위한 무리수이다. 외치가 잘 된다고 해서 내치가 잘 되는 것은 아니지만, 내치가 잘 되면 지지율이 하늘 높이 올라가면서 외치는 잘 되게 되어 있다. 정부의 역사적 평가는 외치가 더 결정적인 변수일지 모르지만(외치를 못 하면 고종처럼 망국을 초래하니까), 총선 평가는 압도적으로 내치에 의존한다. 총선 평가가 좋으려면 화려한 외치 성과는 잊어야 한다. 윤대통령의 임기 중 높은 직무수행평가와 긴 역사 속에서 받는 역사적 업적 평가는 결국 내치 문제 해결에 달려있다. 특별히 지금 시대의 내치가 어렵고도 중요한 것은 대한민국이 한 시대를 풍미한 지배적인 철학, 가치, 제도, 정책 패러다임을 바꿔야 하는 혁명적인 시기이기 때문이다.

망치-못 증후(症候)

오랜 검사 생활을 한 윤대통령과 검사 출신 정치인들은 법치의 이름으로, 매사를 범죄 프레임으로 보지 않을까 하는 우려가 있었다. 아니나 다를까, 윤대통령은 2021년 6월 29일 대통령 출마선언부터 지금까지 범죄의 주체 내지 수법으로 '이권 카르텔'을 지목하고, 척결 의지를 피력한 적이 한두 번이 아니었다. 출마선언에서는 이렇게 말했다.

이 정권이 저지른 무도한 행태는 일일이 나열하기도 어렵습니다. 정권과 이해관계로 얽힌 소수의 이권 카르텔은 권력을 사유화하고 책임 의식과 윤리 의식이 마비된 먹이사슬을 구축하고 있습니다.

카르텔은 독일어 Kartell이 어원으로 통상 "동일 업종의 기업이 경쟁의 제한 또는 완화를 목적으로 가격, 생산량, 판로 따위에 대하여 협정을 맺는 것으로 형성하는 독점 형태. 또는 그 협정"이라는 의미다. 윤대통령은 카르텔은 불법부당한 파벌, 연합, 동맹, 협정으로 썼다. 그 목적은 부당이익, 곧 지대추구다. 선거유세, 주요 연설, 국무회의 발언 등을 통하여 부패한 이권 카르텔을 성토했다. 그런데 윤대통령은 2024년 신년사에서 카르텔을 이권과 이념을 공유하는 패거리로 규정했다. 정부 출범 이후에도 이권 카르텔 질타 발언은 계속 됐다.

"어려운 분을 돕는 복지에 쓰여야 할 혈세가 이권 카르텔에 쓰여 개탄스럽다."(2022.9.15., 출근길 약식 기자회견. 태양광 등 신재생에너지사업 보조금 부당 집행 관련 언급)

"국민 혈세가 그들만의 이권 카르텔에 쓰인다면 국민 여러분께서 이를 알고 용납하지 않을 것이다."(2022.12.27. 국무회의, 시민단체 국고보조금 지원 관련 언급)

"과거의 낡은 이념에 기반한 정책, 기득권 카르텔의 부당한 지대 추구를 방치하고서는 한 치 앞의 미래도 꿈꿀 수 없는 게 우리 현실이다. 국민을 고통에 빠뜨리는 기득권 이권 카르텔을 확실하게 뿌리 뽑아야 한다."(2023.3.8. 국힘당 전당대회 축사)

"3대개혁은 더 이상 미룰 수도, 미뤄서도 안 된다. 개혁은 언제나 이권 카르텔의 저항에 직면하지만, 국민의 이익을 위해 좌고우면하지 않겠다."(2023.5.16. 국

무회의 발언)

"우리 정부는 반(反) 카르텔 정부 (…) 이권 카르텔과 가차 없이 싸워달라. (…) 민주사회를 외부에서 무너뜨리는 것은 전체주의와 사회주의이고, 내부에서 무너뜨리는 것은 부패한 카르텔이다."(2023.7.3. 신임 차관 임명장 수여 뒤 오찬 발언)

"이권 카르텔은 외견상 그럴듯하게 보일지 몰라도 손쉽고 편리하게, 지속적으로 국민을 약탈한다. (…) 이권을 나눠 먹는 구조를 철저히 타파해야 한다. (…) 특정 산업의 독과점 수주, 정부 보조금을 나눠 먹게 되는 이권 카르텔의 부당 이득을 우리 예산에서도 제로베이스(원점)에서 검토해 낱낱이 걷어내야 한다."(2023.7.4. 대통령실 '2023년 하반기 경제정책 방향에 관한 제18차 비상경제회의')

"정부는 출범한 이후 일관되게 이권 카르텔, 정부 보조금 부정 사용, 특정 산업의 독과점 폐해 등 부정과 불법을 혁파해 왔다. (…) 자기들만의 이권과 이념에 기반을 둔 패거리 카르텔을 반드시 타파하겠다. (…) 부패한 패거리 카르텔과 싸우지 않고는 진정 국민을 위한 개혁이 불가능하다."(2024.1.1. 대통령 신년사)

윤대통령 신년사에서는 이권 카르텔 혁파·타파를 '국민의 자유 확대', '후생 증진', '공정한 사회'를 만들기 위한 노력으로 의미 부여하였다. 문정부의 적폐청산은 진영 논리에 입각하여 자유·보수·우파를 만악의 근원으로 여기면서, 자기 편에는 한없이 관대하고, 상대편에는 한없이 가혹했기에 내로남불로 비판 받아 마땅하다. 하지만 윤정부의 이권 카르텔 청산은 진영 논리라기보다는 정치적 중립성을 띤 검사 논리에 가깝다. 편을 가리지 않고, 범법은 단죄하겠다는 것이기 때문이다. 하지만 이 시대 불의의 핵심은 합법적 제도적 이념적 관행적 불의라는 사실을 간과하였다.

이권 카르텔의 행위는 사법적으로 단죄가 가능한 범죄도 있고, 상식에는 어긋나도 사법적으로 단죄하기 어려운 행위도 있다. 그런데 대한민국의 치명적인 부조리는 대부분 합법적 제도적 불의에서 온다. 상식에는 어긋나지만 사법적 단죄는 불가능하다. 노동시장의 이중구조, 노조의 지대추구 집단화, 세대 약탈적 연금제도, 민간 약탈적 공공부문 규모와 처우, 예산 약탈을 능사로 아는 지방자치행정제도 등이 대표적이다. 사실 윤정부가 주창한 노동·연금·교육 개혁도, 저성장·저출산·불평등도 사법적으로 단죄 가능한 범죄의 결과가 아니다. 노동관련 온갖 부조리는 노동시장을 기울어진 운동장으로 만든 노동관계법의 산물이다. 노조의 조폭적 행위는 단죄가 가능하지만, 이중구조를 만든 노조 이념과 합법적 투쟁은 단죄가 불가능하다. 노동시장 이중구조나 세대 약탈적 연금제도는 소수의 이권 카르텔의 문제라기보다는 법제도·정책·예산을 통해 자신의 이해관계를 관철하는 수십만·수백만·수천만 명(현 세대)의 이권 카르텔의 문제다. 포퓰리즘은 이런 이권 카르텔의 이해와 요구를 충실히 받아 안게 만든다. 물론 진짜 폐해가 큰 소수의 이권 카르텔이지만, 거론조차 되지 않는 것도 있다. 그것은 양대 정당 기득권, 국회(의원)기득권, 법원(판사)기득권과 변호사 등 일부 전문자격사 기득권이다. 이 중에서 최대의 폐해는 불공정한 정치관계법에 힘입어, 국민의 선택권을 박탈하는 양당 기득권이다. 책임은 별로 없는데, 점점 큰 권한을 행사하는 국회와 국회의원 기득권도 그 못지않다. 이는 그 어떤 범죄나 제도적 불의보다 국가에 미치는 해악이 크다.

그런데 양당과 국회(의원) 기득권을 강고하게 만드는 어떤 구조(법제도)가 문제라 해서, 양당의 책임이 엇비슷한 것이 아니다. 그 기본 철학과 가치가 상호 이해와 존중, 대화와 토론과 담쌓고, 적대와 증오, 오만과 독선, 부정과 파괴, 위선과 거짓을 체화한 화석 운동권에 의해 지배되는 민주당의 책임이 압도적으로 크다.

잘 거론되지 않는 큰 실책

윤석열정부의 초기 큰 실책 중의 하나임에도 불구하고 잘 거론되지 않는 것이 있다. 그것은 인수위 백서와 별도로, 정부 출범 초기 100일 동안 매일매일 누가 언제 어디서 무엇을 연출할지 등을 정리한 비공개 정치적·정책적 이벤트 기획서인 "국정운영 100일 플랜"(비공개)을 만들지 않은 것이다. 그런데 국정운영 관련 연구·고민 기간도 훨씬 길었고, 이른바 정권 핵심들과 호흡을 맞춘 역사도 길었던 김영삼, 김대중, 문재인정부는 이를 만든 것으로 알려져 있다. 정치와 국정운영의 어려움을 알았기 때문일 것이다. 정치적·정책적 이벤트 기획서는 총선을 몇 개월 앞둔 지금도 절실히 필요하다. 당대표도, 당혁신위원장도, 당비대위원장도 다 필요하다. 임기가 100일밖에 안 남은 정권 말기에도 필요하다.

시장이나 마트에 갔을 때 물건을 담아주는 검은 비닐봉지가 있다. 이것이 구겨져 있을 때 펴는 방법은 주름 하나하나를 잡아당기는 것이 아니다. 바람을 불어넣어 팽팽하게 하면, 모든 주름이 한꺼번에 펴진다. 대통령과 정부와 당의 허물도 그와 같다. 국정운영 100일 플랜을 만들고, 이준석을 이렇게 하고 안철수를 저렇게 하고, 인사를 이렇게하고 정책을 저렇게 하고, 말은 이렇게하고 행동은 저렇게 하라는 것 등은 구겨진 주름을 하나하나를 당기는 것과 같다. 프랑스의 유명한 작가 생텍쥐베리는 〈어린 왕자〉에서 이렇게 말했다.

당신이 배를 만들고 싶다면, 사람들에게 목재를 가져오게 하고 일을 지시하고 일감을 나눠주는 일을 하지 말라. 대신 그들에게 저 넓고 끝없는 바다에 대한 동경심을 키워줘라.

원래 이 말은 비전의 중요성을 역설할 때 종종 인용하는 말이다. 그런데 비전 외에도 국가적 과제나, 위기인식도 같은 역할을 한다. 넘어야 할 산이 눈 덮인 태산준령이라는 것을 알면, 옷, 신발, 장비, 식량 등을 미주알고주알 지적하지 않아도 알아서 준비한다. 윤정부의 수많은 허물도 자기 자신을 알고, 받아안은 시대적 소명을 알고, 풀어야 할 과제와 가로 놓인 난관을 알면, 즉 지피지기를 하면 일일이 지적하지 않아도 스스로 해결한다. 명백한 초보 운전자임에도 불구하고 100일 간의 정치적·정책적 이벤트 기획서를 만들지 않은 것도, 출근길 약식 문답을 한 것도 다 지피지기의 오류다. 사실 윤정부의 30%대 지지율과 2024년 총선 비명횡사 우려는 기본적으로 시대적 소명, 즉 넘어야 할 산, 싸워야 할 적의 실체 파악 오류에서 온다. 자신의 시대적 소명을 문정부가 만든 지독한 비정상(외치, 법치, 인사, 검찰사법 정책, 탈원전 정책 등)을 (직업공무원이 생각하는) 정상 상태로 돌려놓는 일로 생각했는지 모르겠다. 윤정부가 넘어야 할 산과 자신의 준비 정도, 즉 행장(行裝)을 알았다면, 국정운영 100일 플랜을 만들어 놓고 시작했을 것이다. 도어스테핑도 하지 않았을 것이다. 대통령실 규모와 역할도 그렇게 축소하지 않았을 것이고, 당연히 비서실 인적 구성도 많이 달랐을 것이다. 인사검증업무라는 중차대한 일을 복잡미묘하고 광대무변한 국정을 알 길이 없는 법무부 인사정보관리단 공무원에게 맡기지도 않았을 것이다. 정부 초기에 대통령실-정부-여당이 조직적 체계적으로 문정부과 민주당에게 물어야 할 책임(공공요금, 공공부문 폭증, 정규직 전환 과정, 소주성, 탈원전, 문케어, 태양광, 국가부채 폭증의 폐해 등)을 명확히 하는 작업도 했을 것이다. 대통령과 당 지도부는 항상 51% 선거연합과 '특이한 한국 민심'을 의식하는 공직인사와 '말(레토릭)'을 구사했을 것이다. 윤석열과 이재명이라는 특이한 이력을 가진 사람을 불러낸 비정상 정치를 의식한 정치(정당, 사람, 이념, 제도 등) 개혁 관련한 메시지도 제법 나왔을 것이다. 전당대회 과정에서도 나경원, 안철수 등을 그렇게 거칠게 누르지 않았을 것이다. 국가채무 폭증과 세수 급감에 따라 2005년 이후 가장 낮은 예산 증가율(2.8%)을 기록한 '2024년 예산안'은 어쩔 수 없다 손치더라도, 수많은 삭감 항목을 놓고 엄청난 정무적 고려를 했을 것이다. 적어도 목표를 정하고 예산 항목을 일률적으로 삭감하는 기재부 관료의 오랜 습이 발동되는 것은 막았을 것이다. 유치 가능성이 높든 낮든, 윤정부의 시대적 소명과는 별로 상관이 없는, 아니 반하는 부산엑스포에 엄청난 자원을 투입하지도 않았을 것이다. 대통령실이나 정부 인사 개편도 훨씬 빠르고 잦았을 것이다. 왜냐하면 윤대통령이 국정을 보는 안목과 인재풀에 대한 정보가 급성장하면서, 용처(과제)와 인물을 매칭시키는 안목도 같이 급성장했을 것이기 때문이다. 그리고 국정을 주제로 나누는 대화나 회의 시간에, 말하는 것보다 듣는 시간이 훨씬 많이 늘어났을 것이다. 이명박·박근혜정부가 결코 작지 않은 힘을 가지고도 할 수도 있는 일을 너무 많이 방기한 것도, 충분히 봉합할 수도 있었던 여당의 분열을 방치 또는 주도한 것도 지피지기 혹은 시대적 소명 파악의 오류에 있다. 오류의 핵심은 대한민국의 건국·산업화 역사를 굴절과 오욕의 역사로 보는, 혁명군 내지 반란군적 멘탈을 가진 운동권·민주당의 부상을 보지 못한 것이다. 윤대통령과 국힘당이 자신에게 부여된 준엄한 시대적 소명을 알았다면, 다시말해 가치·정책의 패러다임에 대한 변화와 개혁이 절실한 혁명의 시대에, 부패와 반동과 반역의 화신으로 변질된 낡고 늙고 썩은 혁명 세력, 즉 운동권정치 세력과 국가의 명운을 건 대결을 벌이고 있다는 사실을 알았다면 결코 이러지 않았을 것이다.

두 마리 토끼를 다 잡아야 사는 운명

'윤석열정부는 어떤 정부로 기억될 것인가?'라는 질문에 답하는 것은 그리 어렵지 않다. 내치 관련 국정운영 플랫폼을 재건축 수준으로 리모델링하지 않으면, 특히 관심 방향을 외치에서 내치로, 법치에서 (진짜) 정치로, 경제에서 경세로, 관료적 정책에서 정무로 틀지 않으면 틀림없이 이재명 집권 저지, 아니 5년 연기가 가장 큰 치적으로 기록될 것이다. 두 번째는 '자유·평화·번영에 기여하는 글로벌 중추국가'의 기치하에 외치노선을 정상화 시킨 것이다. 세 번째는 절반의 법치 회복이고, 네 번째는 건전재정 수호를 위해 문정부가 주도한 방만·팽창 재정을 바로잡기 위해 노력한 것이다. 사실 외치와 법치는 공무원들에게 익숙한 행정 행위다. 외교국방 관료, 경제관료, 사법관료 등 직업공무원의 시각에서 가장 중요한 것이다. 하지만 국민의 시각에서는, 적어도 평화 시기에는 그리 중요한 것이 아니다. 거의 모든 분야에서 가치·정책의 패러다임의 변화를 요구 받는 시대, 낡은 가치·정책 패러다임이 모순이 폭발적으로 분출하는 일종의 내전 시대에는 내치에 국가와 정권의 명운이 달려있다.

윤정부와 대한민국의 명운이 걸린 총선이 코앞에 다가온 상황에서, 임기중 높은 직무수행 평가와 긴 역사 속에서 받는 역사적 업적 평가는 어느 것 하나 물릴 수 없는 과제다. 이 둘은 상충(trade off) 관계는 아니지만, 1948년 대한민국 정부 수립 이래 그 어떤 대통령도 두 마리 토끼를 다 잡지 못했다. 윤대통령은 최초로 두 마리 토끼를 다 잡는 대통령에 도전해야 하는 운명이다. 아니 두 마리 토끼를 다 놓친 대통령으로 가는 도정에서 탈출해야 하는 운명이다. 윤대통령은 둘 다를 얻든지 둘 다를 잃던지 다른 선택지가 없다. 역사적 평가는 좋은데 총선 평가는 나쁘거나, 문재인정부처럼 총선 평가는 좋은데 역사적 평가는 나쁜 일은 윤정부에게는 일어나지 않는다. 윤정부에 대한 역사적 평가는 대한민국이라는 환자의 질환이 대수술과 복합치료를 해야 할 중질환인지, 간단히 치료 가능한 경질환인지를 분별하는 데 달려있다. 넘어야 할 산이 겨울 히말라야 준령인지 서울 남산인지를 분별하는 데 달려 있다.

6장. 오케스트라 악보와 국정운영 플랫폼

흩어진 경험·지식과 전략·열정 등을 결합하는 지적 장치

자동차의 기본 기능은 달리고(run), 돌고(turn), 멈추는(stop) 것이다. 이 기능을 담당하는 엔진, 변속기, 차축, 바퀴, 브레이크와 이들을 단단하고 조화롭게 엮은 강고한 철골 구조 혹은 하부 차체를 통틀어 차대=플랫폼(platform)이라 한다. 눈에 잘 띄지 않지만, 플랫폼이 차의 정체성이나 성능을 결정하는 핵심적인 기능부라면, 눈에 잘 띄며 변신이 용이한 외관(도어, 도색, 유리 등), 시트, 오디오 등은 주변적인 기능부다. 신차 개발비의 대부분은 핵심 기능부인 차대=플랫폼 개발비다. 컴퓨터와 스마트폰이 등장하면서 윈도우, 리눅스, 아이폰, 안드로이드 같은 운영체제도 플랫폼이라 한다. 이 운영체제 위에서 수많은 어플리케이션이 돌아간다. 최근 들어서는 생산자나 소비자가 모여들어 정보와 지식을 주고받으며 새로운 가치도 창출하고, 상거래도 하는 장터나 비즈니스 허브(hub)도 플랫폼이라 한다. 영어권에서는 오래 전부터 정당의 강령이나 대선후보의 정책공약집을 platform이라 불렀다. 국정운영 플랫폼은 인체의 X선 사진에 선명하게 드러나는 척추, 골반뼈 같은 존재다. 모든 장기와 근육은 이 뼈에 붙어 있다. X선 사진에서 척추뼈가 뒤틀려 있거나 부러져 있으면, 장기, 근육, 신경 쪽에서 다양한 문제가 발생한다. X선 사진을 볼 줄 아는 의사에게는 화려한 옷과 화장과 번드르르한 말로 건강을 속일 수는 없다. 플랫폼의 다양한 용례를 종합하면, 플랫폼은 부품, 프로그램(어플리케이션), 기능, 사업(비즈니스), 정당, 정부 등이 원활하게 돌아가도록 돕지만, 눈에 잘 안띄는 핵심 기능부나 운영체제를 의미한다. 윤석열정부도 플랫폼을 이런 의미로 썼다. 예컨대 197쪽 120과제에서 플랫폼이라는 말이 무려 59번이나 나온다. 국정과제 11번 제목이 "모든 데이터가 연결되는 세계 최고의 디지털플랫폼 정부 구현"이다. 194쪽 '다시 대한민국'에서도 플랫폼이라는 말이 9번 나오는데, 그 중 4번이 '플랫폼 정부'다. 윤대통령은 "우리가 추구하는 '디지털 플랫폼 정부'는 모든 데이터가 연결되는 '디지털 플랫폼' 위에서 국민과 기업, 정부가 함께 사회 문제를 해결하고, 새로운 가치를 창출하는 정부입니다. (…) (과거 정부가 창출한 가치가 10가지라면) 이 '디지털 플랫폼'에 올라타서 양방향으로 소통을 하게 함으로써, 창출될 수 있는 행정 서비스의 가치가 100가지, 1,000가지가 될 수 있게 만들어야 합니다"라고 말했다. (2023.1.27. 통일부·행정안전부·국가보훈처·인사혁신처 업무보고)

요컨대 윤대통령이 말하는 디지털 플랫폼 정부는 모든 데이터를 디지털화하여 국민, 기업, 정부가 공유하여, 새로운 가치를 많이 창출하는 정부다. 그런데 상식적으로 디지털 데이터보다 천 배 만 배 더 중요한 것은 윤정부의 철학, 가치, 비전, 정책 혹은 역사관, 세계관, 가치관, 시대·위기 인식, 시대적 소명을 공유하는 것이 아닐까? 원래 이런 것들은 정당의 강령이나 인수위 백서에 정리되어야 한다. 그런데 윤정부를 포함하여 역대정부와 주요 정당치고 이런 생각을 갖고, 심혈을 기울여 국정운영 플랫폼을 만든 정부는 없었다. 당연히 주의 깊게 읽는 사람도 없었다.

오케스트라 연주에서 악보의 중요성을 모르는 사람은 없다. 하지만 국정운영 플랫폼은 그 존재도 필요도 모르는 사람이 많다. 그럼에도 불구하고 '숨은 신'처럼 대통령과 정부·여당과 정치 진영을 지휘 통솔한다. 사실 민주당과 민주진보세력의 시대착오성과 견고함은 재야·운동권이 오랜 세월에 걸쳐 구축한 오케스트라 악보를 널리 공유한 데서 나온다. 바꿔 말하면 이들과 대립하고 경쟁하는 근대화세력 혹은 자유보수세력의 취약성은 오케스트라 악보가 없거나, 널리 공유하지 못한 데서 나온다.

훌륭한 음악 연주를 위해서는 좋은 악보, 지휘자, 연주자가 만나 많은 연습을 해야 한다는 것을 모르는 사람이 없다. 관객 수준이 높으면 악단의 기량이 더 빨리 올라간다. 그런데 좋은 국정운영을 위해서도 동일한 것이 필요하다는 사실은 의외로 모르는 사람이 많다. 사실 5년 단임 대통령이라는 지휘자는 연습을 제대로 할 수가 없다. 누가 지휘자가 되어도, 불협화음을 많이 낼 수밖에 없다. 결국 초보 지휘자와 연습도 제대로 못 한 연주자들이 모여 연주회를 하면서, 악보도 수정하고, 지휘·연주방식도 교정해 갈 수밖에 없다. 그런 점에서 지휘자의 학습능력, 성찰반성 능력, 열린 태도가 정말 중요하다.

국정운영 플랫폼은 '숨은 신'처럼, 오케스트라 악보처럼 정부, 여당, 진영의 가치·이념과 비전·정책과 법안·예산과 제기할 공보·홍보 전략전술을 포괄적으로 규율한다. 정책, 법안, 예산, 인사, 일정 등이 어플리케이션(앱)이라면, 국정운영 플랫폼은 이들이 서로 충돌하지 않고, 돌아가게 만드는 운영체제 같은 것이다. 흩어진 경험·지식·지혜·열정과 의지 등을 결합·조정·배치하는 지적 장치다. 국정운영 플랫폼은 공직인사 플랫폼이요, 말과 일정 플랫폼이요, 조직문화 플랫폼이다. 당연히 대통령실·정부·여당은 말할 것도 없고, 정권의 성공을 간절히 바라는 진영 전체가 공유해야 한다. 그런데 이 모든 플랫폼은 결국 리더십에 의해 운영된다. 아무리 좋은 플랫폼으로 만든 자동차라 할지라도 운전을 잘못하면 벽을 들이받고, 사람을 치고, 낭떠러지로 굴러떨어지듯이, 정책 플랫폼, 인사 플랫폼, 정신문화 플랫폼도 결국은 대통령과 당대표 리더십이 후지면 별무신통이다. 이승만과 박정희는 지극히 열악한 조건에서 기적 같은 성취를 이루었고, 조선 고종과 문재인은 기적 같은 국가 자살극을 보여주었다. 한국에서 정책 플랫폼에 관한 관심이 적었던 것은 대통령 리더십의 중요성이 압도적이었기 때문일 것이다.

악보 없는 오케스트라는 상상을 못 하지만, 강령이나 국정운영 플랫폼이 없는거나 마찬가지인 정당과 정부는 존재한다. 사실 자신과 자당 후보의 당선이 유일한 목적이면 강령을 살펴볼 필요가 없다. 유권자들도 안 보기 때문이다. 그리고 130만 명이 넘는 직업공무원(공무원연금 가입자)은 출근해서 퇴근할 때까지 자기에게 주어진 업무를 열심히 한다. 2023년 8월의 새만금 잼버리 참사도, 잼버리 성공을 명분으로 여가부·전북도·부안군 공무원들이 100차례 가량 해외 출장을 다니는 등 부지런히 일한(?) 결과다. 130만 명 넘는 직업공무원의 업무를 재정의(定義)하고, 강력하게 지휘 통솔하지 않으면, 새만금 잼버리 참사 같은 일은 무수히 일어날 것이다. 누군가의 집권을 저지하는 것이 목적이거나, 단지 군림하며, 지시하고, 호통치고, 벼슬 하사(인사)하는 재미로 사는 대통령에게는 국정운영 플랫폼이 필요없다. 그런 것 없어도 공무원들을 바쁘게 만드는 일상 업무 계획은 충분히 있기 때문이다. 물론 새만금 잼버리 참사 같은 사고를 초래하는 업무 계획이 많아서 문제긴 하지만.

윤석열정부의 국정운영 플랫폼

윤석열정부의 국정운영 플랫폼은 여럿이다. 이 자체가 문제긴 한데, 중요한 것만 나열한다면 ①국힘당 강령(2020.9.2.) ②인수위 백서(2022.6.), ③120대 국정과제(2022.7.) ④새정부 경제정책 방향(2022.6.16.)과 2023년 경제정책 방향(2022.12.21.) ⑤다시 대한민국(2023.3.) 등이다. 하나 더 추가하면 윤정부의 실질적인 첫 예산인 ⑥2024년 예산안(2023.8.29.)을

들 수 있다. 2022년 5월 16일 국회시정연설을 통해 등장한 연금·노동·교육 등 3대개혁안의 주요내용은 ④새경방에 다 들어 있다. 수백 수천 명의 주요 공직인사와 대통령실 및 정부조직 운영은 국정운영 플랫폼의 후속이다.

국정운영에 미치는 직접적인 영향력은 공직인사와 대통령실 조직을 제외하면, ⑥(예산안) → ⑤(다시 대한민국)→④(새경방) → ③(120과제) 순일 것이다. 그런데 공직인사와 대통령실 및 정부 조직은 어떤 철학과 원칙으로 할까? 이는 ①(강령), ②(인수위백서), ③(120과제)이 아닐까 한다. 사실 윤석열정부에 대한 역사적 평가와 총선 평가는 국정철학과 국정과제를 문서화한 ②(인수위 백서)와 ③(120과제)와 이것을 만든 어떤 생각에 달려 있다. 국힘당 강령과 정책공약집(2022.2)은 여기에 다 녹아들어가 있다. 윤정부 국정운영 플랫폼의 핵심은 인수위 백서와 120과제와 새경방 등인데, 주요 국정현안을 어떻게 다뤘는지 살펴보면 관통하는 정신(시대인식, 시대적 소명, 국정과제 등)과 국정운영 플랫폼의 골조를 알 수 있다. 대통령 선거일과 정부 출범일과의 간극(대략 60여일) 때문에 정권교체 때 마다 인수인계 작업이 필요하기 마련이다. 2003년 2월 4일 노무현정부 출범 직전 "대통령직 인수에 관한 법률"이 제정과 동시에 시행되어 공식적인 인수위가 가동됐다. 이후 노무현·이명박·박근혜 정부는 인수위 백서를 내놨다. 하지만 박근혜 대통령 탄핵으로 인해, 보궐선거로 출범한 문재인정부는 당선과 동시에 취임했기에 인수위 백서가 없었다. 대신에 정부 출범 2개월 여가 지나서(2017년 7월 19일), 국정기획자문위원회 명의로 인수위 백서와 유사한 193쪽의 〈문재인정부 국정운영 5개년 계획〉을 내놨다. 문정부는 이를 "국정운영의 나침반", "국정운영의 설계도"라 지칭했다. "촛불시민혁명으로 탄생한 정부로서 국민주권시대에 맞도록 새로운 시대정신을 담아 국정운영 패러다임을 전환"하는 것이 문정부 5개년 계획의 특징이라 하였다.

윤석열대통령인수위도 활동을 마감하는 날(2022.5.3.) 〈윤석열정부 110대 국정과제〉를 내놨다. 한 달 뒤(6월)에는 '제20대 대통령인수위원회' 명의로 〈제20대 대통령인수위원회 백서〉를 내놨다. 인수위 백서는 110대 국정과제에 대한 배경 설명(시대정신, 시대적 소명, 국정비전 등)을 추가하고, 인수위 활동 내용(논의 내용 등)을 정리하였다. 그런데 7월에는 대한민국정부 명의로 〈윤석열정부 120대 국정과제〉를 내놨다. 110대 국정과제가 120대 국정과제로 된 것은 국정목표 6(대한민국 어디서나 살기 좋은 지방시대 개막)에서 10개 과제가 추가되었기 때문이다. 초유의 일이다. 그래서 윤석열정부의 핵심 국정운영 플랫폼은 "인수위 백서 + 120대 국정과제"라고 적어야 한다.

'윤석열정부는 도대체 뭘 하려는 정부인가?' 혹은 '어떤 정부로 기억될 것인가?'라는 질문에 대한 답의 상당부분은 국정운영 플랫폼에 나와 있다. 원래는 집권당의 강령 및 정책공약집에도 나와 있어야 하는데, 유감스럽게도 한국 주요 정당의 강령은 대체로 좋은 말 대잔치요 모호한 말 투성이다. 그럼에도 불구하고 암묵적으로 공유되어온 생각을 정리한 문건이기에 무시 못 할 영향력을 발휘한다.

한국 주요 정당의 정책공약집은 다양한 민원의 모음집이다. 특정 계층이나 집단이 반발할 만한 구조개혁 공약은 별로 없고, 포퓰리즘 공약이 수두룩하다. 그러니 국정운영 플랫폼 역할을 하기 어렵다. 그래서 강령과 정책공약집, 그리고 선거운동 과정에서 즉흥적으로 한 약속과 지역 및 직능으로부터 전달 받은 민원 및 정책 건의와 인수위 단계부터 공식적으로 합류하는 행정 각부 공무원들이, 기존에 해오던 사업과 하고 싶은 사업 등을 인수위에 모조리 쓸어놓고 정련하는 작업을 한다. 이런 과정을 통해 옥이라고 생각하는 가치와 정책을 선별하고 가공하여, 실(목표·방향·비전 등)에 꿰어 목걸이(대체로 100개가 넘는 국정과제)를 만든다. 여기에 시대적 소명, 정부 출범의 의미, 국정비전, 국정운영원리 등 약간의 사설을 추가하면 인수위 백서가 된다. 인수위 백서 등 국정운영 플랫폼으로부터 정부와 공공기관의 사업계획과 예산계획이 나온다. 정당의 국회운영 방략도, 수많은 시민사회 단체의 운영 투쟁방향도 열성 지지층의 행동 지침도 여기서 나온다. 이는 가치·비전·정책·인사·연설·일정 등을 유기적으로 엮어서 대통령실-정부-정당과 외곽 단체 및 수백만 명의 열성지지층의 생각과 행동에 통일성과 방향성을 부여한다.

인수위 백서와 120과제는 국힘당 강령처럼 대통령실·정부·여당 핵심들이 별로 들춰보지 않는, 사실상 죽은 문서라고 생각하는 사람이 많다. 하지만 120과제는 국무조정실과 대통령실 국정과제 비서관이 열심히 확인·점검을 하고 있다. 대통령실홈페이지[3] 상단메뉴는 총 6개인데[4], 그 중의 하나가 국정과제이다. 그 아래 메뉴가 4개(국정비전/120대 국정과제/정부업무보고/정책브리핑)이다.

이관섭 현 대통령실 비서실장도 정책기획수석에서 정책실장으로 승진 직후(2023.12.1.) 첫 일성으로 "120대 국정과제를 속도감있게 추진"할 것이라고 공언했다. 그런데 이 과제들의 성격을 뜯어보면, 100% 완료한다 하더라도, 윤정부의 역사적 평가나 총선 평가를 좋게 만들지 못한다. 대부분 시대적 요구 내지 위기의 곁가지를 붙잡았기 때문이다. 소소한 공무원적 개선과 혁신으로 점철되었다는 얘기다. 그런데 존재감도 없고, 무시해도 될 것 같은 이 문서에 대해 왜 길게 논하나? 그것은 기독교의 성경처럼 대통령실·정부·여당 핵심들이 금과옥조로 여겨 자주 들춰보고, 상고(詳考)해서가 아니다. 대·정·당을 포함한 자유·보수·우파 진영의 머리 속에 굳건히 자리 잡고 있는, 생각의 기본 틀을 길고 체계적으로 문서화했기 때문

---

3) https://www.president.go.kr/
4) 대한민국 대통령/대통령실/국정과제/대통령실 뉴스룸/정보공개/국민제안

이다. 보는 사람이 더 없는 국힘당 강령이 중요한 이유도 동일하다.

그런 점에서 인수위 백서+120과제는 윤대통령과 선대위·인수위와 국힘당과 자유보수 시민사회가 감추어 오거나, 해결 못한 수많은 문제가 집약적으로 나타나 있다. 병을 진단하고 치료하려면 병의 증상들을 잘 표현한 체계적이고 풍부한 진술들이 대단히 중요하다. 두 문서는 한국 정치와 자유·보수·우파 지식사회와 시민사회가 앓아 온 중병에 대한 상세할 뿐 아니라 체계적인 진술이다. 동시에 두 문서는 정부와 공공기관 등에 목표, 방향, 과제를 정해주는 국정운영 기본 틀이자, 국정이라는 기관차가 달려갈 레일 역할을 하기에, 온갖 문제의 시발점이기도 하다. 요컨대 두 문서는 윤정부가 갖고 있는 수많은 문제의 집약적 표현이자, 윤정부가 출범 후 보여준 수많은 문제의 근원이다. 큰 궤도 수정을 하지 않으면 윤정부에 대한 역사적 평가가 결코 좋을 수 없다고 보는 핵심 이유이다. 가장 심각한 문제는 윤정부의 국정운영 플랫폼의 부실함을 인지하는 사람도, 성토하는 언론도 거의 없다는 사실이다. 윤대통령의 문제가 아니라 자유진영 내지 근대화세력 전체의 문제라는 얘기다. 솔직히 나는 공개되지 않는 진짜 국정운영 플랫폼이 따로 존재했으면 좋겠는데, 그런 것 같지 않다. 그래도 외치 정책은 인수위 백서+120과제가 실질적인 플랫폼으로 기능한다. 경제사회 정책의 일부는 새경방이 플랫폼 역할을 어느 정도는 한다. 하지만 지난 1년 9개월 동안 대·정·당이 보여준 정책, 예산, 공직인사, 말, 일정 등을 종합해 보면 여전히 인수위 백서+120과제가 윤석열정부의 주된 국정운영 플랫폼으로 기능하는 것처럼 보인다. 이 부실한 두 문서는 '숨은 신'처럼 언제나 어디서나 존재하면서 역사(役事)하기 때문이다.

국정운영 플랫폼 개념설계의 핵심 변수

국정운영 플랫폼은 종합적 체계적 경세방략이다. 국정철학과 국정과제의 총체다. 집=비전하우스(Vision House)이나 오케스트라 악단이 공유하는 악보에 비유하기도 한다.

집의 개념설계(Concept Design)의 핵심 변수는 무엇일까? 지구촌의 집 형태가 천차만별인 것은 1차적으로 자연환경과 조달가능한 자재의 차이 때문이다. 눈, 비, 바람, 추위, 더위, 습도 등 자연환경과, 조달이 용이하고 가성비 좋은 재료(목재, 석재, 진흙) 등이 집의 기본 형태=ㄹ을 결정했다. 당연히 과학기술 발전에 따라 철근, 시멘트, 엘리베이터, 상하수도 관련 기술도 주요 변수로 떠올랐을 것이다. 자동차 플랫폼 개념설계 때는 자동차 운행 환경 및 법규 등 제약조건과 차량용도(트럭인지 스포츠카인지 등)가 먼저다. 즉 도로 사정(비포장인지 아스팔트인지 등), 눈, 비, 추위, 더위, 염분 농도, 연료 등을 살펴야 한다. 그와 더불어 시장(소비자, 경쟁자 등)의 요구, 각 분야 엔지니어·전문가들의 요구와 아이디어, 경영전략과 제품 철학 등도 주요하게 고려해야 한다. 그렇다면 국정운영 플랫폼=비전하우스 개념설계의 핵심 고려사항은 무엇일까? 역대 정부의 인수위 백서와 대통령프로젝트(주요 국정과제)를 살피면 어느 정도 유추할 수 있을 것이다. 역사적 평가가 좋은 정부·대통령의 통찰만큼 좋은 참고 사례는 없을 것이다. 전 미국 대통령 빌 클린턴은 미국인 대상 여론조사에서 케네디, 레이건과 더불어 재임중 국정 운영을 매우 잘한 대통령으로 꼽힌 조사결과를 놓고 그 비결을 묻는 기자의 질문에 이렇게 답했다.

첫째는 자신이 이끄는 나라를 완벽하게 이해해야 한다. 역사의 조류 속에서 나라가 어디쯤 위치해 있는지를 깨닫고, 그 바탕 위에서 국민을 통합하고 역량을 결집해야 한다. 둘째는 세계가 어디로 가고 있으며, 더 번영한 나라와 세계를 어떻게 만들어야 하는지를 알아야 한다. 마지막으로 세계에 대한 책임의식을 가져야 한다. (조선일보, 2005. 2. 24.)

역사의 조류 속에서 나라가 어디쯤 위치해 있는지를 깨닫는 것은 역사감각(sense of history)이라고 한다. 과거, 현재, 미래를 잇는 선상에서 나라의 위치(처지, 위기, 기회)와 방향을 파악하는 것이기에, 시대인식 혹은 역사인식이라고도 한다. 세계가 어디로 가고 있는지를 아는 것은 흔히 국제감각 혹은 국제정세인식이라고도 한다. 책임은 권능에 비례하기에, 당대 유일 패권국의 대통령인 클린턴에게는 세계에 대한 책임의식이 더 무겁게 다가왔을 것이다. 그런데 세계화 시대에는 작은 나라 할지라도, 지구촌의 아픔에 대한 책임은 외면하고, 이익과 혜택만 누리는 얌체 짓은 가능하지 않다. 세계에 대한 책임의식은 큰 나라든 작은 나라든 번영하는 나라를 만드는 데 필수적이다. 정권(정부+정당+시민사회)은 역사감각과 국제감각을 갈고 닦아 시대정신을 읽어내고, 자신의 가치·이념과 역량을 토대로 선택·집중 할 일을 선정한다. 바로 이것이 시대적 소명과 국정철학, 국정목표, 국정과제 등으로 정리된다. 국가경영도 전략전술인 한, 주객관적인 조건 분석과 주체의 역량 타산은 기본이다. 역사감각과 국제감각은 자신의 위치=처지와 세계의 흐름을 파악하는 것인데, 사고의 시공간적 확장이 필수다. 자기 자신을 정확히 알기 위해선 다른 존재와 비교해야 하듯이, 자기 나라를 정확하게 이해하기 위해서는 다른 나라와 세계를 알아야 한다. 우리가 OECD 지표를 주요하게 참고하는 이유다. 또한 현재를 정확하게 이해하기 위해서는 현재를 만든 과거를 알아야 하고, 현재가 만들 미래를 그려 보아야 한다. 역사감각과 국제감각은 국가 간 비교, 과거·현재·미래 간 비교, 이상(이론)과 현실(실제) 간 비교를 통해 길러진다. 비교를 통해 확인한 차이에 대해, 그 근인(近因)과 원인(遠因)을 묻고, 그것이 한국적 특수성인지, 세계적 보편성인지, 제도의 문제인지, 사람의 문제인지 등을 캐묻는 과정에서 사회역사적 통찰력이 길러진다. 매사를 현미경(미시적)으로 들여다보고, 멀찌감치 떨어져 망원경으로도 조망하는 대관세찰(大觀細察)도 사회역사적 통찰력의 원천이다.

국정운영 플랫폼 개념설계의 핵심 고려사항은 상식으로부터도 얼마든지 도출할 수 있다. 인간의 노력이나 한국 정부의 힘으로 변화시키기 힘든 자연환경(생명자원조건)과 국제정치경제 지형(지정·지경학적 조건 등)이 그것이다. 냉전-탈냉전-신냉전과 브레턴우즈-GATT-WTO체제 등으로 이어지는 국제정치경제 지형과 4대강국에 둘러싸인 분단국이라는 지정학적 조건, 그리고 에너지·식량·의약품 등 생명자원의 안정적 조달을 위한 자유통상환경, 그리고 외화를 벌어올 국제비교 우위가 있는 상품서비스 확보 등이 최우선 고려사항일 것이다. 이로부터 한미동맹과 자유통상질서를 요체로 한 외교안보 전략과 경제산업전략이 도출될 것이다. 또한 정부와 정당의 노력으로 조금은 변화시킬 수 있는 국내정세(지형), 국민의 요구·불만과 감정반응 등도 핵심 고려사항일 것이다. 개혁의 주체인 대통령과 대통령실, 행정각부 장차관, 지자체장, 정당, 주요 지지층과 기업 및 사회단체의 역량과 특성도 마찬가지다.

노무현정부의 비전2030

노무현 대통령은 국정운영을 하다가, 상충하는 가치들을 숱하게 발견하고, 정부의 가치·제도·정책·예산이 조화를 이루며 만들어낼, 25년 후 미래를 그려 보도록 했다. 이것이 바로 비전2030이다. 2005년 6월경 60여 명의

전문가로 민간작업단을 구성하고, 근 1년에 걸친 합동 작업을 거쳐서 2006년 8월에 정부·민간 합동작업단 명의로 발표되었다. 비전2030은 노무현정부가 재선이 허락되었다면, 국정운영 플랫폼이 되었을 것이다. 하지만 기본 틀은 2003년부터 채택한 플랫폼과 크게 다르지 않았다. 경제사회 지표의 동태적 변화와 재정을 연계하여 컴퓨터 시뮬레이션을 거쳐 장기 재정계획을 세웠을 뿐이다. 그래도 비전2030은 대한민국 역사상 처음으로 만든, 25년을 내다 본 장기재정계획이다. 노무현이 지금 껏 살아서 국정운영을 고민했다면 아마 가치·제도·정책 패러다임의 전환의 필요성을 절감하고, 새로운 국정운영 플랫폼 설계의 필요성을 강하게 느꼈을 것이다. 어쩌면 인간의 일상 생활과 사생관(가치관) 등 영혼까지 규율하는 새로운 시민종교의 정립 내지 정신문화=시민의식 혁명의 필요성까지 느꼈을 지도 모르겠다. 기독교나 불교나 이슬람교를 국교로 삼은 위대한 왕들처럼! '민주주의의 최후의 보루를 깨어 있는 시민의 조직된 힘'이라고 강조한 것을 보면 노무현은 정신문화 개혁의 필요성을 가장 강하게 느낀 대통령이 아닐까 한다. 비록 노무현의 계승자를 자처하는 자들이 '깨어 있는 시민'을 망각하고 '조직된 힘'만 강조해서 그 뜻이 바랬지만! 정신문화나 시민의식의 개혁은 국정운영 플랫폼과 정부 업무계획에 담기는 어렵지만 한 사회의 지속가능한 성장과 통합 혹은 수많은 이해관계자들 간의 상호 절제, 신뢰, 관용, 협력 등을 위해서는 반드시 필요한 일이다. 국정운영 플랫폼에는 민주주의의 보루이자, 민주주의 품질을 결정하는 정신문화나 시민의식의 개혁까지 담아야 한다.

중요하고도 시급한 문제는 무엇인가?

'어떤 정부, 어떤 대통령으로 기억될 것인가'라는 질문은, 답변이 결코 간단치 않은 하위 질문 여러 개로 갈라진다.

첫째, 중요하고도 시급한 국가적·시대적 과제가 무엇이냐는 것이다. 한마디로 대통령 프로젝트가 무엇이냐는 것인데, 정부에 대한 역사적 평가는 주로 여기에 달려있다. 중요하고도 시급한 국가적·시대적 과제는 그야말로 장님 코끼리 만지기다. 자신의 경험과 지식에 따라, 직업적·지역적 이해관계에 따라, 종교·이념에 따라, 권한과 책임에 따라 천차만별이다. 당연히 일반 대중과 정치 고관여층의 시각이 다르고, 직업공무원·전문가와 대통령·정치인의 시각이 다르다. 아니 달라야 한다. 과제들이 난마처럼 서로 얽히고 설켜 있기에 이들의 연관 관계를 찾아 증상과 본질을 분별하고, 곁가지와 킹핀(중심고리)를 파악하는 것도 여간 어려운 일이 아니다.

둘째, 중요하고도 시급한 국가적·시대적 과제 중에서 기업이나 민간이 아닌, 정치와 정부가 해결해야 하는것이 무엇이냐는 것이다. 이는 힘써 노력하면 해결할 수 있는 문제여야 하는데, 대통령과 정부의 철학, 의지, 수완과 대외 여건에 따라 해결할 수 있는 문제가 바뀌기 마련이다. 중요한 과제는 중장기적으로 국가와 국민의 생존·번영·통합·지속가능성에 대한 치명적인 위협을 해소하는 것이다. 시급한 과제는 대중의 초미의 관심사 즉, 대중이 아우성 치고, 언론이 대서특필하는 문제에 응답하는 것이다. 예컨대 전자는 북한발 위기(핵과 미사일 능력 고도화, 국지적 도발, 북한인민의 정신과 육체의 발육 부진 등), 중국발 경제·군사 위기, 지속되는 저출산·지방소멸·양극화와 사회 이동성·역동성 저하 위기, 주력산업의 경쟁력 위기와 4차산업혁명 대응, 정치와 교육의 본말전도, 정치리더십의 저열화, 변화·개혁 가능성 자체에 대한 절망과 체념 등이다. 시급한 과제는 세월호·이태원·궁평 지하차도 참사·쌍특검 대응 등 야당과 진보언론이 주로 정부 공격 소재로 삼는 이슈들이다.

1987년 이후 탄생한 정부와 국회는 발등에 떨어진 불 같은, 즉 해결하라, 책임지라고 아우성 치는 문제에는 관심을 많이 기울였지만, 진짜 중요한 문제에 대해서는 관심을 별로 기울이지 않았다.

한국갤럽이 매주마다 발표하는 대통령 직무수행평가는 주로 발등에 떨어진 불에 비유될 수 있는 시급한 과제 처리에 달려있다. 하지만 긴 역사 속에서 받는 정부와 대통령에 대한 역사적 평가는 중요한 과제 처리에 달려있다. 중요한 과제를 시급한 과제로 여기게 만드는 것은 정부와 대통령의 수완이다. 물론 수완을 발휘하지 않아도, 누가 봐도 중요하면서도 시급한 문제가 터지기도 한다. 1997년 외환위기, 2008년 세계금융위기, 부동산 폭등, 고금리와 물가 상승에 따른 민생위기 등이다. 미국(고금리)발 혹은 중국(부동산)발 세계경제 위기 조짐도 농후하다. 이명박 대통령은 2008년 세계금융 위기에 대한 탁월한 대응과 그 외 다양한 성과에도 불구하고, 한 일이 무엇인지 잘 모르겠다는 비난을 받는다. 반면에 김대중 대통령은 외환위기 수습 과정에서 불필요한 비용을 너무 많이 지출하고, 한국 정치·경제·사회·문화 전반에 걸쳐 너무 많은 치명적인 해악을 끼쳤다. 하지만, 탁월한 정무적 대응으로 상당수 국민들은 아직까지도 훌륭한 대통령으로 기억한다. 허상과 거품이 꺼지면, 그리 높은 평가를 받지 못할 것이다. 미국, 중국, 일본, 북한, 러시아 등을 우리 정부의 의도대로 움직일 수 없다는 것을 모르는 사람은 없다. 그런데 임기내 5% 혹은 7% 경제성장, 수출과 과학기술 진흥, 청년 일자리-저출산-지역균형 발전-공공부문 개혁-노동시장 이중구조 문제 해결은 어떨까? 이는 간단히 답할 수 없는 문제다. 분명한 것은 역대 정부는 이 문제를 해결한다고 요란을 떨었으나 별무신통이거나 더 악화되었다는 것이다. 그래서인지 윤석열정부는 120 과제로만 보면, 아예 해결을 포기해버린 것 같은 중요한 과제들이 적지 않다. 한편 쉬운 문제와 어려운 문제를 분별하는 것도 매우 어렵고 중요한 일이다. 모든 정부는 하나같이 경제를 살리고, 산업과 기술을 진흥하고 싶어 한다. 하지만 개방 경제를 채택한 자원 빈국으로서는 금리, 환율, 석유·가스·석탄 가격 등에서 정부의 재량권은 별로 없다. 세계무역기구(WTO)나 양국 간 체결한 자유무역 협정 하에서는 수출 드라이브 정책을 펼치는 것도 쉽지 않다. 개인과 기업이 국가를 선택 내지 쇼핑하는 자유화·세계화 시대는 세금(법인세 등) 정책에서도 정부의 재량권은 크지 않다. 정부가 재량을 발휘할 수 있는 정책은 국내규제(안전환경 등), 재정, 교육, 노동·공공·부동산 정책, 보건의료 정책 등이다. 하지만 이들은 국민의 감정이나 정서(불신, 공포, 혐오 등)가 큰 위력을 발휘한다. 포퓰리즘이 활개치기 좋은 영역이다. 공공부문과 규제산업에 똬리를 튼 노조 등 이해관계자의 반발도 여간 거세지 않다. 그래서 경제, 산업, 기술 진흥이 어렵고, 성장률과 출생률을 끌어올리는 것이 어려운 것이다. 국정운영 플랫폼 개념설계시 받아들어야 할 묵직한 화두는 그외에도 많다. 수백만 명의 공공부문 종사자, 수천조 원의 예산과 기금, 수천 수만 개 법률과 행정명령 등에 의거하여 과제를 해결해 나갈때, 쉬임없이 맞닥뜨리는 선택·결단의 기로에서, 방향이나 우선순위를 잡아줄 기준(국정철학과 국정운영원칙)도 필요하다. 국정철학과 국정성과를 어떻게, 즉 어떤 내러티브, 프레임, 레토릭, 메신저로 국민들의 뇌리에 각인시키냐는 것도 중요하다. 레토릭(rhetoric)은 말하는 기술이나 미사여구가 아니라, 관심이나 이익을 이념(ideas)과 연결시켜주는 교량이다. 적절한 레토릭과 적합한 프레임이 없는 주장은 대중적 설득력이나 공감대를 만들어 낼 수 없다. 어떤 정부든 국정운영 플랫폼이 부실하면 국정과제=대통령 프로젝트는 여기저기서 튀어나오는 두더지 잡기 방망이질이 된다. 문제의 뿌리와 구조가 아니라 증상 치료에만 매달린다. 수명이 다한 법제도를 개폐하여 새로운 제도정책 패러다임에 입각한 새로운 시스템을 정착(setup)시킨다는 생각은 온데간데 없어진다. 집권기간 내내 엄청나게 바빴는데 정작 중요한 것은 놓쳐 버리니 국민들은 대체 한게 뭔지 모르겠다며 불만을 터뜨린다. 그러면 역사적 평가는 명확하다. 대통령놀이, 지자체장놀이, 국회의원놀이 즐기다가 내려온 사람!

7장. 시대인식 및 국제정세 인식과 시대적 소명

국제정세인식과 시대인식

국정운영 플랫폼이 집이라면, 그 초석, 기둥, 대들보, 외벽, 지붕 등 골조에 해당되는 것은 서사와 정체성, 시대인식(국내정세인식)과 국제정세인식, 그리고 이들을 종합한 시대정신과 시대적 소명이다. 수백 개의 국정과제는 이 집의 방이나 가구나 소품 쯤 될 것이다. 서사와 정체성은 자신이 누구인지에 대한 설명이고, 시대인식은 대한민국이 어떻게 여기까지 왔고(어디쯤 있고), 어디로 가야 하는지, 그 도정에서 주된 극복 대상이 무엇인지에 대한 설명이다. 국제정세 인식은 지구촌과 동북아가 어디로 가는지, 대한민국에 어떤 도전이 밀려오는지에 대한 설명이다. 국가경영은 엄청나게 많은 가치·정책과 사람·조직과 법령·예산을 운용하는 것이기에, 선후완급 등을 놓고 선택의 기로에 서는 경우가 많다. 이 때 유의할 선택 기준(나침반)과 가이드(네비게이션)가 바로 국정철학 혹은 국정운영 원리원칙이다.

국정운영 플랫폼의 골조의 하나인 국제정세=대외여건은 기본적으로 세계적 관심사요, 외치(외교·안보·통상+북한·통일·방첩) 정책의 대전제다. 이는 헨리 키신저, 즈비그뉴 브레진스키, 조셉 나이 등 해외 석학이나 세계적 정치인의 통찰을 주요하게 참고할 수 있다. 그런 점에서 국정운영 플랫폼을 설계할 때 가장 서술하기 쉬운 대목이다. 온갖 사안으로 불구대천의 원수처럼 싸우는 민주당과 국힘당의 견해 차이도 별로 크지 않다.

민주당 강령의 국제정세 인식은 이렇다.

지금 대한민국은 대전환의 시대에 직면해 있다. 4차 산업혁명 시대의 디지털 전환과 기후위기로 인한 미래 불확실성이 증대하고 있으며, 팬데믹 이후 전세계적 경제위기는 국민의 삶을 위협하고 사회·경제적 불안정을 가중시키고 있다. 미·중 패권경쟁이 심화되는 등 국제정세에 대한 우려가 커지는 상황에서 한반도 평화는 교착상태에 빠져 있다.

국힘당 강령의 국제정세 인식은 이렇다.

지금 우리는 세계질서의 대전환과 북한의 핵무장, 지구환경 변화와 거듭되고 있는 질병과 재난, 경제의 질적 변화로 인한 불확실성과 양극화의 심화,인구절벽 등 중대한 위기 앞에 서 있다.

이렇듯 양당의 국제정세 인식은 엇비슷하다. 하지만 그래서 무엇을 하겠다는 것인지에서 확연히 갈린다. 민주당은 "이에 혁신과 성장을 지속하는 가운데 사회 불평등을 해소하고, 국민통합을 실현하며 모든 사람의 안전하고 평화로운 삶을 보장하는 것이 시대적 과제"라고 한다. 국힘당은 "국가적 위기 해결에 앞장서야 할 정치는 국민이 부여한 권한에 대한 책임과 역할을 다하지 못하고, 오히려 국민 분열을 조장하는 등 사회적 혼란과 함께 정치 불신을 심화시켜 왔다"면서, "이제 지난 과거를 반성하고 성찰함과 동시에 다가오는 미래 변화를 선도하고, '기회의 나라, 공정한 대한민국'을 만들자"고 한다.

역대 정부나 주요 정당치고 당대를 국가와 국민의 선택에 따라 국가의 명운이 갈리는 문명사적 전환기로 보지 않은 정부는 없었다. 하지만 국정 과제나 국정전략에서 가치·제도·정책 패러다임의 전환을 추구한 정부도 없었다. 윤석열정부도 그리 다르지 않다.

윤석열 백서의 "제1장 시대적 소명: 다시 도약하는 대한민국"의 첫 문장도 세계와 동북아 정세에 대한 서술이다.

우리는 인류 역사상 일찍이 경험해보지 못한 문명사의 변혁기에 살고 있다. 미·중 패권경쟁 격화, 3년째 지속된 팬데믹, 러시아의 우크라이나 침공 등 여러 사건들이 이어지고 있다. 이로 인해 탈냉전 이후 형성된 세계질서가 깨지면서 기존의 다자간 협력체제가 자국우선주의와 이익 블록화 시대로 변하고 있다. 그 결과 국가가 어느 블록에 편입되는가에 따라 글로벌기업도 한순간에 위기에 처할 수 있는 등 불확실성이 높은 국제환경이 조성되고 있다. 한반도를 둘러싼 동북아 정세도 분단 상황 및 주변 강대국 간의 관계 변화에 따라 급박하게 돌아가고 있다. 또한 인공지능, 빅데이터, 생명과학 산업 등이 선도하는 지식정보화의 물결이 전방위적으로 영향을 미치면서 우리 삶의 방식에도 혁명적 변화가 일어나는 중이다.

아마 이재명이 대통령이 되어 인수위 백서를 만들었어도, 국제정세 인식 관련 내용은 그리 다르지 않았을 것이다. 물론 지지층의 정서와 민주당의 이해관계로 인해, 실제 외치 행보는 크게 달랐겠지만!

2008년에 나온 이명박 백서도 비슷했다. "제1장 대내외 여건과 우리의 현실"의 '1. 문명사의 전환과 한반도'에서, 국제정세를 "심화되는 세계화, 가속화되는 지식정보화, 고령화 사회의 도래와 삶의 패러다임 변화, 지구 생태계의 수용능력 한계와 지속가능한 발전에 대한 요구, 국제 정치·군사

질서의 재편"으로 정리했다. 결론은 "신뢰와 숙의(熟議)에 바탕을 둔 새로운 국가 거버넌스" 정립이라는 아름다운 말이다.

지난 40년 간의 국제정세 변화는 누가 써도 비슷할 것이다. 1970년대부터 시작된, 남미, 아시아(필리핀, 대만, 한국), 아랍 순으로 상륙한 민주화, 1978년 이후 시작된 중국의 개혁개방 - 1989년 베를린 장벽 붕괴 - 1991년 소련 해체 등을 계기로 탄력을 받은 자유화, 시장화, 개방화, 국제화를 빼놓을 수 없을 것이다. 그리고 PC, 인터넷, 스마트폰 등 정보통신기술의 발전에 따른 지식정보화·디지털화, 중국의 정치경제적 비상, 북한 핵무장의 고도화, 제4차산업혁명, 전지구적 기후변화와 자원고갈 위기 등도 빼놓을 수 없을 것이다. 냉전(미소 양극) 체제에서 탈냉전(미국 일극) 체제로, 다시 신냉전(미중갈등과 다극) 체제로 변화해 온 국제정치질서도 마찬가지다.

역대정부들은 네 마리 코끼리(미중일러)와 한 마리 창틀에 갖힌 야수(북한)에 둘러싸인 한반도의 지정학적 특성으로 인해, 또 해외 시장과 교역(무역, 수송 등) 환경에 크게 의존하는 대한민국의 경제적 특성으로 인해, 국제정세 변화에는 촉각을 곤두세웠다. 유일한 예외는 문재인정부였다. 문정부는 탈냉전체제를 전제로 위험천만한 대북 정책과 반일·친중·탈미 정책을 펼쳤다. 윤석열정부의 외치 정책은 120과제의 "국정목표5: 자유, 평화, 번영에 기여하는 글로벌 중추국가"에 정리되어 있다.

"국익·실용의 외교전략과 튼튼한 국방역량으로, 영향을 받는 국가에서 영향을 주는(influential) 글로벌 중추국가로의 도약을 목표 / 과학기술 강군으로 만드는 굳건한 안보의 바탕 위에서, 원칙에 입각한 남북관계로 한반도 비핵·평화 실현과 통일의 기반을 마련하고, 국제사회의 당당한 일원으로서 역할과 책임을 다하는 존경받는 나라, 자랑스런 조국을 약속"하고, 총 18개의 국정과제를 제시했다. 윤정부의 외치정책은 정책공약집,

인수위 백서+120과제-대통령 업무보고-정상외교-대통령연설에서 그 기조가 거의 동일하다. "자유·평화·번영에 기여하는 글로벌 중추국가"는 인수위 백서에서 정식화된 말인데, 100일 기념 10대 치적에서 잠깐 "글로벌 리더국가"라는 말을 썼지만, 이후 "글로벌 중추국가"라는 말로 정리되었다. 이렇게 일관성 있는 국정기조는 외치 분야 외에는 없다.

시대정신과 시대적 소명

시대적 소명은 자신이 해석한 시대정신 혹은 시대적 요구 중에서, 자신의 가치·이념·정체성과 역량을 고려하여 받아안기로 결단한 것이다. 다시 말해 내(대통령과 정부)가 누구인지, 대한민국이 어떤 나라인지, 대한민국은 어디로 가야 하는지, 그래서 지금 무엇과 싸워야 하는지 등에 대한 결론이다. 트롯, 힙합, 발라드, 록 등 어떤 대중가요 장르가 인기를 끈다고 해서 모든 가수들이 그 노래를 부르지도 않고, 부를 수도 없듯이, 시대적 소명도 비슷하다. 시대정신 중에서 자신의 정체성과 역량에 맞는 어떤 것을 받아안아, 혼신의 힘을 다해 구현하기로 결단한 것이다. 그러면 시대정신=시대적 요구란 무엇인가? 국민의 요구와 불만의 총체인가? 그렇지 않다. 세상을 바꾼 상품서비스(컴퓨터, 인터넷, 스마트폰, 유튜브 등)는 소비자의 요구와 불만을 받아 안았지만, 소비자가 만들어 달라고 요구한 것이 아니다. 기업가가 시장(소비자 니즈와 트렌드 등)을 읽고, 과학기술과 창의적 아이디어를 결합하여 창조한 것이다. 시대정신도 이와 같다. 시대정신은 국민이 쏟아내는 요구·불만의 단순 요약이 아니다. 국민도 소비자처럼 자신의 요구·불만을 정확히 모르고, 알아도 이를 충족시키는 방법을 잘 모른다. 원래 기업가와 기술자와 마케팅 전문가는 소비자 자신도 잘 모르는 요구·불만을 포착하여, 창의적 아이디어와 과학기술로서 이를 충족시켜 주는 존재다. 소비자는 기업가와 기술자 등이 수많은 실패와 좌절을 거쳐 어떤 상품서비스를 내놓으면, 그때야 열렬히 환호하며 지갑을 연다.

시대정신은 국민의 요구, 역사(신, 이성, 조상)의 요구, 세계(지구촌)의 요구 등을 종합한 결과이다. 단순 설문조사로 알 수 있는 것이 아니다. 빌 클린턴이 강조한 역사감각과 국제감각은 시대정신 파악에 필요한 감각이다. 특히 역사(신, 이성, 조상)의 요구를 읽어 내려면 사회역사적 통찰력이 필요하다. 이승만과 박정희의 위업은 국민의 요구를 잘 읽어서가 아니라, 역사의 요구와 세계의 요구=흐름을 잘 읽어서다. 국민의 표피적 요구를 가장 잘 읽은 대통령은 문재인이겠지만, 국민의 진정한 요구, 역사의 요구, 세계의 요구를 외면하여, 아마도 조선 고종과 더불어 천고에 길이 남을 혼군으로 기록될 것이다.

시대정신은 주체의 처지나 역량과 무관할 수가 없다. 미국 정부가 해석한 시대정신과 대한민국 정부가 해석한 시대정신이 같을 수가 없다. 또한 시대정신은 정부·정당·지도자(대통령, 수상, 당 총서기 등)의 가치·이념에 따라서도 달라지기도 한다. 특히 대한민국은 미국, 일본, 중국, 러시아, 북한, 영국, 프랑스 등과 달리 국가의 근간 서사와 정체성이 확고히 정립되어 있지 않아, 정권의 이념 성향에 따라 시대정신과 시대적 소명이 너무 크게 흔들려 왔다.

등산에 비유하면 시대정신은 대한민국의 생존과 번영을 위해 올라야 할 주요한 산들에 대한 얘기라면, 시대적 소명은 그중에서 자신의 가치·이념, 처지·조건·역량 등을 종합하여 오르기로 결단한 산들에 대한 얘기다. 국정철학과 국정과제는 그 산을 오르는 자세와 경로에 대한 얘기다. 그림으로 서사·정체성과 시대(국내정세) 인식 및 국제정세 인식과 시대정신 및 시대적 소명을 도식화하면 다음과 같다.

국정운영 플랫폼의 기본구조

국정비전(국정철학과 국정목표·과제)

시대적 소명
촛불시민혁명 완수 vs 비정상의 정상화

시대정신
국민의 요구 · 역사(神·理性·祖上)의 요구 · 지구촌의 요구

서사·정체성 인식	시대(국내정세) 인식	국제정세 인식
우리(정부·당·진영)는 누구며, 대한민국은 어떤 나라인가?	대한민국은 어디쯤 있고 어디로 가야하나?	세계(지구촌)는 어디쯤 있고 어디로 가나?

운동권 컨센서스 vs 직업공무원(정통관료) 컨센서스

1987년 컨센서스 vs (2024년 컨센서스)

뒤에 자세히 얘기하겠지만, 문정부·민주당이 표방한 시대적 소명은 촛불시민혁명의 완수다. 속내야 권력을 잡아, 주류·보수 세력이 채워 놓은 젖단지와 꿀단지를 맘껏 빨면서 호의호식하겠다는 일념으로 가득 차 있겠지만, 어쨌든 표방한 명분은 그렇다. 윤정부·국힘당의 시대적 소명은 문정부·민주당이 악화시킨 비정상을 정상화한다는 것이다. 물론 공공연하게 표방한 것은 아니지만, 손발과 마음이 가는 방향이 그렇다. 하지만 정상화가 무엇인지를 깊이 고민하지는 않았다. 맨 아래 운동권 컨센서스 vs 직업공무원 컨센서스를 표기한 것은 양대 진영의 사고방식과 행동양식의 바탕에 깔린 철학과 가치가 매우 상이하기 때문이다. 운동권 컨센서스는 운동권이 견지하다가 문재인정부와 이재명의 민주당이 받아 안은 것으로, 1987년 컨센서스의 극좌적 변종이다. 부정과 파괴, 오만과 독선의 운동권 정치가 독초라면, 1987년 컨센서스는 독초가 자라기 좋은 토양과 환경이라고 할 수 있다. 처음부터 그랬던 것이 아니라 운동권의 정치사회적 힘이 점점 강성해지면서 그렇게 되었다. 1987년 컨센서스는 여야 합의로 만들었기에, 초기에는 국민 2/3 이상이 동의했다고 보아야 한다. 하지만 36년이라는 세월이 흐르면서 너무 노후화되어 재건축 수준의 리모델링이 필요

하다.

윤정부 120과제에서 '국정목표 1'이 '상식이 회복된 반듯한 나라'이고 그 아래 3개의 약속이 있는데, 1번은 '상식과 공정의 원칙을 바로 세우겠습니다'이다. 2번은 '국민의 눈높이에서 부동산 정책을 바로잡겠습니다'이고 3번은 '소통하는 대통령, 일 잘하는 정부가 되겠습니다' 이다. 핵심인 1번 약속에는 코로나19 피해보상, 감염병 대응체계 고도화, 탈원전 정책폐기, 형사사법 개혁, 재정 정상화 및 지속가능성 회복, 미디어 공정성·공공성 확립 등 매우 이질적인 과제들이 다 들어가 있다. 선거과정에서 강조한 상식과 공정을 뒷받침하기 위해 이것저것 끌어모은 것이 분명하다. 그런데, 민주, 자유, 평등과 달리 상식은 방향성도 없고, 무엇보다도 모든 부조리를 다 겨냥하기에 여러 과제의 포장지나 꼬치 역할을 하기 어렵다. 그런 점에서 가장 강조하기도 했고, 그 의미도 뚜렷한 가치인 '자유'를 왜 중요한 포장지나 꼬치로 사용하지 않았는지 의문이다.

역대 정부 중 시대정신을 사전적으로 정의한 정부는 문재인정부와 이명박정부다. 둘 다 사회학 박사·교수(김호기와 박형준)의 손길을 거쳤다고 알려져 있다. 하지만 시대의 정곡을 찌르지 못하여 겉멋 부리기 작업에 그치고 말았다. 문재인정부는 시대정신을 "정의 실현", 즉 "적폐 청산"으로, 이명박정부는 "발전과 통합"으로 규정했다. 이명박 백서 제1부 제목이 "이명박정부 출범의 시대정신과 국정철학"이다. 여기에 깊게 관여했다고 알려져 있는 박형준 인수위원(현 부산시장)은 이명박정부를 탄생시킨 시대적 요구는 '발전과 통합'이라 하였다. 대한민국이 추구해야 할 국가비전은 '선진화를 통한 세계 일류 국가'라면서, 대한민국 역사를 '발전의 역사'로 긍정 평가하고 건국-산업화-민주화를 승화시킨 새로운 발전모델을 지향해야 한다고 역설했다. 아마 노무현정부가 취임사 등에서 대한민국 역사를 "반칙과 특권이 용납되는 시대", "정의가 패배하고 기회주의자가 득세하는 굴절된 풍토"로 규정하며 청산을 역설한 것에 대한 반발이 아닐까 한다. 노무현 취임사에 "정의가 패배하고"라는 문장을 넣는 데 핵심적인 역할을 한 이정우(노무현정부 초대 정책실장)는 "이정우의 참여정부 천일야화"(한겨레신문, 2023.3.6.)[5] 에서 이렇게 말했다.

나는 역대 대통령의 취임사를 읽어보았다. 하나같이 화려하고 훌륭한 문장이었다. 하지만 한국 현대사의 최대의 비극, 즉 독립운동가는 해방된 조국에서 제대로 대접도 못 받은 채 3대가 망하고, 친일파·매국노는 처벌받기는커녕 자손대대로 떵떵거리고 잘 사는, 기막힌 모순을 언급한 취임사는 없었다. 아니 이 뒤틀린 역사, 억장이 무너지는 현실을 언급한 대통령이 한 명도 없단 말인가. 그래서 나는 만사를 제쳐놓고 이 문제 하나만은 확실히 짚어야겠다고 결심했다. 해방 이후 우리 정부가 들어선 지 어언 반세기가 흘렀건만 국내외에서 신산고초를 겪었던 수많은 애국자와 유족의 한을 풀어주는 말이 대통령 취임사에서 나오지 않았다는 것은 너무 무심하지 않은가. (⋯) 노무현 대통령의 취임사가 국회 앞마당에 울려 퍼졌다. 끝 부분의 "정의가 패배하고 기회주의자가 득세하는 굴절된 풍토는 청산되어야 합니다"라는 대목에서 자연발생적으로 특별히 우레와 같은 박수가 쏟아졌다. 국민들 마음속에 이런 심정이 광범위하게 퍼져 있구나 하는 생각이 들었다. 일종의 한풀이, 해원(解冤)이다. 사람은 억울함이 마음속에 있으면 명랑하게 살 수가 없고, 살아도 사는 게 아니다. 이것은 매우 중요하다고 본다.

여기서 보듯이 한국의 경제발전 수준이나 물질적 인프라 수준에 비해 형편없는 정신문화와 정치 수준의 원흉은 바로 사실과 이성에 근거하지 않

---

5) https://m.hani.co.kr/arti/opinion/column/1082396.html?_fr=fb&mibextid=Zxz2cZ

는 국민들의 한풀이 내지 해원(解冤) 심리이다. 주류·보수는 이를 적극적으로 치유하지 않았고, 비주류진보는 이를 파괴적이고 분열적으로 운용하였다.

박근혜정부는 시대정신을 직접 언급하지 않고, 국정비전을 "국민 행복, 희망의 새 시대"로 규정하고, 인수위 백서 제1장 제목을 "시대적 여건과 박근혜정부의 시대적 소명"이라 하였다. 시대적 소명은 "국가중심 발전모델에서 벗어나 국민행복과 국가발전이 선순환하고, 모든 사회공동체 구성원이 화합하여 안정된 삶을 영위하는 사회를 만들어 나가는 것"으로 규정했다.

노무현정부는 인수위 백서에서는 시대정신이라는 말도, 시대적 소명이라는 말도 사용하지 않았다. 하지만 시대적 요구를 "국민주권의 실질화, 경제와 사회분야가 조화롭게 발전하는 새로운 도약, 사회의 각종 독점과 집중, 갈등과 소외를 극복하는 통합과 균형, 남북관계의 질적 개선으로 동북아 평화와 번영 선도" 등으로 요약했다.

역대 정부 중에서 시대정신의 주된 대립물을 확실히 천명한 정부는 문재인정부뿐이다. 물론 완전히 헛짚었지만! 시대인식은 역사 인식이요, 국내정세 인식이요, 위기·문제 인식으로, 대한민국이 어디쯤 있고 어디로 가야 하는지를 파악하는 것이다. 지난 수십 간 일어난 국내 정치·경제·사회·문화적 변화 혹은 개혁에 따라 나타난 문제·위기의 현상, 본질, 구조를 파악하는 것이다. 시대인식의 귀결은 곧 한국사회의 이상·퇴행·쇠락·내파 위기의 원인을 파악하여 단기·장기, 대증·근본 해법을 도출하는 것이다.

시대인식은 잎, 가지, 나무가 아니라 숲, 지형, 생육 환경을 보는 것이다. 그런데 인간의 눈은 너무 작은 것도 잘 못 보지만, 너무 큰 것도 잘 못 본다. 자신이 살고 있는 곳의 지리와 지형을 알려면, 높은 곳에서 조망(眺望)

을 해야 하듯이, 자신이 살고 있는 시공간의 지배적인 생각의 변화도 거리 두기 내지 객관화가 필요하다. 시대의 특징이나 흐름도 사고의 시공간 확장을 통한 역사적 비교와 국제적 비교가 필요하다. 다양한 현상의 본질과 이를 낳는 구조에 대한 천착(穿鑿)도 필요하다. 시대인식은 저 먼 바다에서 일렁이는 물결이 해안에 도달했을 때, 거대한 쓰나미로 될지, 그저 그런 파도에 불과할지를 분별하는 것이다. 먼 바다의 물결이 쓰나미인 줄 안다면, 바닷가에서 한가롭게 조개를 줍고, 모래성 쟁탈전 놀이에 정신을 팔지는 않을 것이다.

시대인식은 전공의 우물을 깊이 파들어가 앉은 전문가나 자기 수비(책임) 분야에 시선이 갇히고 실행에 특화된 관료들로서는 쉽지 않다. 시대인식은 정치인의 가장 중요한 덕목 중의 하나다. 하지만 구조개혁과 미래비전보다 말초적 공포·혐오를 부추기거나 비용 대비 편익이 형편없는 약탈적 예산·사업에 매진하는 지역구 땅개 정치인에게는 생길 수가 없다. 한국에서 시대인식이 일면성과 피상성을 탈피하지 못하는 가장 결정적인 책임은 시대에 대한 거시적 종합적 통찰의 최종 책임자요 소비자인 양대 정당과 유력 정치인에 있다.

시대인식은 노태우정부를 제외한 거의 모든 정부들이 예외없이 소홀했고, 혼미했다. 노태우정부의 시대인식이 비교적 정확했던 것은 1987·88년의 국내정치적 격변(민주화 시대의 개막)과 사회주의 세계체제의 중심국인 소련 해체라는 세계사적 격변은 삼척동자도 알 수 있는 것이었기 때문이다. 민주화가 시대정신처럼 여겨진 김영삼·김대중 정부까지는 국민의 요구, 역사신의 요구, 지구촌의 요구의 총화인 시대정신과 정부들이 받아 안는 시대적 소명의 괴리가 그리 심하지는 않았다. 하지만 노무현정부부터는 괴리가 점점 심해졌다. 이 괴리는 노무현, 이명박, 박근혜, 문재인정부로 가면서 점점 커졌다가, 윤석열정부에 의해 다소간 좁혀졌다. 하지만 윤정부는 노무현과 이명박정부 사이 어디쯤에서 헤매고 있는 것처럼 보인다. 부실한 국정운영 플랫폼이 그 징표다. 시대인식의 오류는 보수와 진보를 가리지 않는다. 보수 정부들이 범한 오류는 정권·진영과 대한민국의 서사·정체성 자체에 대한 무관심이라면, 민주진보좌파 정부들의 그것은, 마치 반란·혁명세력처럼 대한민국의 초석이요, 골조인 서사·정체성을 허물어버린 것이다.

요컨대 노무현, 이명박, 박근혜, 문재인정부가 자신이 가진 정치적 기회와 자원을 엄청나게 허비한 이유는 시대인식의 오류에 있다. 이는 시대정신과 시대적 소명 오판으로 이어지고, 수많은 정치적·정책적 헛발질로 귀결되었다. 헛발질의 핵심은 엉뚱한 대통령 프로젝트다. 1987년 이후 최강의 권력을 쥐었던 이명박정부와 문재인정부가 한 일을 보면 알 수 있다. 이대로 가면 윤석열정부도 총선 승패와 관계없이 과거 정부 전철을 밟을지도 모른다.

노무현·이명박·박근혜 정부의 시대인식과 시대적 소명

노무현정부는 백서에서 인수위 기획조정분과위원회의 "활동 목적 및 방향"에서 "1)새로운 시대와 '참여정부'"라는 제하에 이렇게 썼다.

우리 현대사는 건국의 단계, 산업화의 단계, 절차적 민주화의 단계를 거쳐 이제 실질적인 민주화 단계에 접어들고 있다. 봄의 민주당 경선, 여름의 월드컵 4강 신화, 겨울의 16대 대선에 이르기까지 새로운 시대의 힘이 분출된 2002년은 국민의 힘이 세상을 움직이기 시작했고, 모든 힘의 중심에는 국민이 있음을 알리는 원년이 되었다. 이제 원칙이 승리하고 국민주권이 실질화되는 국민승리의 시대, 경제와 사회가 조화롭게 발전하는 새로운 도약의 시대, 사회의 각종 독점과 집중 및 갈등과 소외를 극복하는 통합과 균형의 시대, 남북관계의 질적 개선으로 동북아의 평화와 번영을 선도하는 시대가 본격적으로 도래한 것이다. 노무현정부는 국민의 자발적인 참여의 힘으로 탄생한 정부이다.

국민주권이 실질화되는 국민승리의 시대, 사회의 각종 독점과 집중 및 갈등과 소외를 극복하는 통합과 균형의 시대 등 시대정신에 대한 언명은 있으나, 핵심은 노무현정부는 국민의 자발적인 참여의 힘으로 탄생한 정부라는 서사다. 이를 강조하기 노무현정부를 참여정부라고 명명하였다.

이명박 정부는 백서에서 시대정신과 시대적 요구를 동의어로 사용하며, 이를 '발전과 통합'이라 하고, 대한민국이 추구해야 할 국가비전은 '선진화를 통한 세계 일류 국가'라고 하였다.

제1부 이명박정부 출범의 시대정신과 국정철학》제1장 대내외 여건과 우리의 현실》'2. 대한민국이 걸어온 길'에서는 "건국 단계(1948년 체제), 산업화 단계(1963년 체제), 민주화 단계(1987년 체제), 선진국 진입 장벽에 직면"이라는 제하에 주로 대한민국의 역사·현실 인식을 피력했다. 핵심은 '선진국 진입 장벽에 직면'에 있다는 것이다.

그동안 대한민국은 '건국 → 산업화 → 민주화'의 격동기를 숨가쁘게 헤쳐 왔지만 '선진국 진입 장벽'이라는 새로운 도전에 직면하고 있다. 건국은 했으나 통일과 국민 화합은 이루지 못하고 있으며, 산업화는 했으나 시장의 힘은 미약하고, 민주화는 됐으나 자율과 책임의식은 성숙하지 못한 것이 우리의 현실이다. 그간의 성과와 한계를 차근차근 되짚어보고 새롭게 도약할수 있는 전략을 구상해야 할 시점이다.

'3. 기존 국가발전 패러다임의 한계'에서는 "정체되는 선진경제 진입, 늦어지는 미래 대비, 불안정한 삶의 질과 양극화, 사회적 자본 및 국가 거버넌스의 후진성, 국격의 상대적 저하"라는 제하에 주로 문제·위기 인식을 피력했다. '대한민국이 걸어온 길'과 '기존 국가발전 패러다임의 한계'는 '대한민국은 어디쯤 있고 어디로 가야 하나'에 대한 응답이다. 한마디로 역사·현실 인식을 피력한 것이다.

'4. 새로운 시대정신에 대한 기대 : 발전과 통합'에서는 분야별로 나타난 국민들의 요구와 기대를 요약했다.

제2장 새로운 국가발전전략체계〉〉'1. 국가비전: 선진화를 통한 세계 일류국가'에서는 민주화는 제도적으로 완성됐으며, 남은 과제는 문화와 의식의 내실화로 진단했다.

우리는 건국, 산업화, 그리고 민주화의 길을 모범적으로 걸어왔다. 불과 한 세대 만에 경제발전과 민주화를 제도적으로 완성했다. 이제 제도를 넘어 문화와 의식의 내실화를 이뤄야 하는 단계에 접어들었다.

'2. 행동규범: 창조적 실용주의'에서는 이념 대결이 약화됐다면서, 이념과 지역의 벽을 뛰어넘는 실용주의를 역설했다.

오늘날 세계화와 지식정보화 시대를 맞이해 자유주의 대 사회주의, 시장주의 대 국가주의, 보수주의 대 진보주의 등 종래의 대결 패러다임은 그 의미가 약화됐다. 이제 이념과 지역의 벽을 넘어서는 실용주의가 요구되고 있다.

이 토대 위에서 5대 국정지표 - 21대 전략목표 - 193개 국정과제를 서술했다. 아마 역대 보수 정부가 문서로 정리한 국정운영 플랫폼 중에서 가장 잘 된 것이 아닐까 한다. 형식으로 치면 가장 완벽하고, 내용도 풍부하다. 하지만 정작 정부의 역사적 평가를 좌우할 시대적 소명은 완전히 잘못 짚었다. 민주화는 제도적 완성에서 한참 멀고, 사회주의, 국가주의와 낡은 진보주의는 확대 일로에 있었기 때문이다. 이는 문정부 폭정과 이재명·민주당의 전횡을 보면서 확인했을 것이다.

박근혜정부는 백서 "제1장 시대적 여건과 박근혜정부의 시대적 소명"에서 국제정세 인식, 시대(국내정세) 인식, 시대정신과 시대적 소명을 짧게 욱여넣었다. 서사·정체성 개념은 당연히 없고, 시대인식도 주로 주요한 문제·위기의 나열일 뿐이다.

우리나라는 건국 이래 산업화, 민주화를 거치며 선진국 문턱에 진입하였다 (⋯) 이러한 성공에도 불구하고 (⋯) 경제 분야에서는 성장동력이 약화되고 해외시장에서 경쟁압력이 날로 심화되고 (⋯) 고용률은 정체되고 양질의 일자리는 부족하여 (⋯) 소득분배가 악화되어 사회계층별로 불신과 반목이 나타나고 있다. (⋯) 대외여건도 우호적이지 않다. 북한이 핵실험을 자행하는 등 대남도발을 지속하면서 안보불안이 증가하고 (⋯) 동북아 정세의 불안정성이 커지고 있다. 전세계적으로 기후변화가 가속화되고 자원경쟁이 심화되고, 애그플레이션(Agflation) 등 새로운 위험이 대두되고 (⋯) 최근에는 세계 경제위기가 지속되는 가운데 환율전쟁과 보호무역의 우려도 나타나고 있다.

제2장 국정운영 기조의 전환과 국정비전에서는 국가발전 패러다임 전환

(현재→미래)를 도식화하였는데, 핵심은 국정 중심을 국가에서 국민 개개인으로, 경제성장모델은 선진국 추격형에서 세계시장선도형으로, 사회발전 패러다임은 물리적 자본 중시에서 사회적 자본 중시로, 정부 운영방식은 정부주도 민간순응에서 민관협치 소통 등으로 전환한다는 것이다. 이는 2006년에 발표된 참여정부의 비전2030과 대동소이하다. 시대·위기 분석을 건너뛰니, 뽑아야 할 킹핀과 부숴야 할 족쇄를 파악하지 못한다. 소명 의식과 투지도 생겨나지 않는다. 그냥 그렇게 됐으면 좋겠다(wannabe)는 희망 사항만 나열했을 뿐이다.

문재인정부의 시대인식과 시대적 소명

역대 정부 중에서 시대에 대한 얘기(국민의 시대, 시대정신, 국민주권시대 등)를 가장 많이 한 정부가 문재인정부다. 문재인정부는 국정운영 5개년 계획에서 2016년 촛불시민혁명을 계기로 "국민이 정치의 실질적 주체로 등장한 국민의 시대"가 도래했다면서, "국민의 시대는 나 스스로 나를 대표하는 정치의 시대요, 헌법 제1조 제2항이 함의하는 국민주권시대"라 하였다.

문정부의 과제, 즉 시대적 소명을 세가지로 규정했는데, 첫째는 "시대정신으로서의 정의 실현"이다. "산업화와 민주화 이후의 시대정신은 정의"이며, "정의의 기반 위에 나라다운 나라를 만드는 것"이고, 이 관건은 "무너진 정의를 바로세우는 국가 개혁"이라 하였다. 둘째는 "특권층의 시대에서 국민의 시대로 전환"이다. "국민 위에 군림하고 권력을 사유화하는 특권 정치를 철폐하고, 대립과 분열의 정치를 넘어 협치와 합의의 정치로 성숙한 민주주의를 실현"하는 것이다. 셋째, "불안과 분노의 사회경제에서 희망과 통합의 사회경제로 전환"이다. "저성장과 경제적 불확실성의 심화, 사회불평등의 증대, 불공정 경제구조로 인한 국민들의 고통과 불안을 해소할 수 있는 공정과 혁신의 경제모델을 구축하고, 사회갈등의 분출, 불안한 생애과정, 각자도생(各自圖生)으로 인한 불안과 분노를 넘어서 공존과 포용의 공동체를 실현"하는 것이다.

문정부는 "2016년 촛불시민혁명"으로 출범한 위대한 정부라는 것을 강조하기 위해, 촛불시민혁명을 계기로 새로운 시대가 도래하고, 새로운 국민이 태어나고, 새로운 시대정신이 부상한 것처럼 요란을 떨었다. "2014년 세월호 참사, 2016년 촛불시민혁명은 국가가 무엇을 위해 존재하며, 권력이 어떻게 행사되어야 하는가를 일깨워 새로운 시대정신을 드러낸 계기"였다면서, 산업화 민주화 이후의 시대정신은 '정의' 혹은 '정의의 기반 위에 나라다운 나라를 만드는 것'이라 하였다. 존 롤스(John Rawls)의 『정의론』까지 들먹이며 정의와 공정에 대해 설명했다. 뿐만 아니라 2016년 이전의 민주주의는 국가중심 민주주의라 폄하하면서, 문정부가 추구하는 국민중심 민주주의는 "선거나 대표자 위임에 국한되지 않고 '나로부터 행사되고, 어디에나 행사되며, 늘 행사되는' 국민주권이 실질적으로 보장되는 주권자 민주주의"라 하였다. 국민의 시대에 걸맞게 실질적 주권자인 새로운 국민도 등장해야 논리적 정합성이 있기 마련이라, 새로운 국민을 "개개인이 권력의 생성과 과정에 직접 참여하고 결정"하는 존재로 규정했다. 서구에서 시민혁명을 주도했다고 알려진 시민계급 내지 부르주아계급과 촛불 군중을 등치시키려고 하였다. 당연히 뇌내 망상이 아닐 수 없다.

주권자 민주주의는 민주공화국의 핵심 지주의 하나인 대의제를 부정한다고 해도 과언이 아니다. 하지만 문정부 5년 내내 주권자 민주주의=직접 민주주의=광장 민주주의 실현을 위해 노력한 흔적은 없다. 그냥 말 뿐이었던 것이다.

문정부 5개년 계획의 20대 국정전략의 제1번은 "국민주권의 촛불 민주주의 실현"이었고, 국정과제는 총 4개였다. 1)적폐의 철저하고 완전한 청산 (법무부) / 2) 반부패 개혁으로 청렴한국 실현 (권익위·법무부) / 3) 국민 눈높이에 맞는 과거사 문제 해결 (행자부) / 4) 표현의 자유와 언론의 독립성 신장 (방통위)

5개년 계획 서두에서 촛불을 엄청나게 팔기는 했지만, 실제 국정과제는 허무할 정도다. 국정과제 1번(적폐의 철저하고 완전한 청산)의 목표는 "국정 농단의 보충 조사 및 재발 방지 대책 수립, 최순실 부정축재 국내외 재산 환수 추진. 문화계 블랙리스트 관련 사실관계 파악, 재발 방지 및 문화행정체계 혁신"이다. 문정부가 요란스럽게 선전했던 주권자 민주주의도 충분한 숙의에 입각하여 주민 과반수의 의사를 묻는 주민총회(타운 미팅)나 주민투표나 국민투표를 활성화하겠다는 것이 아니다. 단지 광장 집회에 모인 촛불시민의 함성을 법과 정책으로 만들겠다는 것이다. 당연히 될 일이 아니었다. 그래서 문정부 출범 이후, 직접 민주주의 우월론 내지 광장 군중 예찬론은 온데간데 없이 사라졌다. 문정부가 집권 기간 동안 보여준 모습 (주민자치회법 제정 등)은 풀뿌리를 자처하는 친민주당 성향의 시민단체에 권한, 자리, 예산, 일감을 몰아주는 것 이상도 이하도 아니었다. 직접 민주주의의 요체인 주민자치 및 지방자치 발전을 위한 그 어떤 노력도 하지 않았다. 단지 촛불시민=주권자라는 등식을 만들어, 정권의 정통성을 과시하는 용도로 썼을 뿐이다.

촛불시민혁명이 국민중심 민주주의-주권자 민주주의-직접 민주주의 시대를 열었다고 주장하려면 정치개혁이나 지방자치분권 개혁 등에서 구체적인 제도와 정책 개혁이 국정과제로 들어와야 논리적으로 합당하지만, 전혀 없다. 그런 점에서 촛불은 정권의 정통성을 강화하는 레토릭 이상이 아니었다. 문정부 5개년 계획이 도식화한 '민주화시대 30년의 정부와 시대 규정 변화'는 보수 정부와 진보 정부의 서사와 정체성 차이를 잘 보여준다.

문정부는 1987년 이후 30년을 문민정부(김영삼) → 국민의 정부(김대중) → 참여정부(노무현) → 국민성공 시대(이명박) → 국민행복 시대(박근혜) → 국민주권 시대(문재인)로 흘러왔다고 하였다.

※ 민주화시대 30년의 정부와 시대 규정 변화

문민정부, 국민의 정부, 참여정부는 스스로 붙인 이름으로, 자신의 정체성을 강조한 것이다. 국민성공 시대, 국민행복 시대는 정체성이 아니라 비전으로 국정기획자문위원회(인수위)가 임의로 붙였다. 그런데 이명박·박근혜정부가 특별히 강조하던 비전이긴 하다. 이명박정부의 국가비전은 '선진일류국가'였고, 인수위 백서 제목이 '성공 그리고 나눔'이었다. 박근혜정부의 국가비전은 '국민행복, 희망의 새 시대'였다. 그런데 문재인정부가 5개년 계획에서 표방한 국가비전은 '국민의 나라 정의로운 대한민국'이었으나, 실제 엄청나게 강조한 것은 '국민주권 시대'가 아니라 '촛불시민혁명 정부'라는 정체성이었다. 촛불을 총 17번 언급했는데, 촛불시민혁명 8번, 촛불민주주의 4번, 촛불민심 2번, 촛불 정신 1번 이었다.

'문재인정부 출범 의의'를 설명하는 첫줄이 "2016년 촛불시민혁명은 국민이 더 이상 통치의 대상이 아닌 △나라의 주인이자 △정치의 실질적 주체로 등장하는 국민의 시대 도래를 예고"한다는 것이었다. "왜 '국민의 나라'인가"를 설명하는 첫 줄도 "2016년 촛불시민혁명은 (…) 국민 전체의 이익과는 거리가 멀어진 엘리트 중심 정치의 탈피를 요구"한다는 것이었다. 요컨대 문재인정부 국정운영 5개년계획의 첫 장(문재인정부 출범 의의)의 시대 관련, 길고 화려한 언설은 기본적으로 내적 정합성도 없고, 외적(현실적) 정합성도 없다. 그저 좋은 말, 멋진 말, 모호한 말 대잔치다. 아마 문재인 대통령을 비롯한 정권 핵심들이 이를 진지하게 참고하지도 않았을 것이다.

윤석열정부의 시대인식과 시대적 소명

윤정부 인수위 백서는 제1부에서 "시대가 택한 윤석열정부의 첫걸음-시대정신과 새로운 비전"이라는 제하에 다음과 같이 목차를 잡고, 각 장마다 A4 반 쪽 가량 서술했다.

윤석열정부 시대정신과 새로운 비전
제1장 시대적 소명-다시 도약하는 대한민국 / 제2장 국민의 요구-함께 잘 사는 국민의 나라 / 제3장 윤석열정부 출범의 의미와 국정비전(일 잘하는 정부, 역동적 혁신성장, 생산적 맞춤복지, 추격자에서 선도자로, 글로벌 중추국가) / 제4장 국정운영원칙(국익, 실용, 공정, 상식)

윤정부 인수위 백서의 '제1장 시대적 소명'은 박근혜·이명박정부와 엇비슷하고 '제2장 국민의 요구'는 문재인정부와 비슷하다. 윤정부는 이명박·박근혜정부와 마찬가지로 국제정세 인식은 무난하게 정리했다. 하지만 시대인식, 즉 대한민국은 어디쯤 있고 어디로 가야 하는지에 대해서는 위기의 현상·증상에 대한 단순 묘사다. '국가경쟁력 회복과 선진국으로 재도약'으로 정리한 시대적 소명은 그냥 희망사항(wannabe)일 뿐이다. 사실 이것이 국정운영 플랫폼 부실의 핵심 원인이다.

"제1장 시대적 소명-다시 도약하는 대한민국"에서 이렇게 썼다.

산업화와 민주화를 통해 한 단계씩 도약했던 대한민국이 최근 더 이상 뛰어오르지 못하고 제자리걸음을 하고 있다. 지금도 우리 경제의 잠재성장률은 지속적으로 하락하고 있다. 저성장이 지속됨에 따라 일자리가 늘어나지 않아 청년세대의 기회가 극히 제한되고, 계층이동의 사다리가 사라지면서 양극화는 더욱 심화되고 있다. 뿐만아니라 지속가능한 복지와 성장의 선순환을 기대하기 어려워졌다. 균형을 잃은 정책으로 국가안보에 위기가 닥쳤고, 크게 늘어난 재정지출로 우리는 빚더미를 지고 있는 상황이다. 이러한 절체절명의 위기를 극복하고 또 한번의 도약을 위해서는 확실한 변화가 필요한 시점이다. 국민의 역량과 잠재력을 결집해 대한민국의 국가경쟁력을 회복하고 선진국으로 재도약을 해야 하는 시대적 소명이 우리 앞에 놓여 있다.

"제2장 국민의 요구-함께 잘사는 국민의 나라"(대통령 취임식 핵심 슬로건)에서는 "우리 국민은 전쟁의 폐허에서 시작해 경제 기적과 민주화를 이루었다"면서, 자살률, 노인빈곤율, 국민행복지수, 합계출산율 등 역시 위기 현상·증상을 나열하였다. 위기에 대한 단순 묘사다.

"제3장 윤석열정부 출범의 의미와 국정비전"에서도 대한민국이 기사회생을 했다고 안도의 한숨을 쉬는 상당수 국민들의 절절한 위기 인식이 거의 반영되지 않았다.

우리 국민은 새로운 대통령이 반칙과 특권이 없는 국정을 운영하기를 기대한다. 그래서 편향과 분열을 치유하고, 국력을 결집해 국민의 삶을 개선하기를 원한다. 국민이 생각하는 '공정과 상식'에 맞게 대한민국의 대변화를 이끌어야 한다.

인사는 국정과제와 시대적 소명의 후속이듯이, 국정운영 원칙도 시대정신 및 시대적 소명의 후속이다. 전제가 잘못되면 결론이 틀릴 수밖에 없다. '제4장 국정운영원칙'은 국익·실용·공정·상식인데, 이것이 의미하는 바는, 상정하는 주된 대립물을 보면 알수 있다. 주된 대립물이 없는 원칙은 교실 전면에 걸려있는 급훈과 다를 바 없다. 그저 아름다운 말일 뿐이다.

우리 정치가 국민의 삶이라는 같은 곳을 바라보고, 우리 정부가 '국익, 실용, 공정, 상식'이라는 국정운영 원칙을 지키면서 일해 나간다면 (…) '다시 도약하는 대한민국, 함께 잘사는 국민의 나라'를 만들어 갈 수 있을 것이다. 윤석열정부는 민주화 이후 대한민국이 새로운 길을 열 수 있도록 뼈를 깎는 노력을 할 것이다. (국정운영 원칙)

국익·실용은 미중 간 상호 협력·의존이 점점 높아가던 탈냉전체제 극성기에 출범한 이명박정부의 "행동규범: 창조적 실용주의"와 유사하다. 이명박백서는 이렇게 썼다.

종래의 대결 패러다임은 그 의미가 약화됐다. 이제 이념과 지역의 벽을 넘어서는 실용주의가 요구되고 있다. 실용주의는 (…) 관념과 이념보다 경험적 실증을 중시하는 것을 의미한다. 이러한 실용주의에 창조성을 덧입힌 것이 창조적 실용주의다.

윤석열백서는 이렇게 썼다.

우리의 정치는 진영에 의존한 분열과 대립을 반복하며, 그 과정에서 사회 전체적으로 공유해왔던 공정과 상식이라는 가치도 빛이 바랬다. (…) 이념이 아니라 국민의 상식에 기반해 국정을 운영해야 한다.

문제를 해결해야 할 정치는 이념과 진영중심의 대립으로 제 역할을 못했고 (…) 새로운 정부가 이념편향과 분열을 극복하고, 국력을 결집해 국민의 삶을 개선하기를 열망 (윤석열정부 출범의 의미)

이념과 상식, 이념과 민생(국민의 삶)을 대척섬에 놓는 것은 이명박정부의 주요한 논법 중의 하나인데, 당연히 현실과 맞지 않다. 신냉전체제 초입에 출범한 윤정부의 외교 원칙인 자유 혹은 인류보편적 가치와 국익·실용은 충돌한다. 당연히 2023년 들어 윤대통령이 특별히 강조하고 있는 시대인식과도 다르다.

진영 논리에 의한 분열과 대립을 주도한 것은 어디까지나 운동권과 민주당이다. 대한민국 역사를 "정의가 패배하고 기회주의자가 득세"했다고 보고, 이 굴절된 풍토를 만든 주류보수를 청산척결해야 한다고 보기 때문이다. 보수의 진영 논리는 방어적인 것이다. 한국갤럽의 역대 대통령들의 초기 지지율에서 보듯, 보수는 태생적으로 진영논리가 약하다. 그리고 이념은 반공주의나 반공산전체주의가 아니다. 이념을 반공과 동의어로 느껴지게 한 것은 반공을 주창하는 사람들의 거대한 실책이다. 시도때도 없이 건국·호국·부국의 영웅들에 대해 친일시비를 하여, 대한민국의 정통성을 폄훼하면서도 이를 이념 시비가 아닌 것처럼 느껴지게 한 것은 이른바 주사파와 북한의 교묘한 술책이다.

시대인식과 시대적 소명 파악 오류의 뿌리

시대인식과 시대적 소명 파악의 오류는 윤정부를 포함하여 대부분의 정부들의 한계와 오류의 가장 주요한 원인이다. 시대라는 대하에는 온갖 사건과 사고, 욕망과 공포, 가치와 이념, 과학과 기술, 국제적·국내적 정치역학과 전략과 리더십 등이 다 합류한다. 이 거대한 탁류에서 시대의 성격을 결정하는 주된 흐름을 찾아내는 것은 쉽지 않다. 그럼에도 불구하고 지난 60~70년의 시대정신은 크게 산업화와 민주화로 구분할 수 있다. 1960년대 초부터 대한민국의 변화와 개혁을 앞에서 끌고, 뒤에서 밀고 간 힘은 국가주도 산업화라는 데 이견이 거의 없다. 이는 19세기 말부터 시작된 치열하고 다양한 개화·독립 노력과 대한민국 건국·호국 및 한미동맹의 토대 위에서 가능했을 것이다. 그러면 1980년대 초부터 대한민국의 변화와 개혁을 추동한 주된 힘은 무엇일까? 이 역시 산업화=중화학공업화 성공의 토대 위에서 이루어진 민주화라는 데 이견이 별로 없다. 국민들은 선거로 평화적 정권교체가 가능한 나라, 권력이 민심에 머리를 조아리는 나라, 국민이 명실상부한 주권자로 대우 받는 나라를 만들면서, 헤아릴 수 없이 많은 변화와 개혁을 실감하게 되었다. 자유화(자율화), 개방화(국제화), 지식정보화, 저출산고령화, 도시화와 수도권집중 등은 산업화와 민주화의 합작일 것이다. 중국, 터키, 중동, 중앙아시아, 동남아, 중남미 등 민주화 과정에서 어려움을 겪는 수많은 나라를 보면서, 한국의 민주화도 건국, 호국, 부국(산업화)의 뒤를 잇는 기적의 하나라는 느낌은 분명한 근거가 있다. 하지만 유아기 때 잘 맞던 옷이 청소년기에 맞을리 없고, 겨울에 즐겨 입던 방한복을 여름에 입고 다닐 수는 없는 법이다. 민주화라는 가치·이념도 주체의 변화와 대내외 환경 변화에 따라 변해야 한다는 것은 긴 말이 필요없다.

그런데 한국 특수적 현상인 변질된 민주화에 대한 국내외 석학이나 정치가·경세가들의 통찰을 접하긴 어렵다. 대체로 민주화의 빛만 보며 아부와 찬사만 늘어놓는다.

노무현정부는 시대적 소명을 국민참여 확대-탈권위-도덕적 신뢰 제고로 규정했다. 민주화의 제도적 완성 혹은 보완을 위해 선거제도 및 대통령 연임제 개헌 시도를 했으나 이루지 못하였다. 2006년에는 사회경제적 문제 해결을 위해 비전2030(동반성장)을 내놓았으나 공염불이었다. 역대 대통령들은 하나 같이 정치를 개혁하고, 민주주의를 바로 세울 것을 역설했다. 하지만 탈권위를 진짜로 실천하고, 그 의미와 효과가 어떻든 대연정 및 선거제도 개혁과 개헌(대통령 4년 연임제)까지 실제 발의한 대통령은 노무현 전 대통령 외에는 없다. 이명박정부는 민주화의 그늘과 위기에 대한 언급을 약간은 했지만, 그 그늘을 자율·책임의식의 미성숙에서 찾았다.

세계화의 파고 속에서 성장 기반 약화, 양극화 심화, 전통적인 동맹관계 약화 등의 민주화 비용이 지불되기도 했다. (…) 산업화는 했으나 시장의 힘은 미약하고, 민주화는 됐으나 자율과 책임의식은 성숙하지 못한 것이 현실 (이명박 백서, 29쪽)

박근혜정부의 '민주화'에 대한 얘기는 거의 경제민주화에 대한 얘기였다. 박정부의 '민주주의'는 심의민주주의와 풀뿌리민주주의였다. 국정과제 28번(100퍼센트 대한민국을 위한 국민대통합실현)에서는 이념갈등에 대해서 얘기했다.

첫째, 이념 통합의 필요성이다. 대한민국 역사발전에 크게 기여한 산업화 세력 과 민주화세력이 서로 심각하게 갈등하고 대립하고 있는 이념갈등은 특이한 한국적 현상이다. 이는 한국 현대사 인식과 미래 비전의 갈등에서 극단적으로 나타난다. 이에 당선인도 민주화 세력과 산업화 세력의 화합을 국민통합의 주요한 지표로 제시한 바 있다. 이념적 영역에서 국민통합을 이루어가려면 의

도적으로 대한민국을 회의하고 부정하는 사상 조류를 그대로 둘 수 없다. (박근혜백서, 531쪽)

문재인정부는 국정운영 5개년 계획에서 민주화를 13번, 민주주의를 54번이나 언급했는데, 민주주의 위기를 '엘리트 중심의 정치'와 (국민이 아닌) '국가 중심의 국정운영'에서 온다고 하였다.

> 1987년 이후 열린 민주화시대는 절차적 민주주의 성과에도 불구하고 △엘리트 중심의 정치 △국가 중심의 국정운영이라는 한계를 드러냈으며 (…) 현재의 민주주의 위기를 극복하는 방안도 정부·정치의 본래 목적인 국민중심의 민주주의가 실현되는 국정운영의 회복(이다.) (문재인정부 국정운영 5개년계획, 8쪽)

문정부가 민주주의 위기의 대안으로 제시한 것은 주권자 민주주의인데, 그것은 △아래로부터의 민주주의 △직접 민주주의 △일상의 민주주의 △과정의 민주주의 △풀뿌리 민주주의다. 물론 주권자 민주주의는 말 뿐이었다. 사실 △아래로부터의 민주주의 △직접 민주주의는 정부가 마음만 먹으면 진전시킬 수 있었지만, 말 뿐이었다. 유일하게 한 일은 정부 예산이나 지자체 예산으로 친문재인 풀뿌리 시민단체에게 먹거리나 일거리를 던져준 것이다. 역대정부의 정치개혁 방기의 결과가 정치리더십의 경향적 열화를 초래하여 최악의 대선후보이자 당대표인 이재명의 출현으로 귀결되었을 것이다. 윤대통령은 후보시절부터 '무너진 자유민주주의'나 무너진 법치·신뢰·공정·상식 등에 대해서 많은 얘기를 했다. 출마선언문(2021.6.29.)에서는 국민의 상식을 무기로 "무너진 자유민주주의와 법치, 시대와 세대를 관통하는 공정의 가치를 다시 세우겠다"고 말했다. 취임연설(2022.5.10.)에서도 민주주의 위기에 대해 길게 언급하였다.

문제들을 해결해야 하는 정치는 이른바 민주주의의 위기로 인해 제 기능을 하지 못하고 있습니다. 가장 큰 원인으로 지목되는 것이 바로 반지성주의입니다. 견해가 다른 사람들이 서로의 입장을 조정하고 타협하기 위해서는 과학과 진실이 전제되어야 합니다. 그것이 민주주의를 지탱하는 합리주의와 지성주의입니다. (…) 각자가 보고 듣고 싶은 사실만을 선택하거나 다수의 힘으로 상대의 의견을 억압하는 반지성주의가 민주주의를 위기에 빠뜨리고 민주주의에 대한 믿음을 해치고 있습니다.

요약하면, 민주주의 위기는 주로 '반지성주의'에서 오고, 대안은 '과학과 진실'과 '합리주의와 지성주의'라는 것이다. 짧은 연설문에서 '민주주의 위기'의 원인과 대안을 다 서술할 수는 없다. 반지성주의가 '민주주의 위기'의 중요한 원인 중의 하나라는 것은 확실하다. 그런데 이념·문화보다 더 파괴적인 제도(권력구조, 선거제도, 정당체제와 운영시스템 등)에 대한 문제 의식을 찾아 보기 어렵다. 백서의 제3장 주요정책의 하나인 '④국민통합'에서 선거제도 문제를 얘기하면서 "선거·정당·국회·정치자금 차원에서 '정치적 다원민주주의 강화를 위한 제도 개선'을 중장기 과제"로 제시하였지만, 120과제나 대통령의 주요 연설이나 제안으로 받아 안지는 않았다.

120과제에서는 민주주의를 12번 언급했는데, 그중 10번은 자유민주주의이고, 참여민주주의와 민주주의가 각 1번이다. 이는 거의 외치 원칙으로만 쓰였다. 국정목표 5의 19번 약속(자유민주주의 가치를 지키고, 지구촌 번영에 기여하겠습니다)에 딸린 국정과제에서만 쓰였다. 참여민주주의는 국정과제 12번(국정운영 방식의 대전환, 자율·책임·소통의 정부)에서만 쓰였는데, "대통령실 민관합동위원회 운영" 등을 통한 "국민의 실질적 정책 제안·결정 권한 확대" 정책이 핵심이다. 하지만 민관합동위원회는 대표적인 허언이 되었다. 윤정부는 민주화 세력의 위선, 독선, 무능, 부패에 대한 실망과 분노에 힘입어 탄생했음에도 불구하고 민주화의 변질, 타락에 대한 대한 질타는 찾아 보기 어렵다.

우리 국민은 전쟁의 폐허에서 시작해 경제 기적과 민주화를 이루었다. 한국은 국제연합무역개발협의회 (UNCTAD)설립 이래 유일하게 개발도상국에서 선진국으로 국가 지위가 변경된 나라이다. (국민의 요구)

산업화와 민주화를 이룩한 위대한 국민의 성취를 바탕으로 대한민국의 재도약을 이루어야 한다. 과거 보수정부가 추구한 '더 큰 대한민국', 진보정부가 추구한 '더 따뜻한 대한민국'을 동시에 추구해야 한다. (윤석열정부 출범의 의미와 국정비전)

보수정부는 '더 큰 대한민국'을 진보정부는 '더 따뜻한 대한민국'을 추구했다는 것은 진보가 좋아하는 덕담 중의 하나다. 그런데 이는 사실도 아니거니와, 진보의 가치(더 따뜻한 대한민국)는 피부에 와닿는 데 반해, 보수의 가치(더 큰 나라)는 잘 와 닿지 않으니, 진보에 유리한 '기울어진 운동장'을 만드는 데 일조하고 있다. 진짜 문제는 진보는 보수를 친일독재, 수구냉전기득권 운운하며 청산, 척결, 궤멸시켜야 할 대상으로 간주하는, 독특한 역사관, 세계관, 가치관을 가지고 있다. 따라서 진보는 더 따뜻한 대한민국을 추구한 것이 아니라, 반목·질시와 경쟁·갈등으로 날이 새고 날이 지는 대한민국을 추구해 왔다고 보아야 한다. 하지만 윤대통령은 선거운동 과정에서는 자유민주주의와 운동권 문제에 대해 강한 문제의식을 피력했다. 2022.12.28. 경북 선대위 연설에서는 "민주당과 586운동권들은 좌익 혁명이념과 북한의 주사이론을 배워서 (민주화운동을 한 것이 아님에도 불구하고) 민주화 투사 행세를 하며 끼리끼리 도와가며 국가와 국민을 약탈하고 있다"고 비판했다. 또한 국힘당의 노선에 대해서는 "국힘당도 앞으로 따뜻한 보수의 가치를 가지고 보수냐 진보냐 하는 이념을 넘어서서 자유민주주의라고 하는 대한민국의 헌법 가치를 가슴에 껴안고, 우리와 다소 생각이 다른 사람들도 자유민주주의에 동의하면 다 품읍시다. 자유민주주의에서 말하는 자유는 승자 독식의 자유가 아닙니다. 힘센 사람 마음대로 하는 자유가 아니고 어려운 사람도 다 품어주고 (…) 자기의 자아를 실현하는데 필요한 자유를 충분히 향유할 수 있게 해주는 그런 자유입니다. 그게 바로 21세기 자유고 우리 대한민국 헌법에 들어가 있는 자유민주주의입니다. (…) 이번 선거는 보수와 진보의 싸움이 아니고요. 자유민주주의라는 정의와 부정부패라는 불의와의 싸움입니다."

선거 유세 과정과 토론 과정에서 윤석열 대통령은 비슷한 취지의 얘기를 여러번 하였다.

민주당에도 양식 있고 양심적인 정치인들이 있습니다. 여러분께서 무도한 세력을 심판해 주시면 민주당에서도 훌륭한 정치인들이 당을 이끌 수 있습니다. 야당과 협치해야 합니다. (2022.3.8. 서울 피날레 유세)

그런데 그 이후 민주당과 진보진영이 보여준 행태; 검수완박법 통과, 저질 청문회, 끈질긴 선거불복 행태, 이균용 대법원장 인준 거부, 이동관 방통위원장과 이재명 수사 검사 탄핵 등을 보면서 윤대통령은 민주당의 양식있고 양심적인 정치인들에 대한 기대를 접은 것처럼 보인다. 2023년 8.15 경축사에서는 이례적으로 이념 문제의 심각성을 피력하였다.

공산전체주의를 맹종하며 조작선동으로 여론을 왜곡하고 사회를 교란하는 반국가세력들이 여전히 활개치고 있습니다. 자유민주주의와 공산전체주의가 대결하는 분단의 현실에서 이러한 반국가세력들의 준동은 쉽게 사라지지 않을 것입니다. 전체주의 세력은 자유사회가 보장하는 법적 권리를 충분히 활용하여 자유사회를 교란시키고, 공격해 왔습니다. 이것이 전체주의 세력의 생존 방식입니다. 공산전체주의 세력은 늘 민주주의 운동가, 인권 운동가, 진보주의 행동가로 위장하고 허위 선동과 야비하고 패륜적인 공작을 일삼아 왔습니다. 우리는 결코 이러한 공산전체주의 세력, 그 맹종 세력, 추종 세력들에게 속거나 굴복해서는 안 됩니다.

2023.8.29. 국무회의에서 한 비공개 발언에서도 8.15 경축사 기조를 이어갔다.

여야 스펙트럼 간극이 너무 넓으면 점잖게 얘기한다고 되지 않는다. (…) 전사가 돼 싸워야 한다. (…) 국무위원들은 정무적 정치인 (…) 말로 싸우라고 그 자리에 있는 것 (…) 공격받고 비판받는 걸 두려워하면 안 된다.

8장. 서사와 정체성

나와 우리는 누구인가

선거공보물이나 국정운영 플랫폼이 정책 제언서와 다른 것은 '나라를 어떻게 바꿀 것인지, 국리민복을 어떻게 증진시키고, 당신에게 어떤 이익을 줄 것인지' 등에 대한 설명 외에도 '나(후보)와 우리(당·진영·국가)는 누구인지' 등 서사·정체성에 대한 설명이 중요하게 들어간다는 것이다. 서사(敍事)는 라이프 스토리(life story)로, 자신이 누구인지에 대한 설명이다. 정체성은 다른 후보, 다른 정당, 다른 국가(이씨조선, 김씨조선, 일본, 중국 등)와 구별되는 자신의 핵심 특징 혹은 존재이유다. 자신의 서사와 정체성은 입사 면접장에 가면 누구나 감동적으로 얘기하려 한다. 유권자의 지지와 신뢰를 받고 싶어하는 후보, 정당, 정부에게도 중요한 문제다. 아니 생사를 가르는 문제다. 정치 서사와 정체성의 핵심은 과거(조상·뿌리, 고난, 업적) − 현재(자신이 싸우는 과제) − 미래(비전)를 관통하는 어떤 흐름으로 자신을 설명하는 것이다. 나와 우리가 누구인지, 즉 서사와 정체성에 대한 설명이 중요한 이유는 정치와 선거는 기본적으로 포지션=구도의 전쟁이자, 감정의 전쟁이기 때문이다. 포지션=구도 잡기의 핵심은 우리는 누구고, 상대는 누군지를 규정하는 것이다. 정치와 선거를 감정의 전쟁이라고 하는 이유는 논리·이성보다는 직관이나 감정에 의해 투표하는 사람이 훨씬 많기 때문이다. 정치 서사와 정체성은 해석과 편집을 거친 기억이기에 정치투쟁의 핵심 대상이다. "과거(기억)를 지배하는 자가 미래를 지배하고, 현재(해석과 편집)를 지배하는 자가 과거를 지배한다"는 조지 오웰의 말은 불멸의 통찰이다. 정치 서사와 정체성은 국가, 대통령(정부), 정당의 권위의 원천이자 국가·국민과 진영·정당 통합의 토대이다. 국가와 정부와 정당에 대한 자부심, 애착심도 정치 서사와 정체성에서 나온다. 정당의 소명의식, 투지와 근성, 동지애 등도 다 여기에 뿌리를 박고 있다. 경쟁 상대에 대한 혐오감, 경멸감, 증오심, 적개심도 마찬가지다. 윤정부·국힘당과 문정부·민주당의 결정적인 차이는 정책 노선이 아니라 서사와 정체성에 있다. 나와 우리(정파·정당·정부·진영·국가)의 정체성은 비전이나 포부가 아니라, 자신이 맞서 싸워온 대립물이 말해준다. 고귀한 가치를 부여잡고, 험난한 투쟁 과정에서 흘린 피·땀·눈물이라는 뒷배와 지금 혼신의 힘을 다해 싸우는 대립물이 자신이 누구인지를 말해준다.

한국 정치에서는 말보다 말하는 자가 중요하다. 거짓말과 약속위반, 변절과 배신이 다반사인 나라에서는 약속과 비전의 약발이 선진국과 같을 수가 없다. 가설 검증이 비교적 용이한 과학기술의 세계와 달리 종교, 정치, 시민운동의 세계는 말(message) 그 자체보다는 말하는 자(messenger)가 누구인지가 월등히 중요하다. 성경 말씀이 태산 같은 무게를 가진 것은 그 말이 하나님의 말씀이자, 이적·고난·죽음·부활·구원의 스토리를 가진 예수님과 사도들의 말씀이기 때문이다.

말의 힘은 고난이나 유혹에 굴하지 않고, 가치와 명분을 지킨 라이프 스토리에서 나온다. 인간의 감성은 고난을 딛고 고귀한 가치를 질기게 추구한 스토리에 크게 반응하게 진화되었다. 그러므로 후보든 정당이든 정부든 국가든 지지와 신뢰나 자부심을 다지려면, 감동적인 고난 극복 스토리가 있는 대하드라마(大河drama)의 주인공처럼 보여야 한다. 긴 세월 겪은 처절한 고난과 감동적인 극복·승리 서사는 정체성 뿐만 아니라 정치적 매력, 권위, 신뢰의 원천이다. 2021년 가을에 벌어진 국힘당 대선후보 경선에서 '파도 파도 미담만 나온다'는 최재형 후보가, 본인 및 가족의 허물과 추문이 제법 있었지만, 소신과 강단으로 문정권의 온갖 비열한 탄압을 이겨낸 가진 윤석열 후보에게 한참 밀린 것은 고난 극복 서사가 약했기 때문이다. 물론 대선후보 경선은 자선단체 회장 선거가 아니라, 불의와 싸움을 지휘할 대장을 뽑는 선거였기 때문이기도 할 것이다.

사도신경에 집약된 예수의 복음과 고난·죽음·부활·심판·구원의 스토리가 기독교의 정체성이다. 이처럼 자기 자신과 조상·동지들이 흘린 피·땀·눈물, 그리고 가치·비전·정책의 집약인 강령과 현재 벌이는 투쟁이 정치인과 정치조직의 정체성이다. 이를 길게 설명하기 어렵기에, 정치인들은 국립묘지나 5.18 묘역을 참배한다. 영화판에서는 서사를 내러티브(narrative)라 하는데, 메시지를 대중의 뇌리에 각인시키기위해 동원되는 줄거리, 대사, 음악, 소품, 배경의 총체이다. 정치인들이 5.18 묘역에서 하는 몇 가지 퍼포먼스; 분향하기, 무릎 꿇기, 비석 부여잡고 눈물 흘리기, 전두환 표지석 밟기 등은 내러티브를 강화하는 소품들이다.

서사와 정체성은 과학기술자, 기업경영자, 직업공무원, 교수에게는 별로 필요 없지만, 대중을 감동·감화시켜, 교리(구원 해탈 등)나 비전(꿈)이나 이념을 팔아야 할 정당과 종교단체와 시민사회운동 단체에게는 절대적으로 필요하다. 당연히 민주공화국에도 필요하다. 대한민국의 라이프 스토리, 즉 대한민국이 어떤 나라인지, 왜 만들어졌는지는 헌법 제7조에 의해 정치적 중립성을 보장받는 직업공무원에게 특별히 필요하다. 민주공화국의 직업공무원은 국민전체에 대한 봉사자로, 국민에 대하여 책임을 지는 존재이기에 국가 정체성을 이해하는 것이 먼저다. 5년 임기의 정부(정권)의 정체성을 이해하고 존중하는 것은 그 다음이어야 한다. 그런데 국힘당은 국가 정체성에 대한 이해는 커녕 관심도 별로 없다. 반면에 민주당은 4.19-

5.18-6월항쟁-촛불시민혁명으로 이어지는 민주진보 세력의 정체성으로 국가 정체성을 대체하려고 한다.

고난 극복 스토리에는 길고 처절한 투쟁 과정에서 승리의 영광을 맛보지 못하고 비운의 죽음을 당한 사람들은 특별한 연민과 부채감을 느끼게 한다. 근대국가들이 무명용사 묘역을 최고의 의전으로 예우하고, 운동권과 민주당이 비운에 간 김구와 광복을 보지 못하고 숨진 홍범도 등 항일 무장투쟁 지도자들을 부각시키는 이유다. 물론 이승만·박정희·전두환과 백선엽 등 6.25 전쟁 영웅을 격하하려는 정치적 목적이 있을 것이다. 한국인은 조상으로부터 권위를 가져오는 습성이 상대적으로 강하다. 단적으로 가게는 원조를 강조하고, 사람에 대해서는 뉘집 자손인지를 캐묻는다. 이것이 정치 분야로 전이된 것이 정부와 국가의 정통성과 법통이 아닐까 한다. 병자호란의 삼전도 굴욕과 1930년대 말 내선일체·창씨개명과 학교에서 조선어 사용 금지 같은 민족적 정체성 말살 위기를 겪어서인지, 국외 도피나 대항(반란)도 힘든 강대한 국가권력에 의한 변절, 배신, 위선이 난무한 역사가 남긴 트라우마 때문인지는 모르겠지만, 아무튼 한국인은 강압과 회유와 협박에도 굴하지 않고, 지켜낸 지조, 의리, 명분, 순수 등을 특별히 높게 친다. 이는 운동권과 민주당이 견고한 이유 중의 하나이다.

빌 클린턴은 2005년 2월 조선일보와 인터뷰 당시 대통령을 두 번이나 역임한 퇴임 대통령이었기에, 서사나 정체성의 중요성을 얘기하지 않았다. 하지만 2000년 11월 대선(조지W부시와 엘 고어의 대결)을 앞두고, 민주당 대통령후보 지명 전당대회에 참여한 민주당의 주요 정파 민주지도자회의(Democratic Leadership Council, DLC)는 향후 민주당 3기 정부의 정책 노선으로 "하이드파크 선언(The Hyde Park Declaration): 21세기 시대정신과 정책 의제"(2000.8.1.)를 발표했다. 서두는 서사와 정체성으로부터 시작한다.

우리 당의 위대한 전통을 따라 우리는 개인의 자유와 자치 능력(individual liberty and capacity for self-government)에 대한 제퍼슨의 신념을 재차 확인한다. 우리는 모두에게 동등한 기회를 주고 어느 누구에게도 특권을 줘서는 안 된다(equal opportunity for all, special priviliges for none)는 잭슨의 신조를 수용한다. 우리는 혁신에 대한 루즈벨트의 열망(thirst for innovation)과 시민적 의무(civic duty)에 대한 케네디의 호소를 포용한다. 우리는 진보적 이상을 달성하기 위한 새로운 수단(new means for progressive ideals)이 필요하다는 클린턴의 주장을 실행에 옮기려 한다.

여기서 보듯 미국에서 가장 존경 받는 대통령 중 한명인 링컨과 레이건에 대한 언급은 없다. 민주당 족보가 아닌 공화당 대통령들이기 때문일 것이다. 미국의 대선후보나 정당·정파의 정체성은 위대한 인물과 가치만 언급하면 충분한 설명이 될지 모른다. 하지만, 한국은 긴 고난과 위대한 승리의 스토리가 뒷받침하는 가치와 대립물까지 얘기해야 한다. 민주당이 지난 30~40년 동안 팔아먹던 가치와 정책 혹은 명분과 비전이 거의 다 파탄이 났음에도 불구하고, 여전히 지지율이 견고한 것은 반독재민주화 투쟁 서사가 허물어지지 않았기 때문이다. 더 정확하게 말하면 경쟁 상대인 윤정부·국힘당이 서사의 중요성을 알지 못하여, 얼마든지 만들 수도 있는 위대하고 장엄한 서사와 정체성을 만들지 않았기 때문이다. 정상적인 민주공화국이라면 보수와 진보를 초월하여 모든 정치 행위의 준거는 전국민이 공유하는 국가의 건국·헌법 정신과 국가에 대한 애착심, 애국심, 자부심이 되어야 한다. 따라서 진보·야당이 보수 정부·여당을 공격할 때 그 준거는 건국·헌법 정신을 위배하고, 국가에 대한 애착심과 자부심을 훼손하고 있다는 것이어야 한다. 그런데 운동권과 민주당의 공격 기조는 친일매국 운운하면서 태생부터 잘못이었다는 식으로 얘기를 해왔다.

공포와 혐오의 전쟁

정치와 선거는 감정의 전쟁이라고 한다. 인간의 오랜 진화 과정에서 복잡한 현안을 순간적으로 판단하기위해 발달시킨 것이 감정이다. 핵심은 피아(彼我) 혹은 우적(友敵)을 가리는 것이다. 인간은 오랜 진화 과정에서 적의 공격과 관련된 공포, 혐오, 모욕, 위험에 예민하게 반응하게 되었다. 이익 늘리기보다는 손실 줄이기(위험 회피)를 중시한다. 사람의 경계심을 무너뜨려 큰 피해를 줄 수 있는, 천사의 얼굴을 한 악마인 위선자, 바로 겉과 속이 다른 사람을 특별히 경계하고 혐오한다. 말(비전이나 약속)보다 말하는 자의 과거 행적과 친구를 먼저 보는 것도 오랜 진화의 산물이다.

인간의 감정은 다양하다. 낙관, 호감, 연민, 듬직함(일관성과 정직함), 신뢰감, 안정감, 부채감, 동질감과 그 반대인 불안감, 혐오감, 공포감, 증오심, 모욕감, 불쾌감, 이질감 등. 감정도 바다와 비슷하여 표층은 정치인의 얼굴, 말투, 옷맵시 등 말초적인 것에 요동치지만, 그 심층은 이념(옳고 그름), 손익(이익과 손실), 호오(호감과 혐오), 신뢰(진실·정직·지속성·일관성)와 공언을 실제 이행할 수 있는 능력 등에 대한 종합적 판단으로 구성되어 있다. 감정과 논리·이성은 무관하지 않다.

한반도에서는 전통적으로 권력의 힘이 워낙 세기에 권력은 공포의 대상이다. 정치, 특히 선거는 희망과 비전의 전쟁이라기보다는 공포의 전쟁이라고 해도 과언이 아니다. 그래서 상대방의 승리에 대해서는 공포를 느끼게 하는 것이 가장 효과적인 승리기법이다. 이는 총학생회 선거를 하면서 잔뼈가 굵어진 86운동권에게는 청년시절부터 체화되어 있을 것이다. 운동권이 장악한 민주당은 독재의 기억을 되살리기 위해 윤정부를 군부독재의 맥을 잇는 검찰독재나 검부독재로 규정하고, 한반도 전쟁 위험도 소환하고, 대한민국 국민들이 가장 혐오하는 친일부역자 낙인도 찍는다. 윤정부와 국힘당은 맞불 차원에서 빨갱이, 적화통일, 공산전체주의, 사대종중파, 종북주사파, 베네수엘라행 급행열차, 내로남불 등을 소환한다. 그 결과 한국 정치는 파충류 뇌가 담당한다는, 원초적인 감정인 공포, 증오, 혐오, 분노가 지배한다. 공포, 증오, 혐오를 휘두르는 것이 가장 효과적이기도 하고, 실제 상당한 역사적 근거도 있기 때문이다. 이 역시 양대 진영 공히 긍정적인 감정인 희망과 기대를 불러일으키는 비전이 약하기 때문이기도 하다.

말 이상의 어떤 것

윤석열정부를 포함한 역대 자유보수 정부·정당은 올라야 할 산(시대정신과 시대적 소명 등)에 대한 얘기를 많이 하지만 자신이 누구인지에 대해 얘기하지 않는다. 반면에 문재인정부를 포함한 역대 진보 정부·정당은 올라야 할 산에 대한 얘기는 별로 하지 않고 자신이 누구인지만 얘기한다. 문재인정부는 더 심해서, 아예 국제정세에는 눈을 감고, 역사를 왜곡·조작하고, 자신의 집권 당위성과 정당성만 얘기 했다. 민주당은 조선로동당처럼 서사와 정체성을 핵심 무기로 삼는데, 국힘당은 서사와 정체성에 별로 관심이 없다. 서사와 정체성은 주로 상징 인물이나 사건으로 말한다. 민주당은 김구, 김대중, 노무현, 문재인, 김근태, 전태일 등을 통해 자신이 누구인지를 설명한다. 5.18과 6월항쟁과 촛불혁명도 지겹도록 우려 먹는다. 실제로는 김대중, 노무현, 김근태, 전태일 정신과 항쟁·혁명의 정신은 능멸하면서도, 이미지·정체성 조작을 위해 값싼 소품으로 활용한다.

최진석 교수는 2020년 10월 페이스북 담벼락에서, 좌파가 가진 대중적 매력의 원천에 대해 이렇게 말했다.

우리나라는 지금 좌파가 주도권을 가졌다. 좌파는 말 이상의 어떤 것을 가지고 있다. (그것은) 예수에게서는 십자가에 못 박힌 일이고, 요시다 쇼인에게서는 막부로부터 당한 처형이다. (…) 좌파는 이런 매력을 가졌기 때문에 힘의 중심축이 좌파 쪽으로 이동하였다. (…) 정치는 말이다. (하지만) 말을 넘어서는 어떤 것으로 말을 압도해야만 매력이 만들어진다. (…) 좌파들은 자신들에게 스스로 부여한 소명을 장기간 수행했다. 반독재 투쟁, 통일운동, 노동운동, 환경운동, 인권운동, 빈민운동, 참교육 운동을 오래 했으며, 민주화 투쟁을 오래 했다. (이러저러한 비판이 있지만) 그들은 어쨌든 그 주제를 가지고 청춘부터 말년까지 불사른 투신의 역사를 가졌다. 어떤 문제를 붙잡고 그것을 해결하는 일을 자신의 과업으로 삼고, 그 과업을 위해서 목숨을 걸어보았다. 예수의 십자가나 요시다 쇼인의 처형과 유사한 것을 사기 자신의 운명으로 삼아본 경험이 있다. 게다가 없는 돈에서라도 이런 과업을 위해 스스로 호주머니를 턴 사람들이다. (…) 자신이 스스로 정한 소명에 자신을 전부 바치고 게다가 목숨까지 걸어본 인간에게 어찌 매력이 없을 수 있겠는가. (그런데) 우파는 이런 매력을 건축하는 데에 실패했다. 건국(새정부수립)과 산업화 과정에서 건축했던 매력은 이미 약발이 다했다. 우파가 권력을 뺏긴 것도 한마디로 말하면 산업화 이후까지 지속될 매력을 갖지 못했기 때문이다. (…) 좌파의 매력도 약발은 이미 다했다. (…) 우리의 비극은 매력을 상실한 두 세력의 매력 없는 충돌에 하릴없이 운명을 맡겨둘 수밖에 없다는 것이다.

최진석도 말했지만, 좌파는 '알고보니 순 엉터리, 시대착오, 내로남불이요, 부패 기득권이 다 됐다'는 비판이 일리가 있다해도, 어쨌든 청춘시절부터 자기 호주머니를 털고, 때론 감옥도 가고, 목숨도 걸면서 대한민국의 모순부조리를 시정하기 위해 투쟁해 왔다는 스토리 하나는 있다. 별 것도 아닌 좌파의 스토리가 아직도 위력적인 것은 우파의 고난과 헌신과 희생의 스토리가 빈약하기 이를 데 없기 때문이다. 그래서 강성 보수층은 좌파를 빨갱이·주사파·공산주의자·연방제통일론자 등으로 몰아부친다. 좌파의 투쟁은 북한의 사주를 받아서 한, 대한민국 공산화 책동이었다고 몰아부친다. 하지만 대중의 눈에 좌파 혹은 진보의 투쟁(민주화운동, 노동운동, 촛불시위 등)은 대중이 생활 현장에서 직접 체험해 온 모순부조리를 시정하기 위한 투쟁이었다. 공산화 책동은 극소수의 뇌내 망상에 불과했다고 생각한다. 대중은 좌파가 이끄는 다양한 투쟁에 직접 참여해 봤기에, 이런 판단을 좀체 바꾸지 않는다. 북한이 좋으면, 거기 가서 살아라'라는 비판도 한다. 그런데 살면서 북한이 남한보다 낫다는 생각을 해 본적이 없는, 대다수 좌파 지지층에게는 혐오감만 자아내는 얘기일 뿐이다. 좌파 지지층의 99.9%는 북한은 비교 대상이 아니며, 단지 대한민국이 유럽, 미국, 일본보다 못해서 분노할 뿐이다. 물론 이 책임은 자유·보수·우파 에 있다. 국힘당 계열 정부·정당은 위대한 서사를 배경으로 한 정체성(진정한 서민편, 약자편, 근대화, 문명화 세력 등)을 정립하지 못하니, 그저 사익(기득권)만 추구하며 부자와 강자의 이익만 대변하는 존재라는 허위 선전선동에 속수무책으로 당했다.

오세훈은 신문 인터뷰에서 이렇게 말했다.

보수는 물이에요. 물. 건강에 좋다니까 아침에 일어나서 습관적으로 물 한 잔하죠. 특별한 감흥은 없는, 그냥 일상이에요. 그게 보수에요. 진보는 섹시하게 자꾸 포장해요. 사이다야. 근데 자꾸 마시면 물밖에 생각이 안 나요. 인생을 살아본 사람들은 저게 얼마나 거짓말인지, 맨날 설탕물만 먹고 살 수 없다는 걸 알죠. 하루에 세 끼 먹는 데 무슨 이유가 있나요. 그게 합리적이니까 그렇게 하는 거예요. 그렇게 하면 발전하고 번영하고 강대국이 되는 거죠. 보수 우파의 본질은 어젠다 세팅이 있지 않아요, 현실에 있지. (중앙일보. 2024.1.3.)[6]

오세훈이 생각하는 위대한 서사가 없는 물같은 보수로는 새 역사를 창조할 수가 없다. 무엇보다도 보수는 물이 아니었다. 이승만 박정희 전두환은 말할 것도 없고, 물태우라고 불리웠던 노태우도 '위대한 보통 사람의 시대'를 표방했다. 박정희는 정부종합청사 현관에 친필로 이렇게 썼다.

우리의 후손들이 오늘에 사는 우리 세대가 그들을 위해 무엇을 했고 조국을 위해 어떠한 일을 했느냐고 물을 때 우리는 서슴치않고 조국 근대화의 신앙을 가지고 일하고 또 일했다고 떳떳하게 대답할 수 있게 합시다.

1967년 1월 17일 대통령 박정희

국힘당 명의 현수막들은 이재명 대표의 파렴치함을 공격하는 것과 소소한 물질적 이익(유류세 몇 퍼센트 인하, 난방비, 청년일자리 예산 복원 등) 관련 내용이 대종이다. 매년 10~11월 예산 철이면 여야를 가리지 않고, 지역구의 공공시설 개선용 예산 몇억 원~몇십억 원을 따 왔다는 현수막도 붙인다. 조국 근대화 같은 비전이나 국힘당의 정체성이나 위대함(역사적 사명 등)을 홍보하는 내용은 완벽히 실종되었다. 그런 점에서 물같은 보수가 되었다. 한반도 150년 근대화혁명의 중심세력인 범자유진영은 19세기 문명개화와 이후 독립-건국-호국과 1960~70년대 조국 근대화 서사의 21세기 버전을 만들어내야 한다. 위대한 일(한반도 근대화의 완성)을 하는 정당, 진정한 약자편, 서민편, 청년편이요, 불합리한 격차를 해소하는 정당이라는 자의식을 가져야 하고, 그런 이미지를 만들어야 한다. 문정부와 민주당의

---

6)　https://www.joongang.co.kr/article/25219325

정책이 대부분 여기에 반하는 정책임이 드러났기에 지금이 절호의 기회다. 자동차 바퀴, 차축, 엔진, 미션 등이 자동차 차체에 붙어 있어야 제 기능을 하듯이, 정부의 시대적 소명과 국정철학 및 국정과제와 공직인사도 서사와 정체성이라는 차체에 붙어 있어야 큰 힘을 발휘한다. 서사와 정체성은 건조한 개조식 보고서가 아니라 감동적인 이야기로 창조·유통되어야 한다. 대통령의 주요 연설이나 국민계몽 영상콘텐츠나 초중고 교과서 등으로 창조·유통되어야 한다.

민주당과 민주노총의 서사와 정체성

나는 누구인지, 무엇을 하려는지를 설명하는 서사와 정체성은 민주노총을 포함한 시민사회 단체가 특별히 강조한다. 1995년 11월 11일 창립된 민주노총 창립선언문이다.

생산의 주역이며 사회개혁과 역사발전의 원동력인 우리들 노동자는 (…) 저 멀리 선배 노동자들은 일본 제국주의의 간고한 탄압 속에서 민족해방과 조국의 자주독립을 위해 피어린 투쟁을 전개했다. 해방 이후 우리 노동자들은 독재 정권의 가혹한 탄압 속에서 민주노조를 지켜 왔고, 87년 노동자 대투쟁 이후 2,000여 명에 이르는 구속자와 5,000여 명이 넘는 해고자를 낳는 등 온갖 탄압 속에서도 조직을 확대 발전시켜 왔으며 (…) (이제 우리는) 노동기본권의 쟁취, 노동현장의 비민주적 요소 척결, 산업재해 추방과 남녀평등의 실현을 위해 가열차게 투쟁할 것이다. 나아가 (…) 조국의 자주, 민주, 통일을 앞당기기 위해 가열찬 투쟁을 전개할 것이다. 이와 함께 우리는 국경을 넘어서서 전세계 노동자의 단결과 연대를 강화하고 침략전쟁과 핵무기 종식을 통한 세계평화 실현을 위해 노력할 것이다.

매년 전태일 열사 기일(11월 13일)을 전후하여 전국노동자대회나 민중대회를 여는 것은 바로 자기 서사와 정체성에 대한 확인과 선전 때문이다. 민주노총 등 운동권의 피를 이어 받은 민주당도 서사와 정체성을 특별히 중시한다. 강령 전문은 이렇게 시작된다.

우리는 대한민국임시정부의 자주독립정신과 헌법적 법통, 그리고 4.19혁명, 부마민주항쟁, 5.18민주화운동, 6.10민주항쟁, 촛불시민혁명의 위대한 민주주의 정신을 계승한다. (…) 대한민국은 분단과 전쟁의 역경을 딛고 고도의 경제성장과 민주화에 성공한 자랑스러운 역사를 만들어 왔다. 그러나 그 과정에서 불평등과 양극화가 심화되었고, 국민의 삶의 질은 개선되지 않고 있다. (…) 사회·경제적 민주주의의 실현도 여전히 국민의 기대에 미치지 못하고 있다. (…) 우리는 '공정, 생명, 포용, 번영, 평화'를 핵심가치로 삼아 '내 삶이 행복한 나라'를 만들 것이다. 우리는 (…) 생명 공동체가 번영하며, 세계 평화를 선도하는 새로운 대한민국을 만들어 나갈 것이다.

민주당과 운동권이 설파해 온 서사와 정체성의 핵심은 대한민국은 건국·산업화 과정에서 치명적인 결함이 있는 나라인데, 우리는 4.19, 5.18, 촛불시민혁명 등 피어린 투쟁을 통해 바로잡았다는 것이다. 바꿔 말하면 대한민국은 친일부역자와 기회주의자들의 합작으로, 정통성에 큰 결함이 있는 나라이기에, 이런 나라를 만든 주류 보수정치세력은 친일, 반공, 수구, 냉전, 기득권, 기회주의의 본산이니 청산·척결해야 한다는 것이다. 원래 서사와 정체성은 강령이나 선언문보다는 주요 연설에서 선명하게 나타난다. 문재인정부는 주요 기념사에서 항일투쟁-반독재민주화 투쟁- 촛불시민혁명을 역사의 정맥으로 간주하며 자신들이 그 적통임을 강조한다.

문재인 대통령 연설문 모음집 『아무도 흔들 수 없는 나라』(2022년 3월 출간)에서, 3·1운동 - 5.18 - 6월 항쟁 - 촛불혁명을 연결시키고, 심지어 프랑스 혁명과 촛불혁명을 연결시킨다.

촛불혁명은 3·1운동 정신을 이은 명예로운 시민혁명이었습니다. (3·1운동 및 대한민국임시정부 수립 100주년 기념사업추진위원회 출범식 2018.7.3.)

5월 광주는 지난겨울 전국을 밝힌 위대한 촛불혁명으로 부활했습니다. (제37주년 5.18민주화운동 기념식 2017.5.13.)

부산과 마산에서, 5월 광주에서, 6월의 광장과 촛불혁명까지 민주주의를 지켜 낸 것도 평범한 국민들의 힘이었습니다. (제103주년 3·1절 기념식 2022.3.1.)

우리는 엘리제궁 곳곳을 걸으며 민주주의와 공화정을 이야기했습니다. 프랑스 혁명과 광화문 촛불이 시공간을 뛰어넘어 깊이 연결되어 있음을 느꼈습니다. (프랑스 마크롱 대통령과 찍은 사진 설명, 2018.10.16.)

1970년대부터 운동권의 기획·전략통으로 알려져 있는 이해찬은 2019년 4월 김대중·노무현 대통령 서거 10주기, 판문점 선언 1주년 기념 '행동하는 양심과 깨어 있는 시민' 학술회의에 참석하여 "정조 사망 이후 219년 동안, 김·노 전 대통령 10년과 문대통령 2년 등 12년을 빼놓고 전부 일제강점기거나 독재거나 아주 극우적인 세력에 의해 이 나라가 통치돼 왔다"면서 "운동장이 기울어져 있는 게 아니라, 벼랑 끝에 평화·민주 세력이 겨우 손만 잡고 있는 형상"이라 하였다. 평화·민주세력이 정조 사후 219년 중 불과 12년(김대중·노무현 10년 + 문재인 2년)만 집권했으니, 어떻게든 장기집권을 해야 하고, 성과가 적어도 인내하며 기다려 달라는 얘기일 것이다. 문정부-민주당-운동권이 공유하는 서사와 정체성의 줄기는 노론 세도정치로 썩어 문드러진 나라를 일본과 서양이 침탈하는 것을 좌시할 수 없어, 척양척왜(斥洋斥倭)의 기치를 들고 일어난 동학농민운동, 구한말 항일의병운동, 3.1운동과 항일무장투쟁이 역사의 정맥이라는 것이다. 그런데 대구 10월 폭동, 제주 4.3사건과 여순 사건, 6.25 전의 빨치산 투쟁에 대해서는 오락가락한다. 처음에는 진상규명과 억울한 피해자 명예회복으로 시작하지만, 나중에는 사건의 본질을 왜곡하여, 미군정의 폭정과 분단 건국을 반대한 통일·애국·민중 항쟁이라고 추켜 세운다. 이승만 정부를 전범 재판으로 처단된 독일 나치정권, 프랑스 비시정권, 일본 군국주의 정권처럼 취급한다. 이는 정확히 북한의 대한민국관이다. 1960년 이후에는 4.19의거, 반유신투쟁, 부마항쟁, 5.18광주항쟁, 6월항쟁으로 이어지는 반독재민주화투쟁으로 마침내 대통령 직선제 개헌을 쟁취하여, 김대중·노무현 정권을 출범시켰고, 이명박·박근혜의 정부라는 일시적 반동을 겪었지만, 2016년 촛불시민혁명을 통해 문재인정권이 탄생하여 새로운 시대를 열어가고 있다는 것이다. 이들은 역사 발선의 핵심 동력을 정치운동, 특히 집회시위와 폭력투쟁으로 본다. 선거를 중시하지 않으니 1948년 5월 10일 치러진 한반도 최초의 보통·평등·비밀·직접선거의 의의를 알지 못한다. 민주화의 분수령이었던 1985년 2.12총선에서 신한민주당 돌풍의 의의 역시 알지 못한다. 구한말과 일제하에서 일어난 제도적 정신적 혁명; 만민평등, 근대 교육과 의료, 재산권 확립, 근대적 사법과 세제 도입을 통한 관의 가렴주구 근절 등의 의의 역시 알지 못한다. 이런 역사관과 서사를 세력에게 윤석열 정권이 어떻게 보이겠는가? 이들이 3.9대선 결과에 선뜻 승복 할 수 있겠는가?

운동권과 민주당이 쉬임없이 설파해 온 서사와 정체성은 자신을 주변적인 존재 혹은 스스로를 소외집단이나 피해자로 생각하는 사람들에게 상당한 호소력이 있다. 서울의 집값 때문에 경기도로 밀려난 사람들은 열패감과 더불어, 지방도시의 상대적으로 낙후한 행정서비스와 생활 인프라에 대한 불만과 분노를 주류 보수 정부에 쏟아낸다. 1987년 이후 사회적 약자·소외자·서민은 특별한 배려와 보호를 받아야 한다는 의식이 널리 퍼지면서 여성, 청년(2030세대), 장애인, 노동자, 농민, 지방(비수도권)주민들이 앞다투어 사회적 약자·피해자로 스스로를 규정하고 국가에 손을 벌렸다. 공무원도 대기업 조직노동자도 마찬가지였다. 점점 늘어나는 약자·소외자 정체성을 가진 사람들은 그 대변자임을 강변하는 민주당에게 좋은 먹이감이었다. 가치·정책으로 보면, 민주당은 생산력·생산성 수준과 시장환경에 비해 너무 높고 경직된 권리이익(사회적표준)을 당연시하기에 성안 기득권자의 친구요, 성밖 서민·약자 및 미래세대의 적이라고 보아야 한다. 하지만 국힘당은 이를 제대로 폭로하지 못하고, 자신의 가치를 제대로 알리지 못하니, 약자·소외자 정체성을 가진 사람들을 친민주당으로 만들어 버렸다. 운동권과 민주당의 서사와 정체성은 강남좌파류들에게도 상당한 호소력이 있다. 대한민국이 얼마나 열악한 조건에서 출발했는지 모르고, 현재의 선진국과 격차가, 떳떳하지 못한 과거를 가진 주류보수 탓이라고 생각하게 만들었기 때문이다. 동서고금을 막론하고 정의감 넘치는 열혈 청년·대학생들은 좌파 정부든 우파 정부든 정부와 기득권을 성토한다.

국힘당과 한반도 근대화 주도세력의 서사와 정체성

국힘당은 서사와 정체성을 어떻게 말할까? 한마디로 강령 전문(모두의 내일을 위한 약속)은 대한민국 헌법 전문과 민주당 강령 전문의 비빔밥인데, 공산주의 침략에 맞서 자유민주주의를 지켜낸 국난극복의 역사와 '조국 근대화 정신'을 추가하였다.

우리는 3.1 독립운동 정신과 대한민국임시정부의 정통성을 이어받고, 공산주의 침략에 맞서 자유민주주의를 지켜낸 국난극복의 자랑스러운 역사를 가지고 있다. 우리는 (…) 전쟁의 폐허에서 가난을 극복하고 선진경제를 이룩했으며, 시민의 자발적 참여를 통해 민주화를 성취했다. (…) 우리는 갈등과 분열을 넘어 국민통합을 위해 노력하며 진영 논리에 따라 과거를 배척하지 않는다. 경제개발 5개년 계획과 새마을 운동 등 한강의 기적을 이룩한 산업화 세대의 '조국근대화 정신'과 자유민주주의를 공고히 한 2.28 대구 민주운동, 3.8 대전 민주의거, 3.15의거, 4.19혁명, 부마항쟁, 5.18민주화운동, 6.10항쟁 등 현대사의 '민주화운동 정신'을 이어간다. 우리는 다가올 미래의 변화를 선도한다. 4차 산업혁명 시대의 경제·사회 변화를 예측하고, 미래 성장 동력과 일자리 창출에 국가의 역량을 집중한다.

국힘당의 서사의 핵심은 반공 건국과 산업화의 성공이다. 그런데 1970년대 이후 출생자들에게 이는 물과 공기처럼, 어릴 때부터 이미 주어진 것으로 감사의 대상이 아니다. 단지 그 짙은 그늘을 치유해야 하는 문제로 인식되어 있다. "다가올 미래의 변화를 선도"하고, "4차 산업혁명 시대의 경제·사회 변화를 예측하고, 미래 성장 동력과 일자리 창출에 국가의 역량을 집중"하겠다는 것은 거의 모든 정당이 다 하는 아름다운 말이다.

국회 본청 2층의 국힘당 전용 회의실에는 이승만 박정희 김영삼 사진이 걸려 있다. 아마 국힘당 족보에 속하는 정당이 배출한 대통령 중에서 사법처리되지 않은 세 대통령일 것이다. 민주당은 사법처리는 되지 않았지만 그 죄질(대북송금 등)이 훨씬 악성인 김대중과 자살이라는 무책임한 행위를 한 노무현을 자랑스러운 비조로 모시고 있다. 빛만큼 그늘도 크지만, 이를 공칠과삼으로 퉁치고, 기리고 싶은 공만 기린다.

윤정부와 국힘당은 한반도 150년 근대화·문명화 혁명 주도세력이라는 웅장하고 장엄한 서사와 정체성을 만들어 낼 수도 있었다. 근대화는 물질적 측면에서는 과학기술 발전과 산업화·도시화고, 정신문화적 측면에서는 개인화·자유화·민주화다. 만민평등(신분 차별, 남녀 차별 철폐), 보통·평등·비밀·직접 선거제도, 의회제도, 재산권 보장, 법치주의, 권력분립, 근대적 교육·언론·보건의료(상하수도, 예방접종 등)와 근대적 기업, 근면·자조·협동정신, 직업원리, 근로윤리, 정직, 근대적 종교(기독교)와 경제 발전 등 다양 지류로 형성되어 있다. 물론 민주화운동과 독립운동도 근대화혁명의 중요 줄기 중의 하나다. 하지만 유일한 줄기도, 주된 줄기도 아니다. 정치·독립 운동이 크게 부각된 것은 상처난 민족적 자존심의 발로일 것이다. 민주화운동이 크게 부각된 것은 근대화 주도세력의 사회통합의지 내지 정치적 타협의 결과다. 그런데 이제는 150년 역사를 객관적으로 볼 수 있는 시간적 거리가 생겼다. 조선의 지독한 야만과 무능이라는 불편한 진실을 직시할 자존심과 용기도 생겼다. 사실 국힘당과 자유·보수·우파는 다양한 방면에서 일어난 근대화·독립운동과 그 결과인 건국·호국·부국의 기적, 그리고 1987년 거리로 쏟아져나온 학생시민들과 양김씨의 민주화 투쟁과 전두환, 노태우의 대승적 결단으로 이루어진 평화적 정권교체와 민주화·자유화·세계화를 위대한 근대화혁명 서사로 해석하면서, 근대화의 완성을 자신의 정체성으로 삼을 수 있었다. 역사의 고비고비마다 감동적인 희생과 헌신, 지혜와 결단으로 기적의 역사를 창조한 영웅들을 다 근대화의 은인·공로자·영웅으로 섬길 수 있었다. 이렇게 되면 1898년 최초로 입헌민주공화국을 꿈꾼 만민공동회의 스타들(박성춘, 이승만, 안창호 등)과 일제하에서 무력으로 항일투쟁을 한 사람과 산업, 교육, 의료, 복지, 사상(형평)운동 등으로 근대화의 토대를 마련한 사람들과 건국 영웅인 김성수, 조만식, 조봉암과 호국 영웅인 백선엽 등을 다 조상으로 삼을 수 있다. 이승만, 박정희와 전두환, 노태우와 김영삼, 김대중을 다 공칠과삼인 근대화의 영웅이나 공로자로 인정할 수 있다. 김구는 독립운동가로만 인정할 수 있다. 그런데 국힘당은 근대화혁명의 기초를 닦은 문명개화와 국내외에서 다양한 근대화와 독립운동의 역사를 자신의 역사로 만들지 못했다. 서사를 대한민국 건국에서 시작하니, 건국 이전의 70년 가량의 개화기와 식민지 시대의 고난과 도약의 역사가 사라져 버렸다. 오로지 항일무장투쟁을 한 사람들의 고난의 역사만 남게 되었다. 건국 대통령 이승만은 단지 독선적이고 독재적이고, 이기붕 등 측근들의 국정농단을 제어하지 못하는 사리분별력 없는 대통령으로 나타났다. 1940년을 전후하여 출생한 4.19 세대들이 초중고를 다닐 때 대통령은 계속 이승만이었기에, 정의감 넘치는 학생들은 거의 모든 모순부조리는 이승만 탓이라고 생각할 만 하다. 어쩌면 1950년대 내내 군인 신분으로 온갖 부조리를 목도했던 박정희, 김종필 등 5.16 핵심들에게도 그렇게 보였을 지도 모른다. 그렇지 않고서야 군사 쿠데타를 일으킬 생각을 못했을 것이니!

이승만을 격하하려다 보니, 대한민국 건국을 반대한 김구가 부각되고, 상처난 민족자존심을 치유하려다 보니, 안중근, 윤봉길, 이봉창, 홍범도 등의 항일무장투쟁만 과도하게 부각된 것이다. 1987년 이후 자유·보수·우파의 서사·역사 투쟁의 방기 혹은 패배를 가장 극명하게 보여주는 사건이 바로 〈여의도통신〉의 국회의원 상대 존경하는 인물 조사와 전두환 전 대통령의 유골이 사후 2년이 넘었어도 묻힐 곳을 찾지 못하는 비극적 현실이다. 국힘당 당사에는 전두환, 노태우, 이명박, 박근혜 사진은 없는 것도 패배의 기념비이다. 근대화, 산업화, 건국의 주역인 인촌 김성수 (1891~1955)를 친일반민족행위자로 몰아, 2019년 그 호를 딴 길 '인촌로'를 '고려대로'로 바꾸고, 2015년에는 광주 서구청이 친일인명사전에 등재되었다는 이유로 국군창설 주역인 김백일 장군(1917~1951)의 이름을 딴 '백일로'를 '학생독립로'로 변경한 사실 등도 서사·역사 투쟁의 방기 혹은 패배의 기념비이다.

자유, 민주, 공화, 평등, 정의, 인권, 풍요의 길로 달려온 150년 근대화혁명의 관점에서 보면, 북한은 명백히 반문명화, 반근대화, 반인간화 세력이다. 김성수 등을 친일파로 매도하고, 대한민국 건국호국 영웅들을 폄훼하며, 한강의 기적을 만든 정신과 방법을 파괴하는 운동권정치가 지배하는 민주당도 반근대화세력이다. 김영삼은 민주화와 세계화를 고창했지만 이승만·박정희와 달리 조선스러운 것을 숱하게 부활시켰다. 예컨대 문민정부라는 명칭, 동맹보다 민족 강조, 소급입법에 의한 정치보복(조선식 사화정치의 부활), 건국과 산업화 산실이기도 한 중앙청(조선총독부 청사) 폭파, 일본에 대한 비외교적 혐오 발언 등 근대화혁명에 역행한 사례가 너무 많다. 물론 그래도 공칠과삼으로 크게 퉁칠 수 있다. 근대화혁명의 관점에서 보면 평화적 정권교체, 경제발전, 물가안정, 작은 정부·큰 시장, 자율화, 사회 통합 등을 일관되게 밀어붙인 전두환·노태우를 높이 쳐줄 수 있는 소지가 많다. 하지만 독재=불의, 민주=정의라는 프레임이 큰 힘을 발휘하는, 1987년 이후 36년 간 강고하게 유지되는 통념하에서는 국힘당이 전두환·노태우를 김영삼과 함께 중시조의 한 명으로 넣는 것은 쉽지 않을 것이다.

거듭 말하지만, 지금은 관료·기득권·웰빙족의 본산처럼 되어버린 국힘당은 의외로 혁명가의 피가 흐르는 정당이었다. 개화·독립·건국과 호국·부국 투쟁을 승리로 이끈 이승만과 박정희의 문명개화=근대화혁명 정신이 면면히 흘렀다는 얘기다. 국힘당의 비조(鼻祖)인 이승만은 개화기 때부터 해방의 그 날까지 근 40년 동안 얼마든지 가질 수 있었던 미국 국적을 거부하며 무국적자로 풍찬노숙한 혁명가 중의 혁명가였다. 군주제 하에서 입헌 민주공화국 건설을 위해 투쟁하다(고종 황제 폐위에 가담했다는 혐의 등으로) 사형 선고를 받고 5년 8개월을 복역한 원조 운동권이었다. 당대의 수구·기득권(19세기 말에는 왕당파, 20세기 중반에는 한민당)과 치열하게 싸웠고, 세계 정세에 그 누구보다 밝았다. 구한말 식민지 조선, 일본, 미국, 중국 등을 보면서 뼈에 사무친 설움도 있었고, 미국과 1·2차대전과 러시아 혁명과 스탈린 치하 소련을 보면서 형성된 통찰도 있었다.

박정희도 6.25 참전 군인이자, 목숨을 걸고 쿠데타를 감행한 혁명가였다. 1·2차 대전 이후 터키, 이집트, 버마(미얀마)등 세계 곳곳에서 군사 혁명을 주도한 엘리트 군인의 정신과 식견이 있었다. 이는 전두환과 5공 핵심(신군부 엘리트)들에게도 어느 정도는 이어졌다고 보아야 한다. 박정희는 부국강병을 위해 좌파적 정책; 국가주도 경제개발, 중상주의적 수출 드라이브 정책, 국가 규제와 억압(관치금융과 8.3조치 등) 등에 거리낌이 없었다. 그런데 문민정부를 표방한 김영삼정부는 근대화혁명의 핵심 동력인 힘과 실용을 중시하는 군인·무인·상인 정신을 거세해 버렸다. 그 이후 김대중·노무현정부와 이명박·박근혜정부를 거쳤는데, 그 어떤 정부·정당도 국가 서사와 정체성, 그리고 국정운영 플랫폼의 중요성을 알지 못하였다. 게다가 자유보수 정부·정당은 진영 서사와 정체성의 중요성조차 알지 못했다. 자신이 한반도 문명화=근대화혁명 주도세력이라는 자의식이 없다고 해도 과언이 아니다. 그 누적된 결과가 윤정부와 국힘당의 공무원 정부·정당화다. 2016~17년 촛불시위와 박근혜 탄핵사태 이후, 민주당은 촛불시민혁명 세력이라는 정체성이 강해졌다. 그런데 국힘당은 한반도 근대화혁명 주도세력으로서의 자부심 내지 정체성은 완전히 자취를 감추었다. 이를 제대로 부각시키지 않으니, 분단·전쟁·독재를 초래한 수구 기득권 집단으로 매도되는 것이다. 개화·독립·건국·호국·부국은 물론 대승적 양보와 결단(1985년 총선과 1987년 직선제 개헌 등)으로 민주화의 물꼬를 튼 위대한 근대화 서사를 땅에 파 묻어 버렸기에, 한일국교정상화 반대투쟁-반유신투쟁-5.18민주화운동-6월 항쟁으로 이어지는 민주화 서사에 과도하게 굽신거리는 것이다.

대한민국 서사의 방치와 훼손

서사와 정체성은 국가에게도 필요하다. 대한민국도 미국처럼 건국의 아버지 어머니들이 있고, 국가와 국민이 맺은 사회계약의 기본 정신이 있다. 바로 헌법 정신이다. 대한민국이 국가의 명운을 걸고 싸워 온 대립물도 명확하다. 근대화·문명화를 반대하는 조선 회귀 세력, 근대화의 악성 변종인 공산주의·전체주의 중국 회귀 세력, 민주공화국이 무엇인지 모르는 다수 폭정세력, 제반 가치생태계를 파괴하는 부족주의 정치세력 등이다. 정상적인 국가라면 모든 정당은 건국·헌법 정신의 모태가 되는 국가 서사와 정체성을 공유해야 한다. 세계 패권국이었던 미국, 영국은 말할 것도 없고, 패전으로 국민이 선출한 정치 리더십이 전범으로 처형당했던 독일, 일본 등도 주요 정당들이 다 동의하고 존중하는 서사와 정체성이 있다. 이 서사는 헌법에 다 표현되는 것은 아니다. 암묵적 컨센서스로 존재하지만, 거의 모든 정당들의 노선과 활동의 대전제가 된다. 하지만 대한민국은 그렇지 않다. 사실 이것이 경제·기술과 물질적 인프라 수준에 비해 정치 수준이 형편없이 낙후한 핵심 이유다. 국가 서사와 정체성에 동의하지 않는 정치세력은 일종의 반란·혁명 세력이 된다. 1980년대 민족해방파와 민중민주파로 양분된 운동권 세력이 대표적이다. 4.19 학생운동의 주류 세력은 헌법 정신을 지지했지만, 1980년대 중후반 학생운동의 주류 세력은 헌법 정신을 부정했다. 1961년 5.16과 1979년 12.12를 주도한 군부세력은 비록 헌정을 중단시켰지만, 대한민국의 정통성-자유민주주의-시장경제-자유진영(한미동맹)-민주공화국이라는 헌법 정신은 견지했다. 김대중과 노무현의 민주당도 헌법 정신을 견지했다. 하지만 문재인과 운동권의 민주당은 달랐다. 국가 서사와 정체성을 공유하지 않는 정치세력이 다투면 사실상 내전 상태가 된다. 내전 과정에서는 얼마든지 적국과 손잡을 수도 있다.

대한민국 서사와 정체성은 도대체 무엇인가? 이는 근현대사에 정통한 학자와 정치가들이 지난 150년에 걸친 근대화라는 큰 강으로 흘러들어온 굵직한 지류들만 살펴도, 그리 어렵지 않게 정리할 수 있지 않을까 한다. 관련된 책과 논문을 쌓으면 빌딩 높이가 될 지 모르지만, 대한민국이 필요로 하는 서사와 정체성은 학술 논문이 아니다. 김씨일가나 운동권의 그것처럼, 정략적 의도와 대중적 콤플렉스가 범벅이 된 역사 판타지 소설도 아니다. 정확한 역사적 사실을 토대로 하고, 세계사와 동아시아사 속에서 한국사(조선-식민지조선-남북한 역사)의 큰 흐름을 서술하면 된다. 핵심은 대한민국의 기적이 어떻게 가능했고, 북한은 왜 처참한 실패국가가 되었는지, 그리고 지금 대한민국은 왜 총체적 퇴행·쇠락·내파·자멸을 향해 질주하고 있는지, 그래서 우리는 무엇을 해야 할지 등을 해명하는 것이다.

86운동권은 근대화라는 장강에 흘러든 지류의 하나인 정치사=독립운동사에만 주목하였다. 그 결과 구한말부터 일제시대에 일어난 엄청난 문명사적 진보(근대화)를 식민지근대화론으로 부정해 버리니, 대한민국 건국 호국 산업화 민주화 기적을 이해할 수가 없었다.

지난 150년의 근대화 역사는 국제정세의 변화, 근대적 법제도(신분제도 철폐, 선거제도와 의회제도 정착, 조세제도 개혁, 재산권 확립, 근대적 사법절차 도입 등)의 도입, 철도·도로·상하수도·농업관개시설 등 물질적 인프라의 확충, 위생시설과 의료기관의 확충, 종교·교육·언론·대중운동 등을 통한 정신문화(세계관과 가치관)의 발전 등을 살펴야 한다. 그렇다면 식민지 하에서 일어난 엄청난 문명사적 진보를 애써 무시하고, 근대화 역사를 쓰는 것은 손바닥이 아니라 손톱으로 하늘을 가리려는 시도로 될 것이다. 대중 시위나 유혈투쟁 중심 독립운동사로는 대한민국 기적도, 남북한의 완전히 엇갈린 운명도 설명할 수 없다. 지금 당면한 위기 원인을 진단하고, 해법을 도출하고, 이를 실천할 새로운 정치세력도 만들어낼 수가 없다.

대한민국은 서구 문명을 가장 늦게 만난 문명국이자, 당대 가장 약탈적이고 폐쇄적인 정치경제 시스템을 가진 조선을 깨부수고 탄생한 국가다. 근대화 시작은 가장 늦었지만 정치, 외교, 군사, 경제, 교육, 문화 등 다방면에서 벌인 선각자들의 분투노력과 2차대전에서 연합국의 승리에 힘입어 식민지에서 해방되었다. 이승만 등 건국의 아버지들의 피땀과 지혜로, 기본 틀(자유민주주의, 공명선거, 의회제도, 시장경제, 토지개혁 등)이 훌륭한 민주공화국을 만들었다. 그리고 이승만, 박정희 등 역대정부들은 각자 나름의 시대적 소명을 잘 이행하여, 2차대전 후 독립한 나라 중에서 출발 조건은 가장 열악했으나, 그 성취는 가장 빛나는 국가가 되었다. 한민족이 한반도와 그 인근에서 세운 나라 중에서 가장 부강한 나라가 바로 대한민국이다. 이제 선진국과 개도국, 대륙과 해양의 가교 국가로서 세계사적 사명을 이행해야 지구촌과 더불어 공영할 수 있다. 한마디로 대한민국은 오욕도 있었고, 오류도 있었지만, 미국처럼 기본 틀(가치, 이념, 체제, 제도 등)이 좋아서, 변화하는 현실에 맞게 제도와 정책을 수정보완하면, 얼마든지 위대한 나라를 창조할 수 있다. 대한민국의 역사적 정통성은 근대화·문명화를 향한 150년의 서사를 정립해야 확고해 진다. 지금 대한민국이 이룩한 놀라운 기적은 150년 근대화·문명화 등정(登頂) 대업의 8부 능선이다. 여기서 대한민국의 조선화·중국화·남미화를 향한 거센 역풍을 만났다.

대한민국 서사는 정치인과 모든 공직자와 국민들이 공유해야 대한민국에 대한 자부심과 애착심도 생기고, 개혁의 열정도 생긴다. 그런데 이승만·박정희·전두환의 부덕과 불행, 그리고 북한과 주사파의 판타지 소설적 역사인식과 환부역조를 꿈꾸는 철부지들의 합작에 의해 대한민국 건국 서사와 정체성이 크게 훼손되었다.

문재인정부와 민주당은 대한민국 서사를 파쇄하여 어떻게 주류 보수에 대한 혐오, 증오, 오만, 독선을 불러일으키는지, 대한민국에 대한 자부심과 애착심을 어떻게 파괴하는지를 잘 보여주었다. 이는 역대 보수정부의 서사와 정체성에 대한 몰이해, 무관심, 방조가 크게 일조하였다. 결정적인 오류는 서양 선교사, 개화파 등 다양한 갈래의 개화 노력과 식민치하의 다양한 근대화 노력과 독립운동, 그리고 대한민국 건국, 호국, 부국(산업화), 민국(민주화)을 근대화라는 하나의 연속적인 흐름으로 설명하는 역사관을 정립하지 못한 데에 있다. 요컨대 근대화세력인 자유보수는 자기 서사도 제대로 정립하지 않았고, 대한민국 서사도 제대로 정립하지 않았다. 그 결과가 광복절과 건국절 논란, 임시정부 법통 논란, 국군의 뿌리 논란, 김구 논란, 친일 청산 논란, 분단과 전쟁에 대한 책임 논란, 이승만 박정희 논란 등이다. 근대화·문명화를 향한 150년의 서사를 정립하기 위해서는 개화 과정에서 빛나는 역할을 한 인물(서양 선교사, 개화파, 백정출신 지도자, 서재필, 이승만, 안창호 등)의 고난, 고뇌, 헌신과 위대한 승리를 널리 알리는 다큐와 영화를 제작 유통시켜야 한다. 또한 화석화된 민주진보와 치열하게 싸워온 민주화운동, 노동운동, 시민운동의 성찰파와 김대중, 노무현 정부에 참여하고, 문재인, 이재명에 극히 비판적인 인사들도 하나같이 감동적인 고난 서사를 가지고 있는 만큼 이들이 윤정부의 주요 축 중의 하나로 자리 매김 될 수 있도록 해야 한다. 대한민국 서사와 정체성을 감동적으로 설명하면, 자유보수의 서사와 정체성은 자동적으로 튼실해진다. 민주화와 촛불시민혁명 서사보다 압도적인 호소력을 가질 것이다. 역대 보수 정부·정당의 취약성은 상당 부분 서사와 정체성에 대한 무관심에서 온다. 특히 대한민국 서사, 즉 한반도 150년 문명화·근대화 혁명서사를 바로 세우지 못한 데서 온다. 유엔이 승인한 유일합법정부라는 것이 정통성의 근거가 될 수가 없다.

대한민국 헌법 전문도 양당 강령도, 3.1운동과 임시정부에서 정치적 비조를 찾다보니, 150년에 걸쳐 다양한 방식으로 진행된 근대화혁명 전체의 흐름을 보지 못했다. 근대화혁명의 초기 주역은 복음과 근대적 의료와 교육과 근대적 세계관 등을 가지고 온 서양 선교사와 일찍 신문명에 눈을 뜬 개화파, 신분차별과 가렴주구에 치를 떨던 모든 기층 민중들, 1898년 만민공동회로 집결하여 입헌 공화국을 도모하던 사람들이다. 민주화가 민주화운동가들의 전유물이 아니듯이 조국 근대화도 박정희의 전유물이 아니다. 150년 한반도 근대화혁명 전체를 보지 못하면, 지금 목도하는 북한발, 운동권·호남발, 중국발, 정신문화발 위기를 잘 보지 못한다.

9장. 너무 좁고 작게 설계된 오두막

건너 뛴 질문, 왜 이것을 해야 하는데?

역대 정부의 국정운영 플랫폼의 특징과 문제점을 파악하는 가장 손쉬운 방법은 노무현·이명박·박근혜·문재인 백서와 윤석열 백서+120과제를 펼쳐놓고 형식과 내용을 비교하는 것이다. 윤정부는 2022년 5월, 6월, 7월에 각각 〈윤석열정부 110대 국정과제〉, 〈제20대대통령인수위원회 백서〉, 〈윤석열징부 120대 국정과제〉를 발간했다. 이명박정부는 인수위 백서에서는 193개 국정과제를 발표했으나 취임 2년 3개월이 지난 2011년 6월 〈이명박정부 100대 국정과제〉를 발표한 적이 있다. 역대 정부들이 해석한 국제·국내 정세, 국민적 요구·불만, 자신의 서사·정체성, 시대정신과 시대적 소명으로부터 도출한 국정철학과 국정과제를 비교만해도 적지 않은 차이를 발견할 수 있다. 더 나아가 출범 초기의 창대한 포부와 실제 보여준 성과의 괴리를 천착하면 국정운영 플랫폼의 많은 문제점을 발견할 수 있다.

역대 정부가 맞딱뜨린 문제의 대부분은 새로운 것이 아니었다. 북한·북핵, 저출산, 격차·이중화, 지역균형발전 등. 오래 전부터 국가적 난제라고 아우성 친 것이 대부분이다. 역대 정부들은 하나같이 포부가 크고, 능력이 범상치 않은 사람들로 구성되었지만, 정권이 끝나면 예외 없이 혹독한 비난을 받고, 당사자들은 깊은 회한을 토로한다. 그런데 역대 정부 핵심들치고 이전 정부의 성과, 한계, 오류를 천착한 사람이 있는지 의문이다. 그나마 김대중, 이명박, 노태우 등 대통령 회고록이 후대가 참고할 만한 성찰 반성의 기록으로 쳐줄 수는 있다. 하지만 핵심 참모들 중에 임기 종료 후 타산지석으로 삼을 만한 자료를 남긴 사람은 김병준 전(노무현정부) 청와대 정책실장 외에는 별로 본 적이 없다. 더 큰 문제는 그나마 나온 기록들을 진지하게 참고하지 않는다는 것이다. 윤정부의 경우 더 심해서 인수위와 국정운영 플랫폼 설계에 깊게 관여했을 이른바 '윤핵관' 중에, 인터넷으로 누구나 내려받을 수 있는 타산지석의 보고인 역대정부의 인수위 백서조차 참고한 사람이 있는지 의심스럽다.

인수위 백서나 국정운영5개년계획에 집약된 국정철학과 국정과제가 훌륭하다고 해서 성공적인 정부가 된다는 보장은 없다. 하지만 이것이 문재인정부처럼 완전히 시대착오거나 윤석열정부처럼 부실함에도 불구하고 성공적인 정부를 바라는 것은 나무에서 물고기를 구하는 것이나 다름없다.

일단 형식만 놓고 보자. 정부 출범 일주일 전(2022.5.3.)에 서둘러 발표한 182쪽의 〈110대 과제〉와 정부출범 이후 2개월여 지나서 공개된 193쪽의 〈문재인정부 국정운영 5개년 계획〉이 형식 측면에서 가장 유사하다. 둘 다 국정철학 및 국정과제 도출=정의(定義)의 근거와 배경 설명은 빈약한 데 반해 국정과제의 주관부처가 명시되어 있다. 서술체계는 '과제목표-주요내용-기대효과'인데, 윤석열·문재인·박근혜 백서가 동일하다. 이명박 백서는 193개 국정과제(43개 핵심과제 / 68개 중점과제 / 82개 일반과제)를 각각 '과제개요-추진계획-기대효과'라는 형식으로 서술했는데, 과제개요에서는 그 어떤 백서보다 길고 친절하게 과제의 배경을 설명했다. 사실 이것을 왜 해야 하는지를 말하는 '배경' 설명이 가장 어렵다. 노무현정부는 OOO대 국정과제를 확정하지는 않고, 6개 분과위원회+1개 국민참여센터별로, '활동개요-활동목적 및 방향-추진경과(분야별)-중점추진사항-문제점 및 조치사항-평가-당선인 당부사항'의 형식으로 정리했다. 노무현·이명박 백서는 국정현안의 핵심과 해법을 둘러싼 깊은 고민들을 비교적 충실히 정리했다.

무수히 많은 위기·문제 중에서 정부가 왜 이것을 해야 하는지에 대한 설명은 '과제목표-주요내용-기대효과'라는 서술체계에는 들어갈 자리가 없다. 국정과제 도출의 근거와 배경 설명은 곧, 무수히 많은 과제 중에서 (중요도, 시급도, 난이도, 기대효과, 정치적 유불리 등을 따져서) 왜 여기에 선택·집중해야 하는지, 왜 다른 과제는 아닌지, 역대 정부의 성과, 한계, 오류가 무엇인지 등을 살펴본다는 것을 의미한다. 여기에 답하는 과정에서 국정운영 플랫폼 설계 역량 내지 국가 비전·전략·정책수립 역량이 비약적으로 올라간다. 6월 중순에는 인수위백서를 내놨는데, 110대 국정과제에 대한 배경 설명(시대정신, 시대적 소명, 국정비전 등)을 추가하고, 다양한 위원회의 활동 보고서와 사진 등을 취합하여 넣고, 건조한 개조식 문장을 서술식으로 바꾸고, 저출산을 저출생으로 바꾸는 등 약간의 손질만 있었다. 7월에는 대한민국정부 명의로 120과제를 내놨는데, 가장 큰 변화는 지방시대 관련 과제 10개를 추가한 것이다. 그런데 인수위 백서의 제3장 주요정책(286~357쪽)에서는 15개의 큰 현안에 대해 각각 '추진배경 - 현황 및 쟁점 - 논의과정 - 정책대안(정책목표/정책대안/추진계획) - 기대효과'라는 형식으로 서술했다. '추진배경'이라는 어려운 주제를 논한 데서 보듯이 관련 전문가들을 모아 매우 깊이 있는 논의를 한 흔적이 있다. 주요 정책은 ①청와대 이전 ②코로나19손실보상 ③코로나19 비상대응 ④국민통합 ⑤지방시대 개막 ⑥주택250만 호 공급계획 ⑦부동산세제 정상화 ⑧디지털 플랫폼정부 ⑨'만 나이'로 법적·사회적 기준 통일 ⑩탄소중립 정책 ⑪인구정책 ⑫능동적 경제안보 외교 추진 ⑬북한 핵·미사일 위협에 대한 대응능력 획기적 보강 ⑭병역의무 이행에 대한 국가지원 강화 ⑮2030 부산세계

박람회 유치 및 성공적 개최와 "청년소통"이 있다. 사실상 주요 정책은 16개 인 것이다.

여기서 제시한 정책 대안의 일부는 110대 혹은 120대 국정과제에 반영됐으나, 그렇지 않은 과제들도 많다. '⑤지방시대 개막'의 경우 원래 15대 국정과제 및 76개 실천과제를 제시했는데, 10개로 통합되어 한 달 뒤 발간된 120과제에 편입되어, '국정목표6 대한민국 어디서나 살기 좋은 지방시대'를 구성했다. 그런데 국정과제로 채택될 만한 중요한 과제는 ⑤지방시대에만 있는 것이 아니었다. ④국민통합 ⑩탄소중립 정책 ⑪인구정책과 "청년소통" 등에도 있었다. 인수위를 급하게 마무리하면서 충분히 반영하지 못하였기 때문일 것이다. 인수위 백서는 7개 분과위원회(외교안보, 정무사법행정, 사회복지문화 등) 활동과 특별위원회 및 TF 활동(①국민통합위원회 ②지역균형발전특별위원회 ③코로나비상대응특별위원회 ④청와대이전TF)도 서술했는데, 역시 국정과제로 채택될 만한 중요한 과제들이 수두룩하다. 그런 점에서 윤정부 출범 후 "윤석열정부 국정운영 5개년 계획" 위원회를 만들어, 서둘러 발표된 110대 국정과제와 인수위 백서의 15개 주요정책 + 청년소통 + 7개 분과위와 특별위원회 및 TF 활동 과정에서 도출된 과제와 그외 새로운 정책 제안을 더 받아들여, 정련하여 100대 과제든, 150대 과제든 확정하는 것이 순리요 상식인데 왜 안했는지 아직도 모르겠다. 문재인정부 국정운영5개년 계획은 5월10일 문정부 출범 후 2017년 5월 22일~7월 14일 운영된 국정기획자문위원회가 주관하였다.

국정과제의 주관부처는 곧 그 과제의 책임부서이자 주인을 의미한다. 문제는 주관부처 확정 시점이다. 상식적으로 과제의 정의와 주관부처 확정이 동시에 진행되면, 주관부처는 과제를 달성하기 쉽게, 혹은 조직과 예산을 늘리기 쉽게 변형한다. 시대가 요구하는 과제가 아니라, 부처(공무원)가 요구하는 과제를 국정과제로 밀어 넣기 십상이다. 윤대통령보다 국정운영 준비 기간(정치 이력)도 길고, 정권 핵심들간의 팀웍을 형성할 시간도 길었던 노무현·이명박·박근혜정부가 인수위 단계에서는 국정과제 주관부처를 명기하지 않은 이유가 바로 그 때문이다. 그런 점에서 나는 지금도 도대체 누가 왜 110대 국정과제를 정부출범 전(2022.5.3.)에 서둘러 발표하여, 새로운 생각이나 새로운 국정과제가 밀고 들어오지 못하게 빗장을 쳐버렸는지 궁금하다. 아마 "국정운영 플랫폼"이 중요하며, 인수위 백서는 그 초안이라는 사실을 아는 사람이 별로 없었기 때문이 아닐까 한다. 이는 대통령도, 인수위원장도, 기획조정분과 간사 등 인수위 핵심 요직을 맡은 사람들도 오십보백보였던 것처럼 보인다. 아무튼 110대 국정과제의 내용과 형식과 발표 시점을 보면 윤대통령의 일천한 정치 경력과 아직 충분히 확장되지 않은 관심사를 활용하여 인수위 핵심들과 직업공무원들이 하고 싶은 것을 마구 쑤셔넣어 서둘러 확정 발표하는 것 같다는 느낌을 지울 수 없나.

그래서인지 윤석열 백서와 박근혜 백서가 의외로 많이 닮았다. 두 대통령은 공히 본연의 업무인 외치 문제에 대해서는 많은 관심을 기울였다. 하지만 내치 영역은 공무원 대통령답게 거의 관료 출신들에게 맡겨버린 듯하다. 박근혜는 경제민주화, 60세 정년연장, 공공기관 비정규직 정규직 전환, 행정수도 이전(세종시 조기 정착) 등을 주요한 가치·정책으로 채택한 데서 보듯이, 민주진보의 이념과 정책을 전향적 혹은 정치공학적으로 수용하였다. 김영삼·김대중·노무현 정부를 거치면서 관료들이 체화한 정책 패러다임이었기 때문인지도 모른다. 또 하나 살면서 바닥을 기거나 기업을 하면 선명하게 보이는 내치 문제를 피부로 생생하게 느낄 계기가 적었기 때문이 아닐까 한다. 두 대통령은 선거운동 과정에서는 일시적으로 '을'이 되기도 했지만, 대부분 '갑'적인 지위를 가진 국회·정부 영역에서 살아왔다. 윤정부와 박정부는 백서만 닮은 것이 아니라, 협소한 인재풀 운영도 닮았다. 그리고 실물 체험이 부족한 사람들이 그렇듯이 글이나 보고서, 즉 이론이나 개념으로 현실을 바라보는 경향이 있다. 정치사회적 갈등의 배후에 숨어 있는 이념, 욕망(이권), 분노, 증오, 공포, 정치전략 중에서 유독 이념 문제에 주목한다는 얘기다. 윤대통령의 자유에 대한 언급과 공산전체주의에 대한 언급이 단적인 예다. 염치도 상식도 일관성도 없는 민주당과 운동권의 역겨운 행태를 이념(공산전체주의)으로 해석하는 것은 잡범에 불과한 자를 이념에 투철한 사상범 내지 양심수로 높이 평가하는 우를 범할 수도 있다.

박근혜정부는 이념 문제를 크게 우려하여 2015년 말에 자유보수 시민사회와 공조없이, 오로지 공무원 조직을 지휘 통솔하여 '국정교과서 전쟁'을 벌였다가 패퇴하였다. 윤석열정부도 2023년 여름부터 이념의 문제를 제기하고는 있지만, 국회 지형을 의식해서인지 큰 파장을 초래할 만한 행정명령은 내리지 않았다. 윤정부의 국정운영 플랫폼의 부실과 관련하여, 인수위원장을 한 안철수 책임은 30%도 안될 것이다. 부실의 70% 이상은 윤정부를 만든 자유보수우파 애국세력의 가치·이념·정책적 컨센서스 자체의 부실과 이른바 권력 핵심들이 문정부와 민주당 핵심들처럼 소명(국가적 국민적 난제 해결)보다 권좌 그 자체를 탐하는 존재였기 때문일 것이다. 진짜 심각한 것은 국정운영 플랫폼의 지독한 부실을 비판하고 성토하는 목소리가 별로 없었다는 사실이다. 따라서 이는 윤정부를 만든 자유·보수·우파·애국·중도·반이재명 세력 전체의 문제이기도 하다. 윤정부-국힘당-자유·보수·우파 진영이 문정부-민주당-민주·진보·좌파 진영에 비해 사상이념적 통일성이 매우 취약하다는 것은 공공연한 비밀이다. 정권의 중심인 윤대통령의 국정철학과 국가비전이 제대로 정립되어 있지도 않았고, 숙성의 시간도 너무나 부족했기 때문이다. 그렇기 때문에 주요 보직은 가치정책 패러다임 자체를 의심해 본 적이 별로 없는 사법·경제 관료,

즉 '늘공'으로 채웠다. 결과적으로 인수위 백서는 늘공에 의한, 늘공을 위한, 늘공의 작품이라고 해도 과언이 아니다. 문제는 이것이 백서에만 그치는 것이 아니라, 공직인사를 비롯하여 국정운영, 여당운영 전반에도 투영된다는 것이다. 윤석열정부는 역대정부의 실패와 좌절 혹은 한계와 오류를 타산지석으로 삼을 수 있는 후발자다. 그런데 국정운영 플랫폼의 핵심인 인수위 백서+120과제는 형식과 내용 측면에서 너무 엉성하고 무성의하게 만들어졌다. 설상가상으로 정무적 기교는 경시하거나 경멸하는 경향까지 있으니.

인수위 백서+120과제가 문제가 많은 것이 사실이라면, 아예 없는 것처럼 취급하고, 새로 만들면 안될까? 그럴 수도 있다. 늦었다고 생각할 때가 빠른 경우도 많다. 사실 이명박정부는 1987년 이후 출범한 8개 정부 중 가장 잘 정리된 인수위 백서를 갖고 출발했다. 이명박 대통령 본인의 정치경력(1995년 민주자유당 서울시장 경선후보, 1996년 국회의원 당선, 2002년 ~2006년 서울시장)도 화려하고 다채로운 편이었다. 그럼에도 불구하고 거의 매년 8.15 경축사를 통해 새로운 국정비전을 제시했다. '녹색성장' 국가비전은 2008년 8.15 경축사에서, '친서민 중도실용'은 2009년 8.15 경축사에서, '공정사회'는 2010년 8.15 경축사에서, "더불어 함께 사는 사회를 향한 공생발전"은 2011년 8.15 경축사에서 등장했다. 대통령 단임제를 채택한 헌법 하에서는 대통령직은 어차피 처음이자 마지막이기에, 직무를 수행하면서 배우고 깨닫고, 시행착오를 숱하게하면서 수정보완하면서 갈수밖에 없다. 그럼에도 불구하고 그 중요한 시기에 120과제라는 졸작을 만들어낸 사람들의 안목, 자질, 역량, 조직문화가 바뀌지 않는다면 어떻게 제대로된 국정운영 플랫폼을 만들어 낼수 있을까? 공정, 설비, 장비, 사람, 조직문화 등이 그대로인데, 어떻게 혁신적인 제품을 만들 수가 있을까? 하나를 보면 열을 알고, 떡잎을 보면 나무를 안다는 말이 있다. 윤정부가 달려갈 레일을 까는 과정에서 큰 과오를 범한 자들이 비판과 질책을 받고 근신하기는커녕 계속 승승장구하는 듯한 모습 등을 보면, 게다가 자유·보수·우파 지식사회 자체가 날카로운 비판과 질책에 게으르다면, 윤정부의 역사적 평가는 결코 좋을 수가 없다.

대통령 프로젝트, 경제 관점의 과잉

무엇을 대통령 프로젝트로 삼을 것인지는 정부의 단기(총선) 평가와 장기(역사적) 평가를 좌우하는 중요한 질문이다. 어떤 과제를 최우선 개혁 과제로 선정한다는 것은 다른 많은 것을 후순위로 돌린다는 것을 의미한다. 가치의 우선순위도, 개혁·과제의 우선순위도 당대의 시대적 요구와 정부의 시대적 소명과 정치전략을 종합적으로 고려하여 정해진다. 시대의 흐름과 요구를 읽고, 자신의 존재의미를 캐물어 선택·집중할 프로젝트를 선정하는 일은 대통령 뿐만 아니라 정당과 정치인 개개인도 반드시 해야 하는 일이다. 그래서 제2부에서 1987년 이후 36년 민주화 시대 내지 민주진보운동권 헤게모니 시대의 큰 흐름과 현주소를 살펴볼 것이다. 윤정부 출범 7일차(2022.5.16.)에 윤대통령은 국회 시정연설을 통해 연금·노동·교육의 3대개혁을 천명했다.

문재인 전 대통령이 취임 3일차(2017.5.12.) 첫 외부일정으로 인천공항공사를 방문하여 협력업체 정규직을 비정규직이라 우기면서, 1만 명 정규직 전환 선언을 하여 생각이 있는 사람들 경악하게 만들었다면, 윤석열 대통령은 취임 7일차 국회 시정연설을 통해 3대개혁을 선언하여 생각이 있는 사람들을 안도하게 만들었다. 문 전 대통령이 한 일은 5천만 국민의 돈인 독점 공기업의 이윤을 웬만큼 사는 공기업 정규직 1만여 명에게 특혜적으로 선사하는 일이다. 바보도 할 수 있고, 공정하지도 않고, 생산성도 떨어뜨리는 짓이다. 하지만 윤대통령이 하려는 일은 어렵지만 사회의 공정성·생산성·지속가능성을 제고하는 일이다. 첫 행보로 자기 소신이 분명한 애국 공무원 대통령과 포퓰리즘만 익힌 저질 운동권 대통령의 차이를 극명하게 보여 주었다. 그런데 왜 하필 연금·노동·교육이 3대개혁일까? 규제개혁·공공개혁·언론방송·조세재정·검찰법원 개혁은? 저출산 문제 대응은? 개혁 중의 개혁인 정치개혁은? 그리고 정치 지형과 역관계를 감안한 개혁 방략(목표, 방향, 킹핀 등)은 적절한지 등등 굵직한 의문이 뒤따른다. 대통령 프로젝트 혹은 역점 개혁 과제를 3개나 4개로 압축하여 강력 추동을 공언한 정부는 김대중정부 이후 처음일 것이다. 윤정부 3대개혁의 주요 내용은 5월 초에 발표한 110과제에 없었다. 7월 중순에 발표한 120과제에도 없었다. 그런데 6월 중순(2022.6.16.)에 발표한 '관계부처 합동' 명의 60쪽 문건 새경방에 주요 내용이 들어 있었다. 이는 외치(외교·안보·북한 등), 정치·행정, 지방자치, 사법, 언론, 의료, 역사, 이념과 문화 등을 제외한 경제·사회 분야 정책을 망라한 진짜 국정운영 플랫폼이라고 해도 과언이 아니다. 아마 기재부 에이스 관료들의 경험과 지혜를 총동원하여, 정책공약과 120과제를 거르고 다듬고 보완했을 것이다. 아무튼 "체질개선 도약경제"라는 제하에 5대 부문 구조개혁, 즉 공공·연금개혁, 노동시장개혁, 교육개혁, 금융혁신, 서비스산업혁신을 제시했다. 연금개혁을 공공개혁과 묶었다는 것을 알 수 있다.

윤정부 노동개혁의 1번 타자인 '근로시간 제도 합리적 개편'은 여기에 명기되어 있다. 교육개혁의 1번 타자라고 해도 과언이 아닌 '반도체 등 첨단 분야 인력양성을 저해하는 규제개선'도 여기에 명기되어 있다. 3대개혁은 아니지만, 4대 개혁이라면 0순위로 포함될 공공기관 개혁도 여기에 명기되어 있다. 뿐만 아니라 규제라는 단어가 119번이나 나올 정도로 규제개혁도 강조하고 있다.

김대중정부의 4대 개혁은 공공·노동·금융·기업 개혁이었다. 박근혜정부는 2016년 대통령 신년사를 통해 4대 개혁으로 공공·노동·금융·교육 개혁을 천명했다. 하지만 2014년 초에는 규제를 '암', '원수', '손톱 밑 가시'에 비유하면서 규제개혁을 특별히 강조했다. 그리고 2015년 말 국정역사교과서 파동, 2016년 말에는 탄핵사태를 초래한 추문 등으로 박정부의 4대개혁이든 규제개혁이든 기억하는 사람은 거의 없다. 김·박 정부와 비교하면, 공공·노동·금융 개혁은 공통이고, 김대중은 기업(재벌)개혁을 박근혜는 교육개혁을 강조했다는 것을 알 수 있다. 김대중·박근혜·윤석열 3개 정부를 관통하는 단 하나의 개혁은 노동개혁이다. 박근혜정부 노동개혁의 핵심은 '2대 지침'이다. '공정인사 지침'과 '취업규칙 해석 및 운영에 관한 지침'인데, 전자는 저성과자에 대해 일반해고를 허용하는 것이고, 후자는 사업주가 불리한 근로조건을 도입할 때 노조나 근로자 과반의 동의를 받도록 한 규제를 완화하는 게 골자다. 하지만 한국노총은 이에 반발하여 노·사·정 대타협 파기 선언(2016.1.19.)을 했고, 야당의 반발과 탄핵사태로 인해 입법화도 실패했고, 문정부 출범 직후 2017년 9월 공식 폐기되었다.

김대중·박근혜정부의 4대 개혁도, 박정부의 규제개혁도 본질적으로 경제개혁이다. 핵심은 시장과 기업을 정부로부터 자유롭게 하기 위해, 정부의 규모와 간섭=규제를 줄이는 것이 골자다. 그 이념과 이론은 신자유주의 사조를 받아안은 경제학이 제공했을 것이다. 윤정부 연금·노동·교육의 3대개혁도 사실 경제개혁이다. 다만 저출산에 따른 역삼각형 인구구조로 인해 연금 개혁의 우선순위가 급상승했을 뿐이다. 그런데 개혁이 절실한 것은 경제와 외교안보 노선 외에도 정치(정당, 국회, 제도, 이념 등), 정부, 지방, 사법, 언론, 정신·문화, 복지·의료 등 다양한데, 이 개혁들의 우선순위는 어떻게 될까? 이런 질문에 답하려면, 가치와 갈등 전반 혹은 요구되는 개혁 전반을 조망할 수 있어야 한다. 또한 시대적 요구 및 소명과 정치 지형 및 전략에 대한 통찰이 필요하다. 국정운영플랫폼은 바로 이런 고민의 총화다. 윤정부가 정부출범 초기에 강조한 반도체학과 증원 문제는 경제·산업 문제이자 교육문제다. 수능킬러문항 문제는 전형적인 교육(입시) 문제다. 하지만, 의과대학 증원 문제는 교육문제라기보다는 의료, 즉 필수의료 고사 방지와 의사의 지나친 고소득에 따른 산업인재의 양적, 질적 저하 문제다. 박근혜정부가 2015년 가을에 강하게 제기한 중고등학교 국정 역사교과서 문제는 교육문제이자, 첨예한 정치·이념 문제다.

국가적 현안과 국정과제는 경제 관점과 정치 관점 양 측면에서 조명해야 한다. 한국에서 국정과제 선정과 네이밍을 주도하는 관료와 교수들은 대부분 경제 관점 하나만 가지고 있다. 운동권과 문재인정부는 세상의 문제를 주로 정치 관점에서 바라본다면, 직업공무원과 윤석열·박근혜·이명박정부는 주로 경제 관점에서 바라본다. 여기서 말하는 정치는 국민의 눈, 귀, 가슴, 뇌(논리, 이성 등)를 의식하고, 조작하여 국민적 지지율과 득표율을 제고하는 행위고, 경제는 생산성 향상(경제성장)을 의미한다. 거칠게 단순화하면 정치가 '표'벌이라면 경제는 '돈'벌이다. 두 정부의 관점의 차이가 극명하게 나타나는 지점이 역사, 문화, 교육 관련 과제 인식이다. 운동권과 문정부는 역사, 문화, 교육을 지나치게 정치(국민적 지지율 제고 전략)의 관점에서 바라보았다면, 관료와 윤정부는 지나치게 경제의 관점에서 바라보았다. 문정부와 윤정부의 '역사'를 매개로 한 국정과제를 비교해 보면 그 차이는 확연하다. 예컨대 문정부의 역사관련 국정과제는 다음과 같다.

(독립정신 확산) 독립운동 관련 시설물 관리 강화로 대국민 역사의식 확립, 2019년 3.1운동 및 임시정부 수립 100주년 기념사업 추진, 영주귀국 독립유공자 유족 주택 우선공급 확대(국정과제 11번),

('위안부' 피해자 기념사업)일본군 '위안부' 피해자 기림일 지정, 일본군 '위안부' 피해자 연구소(가칭) 설치·운영, 피해자 역사관 건립(국정과제 66번)

(역사교과서 국정화 금지) 국정 역사교과서 폐지 및 검정 역사교과서 개발방안 마련(국정과제 76번)

(남북교류협력 활성화) 학술·역사·언어·교육·문화유산 등 다양한 분야의 사회문화 교류협력 확대 및 제도화(국정과제 93번)

(한·일) 독도 및 역사왜곡에는 단호히 대응하는 등 역사를 직시(국정과제 97번)

윤정부의 120과제의 역사관련 과제는 다음과 같다.

(강소도시·낙후지역 육성) 신규 국가산단 조성, 역사·문화 등 지역의 고유자산을 활용한 지역특화 재생 등을 통해 차별화된 강소도시 육성(국정과제 38번)

- '재화 개념 '문화재'⇒ 역사·정신을 아우르는 '국가유산' 변경, 역사문화권 조사 및 정비·육성, 비지정문화재 포괄적 보호체계 도입으로 미래 역사문화자원의 보호기반 강화

(청와대 개방 및 역사 보존·활용) 청와대 권역을 국민에게 개방하고 역사성과 상징성을 보존하면서 국민의 문화예술역사복합공간으로 활용(국정과제 62번)

이것이 전부다. 운동권과 민주당은 2023년 말에 개봉된, 1979년 12.12사태를 지극히 편향된 관점에서 조명한 '서울의 봄' 이외에도 수백만 명 이상이 관람한 근현대사를 소재로 한 영화, 소설(태백산맥 등), TV 교양물(역사저널 그날 등)·드라마·다큐멘터리, 오페라·연극, 유튜브 콘텐츠(백년전쟁 등)로 역사를 왜곡하고 편향된 이념을 주입해 왔다. 때때로 문화예술 스타들이 직접 나서서 편향된 가치·이념과 정책을 옹호하곤 한다. 그럼

에도 불구하고 이들 편향된 콘텐츠, 문화예술인, 미디어와 싸워야 할 주무 부서인 문체부, 교육부, 방통위의 국정과제에는 이런 문제의식 자체가 없다. 문체부는 '약속 11 국민과 함께하는 일류 문화매력국가를 만들겠습니다'라는 제하에 7개의 국정과제가 있는데, 그 내용은 "보편적 문화복지 실현, 사각지대 없는 예술인 지원체계 확립, K-콘텐츠 매력 전 세계로 확산, 촘촘한 스포츠 복지 실현, 관광으로 발전하는 대한민국, 전통문화유산을 미래 문화자산으로 보존 및 가치 제고" 등이다. 방통위가 주관부처인 과제가 하나 있는데, 그것은 '국민과 동행하는 디지털·미디어세상' 이라는 제하에 '소외 계층을 포함한 전 국민 대상 미디어 접근성 및 활용도를 제고하고, 디지털 플랫폼사업자·이용사업자·이용자 간 상생 생태계 구축'하겠다는 것이다. 이렇듯 문체부는 문화를 경제나 복지의 관점에서 본다. 교육도 경제(산업인재 육성 등)와 복지의 관점에서 본다. 정치적 중립성을 지켜야 할 직업공무원으로서는 불가피한 측면이 있지만, 신거를 하여 정무직을 장관으로 앉히는 것은 직업공무원의 한계나 편향을 시정하기 위해서 아닌가? 정무직 장관의 존재감을 느끼기 어렵다.

3대개혁 중간 결산

윤정부 출범 1년 9개월이 시점에서 3대개혁을 중간 결산해 볼 수 있다. 결론만 먼저 말하면 애초에 성과를 내기 힘든 과제를 잡았다고 할 수 있다. 국회 의석 수가 적은 것도 문제지만, 더 큰 문제는 대통령-정부-여당-자유진영 전문가-열성 지지층이 관통하는 개혁 우선순위와 방향과 목표와 방략의 총체인 컨센서스 자체가 취약하다는 것이다. 그렇다면 총선에서 200석 넘게 얻어도 성과를 내기가 쉽지 않다고 보아야 한다. 그럼에도 불구하고, 국민은 간절히 오르기를 바라는 산이기에, 힘들다고 해서 외면하면 안 된다. 열심히 오르는 척해야 하고, 조금밖에 못 올랐어도 많이 오른 것처럼 홍보해야 하고, 총선에서 힘을 실어주면 확실히 오를 것처럼 얘기해야 한다. 대중은 개혁의 성과에도 반응하지만, 동시에 개혁의 방향과 미래의 희망과 정부·정당의 성의에도 반응하기 때문이다. 연금개혁은 국민연금과 공무원연금으로 대표되는 공적연금 개혁을 말하는데 '적정 노후소득 보장'과 '지속가능성 확보'라는 누구나 동의하는 목표는 있다. 하지만 그것을 어떻게 이룰 것인지에 대해서는 과거나 지금이나 합의된 사항은 별로 없다. 민주당과 국힘당 간에도 없고, 각당 내에서도 없고, 각 진영의 전문가 간에도 없다. 소득대체율과 연금보험료율을 어떻게 할지, 지금처럼 확정급여(DB)형으로 할지, 스웨덴처럼 확정기여(DC)형으로 할지, 기초연금과 국민연금을 어떻게 결합할지, 소득비례형을 도입할지 말지, 국민연금과 공무원연금 통합을 어떻게 할지 등에 대해 사회적 합의도 정치적 합의도 없다. 아직 정부 안조차 만들어내지 못했다. 국민연금 개혁은 보수와 진보를 초월한 현세대 기득권을 조정하는 문제고, 공무원 연금 개혁은 공무원 기득권을 조정하는 그야말로 난제 중의 난제이다. 교육개혁은 연금개혁보다 더 열악하다. 연금개혁은 방향이 정해지면, 연금보험료율, 소득대체율, 출산율 등 몇개의 수치를 넣어 시나리오를 만들 수 있다. 하지만 교육은 그것이 불가능하다. 교육이 가진 다양한 얼굴 때문에, 개혁의 목표와 방향에 대한 합의조차 없다. 교육기본법 제2조(교육이념)에는 "교육은 홍익인간(弘益人間)의 이념 아래 모든 국민으로 하여금 인격을 도야(陶冶)하고 자주적 생활능력과 민주시민으로서 필요한 자질을 갖추게 함으로써 인간다운 삶을 영위하게 하고 민주국가의 발전과 인류공영(人類共榮)의 이상을 실현하는 데에 이바지하게 함을 목적으로 한다"고 규정되어 있다. 그런데 윤정부 국정과제에는 '민주시민으로서 필요한 자질을 갖추게 하는' 정책과 사업은 거의 없다. 문정부는 "정당·선관위 민주시민교육 확대, 풀뿌리

민주주의 확대"(국정과제 7번)가 들어있었고, 지방자치단체, 시민단체, 정당 등에서 '민주시민교육'이라는 이름으로 정치교육을 많이 하였다. 2022년 11월 교육 정치와 행정에 관한 경험이 가장 풍부한 이주호 교육부장관이 국정과제와 경제부처 등의 요구를 종합하여 교육부 업무추진 계획(2023.1.5.)을 통해 '4대 개혁분야, 10대 핵심정책'으로 집약하였으나 여전히 정치 관점이 빠져있다. 이는 교육개혁 담론 자체가 학령기 아동을 대상으로 하는 교육을 주로 책임지는 교육관료-교육 이해관계자-교육전문가들에 갇혀 있기 때문이다. 노동개혁은 그 목표와 방향에 관한 자유·보수·우파 진영내 컨센서스는 있다. 노동시장 이중구조 해소, 고용유연안정성 제고, 임금 및 근로조건의 공정성 제고, 노사 무기의 대등성 원칙 회복 등. 하지만 민주당과 정의당, 그리고 민주노총과 한국노총과 범진보진영은 이를 신자유주의 개악으로 간주하며 거부한다. 그러니 정치적으로 여간 어려운 것이 아니다. 노동개혁은 연금·교육·공공·사법·언론·재정 개혁과 달리, 유권자의 중핵인 근로자가 피부로 느끼고, 야당은 자신의 정체성 과시 소재로 삼는다. 게다가 조직동원력과 투쟁력이 한국 최강인 민주노총과 한국노총은 노동개혁을 개악으로 보고, 민주당·정의당·진보당과 연대하여 결사저지에 나선다. 양대 노총 지도부가 큰 맘 먹으면, 국가를 움직이는 핵심 인프라; 화물차 물류, 철도, 지하철, 버스, 전기·가스공급, 건강보험, 공항 등을 멈춰 세울 수도 있다. 2014년 초 SRT분할을 철도민영화 의도라고 강변한 철도노조 단독으로도 박근혜정부와 팽팽한 힘겨루기를 했을 정도다. 노동개혁은 수많은 개혁 중의 하나가 아니라, 북한·북핵처럼 대통령이 참여하는 전략토론을 통해 노조와 야당의 왜곡·딴지와 대중의 심리 및 프레임 전략까지 고려한 노동개혁 로드맵을 짜야 한다. 윤정부 노동개혁의 1번 타자인 근로시간제 개편안은 2022년 6월에 구상을 밝힌 후 8개월 간의 정지작업을 거쳐 2023년 3월 근로기준법(제51조 탄력적 근로시간제, 제53조 연장근로의 제한 등) 개정안을 정부입법안으로 내놓았으나 주 69시간제 프레임이라는 변화구를 쳐내지 못하여 삼진아웃되어 버렸다. 그 충격 때문인지 2번 타자, 3번 타자가 등장하지 않고 있다. 2024년 대통령 신년사는 3대개혁을 포함하여, 윤정부 1년 9개월 간에 대한 중간 평가를 담고 있다. 3대개혁을 왜 하는지, 그 동안 무엇을 했는지, 앞으로 무엇을 할 지 등 포부를 밝혔다.

노동개혁을 통해 성장과 일자리 창출을 뒷받침하겠습니다. 노동개혁의 출발은 노사법치입니다. 법을 지키는 노동운동은 확실하게 보장하되, 불법행위는 노사를 불문하고 엄정하게 대응할 것입니다. 급속히 변화하는 산업수요에 대응하려면, 노동시장이 유연해야 합니다. (…) 연공서열이 아닌 직무 내용과 성과를 중심으로 임금체계를 변화시키고, 노동시장 이중구조를 개선하겠습니다. 유연근무, 재택근무, 하이브리드 근무 등 다양한 근무 형태를 노사 간 합의로 선택할 수 있도록 하겠습니다. 교육개혁은 우리의 미래를 이끌어갈 인재를 양성하고, 미래세대의 경쟁력을 높이는 일입니다. 세계 최고 수준의 교육과 돌봄을 국가가 책임지고 제공하겠습니다. (…) 부모님의 양육과 사교육 부담을 덜어드리고, 아이들은 재미있고 다채로운 교육프로그램을 누리게 하겠습니다. 교권을 바로 세워 교육 현장을 정상화하고, 공교육의 경쟁력을 높여 나가겠습니다. 학교폭력의 처리는 교사가 아닌 별도의 전문가가 맡도록 할 것입니다. 혁신을 추구하는 대학에는 과감한 재정 지원을 함으로써 글로벌 인재를 길러낼 것입니다. 연금개혁은 그동안 어느 정부도 손대지 않고 방치해 왔습니다. 저는 (…) 철저한 과학적 수리 분석과 여론조사 및 심층 인터뷰를 통해 방대한 데이터를 수집, 정리하여 작년 10월 말 국회에 제출하였습니다.이제 국민적 합의 도출과 국회의 선택과 결정만 남아 있습니다.

대통령 신년사의 단어 사용빈도는 현실인식 혹은 과제의 우선 순위의 상당한 변화를 보여준다. 한마디로 수면 아래 있던 민생과 저출산 문제가 수면 위로 부상하였다. 저출산 문제에 대해서는 이렇게 얘기했다.

> 노동, 교육, 연금의 3대 구조개혁 못지않게 중요한 것이 저출산 문제의 해결입니다. (…) 저출산의 원인과 대책에 대해서 지금까지와는 다른 차원의 접근이 필요합니다. 훌륭한 교육정책, 돌봄정책, 복지정책, 주거정책, 고용정책이 저출산 문제 해결에 도움이 될 수는 있겠지만, 근본적인 해법이 되지 못한다는 것은 이미 20여 년 이상의 경험으로 우리 모두 잘 알고 있습니다. 아울러, 저출산의 원인으로 지적되고 있는 우리 사회의 불필요한 과잉 경쟁을 개선하는 것이 매우 중요합니다. 이를 위해 (…) 지방균형발전 정책을 확실하게 추진해 나가겠습니다.

민생에 대해서는 이렇게 얘기했다.

> 글로벌 복합위기 속에서 우리 정부는 민생을 국정의 중심에 두고 모든 노력을 다해왔습니다. (…) 올해를 경제적 성과와 경기회복의 온기가 국민 여러분의 삶에 구석구석 전해지는 민생 회복의 한 해로 만들겠습니다. (…) 무엇보다 민생 현장 속으로 들어가 작은 목소리에도 귀를 기울이고, 국민의 삶을 변화시키는 진정한 민생정책을 추진하겠습니다.

2022년 5월 10일 대통령 취임사와 2024년 1월1일 대통령 신년사는 단어 사용 빈도만 봐도 그 차이는 확연하다. 신년사에서는 경제 19번, 개혁 11번, 민생 9번, 저출산 6번 언급되었다. 그 외에 성장과 물가 각 4번, 규제와 카르텔 각 3번, 자유·공정·정치·이념 각 2번, 법치 1번이다. 그런데 대통령 출마선언(2021.6.29.)에서 자유 22번, 공정 9번, 법치 8번, 상식 7번 언급했다. 민생과 저출산(저출생)은 0번 이었다. 대통령 취임사(2022.5.10.)에서는 자유 35번, 평화 12, 위기 8번, 과학 5번, 혁신과 기술 각 4번이었다. 민생과 저출산은 0번이었다. 실은 120과제에서도 저출생은 딱 2번 언급되었는데, 그나마 보육 문제와 양성평등 문제를 다루다가 언급했을 뿐이다. 대통령 신년사는 윤정부가 관념에서 현실로, 추상에서 구체로, 외치에서 내치(경제민생)로 관심이 이동했다는 것을 보여준다. 하지만 초기에 윤 대통령을 현실과 내치에서 유리되도록 한 사람과 시스템과 문화 문제의 심각성을 얼마나 발본색원했는지는 의문이다. 지면 위로 올라온 잡초는 잘 랐지만, 그 뿌리는 파낸 것 같지가 않다는 얘기다.

기본설계 혹은 개념설계의 실종

정치의 본령은 가치의 우선순위를 매겨, 권력으로 할당하는 것이다. 가치의 우선순위를 매긴다는 것은 선택집중할 과제(대통령 프로젝트)를 선정하는 것이다. 그렇다면 국가, 특히 정치가 해결해야 할 과제 전체를 알아야 한다. 수많은 국가적 난제 내지 개혁 과제를 펼쳐놓고, 중요도, 시급도, 난이도, 정치적 손익 등을 따지는 작업을 거쳐, 3대개혁 과제든 100대 국정과제든 선정해야 한다는 얘기다. 무엇이 더 중요하고 시급한지를 말하려면, 무엇이 덜 중요하고 시급한지도 말할 수 있어야 한다. 이렇게 하지 않으면 장님코끼리 만지기식으로, 자신이 아는 것에 우선순위를 부여하게 된다. 중요하지도 시급하지도 않은 곁가지 문제를 붙들고 씨름하는 우를 범할 수 있다. 서사와 정체성, 시대인식과 시대적 소명은 대통령 프로젝트 선정 과정에서 항상 염두에 두어야 할 것들이다. 이런 고민을 건너뛰면 완전히 엉뚱한 산을 향해 열심히 등정하게 된다. 역대 정부가 하나같이 힘써 노력했음에도 불구하고 역사적 평가가 별로 좋지 않은 이유는, 대통령을 포함한 정권핵심들이 대체로 무엇이 중요하고 시급한 문제인지, 그 해법의 기조가 어떠해야 할 지를 캐묻는 과정을 건너뛰었기 때문이다.

해 아래 새것이 없기에, 김대중, 노무현, 이명박, 박근혜정부가 역점을 기울였던 개혁의 현주소를 살펴 봐야 한다. 그리고 국내외 정세를 읽고, 자신의 정체성과 시대적 소명을 확인하고, 개혁의 목표와 방략과 킹핀을 캐물어야 한다. 정치적으로도 국가적으로도 매우 중요하고 시급한 문제인 청년·일자리 문제, 저출산 문제, 격차(불평등 양극화) 문제, 지방균형 발전(지방시대) 문제, 공공·연금 문제, 교육 문제, 정치 문제 등에 대해서도 문제의 실상이 어떠한지, 역대 정부들은 그 문제를 어떻게 진단하고 처방을 내렸고, 그 성과 한계 오류가 무엇인지, 그래서 윤석열정부는 어떻게 다르게 할 것인지 등에 대해 캐물어야 한다. 이런 과정을 건너뛰면 문제의 본체가 아니라 그림자와 씨름하고, 킹핀이 아니라 곁가지를 잡고 용을 쓰기 마련이다. 물론 모든 고민이 다 인수위 백서에 담길 수는 없지만, 정부출범 1년 9개월 동안 보여준 수많은 말, 이슈, 일정, 인사, 정책, 예산 등에서 그런 고민의 흔적을 찾기 어렵다. 인수위 백서와 120과제로 대표되는 윤정부 국정운영 플랫폼을 세세하게 논하려면 책 한 권으로도 모자랄 것이다. 먼저 결론부터 얘기하자.

윤정부의 국정운영 플랫폼은 국리민복을 저해할 만한 내용은 별로 없다. 하지만 국리민복의 장기적, 획기적 증진을 위해 할 수 있고, 해야 하는 내용이 너무 많이 빠져 있다. 문재인정부처럼 채택하면 안될 시대착오적이고, 경제·고용·안보 파괴적인 과제(공공부문 일자리 81만 개 창출 정책, 탈원전 정책 등)는 거의 없지만, 박근혜정부의 그것처럼 시대가 요구하는 절체절명의 과제들이 너무 많이 빠져 있다. 노동, 교육, 연금, 공공, 정부 관련 국정과제는 해법(목표, 방향, 정책과제 등)이 잘못되었거나, 곁가지를 잡고 있다. 문재인정부를 거치면서 악화된 것은 연금, 노동, 교육 문제만은 아니다.

공공부문, 저출산, 불평등, 양극화, 지방소멸(지역간 발전 격차) 문제 등도 훨씬 악화되었다. 세금, 예산, 규제, 의료, 사법, 언론, 역사·문화·이념 개혁도 마찬가지다. 사실 개혁 중의 개혁이 정치개혁인데, 공무원 대통령답게, 문제의식이 너무 흐릿하다.

시대적 요구가 분명함에도 불구하고, 모든 정부는 항상 부담스러워하고, 당사자들은 고통스러워 하기에 계속 미뤄와서 더 이상 뭉갤 수 없는 개혁과제들에 대한 120과제는 정치적 무심함과 관료적 소심함을 잘 보여준다. "구조조정", "감축", "축소", "감소" 같은 키워드로 살펴보면, 구조조정의 대상은 총 7개인데 주로 지출구조조정(의무지출·경직성 재량지출 사업에 대한 상시·제도화된 구조조정)과 저성과 일자리 사업이다. 감축 대상은 총 18개인데, 대상은 규제비용, 중대재해, 산업재해 사망, 교통사고 사망 50%, 학교행정업무 총량, 온실가스, 초미세 먼지, 폐기물 등이다. 공공부문 인력이나 공공기관은 아니다. "축소" 대상은 총 6개인데 민간금융 영역의 정책금융, 금융행정의 자의·재량 여지, (일자리 사업 중) 저성과 사업, 건강보험 지역가입자의 재산에 따른 보험료 비중, 화석연료 발전비중, 초미세 먼지 배출허용 총량이 전부다. "감소" 대상은 2개인데 해양플라스틱 쓰레기 연간 발생량(50%), 빈곤층 소득수준 개선을 위한 평균 빈곤갭이다. "경감" 대상은 총 18개인데, 이는 대상자에 대한 혜택을 의미한다. 기득권의 반발을 크게 불러일으킬 만한 과제는 거의 없다.

사전적 정의는 아니지만, 용례상 개혁은 크고 구조(하드웨어)적인 변화를 추구하는 것이고, 혁신은 방법상의 개선을 추구하는 것이다. 문재인정부 국정운영5개년 계획에서, 주로 큰 틀을 바꾸는 개혁은 69번(국가개혁, 민생개혁, 민주적 개혁, 반부패개혁, 정치개혁, 권력기관개혁, 국방개혁, 조세재정개혁)이고, 일하는 방식의 개선을 의미한 혁신은 207번이었다. 물론 그 개혁은 대부분 시대착오적이었지만! 윤정부 120과제에서는 개혁이 17번, 혁신이

262번 나온다. 그야말로 오만가지가 다 혁신 대상이다. 문제는 개혁을 물고 있는 과제들이 너무 빈약하다는 것이다. 형사사법개혁, 지속가능한 복지국가개혁, 규제개혁 3번, 연금개혁 4번, 국방 R&D 체계 전반 개혁 등이 전부다. 물론 노동개혁, 교육개혁, 공공기관 개혁이라는 말은 없었는데, 새 경방에서 등장했다. 하지만 대부분의 개혁을 정치가 아닌, 경제의 관점에서 바라 보았다.

윤대통령은 후보시절부터 자유, 공정, 상식, 법치, 정의, 통합을 특별히 강조했지만, 그 의미와 주된 대립물을 밝히지 않았다. 가장 강조한 가치인 자유는 거의 외치의 원칙으로만 쓰이고 있다. 자유는 어떤 억압(부자유)이나 자유민주주의를 부정하는 이념·세력의 득세가 소환했다. 공정은 조국 전장관 가족의 불공정한 행위에 대한 대중의 분노가 소환했고, 상식은 문 정권의 탈원전과 소득주도성장정책 등 끝없는 몰상식한 행위에 대한 대중의 분노가 소환했다. 자유는 사신의 이념적 정체성(보수우파)을 표현하는 말이기도 하고, 또 문정부의 대북·대중·대미·대일 외교가 너무나 나이브하고 위험천만 했기 때문이다. 게다가 문정부가 2020년 초부터 코로나 팬데믹을 명분으로 자유권(예배, 집회시위 등)과 재산권(영업의 자유 등)을 정략적으로 거칠게 억압하면서, 자유에 대한 갈증이 심해졌기 때문일 것이다. 아무튼 자유, 공정, 상식, 법치, 정의, 통합 등은 국민과 지지층의 요구, 불만, 분노를 받아 안은 가치들이다. 그럼에도 불구하고 그 대립물을 말하지 않은 것은 정치도의에도 정치전략에도 맞지 않는다. 사실 자유의 대립물을 말한다면, 첫째는 북·중·러와 이들의 하수인(종북 주사파)으로 대표되는 공산전체주의고, 둘째는 공공의 이름으로 수많은 법규제, 예산, 형벌, 공공기관 등을 통해 온갖 분야를 쥐락펴락하는 국가권력이고, 셋째는 국가권력의 개입이나 방조를 이용하여 사익을 취하려는 특수이익집단이고, 넷째는 자치적, 자립적, 자율책임으로 해결할 문제를 국가를 통해 해결하려는, 보모(保姆) 국가를 바라는 심리다. 포퓰리즘은 이런 심리를 이용한다. 첫째 대립물은 외치 원칙에서 얘기했으나, 나머지 대립물은 내치 원칙에서 할 만한 얘긴데, 거의 하지 않았다. 한국에서 자유를 포괄적으로 억압하는 원흉이자, 온갖 대립과 갈등의 진원지인 국가권력 그 자체를 줄이면서, 사적 자치(시장, 사회, 개인의 자율책임)와 지방 자치와 주민 자치를 강화 할 것이라는 포부와 비전 정도를 밝힐 수도 있었으나 밝히지 않았다. 자유와 공정 등 간판가치의 대립물을 아주 협소하게 잡았다 손치더라도, 여러 국정과제와 사업과 이슈를 자유와 공정으로 포장하거나 꿸 수도 있는데 거의 하지 않았다. 이들 가치어들은 시대인식-시대적 소명-국가비전에 대한 깊은 연구고민의 산물이 아니라, 무도한 정권에 대한 분노의 표현이자, 차별화 전략의 산물이었기 때문이 아닐까 한다. 국정과제와 정부업무계획은 대통령실 용산 이전과 대통령실 규모·역할 축소를 제외하면 파격적인 것도 별로 없고, 무엇보다도 1987년 이후 민주진보의 이념·정책적 헤게모니 하에서 공고해진 가치·정책 패러다임을 바꾸려는 문제의식을 찾아보기 어렵다. 이 모든 것은 가치·정책의 대전제 내지 패러다임 자체를 의심하고 고민하는 기본설계 내지 개념설계를 건너 뛰었기 때문이다. 부품·부분 설계만 한 직업공무원과 전문가와 지역구 땅개 의원 등이 각자 만들어와서 조립한 자동차와 비슷하다고나 할까! 그러다 보니 자전거 프레임에 자동차 바퀴를 끼우고, 자동차 프레임에 자전거 바퀴를 끼우는 식의 과제들이 적지 않다. 한마디로 부분적 개선이 전체적인 기능부전으로 귀결되는 합성의 오류를 초래할 과제들이 많다. 대통령실 규모와 역할 축소, 인사검증 업무의 법무부 이전 등이 대표적이다.

타산지석 노무현정부와 이명박정부

윤석열정부에 대한 열성 지지층의 간절한 요구는 사실상 100일 만에 거의 충족시켰다. 한미관계와 한일관계를 정상화하고, 비정상적인 한중관계와 남북관계도 정상화하고, 탈원전 정책도 폐기했다. 노동·연금·교육의 3대개혁은 국민입장에서는 선거과정에서는 전혀 예상 못 한 보너스였다. 불법 집단행동을 다반사로 벌인 노조(화물연대, 건설노조 등)에 철퇴를 내리고, 조폭성과 종북성까지 겸비한 민노총에 대해서도 수사를 하고, 특히 노조 회계자료 제출 요구도 아무도 상상하지 못한 작은 보너스다.

권력형 부정비리의 화신 이재명 사법처리는 지울 수도, 덮을 수도 없는 증거가 너무 많아서 시간 문제로 되었다는 느낌을 주고 있다. 문재인 사법처리 지체에 대해 강성 보수의 불만이 많은데, 이는 김영삼의 전두환·노태우 사법처리와 비슷할 것이다. 이재명의 범죄혐의처럼, 문재인이 방어하기 힘든 빼박 증거가 나오면, 사법처리를 하지 않을 수 없고, 사법처리를 해도 정치적 이득일 것이다. 유권자의 30% 내외인 강성 자유·보수·우파·애국 시민들의 초미의 관심은 아마 여기까지일 것이다. 그런데 윤석열정부에 해결을 요구하는 것은 이게 전부가 아니다. 진짜 치명적인 문제는 제대로 제기되지도 않았다. 진짜 중요한 문제의 상당수가 아예 국정과제로 채택되지도 않았다. 수면 아래에서라도 깊이 있게 논의된 것도 아니다. 이는 안철수 인수위원장의 무능이 아니라, 윤석열을 대통령으로 만든 자유·보수·우파·애국+중도 세력의 이념정책적 컨센서스 자체가 부실했기 때문이다. 1987년 이후 대한민국을 지배한 민주진보 컨센서스 혹은 가치정책 패러다임을 바꿔야 한다는 정치적 합의가 튼실하지 않기 때문이다.

역대정부에서 항상 그래왔듯이 정부출범 후에는, 선거과정에서는 미처 이슈화되지 않았던 크고 작은 현안들이 부상한다. 오래 된 것도 있고, 새로이 부상하는 것도 있다. 윤정부의 경우 새로운 대형 현안들이 밀려왔다. 미국발 고금리, 러시아-우크라이나 전쟁, 중국의 경기침체와 미중 갈등, 부동산 시장경색 등. 갈증에 허덕이는 사람은 간절하게 물을 달라고 하지만, 물을 마시고 나면 주린 배와 편히 쉴 곳을 찾기 마련이다. 이것이 충족되지 않으면 짜증을 내고 분노한다.

사실 노무현정부 출범 초기에는 '저출산 문제 해결'이나 '양극화 해소'라는 요구는 거의 나오지 않았다. 하지만 임기 중반쯤에는 양극화 해소가 시대정신의 반열로 급부상하면서 정치개혁=민주주의의 문화적 완성에 매진한 노무현정부를 엉뚱한 데서 용쓰는 무능한 정부처럼 만들어 버렸다. 국민과의 약속을 충실히 이행하기 위해 혼신의 힘을 기울였고, 전통적으로 중시하던 국정운영 성과 지표도 나쁘지 않았던 노무현정부는 저조한 지지율과 노무현 때리기가 국민스포츠처럼 되는 사회풍조에 황당해 했다. 그래서 '참여정부 평가포럼'이라는 조직을 만들어 억울함과 성과를 어필했지만 별무신통이었다. 그래서 조기숙 등 참여정부에서 요직을 맡았던 인사들은 저조한 지지율의 원인을 조중동 등 보수언론의 농간(마법)에 국민이 넘어갔다고 주장했다. 하지만 지금 윤석열정부에 대한 낮은 지지율이 합당한 이유가 있듯이, 노무현정부에 대한 낮은 지지율 역시 합당한 이유가 있었다. 윤석열정부에게 노무현정부는 타산지석이다.

이명박정부도 타산지석이다. 2007년 12월 대선에서 이명박(한나라당)과 정동영(대통합민주신당)의 득표수 차는 532만 표, 득표율 차는 22.53%p였다. 2008년 4월 총선에서 민주당은 81석에 불과했지만, 한나라당은 153석, 이회창의 자유선진당은 18석, 서청원의 친박연대는 14석, 친한나라당 무소속도 15석으로, 자유보수 정치세력의 의석수는 최소 200석이었다. 2006년 지방선거에서 한나라당(박근혜)은 광역단체장 12석, 기초단체장 115석을 얻었지만, 2004년 탄핵총선으로 과반을 넘긴 열린우리당(정동영)

은 광역단체장 1석, 기초단체장 19석에 불과했다. 호남 지역당으로 축소된 민주당(한화갑)은 광역단체장 1석, 기초단체장 20석을 얻었다. 자유보수 세력이 행정·입법·지방 권력을 확고히 장악했다. 의지만 있으면 개헌은 물론 노동·공공·연금·교육·사법개혁 등 큰 틀을 바꾸는 개혁을 얼마든지 할 수 있었다. 하지만 지금과 마찬가지로 대한민국이 어디쯤 있고, 어디로 가야 할지, 그 과정에서 무엇과 싸워야 할지 자유·보수·우파 진영내 논의도 합의도 없었다. 이명박 대통령도 정리된 생각이 없었다.

선거로 창출하는 권력과 달리 이념(역사 인식 등)이나 문화적 헤게모니는 여전히 민주진보가 압도적으로 우세했다. 2007년 국회의원 대상 '가장 존경하는 인물' 조사에서 백범 김구를 선택한 의원은 79명인데, 이승만, 전두환, 노태우를 선택한 의원은 단 한 명도 없었다는 사실은 이념·문화적 헤게모니의 현주소를 말해준다. 이명박정부는 그 어떤 정부보다 잘 준비된 정부였고, 가장 잘 정리된 인수위 백서를 갖고 출발했다. 정치입문도 1992년에 했으니 정치 경력도 짧지 않았다. 서울시장을 하면서, 청계천 복원과 버스전용차로 등 탁월한 수완을 보여주었다. 무엇보다도 '실천하는 경제 대통령'이라는 구호를 내건 선거벽보가 부끄럽지 않게, 실물경제에 대한 이해는 그 어떤 대통령보다 높았을 것이다. 경제전문가들은 이명박정부가 탁월한 수완으로 2008년 세계금융위기를 선방했다고 평가한다. 비록 국민들은 잘 알지 못하지만! 이명박정부 출범(2008.2.25.) 2개월 여 지난 시점에서 2개월 이상, 광화문광장은 광우병(미국소 수입 반대) 시위대로 가득찼다. 한국갤럽의 대통령 지지율은 1년차 1분기 52%였는데, 광우병 시위 혹은 미온적 대처를 계기로 2분기에는 21%로 급락하였다. 이는 3분기 24%, 4분기 32%, 2년 차 1분기 34%, 2분기 27%, 3분기 36%로 저공비행 하였다. 뿐만 아니라 복지국가 담론, 경제민주화 담론, 불평등·양극화 해소 담론, 공공성 강화, 노동권 강화, 환경보호 담론 등 민주진보의 정책담론은 노무현정부 말기에 태동하여 이명박·박근혜정부에 와서 만개했다. 이명박정부 시기에는 반일감정과 햇볕정책도 죽지 않았다. 그럼에도 불구하고 이명박정권 핵심들은 박근혜를 '올드 라이트'의 영수 쯤으로 간주하여 박근혜 세력 거세(공천 학살)에 올인하다시피 하였다. 이에 박근혜는 2008년 4.9총선 직전(2008.3.23.) 한나라당(대표 강재섭) 공천에 대해 "나도 속고 국민도 속았다"면서 거세게 반발했다. 이에 세계 당명 사상 유례가 없는 친박연대가 총선 직전 출범하여(2008.3.21.) 지역구 6석, 비례 8석을 얻는 괴력을 발휘하였다. 공천학살을 주도한 이방호 사무총장은 텃밭(경남 사천)임에도 불구하고, 박근혜 지지세력의 전략투표에 따라 민주노동당 강기갑에게 패하여 낙선했다. 그럼에도 불구하고 박근혜세력 거세작업이 계속되다 보니, 박근혜를 여당 내 야당처럼 만들어 버렸다. 그 결과 2010년 6월 29일 세종시 수정안(세종시로의 행정기관 이전 백지화)에 대해, 박근혜의원이 반대(원안 고수)의 선봉에 서자, 친박계 의원 40여 명이 민주당에 동조하여, 국회의원 재석 275명, 찬성 105명, 반대 164명, 기권 6명, 불참 16명으로 부결되었다. 당시 민주당의 국회의석은 겨우 84석에 불과했는데도! 이는 서울수도권 과밀해소와 지방균형발전이라는 명분(민주진보 헤게모니)이 살아있었기 때문이기도 하다. 이명박정부가 가장 자랑하는 노동개혁 성과는 2010년 기업단위 복수노조허용 및 교섭 창구 단일화와 타임오프제(근로시간 면제제도로 노조전임자에 대한 회사 측의 임금지급 원칙적 금지)와 (직권중재 제도 폐지 대신에) 필수유지업무제도를 도입한 것이다. 하지만 김영삼정부가 시도하다 좌절한 미완의 개혁 과제, 즉 노동시장 유연성·공정성 제고, 노사 무기의 대등성 확보, 노동시장 이중구조 해소 등에 도움이 되는 법제도는 거의 손보지 않았다. 대체로 주변적인 문제(노조 전임자 및 복수노조 문제)에서 진을 뺐다. 노조·노동 문제를 법제도가 아니라, 행정 재량이나 경제적 유인으로 해결하려 했다고 보아야 한다.

지금 대한민국의 절체절명의 개혁들; 규제개혁, 교육개혁, 연금개혁, 공공개혁, 지방자치행정 개혁, 세금예산 개혁, 저출산 관련 개혁, 정치개혁은 노동개혁과 비슷하거나 더 미진했다고 보아야 한다. 이명박정부가 압도적인 힘을 가지고도, 큰 틀을 개혁하려는 노력을 별로 하지 않은 것은 그 필요성을 별로 느끼지 못했기 때문이다. 대체로 기업 경영인적 수완으로, 정부가 가진 예산, 인력, 권한(특히 외교)을 잘 운용하여 최대한의 성과를 내는 것을 능사로 알았던 것처럼 보인다. 또한 공리공담만 일삼는 정치와 이념에 대한 거부감때문인지, 당시를 "문화와 의식의 내실화 단계"로 봤기 때문인지는 모르겠지만, 정치제도 개혁에도 별로 관심이 없었다. '뉴라이트 전국연합'이라는 이념을 표방하는 세력의 도움을 받긴했지만, 워낙 압도적 표차로 이겨서인지, 집권 이후에 이들을 중용한 것 같지는 않다. 1987년 컨센서스가 만든 가치·이념과 운동·문화와 제도·정책들은 역대 최강의 자유보수 성부인 이명박정부도 감히 건드리지 못했다. 광우병 시위니 세종시 수정안 부결 효과 때문인지, 기업인 출신 정치인의 눈에는 이념이나 제도나 문화가 잘 보이지 않아서인지 모르겠다. 6.3세대인 이명박 대통령은 1992년 3월 총선에서 김영삼의 발탁으로 민자당 전국구의원(비례 대표)으로 정계에 입문했다. 그런데 4.19세대, 6.3세대, 유신세대, 86세대들이 대부분 그렇듯이 이승만·박정희·전두환·노태우와 일본에 대한 반감이 적지 않았던 것처럼 보인다. 그래서 독도 방문 등 반일 감정에 편승하여, 한일관계를 불필요하게 악화시켰다. 뉴라이트를 별로 중용하지 않은 것도, 탈이념 실용이나 친서민 중도실용 노선에 반한다고 봤기 때문이 아닐까 한다. 아무튼 반공주의라는 낡은 보수 이념이 별로 쓸모가 없다는 것은 느꼈겠지만, 탈이념 실용 혹은 친서민 중도실용을 넘어, 바른 이념 혹은 새로운 이념의 정립이 필요하다는 사실은 깨닫지 못한 것처럼 보인다. 요컨대 이명박 대통령은 1987년 이후 최강의 권력을 틀어쥐었지만, 시대적 소명을 정확히 파악하지 못하여 해야 하고, 할 수도 있는 일을 너무 많이 놓쳤다. 이명박 못지않게 강한 권력을 틀어쥐었던 문재인 대통령은 화석 운동권을 탈피하지 못하여 하지 말아야 할 일을 너무 많이 하였다. 그런데 내가 과문해서인지 몰라도 자유·보수·우파 진영 내에서 이명박정부의 성과, 한계, 오류에 대한 평가나 성찰·반성 작업이 있었는지 의심스럽다. 그랬다면 박근혜 대통령과 새누리당이 그토록 안이하지도, 무능하지도, 지리멸렬하지도 않았을 것이다.

10장. 운동권 플랫폼과 직업공무원

운동권 컨센서스 vs 직업공무원 컨센서스, 그리고 1987년 컨센서스

윤정부 국정운영 플랫폼들에 명시된 가치·정책·사업들과 주요 발언을 종합하면 윤정부와 국힘당이 시대와 위기를 어떻게 인식하고, 자신의 시대적 소명을 어떻게 생각하고 있는지 꽤 명료하게 알 수 있다. 이는 윤정부에 대한 장기(역사적) 평가는 물론 단기(지지율) 평가도 가능하게 해 준다. 윤성부·국힘낭·사유진영이 필요한 지피지기의 핵심은 자신과 상대의 철학·가치·이념·정책의 총화인 국정운영 플랫폼을 아는 것이다. 문정부+민주당+민주진보 진영의 플랫폼은 한마디로 운동권 플랫폼이라고 할 수 있다. 1층(토대)에 운동권 컨센서스를, 2층에 촛불시민혁명 서사와 정체성을 깔고, 그 위(3층)에 촛불시민 혁명 완수를 시대적 소명으로 받아 안아 국정운영 플랫폼을 정립하였다. 이 운동권 플랫폼으로부터 정부 사업·예산·인사 계획이 나오고, 대통령과 정당 지도자의 말과 일정도 나온다. 반면에 윤정부와 국힘당은 직업공무원 플랫폼이라고 할 수 있는데, 1층(토대)에 직업공무원 컨센서스를, 2층에 (자신이 누구인지는 말해주는 서사나 정체성은 건너뛰고) '비정상의 정상화'와 소소한 관료적 혁신을 시대적 소명으로 받아안고, 그 위(3층)에 국힘당 강령, 인수위백서·120대국정과제, 〈새정부 경제정책방향〉, 〈다시 대한민국〉과 〈2024년 예산안〉 등을 올렸다. 문정부+민주당+민주진보진영과 윤정부+국힘당이 딛고 서 있는 국정운영 플랫폼을 그림으로 도식화하면 다음과 같다.

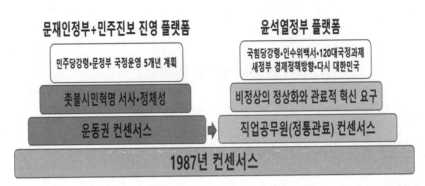

비정상의 정상화는 문정부와 민주당이 주도한, 상식과 공정에 반하는 수많은 일탈을 바로잡는 것이다. 문제는 그 정상 상태라는 것은 대체로 노무현·이명박·박근혜 시대로 회귀를 의미한다는 것이다. 이 역시 1987년 이후 지배적인 통념인 1987년 컨센서스라는 자장(磁場) 안에 있다. 시대적 과제를 해결하기에는 역부족이라는 얘기다. 또 하나 큰 차이는 문정부·운동권 플랫폼은 재야운동권이 30~40년에 걸친 투쟁으로 정립한 것으로, 민주진보 진영 전체가 공유하는 플랫폼이라는 사실이다. 하지만 윤정부·공무원 플랫폼은 자유·보수·우파 진영 전체의 플랫폼이 아니다. 사실 이 점도 이념적, 정책적, 도덕적으로 파탄이 난 민주진보 진영을 자유보수 진영이 압도하지 못하는 이유 중의 하나이다.

다시 말하지만, 1987년 컨센서스와 촛불시민혁명 서사는 문정부와 민주당과 민주노동당·통합진보당 외에도, 민주당이 지배하는 지자체와 공공기관, 그리고 민주당 및 진보정당과 긴밀히 연계된 참여연대, 민변, 민노총, 민언련, 민교협, 환경운동연합, 정의기억연대 등 시민사회단체와 진보언론사도 공유하고 있다. 사실 무상 시리즈(급식, 교육, 의료, 주택 등) 정책, 최저임금, 공공부문, 친노조, 탈원전, 소득주도성장정책, 공수처, 검경 수사권 분리, 한일 위안부 합의 파기 정책 등은 이들 시민사회단체들의 지론을 문정부가 받아 안은 것이다. 김어준, 유시민, 주진우, 김제동 등 민주당 지지층의 여론을 좌지우지하는 유명인·방송인·연예인들과 트위터, 유튜브, 페이스북 등을 통해 활발하게 발언하는 수십수백만의 개인 미디어(SNS) 사용자들도 공유하고 있다. 진짜 위력적인 것은 공정성, 전문성, 정치적 중립성을 전제로 큰 권위와 권한을 부여받은 존재들; 법관, 검사, 경찰관과 교육부, 문체부 등 공무원들과 방통위, 국가인권위, 노동위, 선관위 구성원 등이 1987년컨센서스와 촛불시민혁명 서사를 받아 안는 경우다. 법관 등 공무원들과 공공기관 임직원들은 1987년 이전에는 제왕적 대통령의 강압에 의해 소신과 양심을 꺾는 것이 문제였다. 하지만 1987년 이후에는 편향적 서사·이념과 '50억 클럽'으로 불거진 전형적인 공직부패 유혹과 퇴직후 보상(거액 수임료나 텃밭 공천 등)을 기대하며 현직에서 부당한 결정을 내려주는 신종 공직부패 유혹에 영혼을 파는 일이 문제라고 할 수 있다.

문정부와 민주당과 민주당계 지자체는 촛불시민혁명 세력이라는 거대한 숲(생태계)를 엄호하고, 물질적으로 비옥하게 하는 샘 역할을 충실히 해왔다. 자신이 쥔 이권(예산, 자리, 정보, 사업권, 규제권 등)으로 이 숲을 비옥하게 만들어 왔다. 안토니오 그람시의 진지전 개념을 체화해서인지, 오랜 재야·시민사회운동을 통해서 몸에 밴 습성 때문인지, 자신들이 진출한 거의 모든 분야에서 서로 봐주고, 끼리끼리 해먹는 이권 카르텔을 만들어 왔다. 게다가 선전선동, 언어조작, 상징조작, 문화예술 활용에 능하다. 전대협·한총련·민노총·전교조의 이념·문화적 헤게모니하에 청춘 시절을 보냈고, 외환위기와 노무현의 죽음 등을 계기로 자유보수에 혐오와 증오를 뿜어내는 40대와 50대 초반 화이트칼라들이 SNS와 국가의 중추기관(정당, 방송사, 교육기관, 법원 등)에서 강력한 화력을 보여주고 있다. 하지만 정당민주화, 방송민주화, 법원민주화, 사법민주화, 교육민주화 등의 이름으로 이들에 대한 통제 장치는 꾸준히 약화되어 왔다.

윤대통령이 2023년 8~9월부터 부쩍 이념과 투쟁을 강조하는 것은 자신이 상대하는 세력이 각자 다른 방식으로 민주공화국의 헌법적 가치 내지 국리민복을 추구하는 존재가 아니라, 아예 대한민국과 근대화를 부정하는 반동 혁명세력에 가깝다는 것을 자각했기 때문이 아닐까 한다. 그런데 윤정부는 자신들의 역사적 사명 내지 시대적 소명이 36년 묵은 1987년 체제를 재건축 수준으로 리모델링하여 2024년 체제를 건설하는 혁명이라는 사실을 또렷하게 인지한 것 같지 않다. 그러니 역사적 사명에 부응하는 국정운영 플랫폼 정립이 필요하다는 사실도 알리가 없다. 하다 못해 윤석열정부가 1987년 이후 최약체 정권이라는 자의식도 없는 것처럼 보인다. 윤정부의 국정운영 플랫폼은 자동차에 비유하면 작은 삼륜차지만 시대는 25톤 덤프트럭을 요구한다. 집에 비유하면 작은 오두막이지만 시대는 큰 빌딩, 아니 현대적 신도시를 요구한다. 비전과 포부가 낮고 좁고 초라한 오두막이면, 말과 행동과 공직 인사도 그 뒤를 따른다. 편한 인물, 아는 인물, 착한 인물로 대통령실·정부·여당의 요직을 가득 채우기 십상이다. 담대한 개혁은 뒷전으로 밀리고, 관료들이 늘 해 오던 무난한 과제, 곁가지 과제를 잡고 씨름하게 되어 있다.

정치는 꿈과 희망과 이미지를 팔고, 유권자는 그것을 사먹는 존재이기에, 실제는 그것이 아니어도 25톤 덤프트럭처럼, 혹은 큰 빌딩처럼 보이는 것도 중요하다. 거대 야당이 국회를 장악하고 온갖 치졸한 방식으로 국정운영을 방해하는 상황에서 제도와 정책의 큰 틀을 바꾸는 개혁을 할 수 없다는 것을 모르는 사람이 없다. 국정 성과도 금방 나지 않는다는 것도 모르는 사람이 없다. 그래서 가능성, 비전, 희망을 보여주는 것이 중요한 것이다. 하지만 오랜 관료적 습성 때문인지, 윤정부는 비전과 희망을 보여주는 데 너무 인색하다. 그 필요성 자체를 느끼지 못하는지도 모른다.

직업 공무원 컨센서스와 비정상의 정상화

　윤정부가 타고있는 국정운영 플랫폼의 토대는 반듯한 직업공무원 컨센서스다. 직업적 소명과 양심이 살아있고, 법과 원칙을 또렷히 의식하며 국가관이 확고한 애국 공무원 컨센서스라고도 할 수 있다. 윤정부의 국정운영 플랫폼이 직업공무원 혹은 애국 공무원 컨센서스 위에 서 있다고 한 것은 기본적으로 직업공무원 혹은 애국 공무원의 시각에서 문제와 해법으로 보이는 것을 대부분 국정 과제로 채택했기 때문이다. 바꿔 말하면 직업공무원의 안목과 이해관계상 문제나 해법으로 보이지 않는 것은 국정 과제로 채택되지 않았다는 얘기다. 애국 공무원 시각에서 보면 대한민국이 죽고 사는 외치 문제가 가장 크게 보일 것이다. 그 다음은 법치주의와 균형 재정 원칙이 무너지는 것이 아닐까 한다. 법치주의의 도전 세력은 권력형 부정비리범(이재명과 그 옹호자 민주당)과 이권카르텔과 불법집단행동을 일삼는 노조일 것이다. 그 다음은 균형 재정을 무시하는 포퓰리즘 정치일 것이다.

　애국 공무원들은 강한 국방력과 더불어 경제 활성화, 수출증대, 과학기술 혁신을 중시한다. 그래서 경제·산업·금융·노동 문제와 정부·공공(세금, 예산, 연금, 경제규제, 공공기관 등) 문제는 비교적 잘 본다. 하지만 정치(정당, 국회, 선거제도 등), 사법, 언론, 문화, 이념 문제는 잘 보지 못한다. 애국 공무원에게 지방균형발전은 잘 보이지만 지방자치는 잘 보이지 않는다. 교육도 경제발전=생산성 향상 관련 교육 혁신의 필요성은 잘 보이지만, 정치발전 내지 민주공화국의 시민적 지성과 덕성 관련 교육은 잘 보이지 않는다. 이는 인수위백서+120과제, 3대개혁, 새경방, 대통령 업무보고, 2024년 예산안과 국힘당 강령, 윤대통령의 말과 공직인사 등을 살핀 후 내린 귀납적 결론이다. 공무원은 정치와는 거리를 두려고, 정무를 경시하며, 혁명가와는 상극이다. 반듯한 공무원은 대한민국을 사랑하지만, 스스로를 보수우파나 진보좌파에 가두려 하지 않는다. 당신은 어느 파냐고 물으면, 아마 대한민국파, 민주공화파라고 할 것이다. 적어도 우파는 아니라고 할 것이다. 사실 이승만, 박정희의 가치와 정책은 좌파적인 것과 우파적인 것이 뒤섞여 있다. 시대의 요구와 환경 때문에 대단히 국가주의적이었고 권위주의적이었다. 두 대통령은 국정운영 과정에서 좌파적인 요소를 많이 도입했다. 단적으로 한강의 기적을 일군 국가주도 경제발전 내지 중상주의적 정책은 우파적인 것과 거리가 멀다. 당시 선진국의 대부분의 자유주의 경제 사상가나 경제정책전문가들은 반대했다. 원래 국가의 가치와 정책은 좌파적인 것과 우파적인 것이 뒤섞여 있기 마련이다. 그런데 자유·보수·우파는 선=애국, 민주·진보·좌파는 악=매국으로 일도양단하는 사람들은 윤대통령의 이념과 정체성에 대해 의심의 눈초리를 거두지 않는다. 그런데 그런 시각이면 애국·우파의 비조인 이승만, 박정희도 좌파로 보일 것이다.

민주공화국을 국체로, 자유민주주의를 기본 이념으로 하는 대한민국은 자유를 지키고, 확대하는 것이 소명이기에, 반듯한 공무원이라면 자유를 중시해야 마땅하다. 하지만 아무리 자유를 고창한다고 해도, 공무원은 태생적으로 국가주의적이다. 국가주의는 원래 권위주의와도, 좌파 이념과도 친화적이다. 게다가 한국은 조선-식민통치-정전체제라는 역사 문화적 토양에서 국가주도 경제사회 발전으로 대성공을 거둔 나라이다.

윤정부 플랫폼은 대통령실-정부-공공기관에서만 느슨하게 공유될 뿐이다. 자유·보수·우파 진영은 말할 것도 없고, 국힘당과도 공유되지 않는다. 직업공무원 플랫폼에는 서사와 정체성 개념이 없다. 행정의 일종인 외치와 법치 관련 철학, 가치, 정책은 잘 정리되어 있지만, 정치적 고려가 많이 필요한 내치와 정치 관련 철학·가치·정책은 모호하거나 흔들리거나 곁가지를 부여잡고 있다. 그럼에도 불구하고 윤정부를 탄생시킨 지지층 48.6%가 확실히 공유하는 것은 문정부가 촛불시민혁명의 이름으로 밀어붙인 "비정상"을 "정상화"해야 한다는 것이다.

윤정부는 직업공무원 컨센서스와 비정상의 정상화 열망을 공유하고 있기에 외치 정책은 빠르게 정상화되었다. 이재명 등의 권력형 부정비리, 마약 확산과 금융범죄, 노동현장의 불법 집단 행동과 사회 곳곳에 암약해 온 이른바 '카르텔' 등의 불법 행위들에 대해서, 이전 정부와 확연히 다르게 강경한 태도를 취했다. 또 하나, 선거가 있는 해임에도 불구하고 대담하게, 아니 무모하게도 이를 별로 의식하지 않는 행보를 보여주었다. 세수 범위 내에서의 긴축 예산 편성 노력이 그것이다. 외치 정책은 자유·보수·우파 대통령의 숨결을, 법치는 검사출신 대통령의 숨결을, 긴축 예산은 포퓰리즘을 혐오하는 직업관료 출신 대통령의 숨결을 느끼게 해 주었다. 직업공무원들은 정치에 대한 불신과 혐오가 강하다. 그래서 정치의 관여·개입 영역을 줄이고 직업공무원의 자율책임(행정·사법) 영역을 키우려 하는 경향이 있다. 120과제의 12번과 공공기관 임원에 대한 임기 보장이 단적인 예다. 직업공무원의 눈으로 볼 때 대통령의 가장 본질적이고 핵심적인 임무는 외치다. 그래서인지 윤대통령의 고민과 관심의 80~90%도 외치 현안인 것처럼 보인다. 유권자의 25~30% 정도로 추정되는 자유·보수·우파 열성 지지층의 그것도 80~90%는 외치 현안일 것이다. 이들은 윤정부의 외치 행보에 대해 열광하고 있다. 하지만 이 유권자의 2배 가량인 50~60%의 고민과 관심의 80~90%는 내치 현안일 것이다. 일자리, 소득격차(불평등), 주택·부동산, 교육, 복지(연금), 의료 등. 윤정부는 서사·정체성과 가치·이념·정책 외에도 말·행동·조직문화도 직업공무원적 특성을 전형적으로 보여주고 있다.

직업공무원들은 적법한 절차를 거쳐 선출된 권력을 인정하고 존중하는 것이 체화되어 있다. 그 때문인지 윤정부는 3.9대선을 계기로 반대가 금방 약화된다고 본 듯하다. 그래서 대중과의 교감과 지지층에 대한 설득을 등한시하지 않았을까 한다. 직업공무원들은 정치가 감정의 전쟁이라는 것을 모르거나 경멸하니, 정무(쇼 기법, 레토릭, 프레임, 내러티브=서사 등)를 경시하거나 무시하는 경향이 있다. 직업공무원은 법과 원칙에 따라, 자신의 방침과 정책을 군더더기 없이, 건조하게 말하는 것도 몸에 배여 있다. 1945년 해방 직후 미국 맥아더 포고령과 소련 차스차코프 포고문은 관료=군인의 말과 선전선동가인 정치군인의 말이 어떻게 다른지 잘 보여준다.

맥아더는 지극히 법적, 사무적, 관료적으로 얘기했다.

본관은 한반도 북위 38도선 이남의 조선과 조선 인민에 대하여 군사적 관리를 하고자 다음과 같은 점령조건을 발표한다.

하지만 차스차코프는 지극히 정치적, 시적(詩的)으로 얘기했다.

조선사람들이여! 기억하라! 행복은 당신들의 수중에 있다. 당신들은 자유와 독립을 찾았다. 소련의 붉은 군대는 조선 인민이 자유롭고 창조적인 노력에 착수할 만한 모든 조건을 마련해 줄 것이다.

윤정부의 말은 맥아더와 닮았고, 문 정부의 말은 차스차코프와 닮았다. 이 말 때문에 지금껏 미군은 점령군, 소련군은 해방군이라는 선동이 먹히고 있다. 직업공무원은 본래 실행 혹은 책임영역 수비에 특화되어, 그 일을 왜 해야 하는지를 캐묻는 데 익숙하지 않다. 반면에 이 일이 법과 원칙에 어긋나지 않는지, 우리의 책임·수비 범위가 맞는지를 먼저 따진다. 관료는 세밀한 업무 분담과 법령·지시·관행이라는 수많은 톱니바퀴가 맞물려 돌아가는 거대한 정부조직의 일원으로, 자기 책임영역을 확실히 수비하는 것이 사명이기 때문이다. 다른 부처의 수비·책임 범위에 대해서는 함구하는 것을 미덕으로 생각하기에, 책임 소재나 귀책 사유가 애매한, 융복합 현안을 처리하는 일은 잼병이다. 요컨대 관료는 책임영역 수비에 특화된 수비 부대이지, 꿈과 비전을 창조하여 멋지게 포장하여 파는 공격 부대가 아니다.

개인이든 조직이든 성과를 내려면 바른 일을 하는 것(Doing the right thing)과 일을 바르게 하는 것(Doing things right) 둘 다를 연구 고민해야 한다. 전자는 수많은 산 중에서 올라가야 할 산을 선정하는 문제이고, 후자는 일단 선정된 산을 오를 때 경로를 잘 선택하는 문제이다. 가치·정책의 패러다임이 바뀌는 시기에는 전자(바른 일을 하는 것)에 대한 연구 고민이 특별히 많이 필요하다. 사실 가치·정책의 패러다임이 바뀌는 시기만 아니면, 후자(일을 바르게 하는 것)만 연구 고민하면 된다. 정치가와 운동가는 전자에, 관료와 엔지니어는 후자에 특화되어 있다. 이런 업무 특성으로 인해 관료는 수많은 일 중에서 왜, 다른 일이 아닌, 바로 이 일을 해야 하는지를 연구 고민할 기회를 갖지 못했다. 주된 연구 고민은 주어진 일을 바르게, 효율적으로 하는 것이다. 이 일이 법과 원칙에 맞는지, 예산과 인력을 어떻게 활용해야 생산성(효과성과 효율성)을 높일지 등이 주된 연구 고민 대상이다. 직업공무원들은 정치권이 주도적으로 만들었다고 생각하는 120과제의 적실성을 시비하는 것은 월권이라 생각할 것이다. 단지 120과제의 실행 계획을 짜고, 확인 점검하는 일만 고민할 것이다. 직업공무원들은 공직인사에서도 객관적인 타당성, 즉 스펙을 중시한다. 그래야 법과 원칙 시비를 덜 받기 때문이다. 하지만 촛불시민혁명 정부를 자처하는 문정부는 시민운동 혹은 시민혁명 과정에서 형성된 인연과 동지애가 있었다.

맡길 직무, 즉 촛불시민혁명과업 자체가 고스펙과 별 상관이 없기에 오히려 직무 중심 파격 인사를 많이 하였다. 물론 시대착오적인 역사·현실 인식 때문에 직무를 잘못 정의하여 문제였지만!

윤정부는 대통령실과 정부 요직 인사 등을 하면서, 경험과 스펙(관료적 타당성)을 중시하는 경향을 보였는데, 이 역시 관료적 습성과 무관치 않을 것이다. 그런데 경험과 스펙을 갖춘 사람들은 박근혜, 이명박, 노무현 정부 출신들인데, 문제는 노정부 인사들은 나이도 나이지만, 진영의 강을 건너야 하고, 박정부 인사들은 적폐수사 악연이 얽혀 있어 중용하기 쉽지 않았을 것이다. 결국 이명박정부 인사들이 다수가 되고, 김대중·노무현 정부 인사(한덕수, 김병준, 변양균, 김한길 등)들은 약간 명이 중용되었다. 하지만 중요 공직을 맡은 사람은 한덕수 총리 뿐이다.

또 선거캠프-선대위-인수위-안보실과 관련 부처의 핵심 요직들은 당연히 이명박정부 출신들이 주로 맡을 수밖에 없었다. 문제는 역대정부 주역들이 그랬듯이 이명박정부 주역들 역시 정부 5년의 공과를 체계적으로 정리한 적이 없다는 사실이다. 반면에 내치가 해결해야 할 과제는 저성장, 저출산, 일자리, 이중화, 지속가능성 위기 등에서 보듯 이명박·박근혜정부에 비해 문제가 훨씬 악화되었다. 대부분 제도·정책의 큰 틀을 바꿔야 하는데, 관료로서는 감당하기 힘든 일이 아닐 수 없다.

내치분야 국정과제만 보면 윤석열정부는 박근혜·노무현 정부와 유사한 측면이 많다. 두 정부는 1987년 컨센서스와 정면 대결하지 않았다. 전임 정부의 업무계획을 국정과제로 받아 안았다고 해도 과언이 아니다. 물론 윤정부와 박근혜·노무현 정부는 외치 노선은 다르다. 이는 북핵 완성=비핵화 실패와 미중 신냉전 등 동북아 정세 변화때문일 것이다.

인간은 너무 작은 것도 잘 못 보지만 너무 큰 것도 잘 못 본다. 세분화 전문화된 분야에서 맡은 바 소임을 다하기 위해 노심초사하는 직업공무원들은 거시적 종합적 통찰력을 키우기가 쉽지 않다. 국제정세 변화, 기후변화, 제4차산업혁명 등 전지구적 도전을 분석하는 것은 (정치와 거리를 많이 두고 있는) 외교부, 국방부 및 국군, 환경부 등 직업공무원도 자신의 일로 생각한다. 외국의 석학과 정치인들의 분석과 대안도 주요하게 참고할 수 있다. 게다가 관련 학계 및 대학과 공공·민간 연구기관들도 회전문 역할을 하니, 외치 노하우의 축적·공유가 잘된다. 그런데 외치보다 백배는 더 복잡하게 얽히고 설켜있는 내치 문제는 모든 것이 열악하다. 세분화·전문화되고 실행에 특화된 직업공무원들로서는 제도·정책의 패러다임을 재정립하는 것은 너무나 버거운 일이다. 직업공무원은 혁명가와 상극이지만, 시대는 너무나 간절하게 혁명가 대통령을 요구하고 있다. 혁명가가 되려면 현실의 모순부조리에 대한 아픔과 분노를 바탕에 깔고, 탄탄한 서사와 명확한 정체성에 뿌리박은 소명의식과 혁명 이론을 가져야 한다. 그리고 자부심, 열정, 낙관, 긴호흡, 동지애, 용기, 강단 등 혁명가적 덕성을 가져야 한다. 물론 반동적 혁명에 맞서 방어 투쟁(비정상의 정상화 투쟁)만 한다면, 혁명 이론까지 필요한 것은 아니다.

1988년 이후 출범한 정부 중에서 오직 문재인정부를 제외한 나머지 정부는 대한민국 건국 컨센서스의 진보좌파적 변형인 1987년 컨센서스를 기반으로 노선을 정립했다. 김대중·노무현 노선이 1987년 컨센서스의 중도좌파 버전이라면, 문재인·이재명이 대표하는 운동권정치 노선은 1987년 컨센서스의 극좌·퇴행 버전이라고 할 수 있다. 이명박·박근혜정부도 1987년 컨센서스를 정면 거부하지 못하였기에 중도우파 버전이라고 할 수 있다. 윤석열정부가 1년 9개월 동안 보여준 모습은 외치를 정상화하고, 법치를 바로세우기 위해 노력하고, 방만 재정을 바로잡기 위해 노력을 하고는 있지만, 이 역시 1987년 컨센서스의 중도우파 버전을 벗어나지 못하였다. 윤석열정부는 1987년 컨센서스가 수명을 거의 다한 시점에 들어섰기에, 가치정책 패러다임을 바꿔야 할 것이 한두가지가 아님에도 불구하고 바꾼 것이 별로 없다. 4.10총선의 기본값(default value)인 윤대통령의 30% 초중반대 지지율과 높은 비호감도, 그리고 도대체 뭐하는지 모르겠다는 불만은 근원적으로 여기에 기인한다.

운동권 대통령-공무원 대통령-정치인 대통령-혁명가 대통령

국정운영 플랫폼에 주목하면 문재인은 운동권 대통령, 윤석열은 공무원 대통령이다. 이명박은 전문경영인 대통령이고, 김영삼, 김대중, 박근혜는 정치인 대통령이고, 이승만, 박정희는 혁명가 대통령이다. 노무현은 운동권, 정치인, 문화혁명가적 속성을 다 가지고 있고, 전두환, 노태우는 군인이자 혁명가적 속성을 가지고 있었다. 문재인과 윤석열에 대해 수식어를 하나만 더 붙이면. 문재인은 화석·좀비 운동권 대통령이고, 윤석열은 애국·우파 공무원 대통령이다. 애국·우파는 태극기 성조기와 이승만 박정희가 상징한다. 윤대통령은 자유라는 말은 좋아해도, 보수나 우파라는 말은 싫어하는 듯 한데, 애국 공무원과 자유·보수·우파 공무원은 동의어이다. 공무원은 법치에 익숙하다. 하지만 법치 위에 있는 정치를 잘 모르기도 하거니와 터부시하는 경향이 있다. 운동권은 법과 원칙과 규정으로 상대를 공격하기도 하지만, 때때로 그것을 갈아엎어야 한다고 생각한다. 운동권은 정치와 정무에 익숙하며, 혁명가적 속성이 있다. 군인은 변칙과 술수가 난무하고, 명분보다는 힘이 지배하는 전쟁에 대비하기 위해 육성한 공무원이다. 따라서 대단히 유연하고 실용주의적이다. 하지만 정치는 터부시하고, 정무는 익숙하지 않다. 한편 정치인은 표나 지지율을 먼저 생각하기에 정무를 중시한다. 대중에게 어떻게 보이는지를 먼저 생각하니, 언론, 이미지(연출), 레토릭, 내러티브 등을 중시한다. 공무원이나 군인보다 훨씬 머리가 복잡하다. 표리부동이 체화되어 있다. 전두환·노태우·박태준과 김영삼·김대중의 차이는 군인과 정치인의 차이를 극명하게 보여준다. 기업인은 공무원처럼 주어진 틀을 상수로 보고, 그 틀 속에서 효율을 어떻게 극대화할 지를 먼저 생각한다. 반면에 혁명가는 낡은 철학, 가치, 제도, 정책, 문화, 심지어 종교까지 갈아엎고 새로운 제도·정책·문화를 안착시켜 새나라·새역사를 창조하는 것을 소명으로 한다. 조선의 정도전 등 건국세력, 미국 건국의 아버지들, 일본의 메이지유신 주도세력, 터키의 아타튀르크, 대한민국의 이승만·박정희가 그 롤모델 중의 하나이다. 혁명은 체제나 현실에 대한 분노를 바탕에 깔고, 역사적 소명 의식과 담대한 변혁 의지가 필요하다. 방어, 즉 이명박·박근혜 시대로 복귀를 넘어, 새로운 체제를 건설하려면 반드시 새로운 이념과 이론이 필요하다. 그런데 윤정부는 자신들의 시대적 소명이 36년 묵은 1987년 체제와 가치·컨센서스를 재건축 수준으로 리모델링하여 2024년 체제와 컨센서스를 건설하는 혁명이라는 사실을 정확히 인지하는 것 같지가 않다.

1970~80년대 한국 운동권은 혁명가적 속성, 경세가적 속성, 시민운동가적 속성을 다 가지고 있었다. 물론 각각의 속성은 긍정적 측면과 부정적 측면이 다 있다. 그런데 악화가 양화를 구축하는 법칙은 정치판에도 적용되는지, 문정부와 민주당을 지배한 세력은 혁명가, 경세가, 시민운동가의 합리적 핵심을 거의 체현하지 못하였다. 반대(antithese)는 알아도, 건설(synthese)은 알지 못하고, 부분적 개선이 전체적인 퇴행 혹은 불의로 돌아오는 합성의 오류를 알지 못한다. 특정한 가치의 확대 강화에 매진하는 시민운동가적 속성도 떨쳐버리지 못한다. 그나마 시간이 가면서 윤미향처럼 시민운동을 사익을 취하는 비즈니스 모델로 만들어 버렸다. 윤대통령은 애국 공무원 대통령에서 자유·보수·우파 정치인 대통령으로 진화발전해 가는 조짐이 뚜렷하다. 하지만 시대가 윤대통령에게 요구하는 것은 이

승만, 박정희 같은 혁명가 대통령이다. 최소한 혁명의 초석을 놓는 대통령이다. 공무원과 혁명가는 상극이지만, 시대가 그것을 너무나 간절하게 요구하고 있다. 혁명가는 피바람을 부르는 급진적인 변화를 즐겨 추구하는 사람이 아니다. 긴 호흡과 확고한 방향성과 굳센 의지로 철학, 가치, 제도, 정책, 문화, 리더십을 바꾸는 사람이다. 윤대통령이 어디까지 진화발전해 갈지는 아무도 모른다. 임기는 많이 남았고, 시대는 정치인 대통령을 넘어 혁명가 대통령을 점점 더 간절하게 요구하고 있다.

2부
1987년 컨센서스와 대한민국의 자살

1장. 개화기, 건국기에 이어 세번째 맞는 국가 흥망의 갈림길

미네르바의 부엉이

"미네르바의 부엉이는 황혼이 저물어야만 날개를 편다"(The owl of Minerva spreads its wings Only with the falling of the dusk)라는 말이 있다. 헤겔 『법철학 강요』(1821년)의 유명한 경구(警句)다. 미네르바는 지혜의 여신 아테나를 로마인들이 부르는 이름이다. 그녀의 어깨 위에 앉아 있는 부엉이(올빼미)는 지혜의 상징으로, 철학을 의미한다. 시대에 대한 깊은 성찰과 통찰 말이다. 황혼은 한 시대를 객관화 상대화시키기 용이한 대전환기를 의미한다. 한 시대를 풍미한 다수가 옳다고 믿는 생각(세계관, 역사관, 가치관)과 이를 토대로 한 가치·이념·법·제도·정책·리더십의 모순이 폭발적으로 터져나오는 시기가 바로 시대의 황혼이다.

한반도 150년 역사에서 이런 시기는 3번 있었다. 한번은 1876년 개항 이후부터 조선의 운명이 사실상 결정된 1905년 러일전쟁까지 대략 30년이고, 또 한번은 건국 시기(1945~1953년)이고, 세번째가 바로 지금이다. 한반도 근대화세력은 첫 번째 도전에서는 응전에 실패하여, 한반도는 청일·러일 전쟁터로 되고, 끝내 식민지로 전락했다. 두 번째 도전에서는 대한민국은 응전에 성공하여 20세기 세계사적 기적을 창조한 나라가 되었다. 하지만 지금 맞닥뜨린 세 번째 도전에서 응전에 실패하면, 대한민국은 전쟁이나 자연재앙을 겪지 않고도 쇠락하고 자멸하는 참담한 역사를 쓰게 될 것이다. 역사의 큰 변곡점으로 얘기되는 4.19와 5.16 이후 산업화 시대는 그 방향을 놓고 큰 이견이 없었다. 물론 박정희의 수출지향·국가주도 산업화는 아시아 4마리 용(싱가포르, 홍콩, 대만과 한국)만이 한 탁월한 선택이었다. 사실 영연방이 물질적 문화적 인프라를 깐 싱가포르와 홍콩은 자연스런 선택이었고, 중국 대륙의 자본, 기술, 문화의 정수를 가져온 대만도 월등히 출발 조건이 좋았다. 하지만 한국은 출발 조건이 너무나 열악했다. 사실 식민지배 경험과 인구=시장 규모 상, 해외 의존을 가급적 줄이는 수입 대체공업화 노선이 오히려 자연스러웠다. 중국, 인도, 남미, 동남아 등 대부분의 국가가 채택한 경제발전노선은 해외와 연관을 가급적 줄이는 것이었다. 그런데 박정희는 다른 노선을 채택하여 한강의 기적을 일구었다. 바로 이 힘으로 민주화, 자유화, 세계화, 지식정보화가 이뤄졌다. 이 과정에서 큰 방향을 놓고 이견은 거의 없었다. 1980년 5.18, 1985년 2월 총선, 1987년 6월 항쟁과 1988년 4월 총선도 국가의 방향의 문제가 아니라, 민주화 속도와 주도권의 문제였을 뿐이다.

개화기와 건국기는 가치와 이념(방향)이 전혀 다른 정치세력이 생사를 걸고 싸웠다. 지는 쪽이 역적이 되는 싸움이었다. 박정희, 전두환이 주도한 산업화 시기에도 정치갈등은 있었지만 최소한 지는 쪽이 역적이 되는 싸움이 아니었다. 그런데 지금은 아니다. 자유·보수·우파는 이겼다고 해서 민주·진보·좌파를 역적 취급하지 않지만, 민주·진보·좌파는 그렇지 않다. 그런 점에서 지금이 개화기, 건국기와 같은 건곤일척의 시기가 된 것은 전적으로 통상 운동권으로 부리는 민주·진보·좌파의 시각과 멘탈 때문이다. 대한민국은 개화기, 건국기에, 세 번째 맞는 국가·민족·정파의 흥망의 갈림길이다. 지금 대한민국은 통상 민주화 시대로 부르는 한 시대의 황혼, 그 이상이다. 황혼을 한참 지나 짙은 어둠이 깔리고 있다. 하지만 정치와 지성의 지독한 혼미로 인해, 날아올라야 할 부엉이, 즉 시대에 대한 깊은 성찰과 통찰이 졸고 있다. 지난 30~40년을 풍미한 사조, 이른바 1987년 컨센서스(consensus)가 초래한 모순은 극명하지만, 정치와 지식사회는 이를 제대로 인지하지 못하고 있다. 그런 점에서 지금 대한민국은 "낡은 것은 죽어가지만 새로운 것은 태어나지 않은" (The Old is Dying and the New cannot Be Born) 그람시적 위기, 즉 대혼돈기라고 할 수 있다.

에릭제무르는 『프랑스의 자살』에서, 68혁명 사조와 이슬람 이민자의 증가와 유럽연합으로의 국가주권 양도가 프랑스를 자살로 몰아갔다고 주장했다. 나는 에릭제무르가 제시한 진단과 대안에 동의하기 어렵다. 하지만, 수십 년을 풍미한 어떤 통념, 제도, 리더십과 우연적 사건과 프랑스의 총체적 쇠락 현상의 인과관계를 규명하려는 그의 시도는 높이 평가한다. 사실 나는 프랑스보다 대한민국의 자살 징후가 훨씬 뚜렷하다고 생각한다. 그래서 한국에 비판 지성이 살아 있다면 『프랑스의 자살』보다 『대한민국의 자살』이 먼저 나와야 정상이 아닐까 한다. 에릭제무르는 프랑스가 자살한다고 난리지만, 프랑스는 한국처럼 가치와 이념이 전혀 다른 정치세력이 생사를 걸고 싸우는 것 같지 않다. 경쟁 상대를 청산 척결의 대상으로 여기는 것 같지도 않다. 그래서 부럽다. 알렉시스 드 토크빌은 1835~1840년에 출간한 명저 『아메리카의 민주주의』 1권과 2권을 통해 민주주의가 인류 역사의 거역할 수 없는 흐름이라는 것을 역설했다. 에릭제무르는 68혁명의 결과가 프랑스의 자살이라는 것을 역설했다. 나는 제2부에서 1987년 컨센서스의 결과는 대한민국의 자살이라는 것을 역설하려 한다. 대한민국이 2030년대, 2040년대에도 여전히 살 만한 나라가 되기 위해서는 수명이 다한 1987년 컨센서스라는 영혼과 1987년 체제라는 육체를 재건축해야 한다고 생각한다.

미국 리버럴 컨센서스와 컨서버티브 컨센서스의 교차

정치집단들이 자신의 정치노선의 근거를 비교적 체계적으로 밝히고, 관련 논쟁도 활발한 미국은 시대에 대한 거시적 통찰도 앞서 있는 것처럼 보인다. 미국은 주류·지배적인 컨센서스가 수십 년 주기 파동을 그리며 교차해 왔다는 데에 이견이 별로 없다. 국가·공동체와 시장·개인의 책임 범위 등을 중심으로 리버럴(liberal) 컨센서스와 컨서버티브(conservative) 컨센서스가 교차해 왔다는 것이다. 1929년 대공황 이전까지는 컨서버티브 컨센서스가, 루스벨트 집권(1933년) 이후 카터(1980년)까지 약 50년은 리버럴 컨센서스가, 레이건 집권(1981년)부터 아들 부시(2008년)까지 약 30년은 컨서버티브 컨센서스가 주류를 이루었다. 세계금융위기(2008년)와 오바마 집권(2009년)부터 현재(바이든)까지는 그 어느 쪽도 확고한 우세(헤게모니)를 차지하지 못한 교착기로 본다. 2008년 이후부터 지금까지는 관점에 따라 주류적인 컨센서스가 다르기 때문이다. 1933년부터 1980년까지, 리버럴 컨센서스가 지배적인 사조가 되었던 세계사적 배경을 짐작하는 것은 어렵지 않다. 1929년 대공황(그 이전 컨서버티브 컨센서스의 모순의 폭발) - 국가개입주의·뉴딜·케인즈주의(1936년) - 제2차 세계대전과 전후복구 - 미소 냉전체제(소련의 초강대국화와 사회주의 세계체제 형성) - 제3세계 민족해방운동(친사회주의, 친자립 반개방경제)의 흥기 등이다. 동시에 미국 국내적으로는 1960년대 흑인 민권운동이 일어나고, 유럽과 미국을 중심으로 일종의 반 문화운동인 1968혁명도 가세했다. 이를 배경으로 미국의 리버럴 컨센서스는 국가개입주의·케인즈주의(큰 정부)-복지국가(보모 국가)와 평등 중시(흑인 민권운동과 적극적 차별시정 정책)-노동권 중시-여성과 사회적 약자(소수자) 인권 중시 등의 가치와 정책이 득세하였다. 하지만 프랑스 등 유럽과 달리 미국에서는 이민자 문제는 크게 부각되지 않았다. 탈종교 탈가족 사조도 크게 대두되지 않았다. 이는 종교를 앙시앙레 짐의 핵심으로 간주하여, 파괴한 1789년 프랑스 혁명과 달리 1776년 미국 혁명은 기독교에 기반한, 적어도 기독교와 친화적인 혁명이었기 때문이다. 1933년 이후 미국 컨서버티브의 정치적 대표체인 공화당이 아이젠하워(1953~1961), 닉슨(1969~1974), 포드(1974~1977) 대통령을 배출하여 도합 16년을 집권했지만 리버럴 컨센서스를 정면 거역하지 못하였다. 이 기간의 민주당 대통령은 루스벨트(1933~1945), 트루먼(1945~1953), 케네디(1961~1963), 존슨(1963~1969), 카터(1977~1981)이다.

주류·지배적인 컨센서스는 강력한 자기장과 같아서, 반대 투쟁을 했던 정치세력이 집권해도, 정면으로 거스르지 못한다. 19세기 중반 이후 한반도는 영국, 일본, 러시아·소련, 중국 등의 영향을 많이 받았지만, 그중에서도 미국의 영향을 특별히 많이 받았기에, 미국의 주류지배적인 컨센서스의 변화는 강 건너 불이 아니다. 영국 대처(1979년 집권)와 미국 레이건(1981년 집권)이 주도한 보수·신자유주의 혁명은 큰 정부-작은 시장(강한 규제)-강한 노조로 집약되는 리버럴 컨센서스의 모순이 극에 달하면서 큰 힘을 얻었다. 대처·레이건 노선을 집약하면 '시장을 정부로부터 자유롭게, 기업을 노조로부터 자유롭게'이다. 1979년부터 2008년 금융위기까지 거의 30년을 풍미한 신자유주의 노선은 영국, 미국 뿐만 아니라, 한국, 유럽, 중국, 인도, 동남아, 남미 등을 휩쓸었다. 전두환 정부는 대처와 레이건이 주도하던 최신 사조(신자유주의)를 전향적으로 수용하여, 자율화, 민영화, 개방화 조치 등을 선도했다. 영국, 프랑스 등 유럽은 미국과 달리, 2차대전 후 사회주의·사민주의의 영향으로 주요 생산수단의 국유화가 추진되고, 노조가 크게 성장하면서 리버럴 컨센서스가 아니라 사회주의·사민주의 컨센서스의 모순이 훨씬 격화되었다. 대처, 레이건 집권 이후 세계사는 중국의 개혁개방, 소련동구의 몰락과 냉전체제 해소(미국 중심 일극체제), 동유럽·아시아·라틴아메리카 등의 민주화 도미노, 자유화, 개방화, 국제화(세계화), 정보화(디지털화), 금융화 등이 진행되었다 한국 등 아시아 4마리 용의 경제발전으로 자유개방경제가 중국·인도 등 제3세계의 롤모델로 등극하였다. 리버럴 컨센서스가 지배하는 시대(1933~1980년)의 보수·우파 혁신은 진보·좌파의 합리적 핵심(철학, 가치, 정책 등)을 수용하는 것이었다. 반대로 컨서버티브 컨센서스가 지배하는 시대(1981~2008년)의 진보·좌파 혁신은 보수·우파의 합리적 핵심을 수용하는 것이었다. 단적으로 레이건(1981~1988)과 아버지 부시(1989~1992)로 이어지는 12년 간의 공화당 집권 기간에 절치부심하던 미국 민주당은 리버럴 컨센서스를 대폭 수용한 신민주당 노선을 정립하여 클린턴 정부(1993~2000년)를 탄생시켰다. 영국 노동당은 1979년 이후 18년 간의 야당 생활을 하며 절치부심하다가 미국 신민주당 노선을 벤치마킹한 제3의 길(원제는 사회민주주의의 혁신) 노선을 정립하여 1996년 집권에 성공하였다. 독일 사민당 슈뢰더 총리(1998~2005년)도 미국 민주당, 영국 노동당과 거의 동일한 개념의 노선 혁신을 주도하고 이를 신중도라 명명하였다. 미국, 유럽 등 선진국의 이념적 유행에 민감해서인지, 김대중, 노무현도 미국(민주당), 영국(노동당), 독일(사민당)의 집권당의 제3의 길=신중도 노선을 쫓아가려고 하였다. 김대중은 중도개혁주의를, 노무현은 진보 혁신(유연한 진보)의 기치를 들었다.

프랑스 68혁명 컨센서스, 대한민국의 현재이자 미래

유럽의 지리·문화·정치의 중심인 프랑스는 전통적으로 국가(중앙정부)와 왕권이 강력했다. 국가의 관여개입 영역이 넓고 깊었다. 국가주의, 급진(혁명)주의, 평등주의, 사회주의, 산업보호주의(중상주의) 등이 크게 자랄 수 있는 토양이다. 프랑스는 유럽의 중국 같은 존재였다. 문명과 문화의 중심지로, 위대한 민족, 위대한 국가라는 자부심이 강했다. 소중화를 자처하며 일본을 업신여긴 조선보다 훨씬 풍부한 근거를 가지고 앵글로색슨(영미)을 업신여겼다. 이런 역사와 전통을 딛고 샤를 드골 등은 앵글로색슨 헤게모니에 맞서 프랑스 중심 유럽 헤게모니를 정립하려고 하였다. 프랑스와 서독이 손을 잡고, 그것도 프랑스가 기수, 서독은 말(馬)이 되는 구도로, 유럽 공동체 혹은 연합을 지향하였다. 그런데 1968혁명과 1970년 드골(수상·대통령 재임 1959.1.~1969.4.) 사망이후, 프랑스의 전통적 정치노선과 문화는 지속적으로 퇴조해 왔다. 좌우파를 초월하여 정치지도자들과 국민 대다수는 유럽 평화에 대한 열망과 프랑스의 주도권에 대한 자신감에 힘입어, 유럽 공동체·연합을 강화하면서 주요 국가주권을 계속 양도해 왔다. 유로화와 유럽 공동의회는 프랑스(국가주의)에서 나와서 유럽연합(범유럽주의)으로 들어간 기념비다. 1980년대 이후에는 영국과 미국이 주도적으로 확산한 신자유주의(자유화, 개방화, 국제화 등) 정책에 따라, 17세기 콜베르까지 거슬러 올라가는 중상주의도 약화되었다. 하지만 프랑스 특유의 평등주의 등 다양한 이유로 국가·산업 경쟁력이 약화되었다. 유럽 단일통화가 실시되자 독일의 주요 산업은 수혜자, 프랑스는 피해자가 되었다. 프랑스의 근대는 1789년 프랑스 대혁명이 만들었다면, 프랑스의 현대는 1968혁명이 만들었다고 한다. 전자는 자유 평등 박애의 기치를 든 반종교 반왕정 혁명이었다면, 68혁명은 전통 질서와 문화를 거부하고 해체하는 반문화 혁명이었다. 서구 68혁명 세대는 2차대전 후 태어난 베이비붐 세대로, 2차대전을 경험한 부모 세대와는 전혀 다른 국제·정치·경제·문화적 환경에서 자라났다. 이들은 험난한 시대를 살면서, 2차대전 승전과 전후 복구를 이루었다고 자부하는, 샤를 드골로 대표되는 부모 세대의 생각과 문화를 거부하거나 혐오했다. 그런 점에서 건국과 산업화와 보릿고개 극복 신화를 창조한 부모세대를 거부하거나 혐오한 한국의 1960~70

년대 출생자들과 68혁명 세대는 적지 않은 유사성이 있다. 프랑스 68혁명과 한국의 6월 항쟁은 둘 다 국부(샤를 드골과 이승만·박정희)를 죽였다고 할 수 있다. 1890년생인 드골은 전쟁 영웅으로, 총리·대통령으로 재임 중(1958년~1969년) 독재를 한 것도 아니었고, 부정부패 혐의도 없었다. 퇴임 후 1년 만에 만 80세로 심근경색으로 사망했다. 하지만 한국의 국부들은 독재 시비로부터 자유로운 사람은 한 사람도 없고, 그 말로도 좋지 않았기에 이들의 정신과 방법은 더 거칠게 부정되었다. 독립을 위해 풍찬노숙한 혁명가적 기풍, 힘없는 나라의 설움을 승화시킨 조국 근대화 일념, 대의를 위해 목숨을 건 군인 정신, 힘의 세계를 냉철하게 인식하는 상인정신과 실용주의 등이 거칠게 부정되었다. 이를 기화로 조선의 악습이 거세게 부활하였다. 결과나 성과보다 동기, 도덕, 명분을 중시하는 습성과 군인·경찰과 상인을 은근히 깔보는 습성도 부활했다. 프랑스와 한국은 뿌리깊은 중앙집권의 전통과 대중의 강력한 평등주의적 열망도 비슷하다. 과도한 민족적·국가적 자존심; 즉 프랑스는 위대한 민족, 조선은 소중화 의식이 자초한 국가적 콤플렉스도 비슷하다. 프랑스는 영미에 대해, 한국은 일본에 대해 콤플렉스를 느낀다. 과거에 자기보다 한 급 아래였던 자들이 자기 머리 위에 있을 때 느끼는 불편한 감정이다. '금지하는 것을 금지하라'는 68혁명의 영향으로 프랑스는 탈국가·탈드골주의(프랑스 중심주의, 중상주의 등), 탈부성(가부장), 탈종교, 탈가족, 탈결혼(혼외자 양산), 탈물질주의에 더하여, 소수자 인권·문화 중시(관용의 이름으로 친이민·이슬람주의)도 가세하였다. 여기에 더하여 미국에서 발아하여 전세계로 퍼진 PC주의(Political Correctness)도 가세하였다. 이는 표현이나 용어를 사용할 때 인종·민족·언어·종교·성차별 등의 편견이 포함되지 않도록 하자는 사조인데, 전통과 문화는 물론이고 표현의 자유를 포괄적으로 압박한다. 68혁명 가치와 PC주의와 이민 온 국가에 동화를 거부하는 이슬람의 종교적 특성이 겹쳐, 프랑스는 사회 통합(social mix)에 실패했다는 데는 이론의 여지가 없다.

프랑스는 스페인과 더불어 가톨릭 중심 국가이자, 거대한 식민지 경영 과정에서 생긴 오랜 이민의 역사도 가지고 있다. 20세기 이전에도 유대인이 많았는데, 20세기 초에는 동유럽인들이, 그 이후에는 북아프리카 무슬림들이 대거 들어와 프랑스 도시 인근(방리유)에서 국가 속의 국가를 만들어 동화를 거부하다시피 하였다. 그래서 미디어를 통해 최근의 프랑스를 보면, 이민 문제가 최대 현안으로 보인다고 한다. 68혁명 이후 지금까지 55년은 냉전-탈냉전(소련 붕괴와 중국의 부상)-신냉전, 세계화, 민주화, 지식정보화, 과학기술혁명과 물류혁명 등이 동시에 진행되었다. 프랑스는 미국, 영국, 독일에 비해 이 문명사적 변화에 제대로 적응하지 못한 강대국으로 알려져 있다. 일본도 30~40년 전에 비해 국제적 위상이 많이 추락한 강대국인데, 프랑스와 달리 이민자를 거의 받아들이지 않아서 사회통합 실패에 따른 갈등은 없다. 에릭제무르는 2022년 프랑스 대선 1차 투표에서 2,485,935표(7.07%)를 득표했고, 2021년 10월 국민대상 여론조사에서는 18% 지지를 얻은 적도 있다. 에릭 제무르는 『프랑스의 자살』(부제: 프랑스를 무너뜨린 40년)에서 줄기차게 강조하는 것은 68혁명의 가치가 프랑스 몰락의 원인이라는 것이다. 그의 주장의 핵심은 "이민자 없는 프랑스"와 "유럽 법의 지배를 받지 않는 프랑스"이다. 대선 간판 구호는 "유럽 연합과 불법 이민자에게 빼앗긴 프랑스를 되찾자"는 것이다. 한국의 반일·탈미는 필연적으로 친중, 친러, 친북으로 기울어지게 하듯이, 프랑스의 탈EU(유럽연합), 탈미(NATO)는 친러시아로 기울어지게 할 수밖에 없다. 그래서 에릭 제무르는 "나는 프랑스판 푸틴이 되고 싶다" "미국 영국 독일보다는 러시아가 더 믿을만하다"는 발언을 하여, 큰 논란을 불러일으켰다. 하지만 마크롱 대통령은 러시아의 우크라이나 침략에 대해 "부끄럽고 부도덕한 전쟁"으로 규정하였다.

에릭제무르의 주장은 한마디로 드골 시대로 돌아가자는 것이다. 한국의 자유·보수·우파 일부가 박정희·전두환 시대로 돌아가자고 하듯이! 에릭제무르는 프랑스의 수많은 문제를 해결하는 킹핀으로 과다한 불법·이슬람 이민을 지목하였다. 그에 따라 공급망(가치생산 사슬)의 유럽화와 세계화, 그리고 과도한 이슬람 이민·노동력 유입으로 상실감을 느끼는 계층의 분노에 힘입어 폭발적인 열광을 끌어냈다. 하지만 일찍이 유대인 박해라는 부끄러운 과거를 유럽 국가 대부분이 가지고 있기에 뜨거운 열광 이상으로 강력한 반감과 혐오를 불러 일으켰다. 히틀러의 모습이 어른거리기 때문이다. 그럼에도 불구하고 에릭제무르의 주장이 경청할 만한 가치가 있는 것은 68혁명의 가치·이념·정신이 40~50년에 걸쳐, 프랑스에서 만들어낸 변화(프랑스의 자살 등)에 대한 거시적 통설의 하나이기 때문이다. 1장의 주장을 그림으로 도식화하면 다음과 같다.

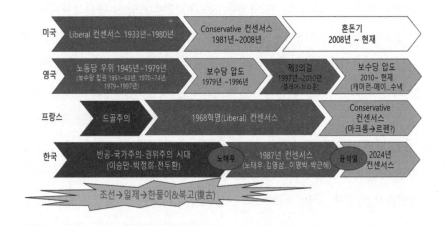

2장. 1987년 컨센서스와 대한민국의 자살

1987년 컨센서스와 숨은 신

시대를 읽는다는 것은 대한민국이 어디쯤 있고(어떻게 여기까지 도달했고), 어디로 가야 할지를 아는 것이다. 한 시대의 지배적인 생각이나 과학기술, 국제정치, 큰 재난(전쟁, 천재지변) 등이 만들어 낸 변화를 파악하는 것이다. 시대를 읽으려는 것은 더 나은 미래를 창조하는 데 필요한 변화·개혁의 동력, 방향, 목표, 장애물 등을 파악하기 위함이다. 시대를 읽기 위해서는 수많은 부조리(문제·증상·위기)들에 대한 귀납적 추론과 연역적 추론이 다 필요하다. 귀납적 추론은 개별 부조리들로부터 그 탄생과 소멸의 원리를 파악하는 것이다. 연역적 추론은 수많은 현상을 만들어내는 원리, 즉 자기 복제를 통해 거대한 성체(成體)를 만들어내는 유전자(DNA) 같은 어떤 생각 혹은 이념을 파악하는 것이다. 이념은 철학(역사관, 세계관, 인간관, 가치관 등)과 가치·정책의 총체다. 현상의 배후에 숨어서 역사(役事)하는 '숨은 신(神)'이다.

동서고금의 역사는, 이념과 종교가 국가·민족의 흥망과 사회의 발전과 퇴보의 핵심 동인이라는 것을 말해준다. 실제 수많은 세계사적 사건들은 인간의 욕망·공포·증오 등을 체계화한 이념이나 종교로 무장한 정치세력에 의해 만들어졌다. 20세기의 대사건들은 대부분 이념의 산물이다. 자유주의, 전체주의(나치즘, 파시즘, 스탈린주의, 마오주의 등), 민족주의, 유대·반유대주의 등. 한반도 분단과 전쟁도 각각 세계 체제를 구축한 미국과 소련이 신봉한 이념 대립의 산물이었다. 20세기 이전의 대사건들은 대체로 종교와 관련이 있었다. 현대 유럽의 기본 틀인 베스트팔렌 체제(1648년)는 신구교 국가 간의 30년 전쟁의 결과다. 아메리카 대륙의 발견 및 개척도, 미국 건국 혁명도, 초강대국으로 도약도 다 종교가 동인이었다. 중국의 왕조를 바꾼 거대한 농민 반란은 대부분 종교를 기반으로 하였다.

인간의 종적 특성 중에 직립보행과 언어와 지능만큼이나 핵심적인 것이 환상, 상상, 추상 능력인데, 이는 종교, 이념, 비전과 관련된 것이다. 겉과 속이 좀 다르긴 하지만, 조선은 어떤 나라보다 주자성리학이라는 이념·종교에 충실하려고 한 나라였다. 북한은 조선의 질긴 습속을 계승했는지 주체사상이라는 유사 종교로 온 사회, 온 인민의 영혼을 전일적으로 지배하고 있다. 북한 체제의 폭압성과 견고함도 주체사상이라는 유사 종교를 빼놓고는 설명하기 어렵다. 한강의 기적도 아프리카, 동남아, 중남미 등에는 확고히 뿌리내리지 않는 어떤 생각의 산물이다. 그것은 무력이나 부력을 가진 사람이 아니라, 군자의 도를 가르치고 배우는 사람에게 권력과 명예를 몰아주던 주자성리학의 전통이 부른 교육열이 뒷받침했다. 그 외에도 기독교와 일본이 깔아둔 정신문화적·법제도적·물질적 인프라, 남북한 이념·체제 경쟁 압박, 치열한 근로문화와 각자도생주의 내지 자조정신과 강렬한 계층 상승 의지와 박정희 정부의 창의적 공업화 노선 등의 합작품이다. 박정희 정부는 당대 식민지 경험이 있던 나라들이 보편적으로 받아들인 경제발전 노선(박현채식 민족경제론도 그 변종의 하나)을 내던져 버리고, 해외와 연관·의존을 늘려나가는 수출주도공업화 노선을 채택했다. 이로인해 한국은 미국이 주도적으로 연 자유무역 체제가 제공해 준 엄청난 기회를 움켜쥐었던 것이다. 한국을 비롯하여 아시아 4마리 용의 성공사례를 보고, 이제는 거의 모든 나라들이 앞다투어 해외 자본을 유치하고, 수출입을 통해 해외시장과 연관·의존을 늘려나가는 경제발전 노선을 취하고 있다. 이제는 수입대체공업화 노선도, 인종 차별주의(우생학)도, 나치즘, 파시즘, 스탈린주의도 다 이념의 박물관으로 사라졌을 것이다. 그런 점에서 대한민국의 한 시대를 풍미한 생각=컨센서스의 관점에서 지난 수십 년을 조망해 보면 어떻게 보일까? 지난 수십 년 간의 변화는 경제 분야는 풍부한 경제통계로, 정치 분야는 선거 통계로, 그 외에 갈등, 범죄, 질병 관련 통계로 큰 흐름은 알 수 있다. 하지만 그 모든 변화의 배후에 있는 지배적인 생각의 변화는 통계로 알 수가 없다. 미네르바의 부엉이가 날아 올라 깊은 성찰과 통찰을 해야 한다. 석기, 청동기, 철기 등 핵심 생산수단이나 봉건제, 절대왕정, 공화국 등 정치체제를 기준으로 시대를 구분하는 것은 익숙하다. 하지만 지배적인 생각을 중심으로 시대를 구분하고 문제를 진단하는 것은 한국에서는 그리 익숙한 방식이 아니다.

1987년 이후 36년이 흐르면서 상전벽해를 방불케하는 변화들이 곳곳에서 일어났다. 중국의 정치경제적 비상(飛上)에 따라 한중 관계가, 한국 경제의 일취월장에 따라 한일 관계가, 북한의 핵무력 완성에 따라 남북 관계가 크게 변했다. 물질적·외형적 변화는 긴 설명이 필요 없을 것이다. 신도시와 수도권 집중, 산업단지, 고속도로, 고속철도, 공항, 주택(아파트), 소득, 대학 진학률, 여성의 사회적 진출, 평균 수명 등. 외치 환경(국제정세와 전지구적 자연환경) 변화는 세계 보편적이어서 선진국의 석학, 전문가, 정치인들의 논의를 많이 접할 수 있다. 하지만 정신문화와 내치·정치 환경의 변화는 한국 특수적이라 해외 석학의 통찰을 빌릴 수 없다. 무엇보다도 이념적 편견이나 정치적·사회적 이해관계에 크게 휘둘리기에, 장님 코끼리 만지기거나 아전인수식이라서 보편적으로 인정되는 변화는 별로 없다.

한국은행 경제통계와 정치통계(선거통계, 여론조사 등)와 사회통계; 출산율, 자살율, 범죄와 질병, 직업선호도(이공계 인재의 의대 쏠림과 공공부문 선호 등), 배우자 선호도, 인터넷과 휴대폰 보급율, 종교별 신도 수와 헌금 액수 등도 수십 년에 걸친 변화를 잘 보여준다. OECD통계는 국제비교도 가능하게 해 준다. 하지만 정치·경제·사회·문화 현상 중에는 국가통계나 OECD통계로 포착되지 않는 것이 너무 많다. 있다 해도 통계는 현상이나 증상만 알려줄 뿐이다. 원인과 개선개혁 방안은 검증이 곤란한 추론·통찰의 영역이다. 모든 통계의 이면에는 시대를 풍미하는 '숨은 신' 역할을 하는 어떤 생각이 역사하고 있다. 이는 정치 이슈나 선거를 통해, 또 법령, 판결, 정책, 예산 등으로 그 모습을 드러낸다. 1987년 이후 '숨은 신' 역할을 한 1987년 컨센서스를 전투적으로 퍼뜨린 존재가 바로 재야·운동권이다. 시대를 풍미하는 생각은 대체로 이들과 정치적으로 대립·각축하는 세력조차 정치공학적으로 동의하거나, 적어도 적극적으로 반대하지 못한다.

경제·공공 부문의 변화

1987년 이후 운동권이 추동하고, 민주당이 받아 안고, 자유보수정당도 동의하거나 방조한 1987년 컨센서스는 정치·노동·정신문화 부문에서 출발하여, 정부·공공 부문, 경제·고용·복지·교육 부문, 남북관계 부문을 거쳐, 거의 모든 분야에서 연쇄적인 변화와 개혁 혹은 갈등과 퇴행을 만들어냈다. 1987년 이후 36년이 흐르면서 군부·전두환·노태우는 정치적 패자가 되고 운동권·김영삼·김대중은 정치적 승자가 되었다. 5.18은 성역이 되고, 전두환 전 대통령은 사망한 지 2년이 넘도록 묻힐 자리도 못 구하는 신세가 되었다. 정치 지형은 1987년 12월 대선은 양김의 분열로 노태우후보가 득표율 36.6%로 당선은 되었지만, 그 4개월 여 뒤에 치러진 4.26총선에서는 민주정의당 125석, 평화민주당 70석, 통일민주당 59석, 신민주공화당 35석으로. 이승만·박정희·전두환의 적통을 자랑하는 민주정의당은 과반을 확보하지 못했다. 이에 1990년 1월 3당 합당을 결행하여, 217석(총의석 299석)의 민주자유당을 탄생시켰지만 김영삼정부는 김종필 세력을 축출하자, 1996년 12월 노동법 파동을 계기로 김대중-김종필-양대 노총의 연대투쟁에 밀려, 공표된 법안을 철회하면서, 노조가 정부 정책을 꺾는 거대한 역사적 변곡점을 만들었다. 이후 1997년 12월 대선에서는 이회창-이인제의 분열에 힘입어 김대중이 득표율 40.3%로 당선되었고, 2002년 대선에서는 이회창-노무현의 양자 대결로 치렀음에도 불구하고 노무현이 득표율 48.9%로 당선되었다. 당시 민주노동당 권영길 후보의 3.9%까지 감안하면 3당 합당으로 확보한 보수의 압도적 우위는 거의 무너졌던 것이다. 적어도 보수와 진보의 백중세로 변했다고 할 수 있다. 2016~17년 대통령 탄핵 사태를 거쳐 문재인정부 출범을 계기로, 보수의 백중 우세가 진보의 백중 우세로 바뀌었다. 진보라는 말은 원래 민중당(1992년 창당)이나 민주노동당(2000년 창당)으로 대표되는 급진좌파 정치세력을 지칭하는 단어였는데, 2000년대 중반부터 노무현과 운동권 정치인에 의해 민주당을 지칭하는 단어가 되었다. 그만큼 어감이 좋기 때문일 것이다. 모든 정치경제사회 주체를 큰 틀에서 규율하는 정치와 핵심 생산요소인 사람을 규율하는 노동 부문의 변화는 경제 부문에 직접적인 영향을 주었다.

1987년 이후 경제 부문의 변화는 수많은 국가 경제통계가 잘 보여준다. 경제성장률(%)은 1990년대 평균 7.1% → 2000년대 4.7% → 2011~2015년 3.1% → 2016~2021년 2.4%로 떨어졌다. 하락 추세는 계속되고 있다 노태우~문재인정부까지 7개 정부를 거치면서 매 정부(5년) 마다 경제성장률은 대략 1%p씩 낮아져 왔다. 그 시기에 중국 특수, 저금리 등 대외 여건이 좋았던 적도 있었지만, 이 추세를 반전시키지 못하였다. 1987년 이후 경제 활력과 역동성의 저하(잠재성장율 하락)는 확연하다. 1990년대 들어 동유럽, 중동, 동남아 등 후발개도국의 세계시장(공급망) 참여에 따라, 또 국내의 투자 여건의 악화 등에 따라 기업들의 해외투자는 급격히 확대되었다. 산업구조 고도화=제조업 취업유발계수도 꾸준히 저하되었다.

정부·공공부문(조세, 재정, 공공기관, 지자체 등)의 변화를 보면, 증세, 상거래의 투명화·디지털화 따른 세원 포착의 증대 등에 따라, 사회보험료를 제외한 GDP 대비 세금(TAX) 비중은 1988년 15.4%, 1993년 18.5%, 2003년 22.0%, 2008년 23.6%, 2013년 23.1%로 정체하다가, 문재인 정부가 출범한 2017년(25.4%)부터 다시 급증하여 2021년 29.9%까지 늘어났다. 세금에다가 사회보험료(국민연금 건강보험 등)와 정부 재산수입 등을 합친 일반정부(중앙정부+지방정부+ 공공비영리단체 등) 수입은 2017년 32.95%에서 2021년 37.24%로 폭증하였다. 일반정부 지출은 2017년 30.27%에서 2021년 38%로 폭증하였다. 공기업 수입·지출은 대략 GDP의 10% 내외로 큰 변동은 없는데, 일반정부의 수입·지출은 미국, 일본, 스위스 등을 벌써 제쳤다. 한국 특유의 비대한 공기업 수입·지출까지 추가하면 한국은 정치·정부가 주무르는 돈(재정)에 관한 한 OECD국가 중에서 꽤 큰 편에 속한다. 문제는 OECD국가들과 달리 한국의 정치·정부는 1987년 이후 점점 더 퇴행적, 파당적, 약탈적으로 변하여, 자원 활용의 효율과 사회적 형평성을 점점 떨어뜨려 왔다는 것이다.

GDP 대비 국가채무 비율은 2017년 36.0%(660조 원)에서 2020년 43.6%(846.6조 원), 2021년 46.7%, 2022년 49.4%(1067.4조 원)로 폭증하였다. 문정부 시기 평균 경제성장률은 연 2.34%였는데, 예산증가율은 연 8.7%였다. 카드는 자신이 마구 긁고, 청구서는 윤석열정부와 후세대에 떠넘긴 격이다. 그런데 국가 빚은 이들 확정된 국가채무만이 아니다. 이보다 더 큰 연금충당 잠재 채무를 얹어야 한다. 2022년 말 기준 연금충당부채는 공무원이 939.7조 원, 군인이 241.6조 원으로, 도합 1,181.3조 원이다. 1년 전보다 43.2조 원(3.8%) 증가했다. 공무원 연금 개혁은 회피하면서 공무원을 폭발적으로 늘린 후과다. 2000년대 중반 노무현정부는 공무원 보수를 민간 대기업 기준으로 올렸다. 민간에는 없는 철밥통(강고한 고용보장) + 널널한 노동강도 + 공무원연금에 더하여, 민간 대기업의 90% 내외의 임금까지 받으니 공무원과 공기업 종사자는, 배우자 직업 선호도 1위가 되었다. 그래서인지 대부분의 정부들은 공공부문 구조조정은 못해도 인적 규모라도 늘리지 않으려 하였다. 하지만 촛불시민혁명 정부를 자처하며, 1980년대 운동권의 생각을 온전히 대변해 온 문재인정부는 이를 독보적으로, 폭발적으로 늘렸다. 양적 규모도 문제지만, 더 심각한 것은 문정부의 공공부문 정규직 전환·채용과 내부 승진·보직 인사를 통한 특정 지역·이념 성향 인사들에 의한 정부와 공공기관 장악시도이다. 이는 정부와 공공기관의 생명인 공공성, 전문성, 정치적 중립성을 조직적으로 훼손한 행위에 다름 아니다. 외환위기 이후 성장율·성장동력을 갉아 먹은 것은 운동권과 문재인정부가 확산시킨 경제·고용 파괴적 프레임 만이 아니었다. 비효율적이기 짝이없는 정부·공공부문으로 세금과 사회보험료 등의 명목으로 점점 돈이 많이 빨려들어간 것, 부동산으로 유휴자금이 과도하게 쏠린 것과 의대와 공공부문으로 청년인재들이 과도하게 쏠린 것, 노조와 공공부문를 비롯하여 사회 전반의 지대추구 심리 확산 등도 빼놓을 수 없다. 최근 1~2년 사이에 해외 여행을 해 본 사람들은 이구동성으로 한국의 물가가 일본·대만에 비해 높다고 말한다. 상품서비스 품질에 비해 너무 비싸다는 얘기다. 실제 국가통계도 최저임금, 근로자 평균임금은 높고, 노동생산성은 한국이 낮다는 것을 보여준다. 그리고 통계에는 안 나오지만 정치·행정·사법 등 공공서비스가 투입 비용(예산이나 예우) 대비 형편없다는 것, 글로벌 경쟁이 일어나는 산업 분야로 오는 인재가 양적으로도 급감하고, 질적으로도 저하되었다는 사실도 그 누구도 부인하지 못할 것이다. 새경방에서는 '장기간 해결하지 못한 근본적 문제 누적'이라는 제하에 '산업·기업 역동성의 지속 둔화와 민간활력 약화' 요인을 "최근의 과도한 규제·정부개입 등"에 의한 "기업의 자율성 제약"과 "민간의 성장·고용 둔화에 재정 중심 대응"을 들었다. 생산성·성장잠재력 하락 요인을 "(공공) 재정 중심 경제운용, 코로나 대응 등으로 국가채무가 빠르게 늘어나고, 연금개혁도 지연되며 지속가능성 우려 확산, (노동) 획일적 규제, 경직적 노사관계, 연공 중심 임금체계등이 청년·여성 등 신규채용 확대 및 노동생산성 향상을 제약, (교육) 높은 대학 진학률에도 불구, 대학 자율성 제약 등으로 교육경쟁력이 낮고 산업현장 수요와 교육간 미스매치 심화, (금융·서비스산업) 산업구조 전환을 뒷받침하는 금융·서비스산업 혁신이 지체되며 총요소생산성 지속 하락"을 들었다. 문제는 이러한 진단들은 김영삼정부 시대부터, 지금까지 거의 30년 동안 경제부처에서 약방의 감초처럼 제시한 진단들이라는 것이다. 하지만 해결되기는커녕 점점 악화되었고, 문재인정부는 아예 악화를 향해 가속페달을 밟았다.

고용노동 부문의 변화

한국의 노조조직률은 1987년을 기점으로 3년 연속 급상승하였다. 1986년 16.8%, 1987년 18.5%, 1988년 19.5%, 1989년 19.8%로 정점을 찍었다가 다시 20년 넘게 하락하여 2010년 9.8%까지 떨어졌다. 중국, 베트남 등이 세계 공급망에 들어오고, 상품과 기술의 수명이 다하면서, 산업의 사양화, 기업의 경쟁력 상실, 생산기지의 해외 이전과 자동화 등이 중첩되었기 때문일 것이다. 노조조직률은 문재인정부에서 다시 가파르게 상승하였다. 2016년 10.3%, 2017년 10.7%, 2018년 11.8%, 2019년 12.5%, 2020년과 2021년 14.2%(293만 명)로 동일하다. 2022년에는 13.1%(272만 명)로 감소했는데, 이는 통계 정비의 결과이다. 장기간 활동이 없거나 실체가 없는 노조를 통계에서 뺀 것이다. OECD 38개국 중에서 2017년 이후 조직률이 폭증한 국가는 한국밖에 없다.[7] 2021년 말 기준 노조원 수는 293만 3천 명인데, 조직률은 민간부문은 11.2%, 공공부문은 70.0%, 공무원부문 75.3%, 교원부문 18.8%이다. 사업장 규모별 조직률은 근로자 300명 이상 사업장 46.3%, 100~299명 10.4%, 30~99명 1.6%, 30명 미만 0.2%이다. 문재인정부 하에서 폭발적으로 조합원이 늘어난 곳은 공무원·교원을 포함하는 공공부문과 건설산업이다. 전자는 문정부의 양반귀족=민주당 지지층 늘리기 정략의 산물이고, 후자는 건설현장에서 노조의 불법폭력을 방치한 탓이다. 민노총 산하 노조가 똬리를 튼 부문·산업·기업들 치고, 노동3권 보장의 대전제인, 완전경쟁 시장에서 힘겹게 생존 투쟁을 벌이는 곳은 거의 없다. 한국에서 노조가 있는 곳은 대체로 근로조건이 좋은데, 이는 현대·기아차처럼 생산성(글로벌 경쟁력)이 높거나, 은행처럼 국가규제로 보호를 하거나, 정부나 공공기관(전력, 가스, 철도, 지하철, 건강보험 등)처럼 세금이나 요금이 지불능력의 원천이기 때문이다. 규제산업이나 공공부문의 지불능력은 생산성에 뿌리를 둔 것이 아니라, 국가의 규제나 표준의 산물이다. 하지만 글로벌 경쟁을 하는 현대·기아차는 실제 생산성이 높다. 하지만 이 역시 노조의 주력인 생산직 근로자의 힘이 아니라, 연구개발(R&D) 인력과 협력업체의 높은 생산성의 힘이다. 한국에서는 노조가 앞장서서 조직과 투쟁으로 자신의 권리이익을 상향·쟁취하는 것을 미덕으로 삼다 보니 시장 경쟁의 압력에 거의 노출되지 않으면서, 국민 세금이나 독점 요금(업역)으로 사는 공무원 등 공공부문 종사자들이 노동자성을 주장하며 준 귀족적 지위로 올라갔다. 공공의 양반화, 노조의 귀족화·지대추구화·조폭화 현상이 뚜렷해졌다. 스스로 지킬 힘이 있음에도

---

7) 고용노동부 자료에 따르면 ▲영국: ('10) 26.6% → ('15) 24.7% → ('21) 23.1%, ▲독일: ('10) 18.9% → ('15) 17.6% → ('19) 16.3%, ▲미국: ('10) 11.4% → ('15) 10.6% → ('21) 10.3%, ▲일본: ('10) 18.5% → ('15) 17.4% → ('21) 16.9%

불구하고 국가의 온갖 보호를 받는 성안 사람과 스스로 지킬 힘도 없는데 국가의 보호와 배려를 거의 받지 못하는 성밖 사람으로 이원화되었다.

노조로 대표되는 지대추구 집단은 양적으로 늘고, 질적으로 강화되었다. 노동시장의 이중구조가 점점 심화되었다. 이로 인해 근로조건이 좋은 곳은 해고가 살인으로 간주되고, 기업 구조조정이 전쟁화되었다. 하지만 근로조건이 나쁜 곳은 해고나 퇴사가 일상이 되었다. 외국인 근로자 없이는 일할 사람이 없게 되었다. 노동시장의 이중구조에 따라 좋은 쪽은 취업난과 나쁜 쪽은 구인난이 점점 극심해졌다. 1987년 이후 운동권과 노조는 재벌을 불평등·양극화·정경유착의 주범으로 간주하고, 시장을 약육강식의 정글로, 재벌대기업이 쌓은 부는 비정규직 등 노동착취와 협력업체 약탈의 결과로 보았다. 민주노동당 대선후보로 나선 권영길이 고창하여 유명해진 '부자에게 세금을, 서민에게 복지를!'이라는 구호는 결국 민주당의 세금 정책(법인세·상속세 중과세 정책과 종부세 등 부유세 정책 등)과 불평등·양극화 정책(소득주도성장정책 등)에 반영되었다. 대부분의 경제·조세·재정 정책이 돈(자본)을 잘게 부숴서 힘을 약화시키는 정책이니 경제성장 동력이 약화되는 것은 불문가지.

1987년 이후 운동권과 노조는 허구적 대립 갈등 프레임을 널리 확산시켰다. 자유·보수·우파 정부를 상위 1퍼센트 부자 및 재벌대기업 비호·대변 세력으로 규정하였다. 이런 대립 프레임에 따라 노동권 강화, 곧 재산권과 경제적 자유권에 대한 통제 강화를 진보와 개혁의 상징으로 보고, 노동(현재의 근로자)에 대해 온갖 보호 규제를 투하했다. 그러다보니 노동의 갑 중 갑이자 하는 일에 비해 월등히 높은 처우를 누리는 공공부문, 대기업, 규제산업 근로자들이 최대의 수혜자가 되었다.

노동(근로자) 일반을 국가의 보호 대상으로 보고, 기업 구조조정을 기업주의 탐욕을 위한 불법 무도한 행위로 보면 위기에 처한 기업의 인력·사업

구조조정이 심각한 애로를 겪을 수밖에 없다. 이는 국내 투자와 고용의 위축으로, 경제성장률의 저하로 이어질 수밖에 없다. 1987년 이후 운동권과 노조는 상응하는 의무나 부담은 생각하지 않고, 자칭 약자의 기본적 권리와 이익을 상향시키는 것을 능사로 알았다. 그 결과 사회적 약자임을 주장하는 집단(근로자, 여성, 청년 등)은 제각기 권리와 이익을 쫓아서 투쟁하는 것을 당연시하고, 이를 격려하고, 칭송하는 것이 개념있는 인사의 덕목처럼 되었다. 약자 보호의 기치아래 보호와 배려를 집중적으로 투하하자, 국민 대다수와 기업 대다수(중소기업)가 보호받고 배려받아야 할 대상이 되려고 노력하였다. 이에 따라 관련 국가규제와 예산과 조직이 점점 늘어났다. 세대·남녀·직능·지역 등 사회 균열과 갈등도 심화되었다. 어느 나라나 심히 편향된 이념 집단은 있기 마련인데, 문제는 이들이 정부와 여당(민주당)을 장악해 버렸다는 것이다. 그만큼 경쟁 정당과 민주당내 경쟁 정파, 즉 김대중·노무현의 이념적 계승 정파들이 취약했다고 볼 수 있다. 운동권과 노조가 밀어부친 가치와 정책은 기본적으로 반시장·반재벌 경제민주화(국가규제 강화+공공영역 확대) 노선이다. 그에 따라 공공부문 규모와 역할 확대, 국가규제 강화, 국가독점 사업영역 확대=시장 영역 축소 등을 추진했다. 재벌의 불법부당한 갑질을 엄단하여 정의를 바로 세우고, 최저임금 대폭 상승을 통하여 가계소득을 증대시켜 사회 양극화를 완화하고, 노동시간 단축을 통해 고용률과 삶의 질을 보장하고, 비정규직 규제 및 엄격한 집행과 노조와의 연대를 통해 자본의 탐욕을 제어하고, 부동산 규제를 통해 투기도 제어하고, 의료 규제(비급여 영역 대폭 축소=문재인 케어)와 탈상품화를 통해 의료비를 절감하고 의료 공공성을 제고한다는 것이다. 이 결과는 필수의료 소멸, 인구 소멸, 일자리 소멸이다.

정신문화 부문의 변화

반독재 민주화나 약자보호 및 기본권 강화 등은 진보와 보수가 사실상 합의한 컨센서스다. 하지만 진보가 일방적으로 밀어부쳐 위력을 떨친 사고방식도 적지 않다. 그중에 하나가 외교·안보와 경제·민생에 문외한이자, 우물안 개구리이면서도, 자신을 군자, 상대를 소인으로 몰아 척살하고, 자기 일족들을 공신·유공자로 만들어 자자손손 부귀영화를 누리려고 한, 조선 사림·위선 정치를 낳은 사고방식이다. 이런 사고방식을 받아안은 운동권정치는 기본적으로 역사와 현실을 항일민주-친일독재, 선-악, 도덕(지조·절개)-부도덕(변절·기회주의), 정의-불의, 화해·통일-대결·분단, 우리민족-미일외세, 개혁(비기득권)-적폐(기득권), 99% 서민-1% 부자, 선한 피해자-악한 가해자의 이분법으로 재단하고, 대립과 갈등을 부추겼다. 의도나 명분은 어떨지 몰라도 결과는 참혹할 수밖에 없다.

이 외에도 운동권 철학과 담론은 계급투쟁론(착취론과 인민민주 독재론), 제국주의론=신식민지론과 민족해방론, 자본주의 필망론과 공산주의 이행론, 계획경제 혹은 민족자립경제 우월론, 친일청산 실패가 만악의 근원이라는 담론, 북핵은 대미 협상용이라는 순진한 예단, 그리고 족보조차 모호한 소득주도성장론, 경제·교육·사법·에너지 민주화론(공수처, 검경수사권 분리, 참교육, 탈원전과 신재생에너지 정책) 등이 있다. 1987년 이후 36년은 자유보다는 평등(격차 해소), 시장보다는 국가, 성장보다는 분배·복지, 재산권보다 노동권, 남성성보다는 여성성, 반공보다는 탈이념·실용을 중시·강조한 역사다. 한마디로 민주진보좌파 헤게모니가 점점 강성해진 역사다. 그 결과 노조나 호남도 더 이상 정치사회적 약자가 아니게 되었다. 한편 산업화와 민주화 못지않게 거대한 변화를 초래한 것은 여성의 지위와 역할의 상승인지도 모른다. 전세계적으로 저출산 현상은 여성의 지위와 역할과 반비례하는 경향이 있다.

1987년 이후 대한민국은 독립건국산업화 시대까지는 그런대로 작동하던 시민종교를 형해화시켜, 오로지 현세와 세속의 가치(부, 권력, 명예, 건강, 자식 등)에만 탐닉하는 뼛속까지 속물적인 나라가 되었다. 요컨대 탈종교, 반종교 움직임은 없었지만 전반적으로 탈이념, 탈종교, 탈유교, 탈기독교 경향이 강해졌다. 이는 유럽과 비슷한 양상이라고 할 수 있다. 과거에는 공자와 맹자의 경전도 시민종교 역할을 했고, 운동권의 대표적인 노래인 '임을 위한 행진곡'(사랑도 명예도 이름도 남김없이 한 평생 나가자던 뜨거운 맹세)과 수많은 노동가요도 일종의 시민종교의 성가 역할을 했다. 전태일, 박영진 등 1970~90년대 행해진 수많은 분신 역시도 시민종교의 세례가 있었기 때문이다. 이제는 거의 모든 종교와 종교심이 퇴조하면서 속물화되었다. 건강한 종교심 등 가치관(사생관)이 퇴락하면서, 물질주의 이기주의적 가치관이 득세하였다. K-팝, K-푸드 등 한류 열풍은 거세지만, 문화의 본체인 사고방식과 생활양식은 세계적인 매력은 커녕, 세계인의 질색과 혐오의 대상일 것이다. 한강의 기적을 창조한 무인정신, 상인·기업가정신, 건강한 기독교정신, '하면 된다'는 정신도 쇠퇴하고, 그나마 미약하게나마 살아 있던 건강한 선비정신과 대의를 위한 희생과 헌신 정신도 쇠퇴하였다.

정치와 정부의 통합조정 기능 약화(무정부화와 말기암 증상)

1987년 이후, 특히 1995년 지자체장선거를 계기로 한국 사회는 세계에 먹히는 상품이나 서비스를 생산하거나 세계적 기업을 유치하여 잘 살려고 하는 것이 아니라, 누군가가 생산한 가치와 자원을 권력이나 그럴 듯한 명분으로 뜯어먹으려는 지대추구(rent seeking)심리가 점점 강성해졌다. 서울보다는 지방(국회의원과 지자체장과 주민)이 훨씬 심하다. 그 결과 파이 만들기가 아니라 나누기를 능사로 알고 창조, 개척, 해외 진출이 아니라 국가의 품 안에 들어가 누군가가 생산한 파이를 뜯어 먹으면서 평생토록 호의호식하는 것을 능사로 여긴다. 취준생들의 압도적으로 높은 공무원 선호도는 그 징표이다. 공공양반, 노동귀족, 민주건달은 이런 약탈 심리와 약탈 장치를 제대로 제어하지 못한 탓이다. 1987년 이후 대통령과 행정부와 공안·사정기관(특히 검찰, 경찰, 국정원 등)과 재벌 대기업에 대한 견제 감시 장치는 계속 늘어났지만, 국회의원과 입법부, 법관과 사법부, 지자체장과 지자체에 대한 견제 감시 장치는 그렇지 않았다.

정당은 오랫동안 통법부 내지 청와대의 여의도 출장소 정도로 취급 받다 보니, 역시 국민, 주민, 당원에 의한 민주적 견제 감시 장치를 선진화 해야 할 대상으로 간주되지 않았다. 소선거구제 상대다수득표제 선거제도의 압력에 의해, 편향적 가치·이념·정책을 고집하는 국회의원은 사라졌지만, 특정 정당의 공천이 곧 당선으로 되는 난공불락의 텃밭은 별로 줄지 않았다. 이는 영국 등 소선거구제 상대다수득표제 선거제도를 실시하는 나라들의 공통인데, 한국이 특별히 악성인 것은 국회의원을 지역구민의 특수 이익의 대변자로 만들어 버린 데 있다. 이는 과거 개발연대부터 그랬듯이, 지역민과 지역 상공업자들에게 큰 이익이 되는 사업들이 중앙정부의 예산과 계획에 의해 진행되는 것이 많았기 때문이다. 지역구민과 상공업자들이 낸 세금(지방세 등)으로 지역을 이롭게 하는 것이 아니라, 다른 지역 다른 상공업자들이 낸 세금을 끌어와서 자기 지역만 이롭게 하기 때문에, 중앙정부 예산, 정책, 인사는 로비의 대상이 되지 않을 수 없었다. 그 결과 최고·최선의 국회의원은 그럴듯한 명분과 영향력으로 중앙정부 예산 많이 끌어오고, 공공기관 옮겨오고(특별 채용으로 지역구민 취업하면 더더욱 좋고), 중앙정부 예산(국비사업)으로 도로, 철도(역), 공항 등을 새로 놓거나 확장하여 인근 부동산 가치를 올려주고, 지역 건설사들에게 먹거리를 던져주는 존재로 되었다. 이러니 국회의원과 정치의 시야와 안목은 지역구와 재선에 갇히게 되었다. 국가경영, 국정비전, 국리민복, 경세정치는 점점 관심에서 멀어져 가면서, 정치와 정당과 정권의 소명은 점점 더 희석되어 갔다. 광주의 아시아문화전당, 광주글로벌모터스, 한전공대, 수요예측에 비해 형편없는 이용률을 보이는 국제공항과 지금 짓고 있는 부산 가덕도 신공항 등 약탈 정치의 기념비들이 지천이다.

국회의원 선거제도 등의 영향력으로 국회의 생산성과 국회의원의 자질은 오히려 점점 더 뒷걸음질을 쳤는데, 대통령에 대한 견제와 균형 장치를 늘려야 한다는 1987년 컨센서스에 따라 국회와 국회의원의 힘은 점점 더 강화되어 갔다. 설상가상인 것은 한국에서 민주화는 대통령·노조위원장 직선제에서 보듯이, 거의 모든 분야에서 소수·상층·지도부가 독점하던 권한을 다수·하층·구성원들에게 이양·위임을 했으나, 오직 정당 만은 예외였다는 사실이다. 전두환, 김영삼, 김대중 같은 제왕적 총재가 사라지면서, 당대표나 대선후보를 선출할 때는 전당원 투표제가 실시는 되지만, 일단 선출되면 그 임기 동안은 전횡을 하는 것이 허용되는 시스템을 만들었다. 정당을 전쟁을 하는 군대 조직으로 생각했기 때문일 것이다. 그래서 정당의 민주화와 분권화도 진전이 없다. 정당은 가치·이념·정책을 공유하는 결사에서도 한참 멀다. 보수와 진보를 초월하여 포퓰리즘적 정책과 이미지 정치가 맹위를 떨치게 되었다. 정치의 혼미와 무능도 개선은 커녕 더욱 악화되고 있다. 보수와 진보를 초월하여 대한민국의 치명적인 위기에 대해 깊이있는 진단과 대안은 찾아보기 어렵다. 쓰나미가 밀려오는 바닷가에서 한가롭게 모래성 쟁탈전이나 벌이는 모습을 보여주고 있다.

국회의원이 지역이나 직능의 특수이익의 대변자라는 사실 자체를 부끄러워하지 않으니 민원에 취약하고, 자신의 행위(입법, 예산, 감사, 성토, 폭로 등)에 대해서는 책임은 지지 않으니, 국회처럼 좋은 로비 창구도 없다. 그 결과가 점점 늘어나는 국회 앞 시위농성이다. 한편 과거라면 대통령, 대법원장, 지방법원장과 사수(선배 법관)들이 틀어쥔 인사고과권에 의해 통제되던 법관들이, 사법민주화 컨센서스에 따라 더 이상 통제를 받지 않게 되면서 자신의 편향된 가치·이념과 이해관계(퇴임 후 이익이나 워라밸 등)를 드러냈다. 이런 상황 변화를 감지한, 김만배 등 눈밝은 로비스트들은 법원과 법관 개인이 가지고 있는 어마무시한 권능을 알아채고 큰 돈(50억 원)으로 대법관을 매수하기에 이르렀다. 지자체장이 가진 어마무시한 권능(특히 토지 관련 규제권 등)을 알아챈 지자체장과 민간업자들은 성남시 대장동, 백현동 등에서 천문학적 개발 특혜를 주고 받았다.

1987년 이후 정치 분야에서 확실히 후퇴, 퇴보한 것은 첫째, 정치리더십이다. 대통령(윤석열 등)과 대통령후보(이재명 등), 당대표(이준석등), 당중진과 국회의원의 자질이나 역량이 확실히 후퇴, 퇴보하였다. 정당의 조직문화도 3김 시절보다 더 후퇴했다. 경세 담론의 최종 소비자인 정치리더십의 혼미하니 경세담론 품질 역시 후퇴했다. 둘째, 정부, 정당, 국회, 지자체 등에서 소명 내지 국리민복을 중심에 놓는 정치문화가 후퇴하였다. 지역과 직능의 특수이익에 갇히고, 본인의 재선에 갇혔다. 그래서 대중의 말초적 관심을 자극하는 행태가 능사로 되었다. 셋째, 정치(정치인, 정당, 국회, 담론 등)와 정부의 통합 조정 기능이 후퇴하면서 서로 조화와 균형을 이뤄야 할 권리-권리, 권리-의무(부담), 이익-공헌(위험), 권한-책임간 불균형이 점점 심해졌다. 이재명의 권력형 부정비리는 지자체장의 권한과 책임, 견제와 균형의 부조화의 산물이다.

로비력, 정보력, 투쟁력에 의한 국가(제도·규제·정책·예산)를 통한 합법적 약탈=지대추구 시대가 도래한 것이다. 하는 일(생산성), 국민소득 수준(생산력), 변화부침 심한 시장환경에 비해 월등히 높고 안정적인 권리와 이익을 누리는 기득권 집단의 성채가 곳곳에 들어섰다. 국회의원, 양대 정당, 공공부문, 규제산업, 면허직업, 조직노동, 부동산 부자 등이 일종의 성 안 사람이 되고 나머지는 성밖 사람이 되었다. 당연히 성안 진입 경쟁이 극 심해졌다. 하지만 공공성·공정성과 가치간 조화·균형을 통한 지속가능성 의 수호자 역할을 부여받은 정치조차 성안·기득권자들이 사는 성 자체를 허물려고 하기보다는 진입 경쟁만 공정하게 하려고 하였다. 그래서 입시제 도나 고시제도 등을 손봤지만(수시 비중 확대, 사법시험폐지와 법학전문대학 원 도입 등) 기득권이 농간을 부릴 여지를 넓혀주면서 공정성에서 더 멀어 졌다는 것이 중론이다. 결국 정치·경제·사회적 기득권층이 인맥, 재산, 정 보 등이 모자란 약자(청년구직자, 자영업자, 영세사업자, 지방 등)와 투표권 없 는 후세대를 배제하거나 위험부담을 떠넘기는 등, 후세대의 권리와 이익을 약탈하면서, 인구·연금·재정·지방·산업·교육·공직임용제도 등 다방면에 서 지속가능성 위기가 심화되었다.

1987년 이후 36년을 조망하면, 정치 리더십과 갈등의 경향적 저질화와 전쟁화는 의심할 여지가 없다. 민주진보를 지배하는 제1의 이념은 먹고사 니즘처럼 되었다. 운동권 당시 초심이 무엇이었는지도 의심스럽지만, 아무 튼 '이렇게 저렇게 하면 좋은 나라가 만들어진다'는 미래 비전은 거의 완벽 히 증발하였다. 잠깐의 공적(?)으로 평생을 우려먹는 특권계급이 되겠다 는 심보다. 그런 점에서 민주진보는 먹고사니즘으로 무장한 이권 카르텔 화되었다. 민주진보의 퇴행은 자유보수의 퇴행과 지리멸렬에 크게 힘입고 있다. 자유보수의 소명과 강단의 부실, 사상이념적 발전 지체의 산물이다. 사상이념이 반공방첩에 머물러 있거나, 민주진보의 순한 맛(짝퉁)에 머물 러 있기 때문이다. 1987년 이후 거의 모든 분야의 퇴행의 핵심원인은 후 진 정치=민주주의이다. 본말이 전도된 정치는 몰상식한 법제도, 정책, 예 산으로 유인보상체계를 왜곡하였다. 행정과 사법의 정치화와 비즈니스화 를 초래했다. 지난 36년 동안 세계 시장에서 생사를 걸고 경쟁하는 경제와 기업이 2류에서 1.5류 쯤으로 발전해 왔다면, 철저한 국내 독과점 구조에서 사는 정치는 점점 더 많은 자원(예산과 인력 등)을 주물럭거리면서도 오히려 3류에서 4류로 주저앉았다. 설상가상으로 4류 중앙(국회 정당) 정치가 지배하는 지방정치는 5류로 주저앉았다. 이것이 새만금 잼버리 파행 사태가 보여준 현 주소다. 민주화=의회 지배 영역 확대강화로 등치시킨 정치가 점점 더 많은 자원과 권한을 주무르면서 3류에서 4류로 추락하면, 세계사적 기적을 뒷받침한 행정과 사법은 2류에서 3류로 주저앉을 수밖에 없다. 1987년 이후 2023년까지 36년은 민주화의 이름으로 한강의 기적을 만든 발전동력을 소진하고, 발전체제를 해체하는 과정이었다. 아니 대한민국이 자살하는 과정이었다. 1987년 컨센서스는 민주공화국의 작동·발전 조건, 즉 세계와 더불어 공존 공영 가능하고, 경제적으로 번영 가능하고, 사회적으로 통합 가능하고, 환경생태적으로 지속가능한 가치·이념에 대한 고민이 없었다. '한강의 기적'을 창조한 기존 체제에 대한 부정, 반대, 파괴로 일관했다고 해도 과언이 아니었다. 지난 수십 년 간 각 분야에서 일어난 변화를 서술하려면 백과사전 한 질로도 모자랄 것이다.

3장. 1987년 컨센서스의 4대 가치(유전자)

1987년 컨센서스가 수렴하는 지점

일반적으로 미래를 예측할 때, 가장 확실한 변수는 인구구조다. 이를 근거로, 추정한 연금 적립금 추이와 예상 보험료율은 가장 자주 접하는 끔찍한 미래상이다. 그런데 밀물과 썰물처럼 수십 년 주기로 변해온 가치·이념 컨센서스가 만들어낸 변화를 보는 시각으로, 한국의 지난 수십 년과 향후 수십 년을 조망하면 어떻게 보일까? 당대의 지배적인 컨센서스가 만들어낸 변화를 살피려니 극한값의 원리를 떠올리게 된다. 어떤 변수 x가 어떤 값(주로 무한)에 수렴할 때, 함숫값 f(x)가 수렴하는 값 말이다. 주로 고교 1학년 수학에서 배울 것이다.

$$\lim_{x \to a} f(x)$$

사실 1987년 컨센서스에 대해서도, 프랑스 68혁명 컨센서스에 대해서도, 대처·레이건의 신자유주의 컨센서스에 대해서도, 공산주의에 대해서도 이런 시각으로 조망할 수 있다. 이승만은 공산주의의 패악이 드러나기는 커녕, 온통 장밋빛 미래를 선전하면서, 유럽, 미국 등 수많은 지식인들이 공산주의에 매료되던 1923년 3월 태평양잡지(The Korean Pacific Magazine) 에 '공산당의 당부당(當不當, 옳고 그름)'이라는 글을 썼다. 이승만은 공산주의라는 함수의 수렴값 내지 컨센서스의 골조·유전자를 보고,

그 미래상을 유추했다. 이승만은 공산주의가 합당하다고 본 것은 인민의 평등주의다. 반상 차별에 이어 등장한 빈부 차별을 없애자는 것이다. 부당하다고 본 것은 다섯 가진데, 첫째, 재산을 평등하게 나눠 가지자는 것, 둘째, 자본가를 없애자는 것, 셋째, 지식계급을 없애자는 것, 넷째, 종교단체(교회 등)를 없애자는 것, 다섯째, 정부·군사·국가주의를 없애자는 것 등이다. 이승만이 지적한 공산주의의 폐단은 우리가 아는 그대로다. 재산을 평등하게 나눠 가지면, 놀고 먹으려는 사람이 늘어난다는 것, 경쟁과 자본가가 없어지면 상공업이 발달하지 않는다는 것, 지식계급을 없애면 인민이 우매해진다는 것, 종교단체를 없애면 인류덕의(人類德義)가 퇴보한다는 것, 정부·군사·국가주의를 없애자고 하지만, 러시아조차도 정부·군사와 지도자 없이는 유지될 수 없는 것만 봐도 부당하다고 하였다.

이승만이 공산주의에 대해서 했고, 에릭제무르는 프랑스 68혁명 사조에 대해서 했던 작업을 1987년 컨센서스에 대해서도 할 수 있다. 1987년 체제는 1987년 10월 29일자로 개정되고, 1988년 2월 25일자로 시행되어 현재까지 대한민국을 규율해 온 제10호 헌법에 의해 지지되는 정치체제다. 하지만 1987년 헌법이 1987년 체제를 만든 것이 아니라 1987년 컨센서스가 1987년 헌법과 1987년 체제를 만들었다. 사실 1987년 체제의 핵심 특성은 헌법 조문이 아니라, 지배적인 정신문화와 가치이념정서와 이를 뒷받침하는 정치지형(정치세력 간 역관계 등)에 있다. 다시말해 1987년 체제의 특성은 1987년 헌법에서 새로이 삽입된 조항, 대표적으로 대통령 직선제와 5년 단임제, 경제민주화 조항, 헌법재판소 관련 일부 조항이나 삭제된 조항의 영향만 분석해서는 알 수 없다. 1987년 체제를 만든 역사관, 세계관, 가치관과 정치적 역관계 등은 오래 전부터 있었어도 사문화되었거나 다르게 해석하던 조항을 새롭게 해석한다. 대표적인 것이 헌법 제33조의 노동3권 보장 조항이다. 이는 제헌헌법 제18조부터 있던 조항으로, 9차례나 헌법 개정을 했지만 빠진 적이 없었다. 하지만 1987년 이후부터 비로소 근로자에 유리하게 해석되기 시작하다가, 민주·진보·노동 세력의 득세에 따라 점점 유리하게 해석되었다. 물론 현재 취업자, 그것도 정규직 근로자에게만 유리하게 해석되어 기업들의 국내투자와 고용을 위축시켜 미래 취업자들의 기회를 대거 박탈해 버렸지만.

대한민국체제 3.9

현재 대한민국을 통할(규율)하는 1987년 체제는 조선 체제(1.0), 식민통치 체제(2.0), 대한민국 체제(3.0)의 10차 개정 버전(3.9) 쯤 된다고 할 수 있다. 조선 체제와 식민통치 체제의 하드웨어(법제도 등)와 소프트웨어(정신문화 등)의 일부는 대한민국 체제에서도 살아남아 있다. 지리·지정학과 풍토는 동해물과 백두산이 마르고 닳도록 변함이 없다. 하지만 나의 체질과 기질이 어떤 조상, 환경, 사건에서 기인하는지를 알기 어려운 것처럼 1987년 체제를 낳고 유지한 정신문화, 정치지형, 법과 제도의 근원 역시 알기 어렵다. 다만 오래된 과거와 국제정치경제 환경과 관련이 깊다는 것만 알 뿐이다. 대한민국 체제의 골조는 자유민주주의(불가침의 자유와 권리의 존재, 민주공화국, 법치주의, 3권분립 등)와 자유시장경제라는 데 대해 이견이 별로 없을 것이다. 그런데 제헌 헌법은 경제 관련 조항은 지금과 많이 달랐다. 제헌 헌법 제87조 "중요한 운수, 통신, 금융, 보험, 전기, 수리, 수도, 까스 및 공공성을 가진 기업은 국영 또는 공영으로 한다. (…) 대외무역은 국가의 통제하에 둔다" 등 제헌헌법 제6장 경제 관련 조항(제84조~제89조)은 당시 전지구촌을 휩쓸던 국가개입주의 경제 사조가 진하게 배여있었다. 제87조는 2차 개정헌법(1954.11.29.)에서 대외무역 관련 조항만 남기고 '공공성을 가진 기업은 국영 또는 공영으로 한다'는 조항은 사라졌다. 한국의 시장경제는 박정희정권의 수출지향 공업화의 성공과 전두환, 노태우, 김영삼, 김대중의 일관된 경제자유화 개방화 정책에 따라 (국가 규제는 많이 줄지 않았지만) 높은 대외개방도(수출입 의존도)를 가지게 되었다. 한편 서구와 미국 등 선진국의 자유민주주의 자유시장경제를 보이지 않게 뒷받침한, 핵심 소프트웨어인 기독교 사상과 광범위한 사적 자치(개인 자율책임 포함) 및 지방 자치에 뿌리 박은 보충성의 원칙은 대한민국 헌법에서 아직도 공인받지 못하였다.

대한민국은 압축적 근대화의 그늘이 짙을 수밖에 없었다. 사실 근대화와 그 핵심인 개화, 독립, 건국, 호국도 너무나 열악한 환경에서 이뤄졌다. 1917년 러시아 혁명과 스탈린 치하 소련의 급속한 공업화와 독소전 승리라는 빛나는 성과, 그리고 1949년 중국 혁명 감동감화 받았으니 한반도 좌익이 얼마나 강성했겠는가! 게다가 육지로 연결된 북중소 3국 합작 침략전쟁(6.25)이라는 엄청난 위기를 극복하는 과정은 천우신조와 온갖 무리수를 빼놓고는 설명이 불가능할 것이다.

뿐만 아니라 조선의 악성 유산이 넘쳐나는 세계 최빈국에서 일본, 만주국 등의 발전모델을 참고하여 권위주의적 방식으로 근대적 질서를 구축하고, 당시로는 생소한 국가주도 외자의존의 수출·대기업·재벌 중심 산업화(저곡가-저임금-노동억압-저복지 등)를 밀어붙였으니, 그 그늘이 얼마나 짙었겠는가?

한국 민주화운동과 1987년 컨센서스는 바로 이 짙은 그늘을 해소해야 한다는 국민적 열망이 모아진 것이다. 후기 조선과 식민지 조선에서 발원하는 억압·차별·멸시·천대가 만든 사적 원한과 민족적 상처와 콤플렉스 등도 바닥에 깔려있었다. 1987년 컨센서스는 건국산업화의 그늘을 해소하고, 경제발전과 국제정세의 변화(탈냉전 등)에 조응하여 제도·의식·문화 등을 업그레이드하자는 것이다. 이는 지속가능한 성장과 통합을 가져오는 어떤 발전(사상)이론으로 형성된 것이 아니라, 국민의 소박한 열망이 모아진 것이었다. 운동권이 주도한 것이 아니라 운동권이 이 열망에 편승한 것이다.

1987년 컨센서스는 세계사적 흐름에는 눈을 감고, 철저하게 국내적 시각과 열망으로 형성되었다. 그럼에도 불구하고, 당시 세계사적 격변과, 경제발전에 따른 대북·대일 자신감 회복에 따라 이승만-박정희-전두환으로 이어진 외치·내치 노선과 정신문화에 큰 변화가 필요하다는 것이 여야를 초월한 합의였다. 1987년 컨센서스는 헌법 조문처럼 명문화하여 합의 과정(국민투표 등)을 거친 것이 아니라, 이심전심으로 공유된 것이다. 따라서 자신의 가치이념에 따라 해석이 다르고, 이 역시 시간에 따라 달라져왔다. 보수와 진보를 초월한 합의도 있었지만, 여기에는 민주주의와 민주공화국에 대한 공통의 무지와 착각들도 주요하게 포함되어 있다.

공포·혐오와 분노·증오가 만든 컨센서스

1987년 체제의 빛과 그늘, 성과와 한계는 그 핵심 컨센서스의 유전자 속에 대부분 내재되어 있다. 1987년 컨센서스는 경세가나 사상가에 의해 만들어진 것이 아니다. 단지 대중의 직관적인 요구와 열망, 특히 공포와 분노에 의해 만들어졌다. 여기에 재야운동권, 전두환·노태우, 김영삼·김대중 등이 자신의 이해와 요구를 얹어서, 찌지고 볶고 양념쳐서 만들어낸 요리 같은 것이라고 할 수 있다.

1987년 이후 일어난 정치 경제 사회 문화적인 변화가 수천수만의 생물종이라면, 1987년 컨센서스는 유전자(DNA)를 구성하는 핵염기 시토신(C), 구아닌(G), 아데닌(A), 티민(T) 같은 존재이다. 4개의 핵염기의 결합과 연쇄에 의해 수많은 생물종이 만들어졌듯이, 1987년 컨센서스들의 결합과 환경에 대한 적응과 정치적 변형에 의해, 수많은 변화와 개혁 혹은 위기와 부조리가 만들어졌다.

핵염기의 주성분은, 불교에서 중생의 마음을 괴롭히는 삼독(三毒)이라고 하는 탐진치(貪瞋痴)를 벗어날 수가 없다. 특히 한반도에서는 압도적인 힘을 가진 존재에 대한 공포(두려움), 분노(화), 혐오, 저항, 도피를 의미하는 진(瞋)이 주성분일 것이다. 1789년 13개 주에서 비준된 미국 헌법이 인간과 민주정의 약점에 대한 통찰 등 이성과 지성으로 만들어졌다면 1987년 컨센서스는 독재, 재벌, 외세 등 힘센 존재에 대한 공포, 분노, 혐오, 반대, 부정으로 만들어졌다고 할 수 있다. 선-악, 정-사, 노동-자본, 진보-보수 등 수많은 대립과 갈등의 이분법은 여기서 발원한다.

1987년 컨센서스의 주성분은 공포(두려움), 분노, 혐오고, 제일의 원흉은 독재로 규정했다. 박정희의 비극적 죽음을 보면서, 독재는 장기집권에서 온다고 보고, 전두환은 개헌(1980.10.27.)을 통해, 대통령 7년 단임제를 만들었다. 하지만 유신시대와 마찬가지로 체육관에서 선출하는 방식이었다. 1987년 개헌(1987.10.29., 시행은 1988.2.25.)을 통해 대통령 임기를 5년으로 또 줄이고, 선출 방식을 직선으로 바꾸었다. 1987년 개헌으로, 대통령의 임기 뿐만 아니라 권한도 많이 줄였다. 이후 제왕적 대통령제를 한국 정치의 최대 폐단으로 간주하는 담론이 득세하면서 대통령에 대한 견제 감시 장치들은 지속적으로 늘어갔다. 특히 대통령과 정부의 손·발·주먹·눈·귀 역할을 하는 공권력(군대, 경찰, 검찰, 국정원 등)에 대한 견제·연성화 장치들이 지속적으로 늘어갔다.

1987년 8월 말에 결성된 '개헌안 기초 10인 소위원회'(위원장 현경대)의

위원 중 한 명이었던 김종인이 헌법에 슬쩍 밀어 넣고, 2010년 전후하여 득세한 경제민주화 담론은 거대 자본에 의한 국가 포획(정경 유착)에 대한 두려움에서 탄생했다. 1997년 외환 위기 이후 득세한 신자유주의 담론은 고삐풀린 시장(신자유주의 세계화)에 대한 두려움, 즉 1987년 이후 쟁취한 노조의 높은 권리이익 상실에 대한 두려움에서 탄생했다.

1987년 컨센서스는 기본적으로 후기 조선-식민지 조선-분단·건국·전쟁과 정전체제와 개발독재를 거치면서 뼛속 깊이 각인된 권력의 전횡, 즉 독재·장기집권과 자본·재벌 혹은 시장·기업에 대한 공포로 만들어졌다. 이는 곧 이승만·박정희·전두환으로 대표되는 주류 집권 세력에 대한 분노·혐오·증오와 권력에 대한 강한 집착을 낳았다. 사실 세 대통령은 가치·이념·정책으로만 보면 자유·보수·우파 라고 보긴 어렵다. 하지만 반공, 반북, 국가주의, 부국강병, 실용·실력·실질 등을 중시한다는 점에서 현재의 자유·보수·우파와 싱크로율이 높고, 결정적으로, 민주진보좌파가 이들을 독재자로 규정하여 그 정신과 성과를 부정하기에 본의 아니게 자유·보수·우파의 비조가 된 것이다.

요컨대 1987년 컨센서스의 핵심 기조는 독재, 자본, 시장에 공포와 대한민국과 자유·보수·우파에 대한 분노, 혐오, 증오이다. 바로 이것이 가장 결정적인 한계라고 할 수 있다. 모든 정부는 외적의 침략과 무정부적 혼란(약육강식의 정글화)에 대한 공포로부터 탄생하였기에, 모든 헌정 체제의 저변에 흐르는 기조는 국가안보와 정부의 권위·기강·질서 일 수밖에 없다. 그런데도 1987년 컨센서스는 국가안보와 무정부적 혼란에 대한 두려움, 즉 권위·기강·질서를 독재의 명분이거나 자유·보수·우파의 가치로 치부하였다.

1987년 컨센서스는 이 외에도 압도적인 힘으로 식민 통치를 했던 일본에 대한 한풀이 심리도 저변에 깔고 있었다. 이는 보수와 진보를 초월하고,

북한과 남한도 초월하고, 중국과 남북한도 어느 정도 공유하고 있다. 또한 압도적인 힘으로 2차대전 이후 세계를 이끌어 갔던 미국에 대한 두려움·반발 심리=자존심·주체성 회복 심리도 저변에 깔고 있다. 한마디로 미국의 압도적인 정치·경제·사회·문화·학문적 영향력으로부터 벗어나려는 열망이다. 북한과 좌익은 이 열망을 반미나 탈미로 전환하려고 하였고, 많은 국민들은 민족적·국가적 자존심·주체성 회복으로 받아들였다.

북한에 대한 공포와 혐오는 건국 시기에는 팽배했으나 이후 지속적으로 약화되어, 오히려 온정주의, 민족주의 정서가 팽배하였다. 그런데 1990년대 후반 북한의 참상이 드러나고, 북한의 핵·미사일 완성과 폭압 통치와 무례한 언행을 숱하게 보고, 또 문정부의 위험천만한 대북 정책을 보고, 공포와 혐오는 다시 팽배하게 되었다. 2010년대 중반부터는 보수층과 청년들을 중심으로 중국에 대한 공포, 혐오, 분노가 크게 일었다. 그러나 1987년 컨센서스의 기조는 어디까지나 탈냉전을 배경으로 한 친북, 친중과 한국경제성장을 배경으로 한 반일, 탈미라고 할 수 있다. 이는 국제정세의 변화와 북한의 야만적 실상을 보면서 변하고 있는 중이다.

인간은 공포와 혐오로부터 자유만 추구하는 존재가 아니다. 잘 먹고, 잘 살고 싶은 욕망과 인정 받고 존중 받는 국가·민족의 일원이 되고자 하는 욕망도 있다. 그런 점에서 탐(貪)은 동서고금의 모든 이념과 정책의 저변을 흐르는 기조일 것이다. 무지, 착각, 어리석음을 의미하는 치(痴)도 마찬가지이다.

요컨대 건국·산업화 컨센서스는 북중러와 좌익과 무질서와 가난·기아에 대한 공포로부터 자유와 '우리도 한번 잘 살아보세'라는 열망이 만들었다면, 1987년 컨센서스는 독재에 대한 공포·분노·혐오와 야당과 운동권의 권력 쟁취에 대한 열망과 '(당시 미국에 수출되어 큰 인기를 끌던)현대차 수준의 민주주의'를 만들고자 했던 중산층의 열망이 중첩된 것이라고 할 수 있다.

4장. 다수 지배의 공고화와 제왕적(?) 대통령 권력의 축소

1987년 컨센서스의 첫 번째 가치는 독재에 대한 공포가 낳은 민주화다. 민주주의 회복, 수호, 발전이다. 주된 대립물은 장기집권과 무소불위의 제왕적 대통령이다. 그런데 민주화라고 써 놓고, 제각기 다르게 읽었다. 운동권은 이를 반독재, 곧 자칭 민주양심 세력의 집권과 국민·다수 지배=국민주권으로 등치시켰다. 대의제에 대한 불신과 직접민주제에 대한 과신을 깔고 있었다. 그런데 1987년 이후 보수와 진보, 운동권과 김영삼·김대중이 사실상 합의하고, 국민 대다수가 동의한 민주화는 평화적 정권교체, 장기집권 방지, 대통령 직선제, 권력 전횡 견제(제왕적 대통령 권력 축소), 군부의 정치개입 차단, 경찰·검찰·국정원 등 공권력의 연성화(족쇄와 재갈 물리기), 언론·출판·집회·결사의 자유 강화 등이다.

민주주의의 영어 표현은 Democracy이다. 그리스어의 다수·대중(demos)+지배·통치·권력(kratos)의 합성어다. 사전적으로 보면, 민주주의는 역사관, 세계관, 인간관을 체계적으로 결합한 이념(ism)이라기보다는 통치권 행사 방법에 따라 구별되는 정체(政體)의 하나일 뿐이다. 고대 그리스 사람(플라톤 등)들은 정치체제를 통치자의 숫자와 통치 목적·결과에 따라 구분했는데, 각각이 좋을 때와 나쁠 때 다른 이름을 붙였다. 1인이 통치하는 체제는 좋을 때는 군주정(monarchy), 나쁠 때는 참주정(tyranny)으로, 소수가 통치하는 체제로는 좋을 때는 귀족정(aristocracy), 나쁠 때는 과두정(oligarchy), 다수가 통치하는 체제는 좋을 때는 '폴리테이

아'(polity), 나쁠 때는 민주정(democracy)이라 불렀다. 한국에서 진보는 오랫동안 좌익·급진을 의미하다가, 시나브로 한자어 뜻 그대로 좋은 의미를 가진 단어로 바뀌었듯이, 민주정도 고대 그리스 이래 2천 300년 동안 중우와 폭민이 지배하는 나쁜 정치체제로 인식되다가, 19세기 들어 이상적인 정치체제를 의미하는 단어로 바뀌었다. 통치자가 왕이든, 귀족이든, 다수·대중이든 공공선에 복무만 하면 공화정으로 부를 수 있는데, 폴리테이아(polity)가 바로 민주공화정이다. 고대 그리스 이후 2,300년 동안 있을 수 없는 정치체제로 생각했기에, 1789년 프랑스 대혁명 시기에 민주주의나 민주정을 외친 혁명가는 없었다고 한다. 민주주의에 대한 인식의 대전환은 『아메리카의 민주주의』를 쓴 토크빌의 역할이 컸다고 알려져 있다.

한국에서 민주주의는 어떤 신성(神性)을 획득했다고 해도 과언이 아니다. 메이지시대 일본인 학자가 Democracy를 민주주의로 번역했고, 민주화 투쟁은 다수 지배는 선이고 정의고 이상이라는 믿음을 필요로 했기 때문일 것이다. 그로 인해 그리스·로마의 현인들과 미국 건국의 아버지들이 우려한 민주주의의 위험성이나 작동 조건은 간과되었다. 그런데 논리 이성으로 보나, 경험으로 보나, 인식과 윤리의 한계가 뚜렷한 인간이 다수라는 이유로 권력을 휘두를 때 생기는 문제는 불을 보듯 뻔하다. 오랫동안 Democracy는 중우정이나 폭민정과 동일시되었기에, 군주정이나 귀족정이 주류였다. 로마와 베네치아 등에 잠깐 공화정이 나타나기도 하였는데, 민주공화정이 아니라 원로나 귀족 집안의 공화정이었다.

군주정에 내재한 치명적인 문제를 극복하기 위해 절대왕정 시대의 여러 사상가들은 법의 지배(법치주의), 엄격한 법절차, 권력분립, 천부인권(불가침의 자유와 권리의 존재), 국민저항권 등을 주창하였다. 이후에 보충성의 원칙, 주요 공직의 임기제와 선거, 언론·출판·집회·결사의 자유와 정보공개 제도 등도 제시했다. 물론 이는 군주정 뿐만 아니라 민주정에도 적용되는 원칙이다. 그런데 4.19나 3선개헌 반대, 반유신, 5.18, 6월항쟁 등으로 '반독재 투쟁'이 정체성으로 된 한국 민주화운동은 민주주의에 내재한 위험을 간과하였다. 국가의 공준=건국·헌법정신에 대한 합의, 시민적 덕성, 직업윤리, 시민종교의 존재 등 민주주의 작동 조건도 간과하였다. 오로지 다수지배 원칙의 관철과 대통령의 제왕적(?) 권력의 축소 혹은 철폐를 민주주의의 요체로 생각했다.

그런데 문재인정부의 폭정을 보면서, 한국의 보편 지성과 양심은 민주화의 본질과 의미를 캐묻게 되었다. 문정부는 2,500년 민주정(Democracy)의 역사와 미국 건국의 아버지들의 고민과 프랑스 혁명을 지켜본 영국 지성의 경악을 상기시켜 주었다. 국민의 자유와 민주정치를 위협하는 적은 1인 군주·독재자 외에도 다수·민중의 폭력(폭민정)과 우매함(중우정)도 있다는 것, 민주주의는 쪽수만 많으면 뭐든 할 수 있는 체제가 아니라는 것을 깨닫게 해 주었다. 문정부를 거치면서 민주주의는 실은 자유민주주의 혹은 민주공화주의요, 스스로 지배하는 정치체제라는 것을 깨닫게 되었다. 행정부는 군주정, 법원은 귀족정, 의회는 민주정을 기본으로 하는 혼합정이 민주공화정이라는 것도 깨닫게 되었다. 하지만 이는 아직도 튼실한 사회적 합의 사항이 아니다.

자유, 민주, 공화, 정의, 공정, 상식 등 아름다운 말의 본질과 의미는 그 시대 그 나라의 주적(대립물)을 통해 드러난다. 1987년 당시 한국 민주주의의 주적은 제왕적 대통령의 장기집권 야욕으로 설정했다. 세부적으로 보면 국민은 독재를, 김영삼은 군부세력을, 김대중은 주류 영남 기득권 세력을, 노무현은 보수·기회주의·기득권 세력, 지역주의, 권위주의적인 문화를 설정한 것처럼 보인다. 그런데 운동권과 민주당은 친일 반공 냉전 분단 전쟁 사대매국 세력을 설정한 것처럼 보인다. 민주화를 반독재·반주류보수와 반분단체제=반대한민국으로 등치시키면서 민주화는 저질화 좌익화

친북화로 내달리지 않았을까 한다.

아무튼 제왕적 대통령의 장기집권 야욕을 주적으로 삼으니, 1987년 헌법 개정을 통해 대통령 직선제, 5년 단임제를 명문화하고, 헌법 개정 요건 강화(국회 2/3 이상 동의), 대통령의 국회해산권 삭제와 계엄선포권 견제(국회 재적 과반수의 해제 요청시 해제), 대법원장, 대법관, 헌재소장, 국무총리, 감사원장 등 23개 공직에 대한 국회의 임명 동의제 등을 도입했다. 2000년 6월 제정된 인사청문회법에 의거하여 국무위원, 방통위원장, 국세청장, 검찰총장, 경찰청장, 합동참모의장, 한국은행 총재, 한국방송공사 사장 등 주요 기관장도 공개 인사청문회 대상이 되었다. 그리고 특별히 표현·학문·사상·통신·사생활·단체행동·행복추구권 등을 중시했다. 하지만 재산권(경제적 자유권), 지방자치권, 사적자치권과 보충성 원칙 등 유럽이나 미국에서 특별히 중시됐거나, (봉건제로부터 내려오던) 가치들은 전혀 중시되지 않았다. 반면에 대통령의 눈, 귀, 주먹 역할을 하는 공권력에는 다양한 족쇄를 채우고 재갈을 물렸다. 하지만 대통령에 의해 통제되던 수많은 소제왕들; 지자체장, 국회와 국회의원, 양대 정당 당권파, 대법원장과 법관 등은 관심의 대상이 아니었다.

정치개혁과 정부개혁은 오로지 대통령 권력 축소·분산·분권=견제감시 장치 확충으로 내달렸다. 1991년부터 지방의원 선거를 도입하고, 1995년부터 지방자치단체장 선거를 도입하면서 대통령의 지방행정에 대한 개입 수단을 대폭 줄였다. 지자체장과 지방의원에 대한 공천권=생사여탈권은 양대 정당의 총재·대표·당권파와 지역 국회의원에게 돌아갔다.

대통령 권력 축소 작업은 노무현정부하에서는 당정 분리로, 윤석열정부하에서는 대통령실 규모·역할 축소 + 책임총리·장관제 + 국무회의 중심 국정운영 등으로 이어졌다. 그런데 책임총리·장관제와 국무회의 중심 국정운영은 될 수도 없고 된 적도 없다. 대통령실 규모·역할 축소는 대통령실 조직·기능 효율화=슬림화의 이름하에 민정수석실·인사수석실·교육문화수석실 폐지로 나타났다. 엄청난 패악을 초래한 정책이지만, 국힘당 강령 – 정책공약집 – 120과제 – 100일 기념 10대 치적이라는 4개의 관문을 다 통과한 정책이다. 그만큼 반독재 민주화=제왕적 대통령 권한 축소=대통령 힘 빼기라는 도식의 힘이 강했다는 증거다. 여기서 보듯이 1987년 컨센서스는 단지 운동권의 고집이나 위력의 산물이 아니었다.

소제왕·소황제 권력에 대한 무관심

1987년 컨센서스는 대통령 권력을 줄이고, 견제 균형 장치를 늘려야 한다는 생각 하나는 확고했다. 하지만 정치인(선출직, 정무직 등), 정당, 직업공무원과 공공기관이 행사하는 국가권력(형벌, 규제, 예산 등) 그 자체를 줄여야 한다는 생각은 흐릿했다. 국가권력에 의존하거나, 국가권력을 활용하여 문제를 해결하려는 심리와 싸워야 한다는 생각도 흐릿했다. 그런 점에서 우파도 국가주의적이었고, 좌파도 국가주의적이었다. 1987년 이후 대통령의 권한에 대해 감시·견제 장치는 지속적으로 늘어났지만, 주요 헌법기관인 정당과 국회와 국회의원, 지자체와 지자체장, 법원과 법관, 검찰과 검사, 기타 직업공무원의 자의적 권능에 대한 감시·견제 장치는 관심 밖이었다. 방통위 등 합의제 기구와 공공기관과 그 임직원에 대한 감시·견제 장치도 마찬가지였다. 1987년 이후 형성된 민주화 담론은 대통령에 의해 종합·조정·통제되어 온 수많은 기능들을 누가 어떻게 수행할 지에 대한 연구·고민은 건너뛰었다. 다시 말해 권력이 1인(왕·대통령)에서 국민으로, 소수에서 다수로, 상층에서 하층으로, 중앙에서 지방으로, 대통령 및 행정부에서 정당, 입법부, 사법부, 언론(제4부)으로, 국가에서 시장, 사회, 전문가(협회)로, 더 나아가 개인 자율책임으로 이전할 때 기존에 수행하던 종합·조정·통제 기능을 어떻게 작동시킬지, 어떻게 이전보다 더 나은 결과를 만들어낼 수 있을지에 대해서는 진지하게 캐묻지 않았다. 이는 왕정에서 민주정으로 전환할 때 필수적으로 수반되는 질문들인데, 이를 건너 뛰면서 1987년 이후 정당 당권파, 행정부, 사법부, 입법부(국회), 지자체, 공공기관 등이 마치 아마존 식인물고기 피라냐떼처럼 대통령 권력을 뜯어먹거나 조정·통제를 약화시켰다고 해도 과언이 아니다.

그런 점에서 1987년 이후 국회와 국회의원, 지자체와 지자체장, 법원과 법관, 공공기관과 공공기관장 및 노조 등의 권력이 강화되었다. 하지만 권력의 강화만큼, 견제 균형 장치들은 강화되지 않았다. 자율책임 영역이 더 커진 소제왕들의 공공에 대한 책임의식도 강화되지 않았다. 바로 이 틈을 뚫고 나온 것이 이재명 성남시장에 의해 자행된 대장동·백현동 부정비리다. 지자체의 제반 행위에 대한 견제, 감시 장치가 치밀하게 설계되었다면 이재명의 권력형 범죄의 상당부분은 예방되었을 것이다. 사실 정당이 공직후보에 대한 검증만 잘 했어도 이재명의 권력형 범죄는 예방되었을 것이다. 그런 점에서 양당의 독과점 구조를 초래하는 정치제도 하에서는 정당 대표의 독재나 전횡이 가능한 구조는 여간 심각한 문제가 아니다. 그런데 정단과 당권파에 대한 견제 균형 장치를 발전시키지 않으니, 정당은 점점 저질화, 독재화 되었다. 결과적으로 1987년 이후 정당은 한국 민주주의를 퇴보시키는 제1의 원흉이 되었다. 1987년 민주화는 어공과 늘공이 행사하는 광대무변한 권능과 양대 정당의 독과점 체제는 그대로 두고, 단지 최상층(대통령, 국회의원, 지자체장) 권력 쟁탈전에만 열을 올렸다. 노조 등 거대한 유권자 집단이자 특수이익집단의 지대추구를 제어할 수가 없었다. 결국 1987년 컨센서스의 핵심인 민주화는 제왕적 대통령을 죽인다면서, 정치와 정부의 통합 조정 기능을 죽여 나라를 일종의 무정부 상태=약육강식의 정글 상태를 만든 것이다

대의제와 내각제 불신-직선제와 대통령제 옹호

통일주체국민회의 대의원 2,500여 명[8]이 장충체육관에 모여 대통령을 선출하는 것에 대한 극도의 거부감과, 노조나 농협 등에서 대의원에 의해 선출된 조합장의 어용 행위 등으로 인해 생긴 불신이 겹치면서, 민주화는 곧 직선제로 이해되었다. 선출된 의원·대의원에 의한 깊이 있는 숙의와 현명한 결정은 안중에 없었다. 미국 건국의 아버지들이 두려워한 다수의 폭정의 위험을 거의 의식하지 못한 것이다.

대의제는 전횡, 부패, 어용의 길이고, 직선제는 민주화의 길이라는 생각은 다양하게 변주되었다. 노조, 학교, 법원, 정당 등 다양한 조직에서 노조원, 평직원, 평교사, 평교수, 평당원, 평판사 등에 의한 직선제가 실시되었다. 대통령 직선제 외에도 당대표 직선제(당원 주권), 지자체장 직선제, 주민소환제, 주민투표제, 대학총장 직선제, 노조위원장 직선제, 직능협회장 직선제가 실시되었다. 2021년부터는 지방법원에서는 판사들이 투표를 통해 법원장 후보를 복수로 추천하면, 대법원장이 그중 한 명을 법원장으로 임명하는 제도도 만들었다. 물론 광주지방법원에서는 추천 후보를 임명하지 않고, 김명수 대법원장이 발탁하기도 했다. 김명수는 법과 양심에 따라 재판해야 하는 법관들을 대법원장이 가진 인사권으로 줄 세우지 않겠다고 공언했는데, 법관의 공정성과 양심을 흔드는 존재는 대법원장보다 법관의 편향된 가치와 이념도 있고, 다중의 폭력도 있다는 사실을 간과했다.

전두환, 노태우, 김종필 등은 대통령 직선제를 우려했으나 다수 국민의 열망을 거스를 수가 없었다. 하지만 전두환·노태우와 김종필은 대통령 중심제를 놓고 의견이 갈렸다. 김종필과 노태우는 1990년 3당합당으로 내

---

8) 1980년 8월 27일, 전두환을 제11대 대통령(1980.9.1.~1981.2.25.)이 선출할 때 선거인수는 2,540명, 전두환은 개헌 후 1981년 2월 25일 또 한번 체육관 선거로 7년 단임 대통령에 당선되었다.

각제(최고 권력자의 국회 선출) 개헌을 도모했다. 하지만 대통령을 내 손으로 뽑고 싶어하는 국민적 열망과 김영삼 등 유력한 대통령후보자들의 욕망을 이기지 못하였다. 2007년에는 노무현 대통령이 원포인트(대통령 4년 연임제) 개헌을 시도했다. 하지만 문재인과 이재명(대선후보와 당대표)이 무소불위 권력을 휘두르는 것을 보고, 대통령 연임제나 중임제에 대한 지지와 공감이 현격히 떨어졌다. 한편 이재명이 '개딸'의 지지를 받아 당대표가 되어, 국회의원 공천권을 거머쥐고, 170석 내외의 민주당을 자신의 사법리스크 방패막이로 사용하는 것을 보면서, 행정부와 입법부의 융합을 의미하는 내각제에 대한 지지와 공감도 많이 떨어졌다. 대통령 중심제의 모순도 극명하게 드러났지만, 한국 정치 수준과 민도를 고려했을 때 최악을 피하기 위한 차악의 선택 정도는 된다고 생각하는 사람이 많이 늘어났다.

선거 경시, 국민항쟁 중시, 기강과 질서 파괴

한국 민주화운동과 민주주의 담론은 선거보다는 국민항쟁; 즉 1919년 3.1운동, 1960년 4.19의거, 1979년 부마항쟁, 1980년 5.18항쟁, 1987년 6월항쟁, 2016년 촛불시위 등 집회나 시위를 특별히 중시했다. 바꿔 말하면 위정자나 대리인(의원, 정당 등)들의 숙의·타협·결단이나 선거(1948년 5.10 제헌의원 선거나 신한민주당 돌풍을 일으킨 1985년 2.12총선 등)의 의미를 과소평가했다.

2016년 촛불시위에서 재미를 본 자칭 촛불시민혁명 정부인 문재인정부는 '국정운영 5개년계획'에서는 광장·직접 민주주의를 예찬했지만 실제 국정운영 과정에서는 완전히 외면했다.

4.19, 5.18, 박종철 고문치사 사건과 그 이후 간헐적으로 나온 대규모 시위진압 중 불상사 등을 빌미로 공권력을 연성화·무력화시켰다. 민노총

이 고용한 변호사를 앞세워 시위진압 경관에 대한 개인적 소송 공세의 파괴력은 컸다. 아니 불법 시위 진압 경관을 국가가 적극적으로 보호해 주지 않은 무책임하고 비겁한 행태가 공권력으로 하여금 불법적 집단행동을 최대한 관망하게 만들었다. 문재인정부는 대북정책(?)에 딴지를 걸 소지가 있다고 본 국정원도 사실상 형해화했다. 물론 북한 측의 환심을 사려는 조치의 일환이기도 할 것이다. 대한민국의 초석과 근간을 이루는 서사와 이념도 해체해 버렸다. 민주화운동이 오랫동안 좌익·공산주의·빨갱이로 매도 당하다 보니, 민주화는 곧 반독재요, 반공 이념에 대한 혐오로 해석했다.

국가=중앙 권력이 워낙 강대하다 보니, 민주주의의 목적인 개인과 가족의 자유를 지키기 위해 권력을 가능한 국민·주민의 눈길과 손길이 닿는 곳으로 가져가야 한다는 자치분권 사상과 보충성의 원칙도 한국의 민주화 담론에서는 뿌리를 내리지 못했다. 뿐만 아니라 다수결주의(1인 1표 원리)나 시장만능주의(1원 1표 원리)의 맹점을 극복하기 위해 정립된 공화주의도 깊이 뿌리를 내리지 못하였다. 주권자가 된 시민의 지성·덕성과 실질적인 국가·시장·사회 운영자인 전문가의 직업윤리와 직무능력 제고를 위한 각종 시스템(견제, 감시, 교육훈련, 유인보상 등)이 절실히 필요하다는 생각도 깊이 뿌리내리지 못하였다.

운동권의 민주주의에 대한 몰이해

1980년대 당시 재야운동권의 양대 파벌인 NL(다수파)과 PD(소수파) 공히 민주주의에 대한 이해가 저열했다. 당시 국민과 야당이 신앙처럼 여긴 민주주의를 부르주아 민주주의라고 폄하했다. 뇌내 망상에 머물긴 했지만, 프롤레타리아 독재, 인민민주 독재, 중국공산당식 엘리트 독재를 더 높은 차원의 민주주의로 보아 신민주주의, 인민민주주의, 민중민주주의를 예찬했다. 1980년대 후반 운동권 다수파의 마음의 조국은 북한이었기에, 독재 그 자체에 대한 반감보다는 건국·호국·부국을 주도한 (자기들 표현에 의하면) 친일·반공·냉전·사대·매국·기득권 세력을 청산척결하는 것이 목적이었다. 직선제는 그 수단에 불과했다. 그나마 운동권 다수파가 직선제 개헌 투쟁에 올인 한 것은 북한(한민전) 방송 지시에 따른 것이었다. 6월 항쟁 당시 대학생들이 대통령 직선제-구호는 "직선제로 독재타도"였다-를 외친 것은 국민의 열망과 김대중·김영삼의 집권 전략과 운동권 및 북한의 전략이 일치했기 때문이다. 나는 지금도 북한 방송이 운동권 다수파 노선을 직선제로 정리하지 않았다면, 또 5.18의 피가 없었다면, 또 88올림픽 성공적 개최를 통해 국운 융성의 계기로 만들려는 전두환정권의 소명의식이 없었다면, 과연 호헌철폐 독재타도 시위가 6.29선언을 끌어낼 정도로 강력하게 전개 됐을지 의문이다.

운동권은 원래 김대중의 정략에 의해 수혈된, 민주당의 주변적인 존재였다. 하지만 2009년 김대중·노무현 죽음 이후 이해찬의 기획 하에 문재인·한명숙을 내세워 민주당에서 운동권의 지분을 훨씬 키웠다. 문재인은 1980년대에는 극렬 운동권이 아니었다. 뒤에서 운동권을 물심양면으로 지원하는 운동권 후위대였다. 그러다가 2012년 이후 대선후보-당대표-대통령이 되었다. 사상이나 노선은 원산지보다 그것을 수입한 주변이 더 고루해지는 법이라, 문재인은 완고한 운동권 화석이었다. 또한 보수우파와 진보좌파·운동권을 가리지 않는, 민주화와 민주주의에 대한 저열한 이해 역시 떨쳐내지 못하였다.

김영삼·김대중은 군정종식-대통령 직선제-평화적 정권교체 등으로 풀어냈지만 문재인·이해찬과 민주당은 민주화를 친일·반공·반북·냉전·기회주의적인 주류·보수·집권세력 청산·척결·궤멸로 읽었다. 동시에 반독재 민주화, 반어용 노조민주화, 반재벌 경제민주화, 반시장(민간) 공공성 강화, 부자증세를 통한 국가복지 강화, 사회적 약자·소수자 권익 강화, 왜색·양키 문화 축출을 통한 민족문화 창달, 탈이념·탈반공주의(레드콤플렉스와 색깔론 혐오) 등으로 풀어냈다. 월등한 경제력 우위와 낭만적 대북관을 바탕으로 한 대북 유화 노선, 미국 편중 외교 탈피(미중 사이의 등거리 외교 동북아 균형자 등), 일본에 당당함을 넘어 무례한 외교 등으로도 풀어냈다. 대부분의 국민들은, 더러워진 목욕물(대한민국 발전 신화의 그늘)만 버리라고 했는데 운동권과 문재인·이재명은 아기까지 버리려 한 격이다.

5장. 내 권익 쟁취-기본권상향-약자보호

민주주의 담론을 샛길로 빠지게 한 사회경제적 민주주의 담론

원래 민주공화국은 주권자 국민이 스스로 지배하는 체제다. 잘 작동하려면 시장·사회(협회 등)·지방·마을·개인 등 사적 자치의 확대 강화, 높은 시민적 지성·덕성과 전문가 집단의 직업윤리, 보충성 원칙, 그리고 대한민국에 대한 애착심과 자부심 등이 필요하다. 당연히 일조일석에 길러지는 것이 아니다. 이들 민주공화국 발전 조건들은 시장경제의 선진화, 미디어의 선진화, 민주공화국 시민교육의 활성화, 주민자치의 활성화 등도 필요하지만, 핵심적으로는 생산적 경쟁과 대승적 협력을 유인하는 선거제도와 정당체제가 관건이다. 그런데 한국 민주주의 발전 담론에서 이 대부분은 간과되었다.

한국의 민주주의 담론을 헛발질하게 한 것 중의 하나가 노무현정부 시대에 부상한 사회경제적 민주주의 담론이다. 평화적 정권교체를 몇 번 하면서, 민주주의를 거의 다 이룬 것처럼 생각하고, 남은 것은 사회경제적 민주주의라는 주장이 핵심이다. 이에 따라 사회적 약자를 위한 기본권 상향, 빈부격차(불평등 양극화) 해소, 국가복지 확충, 경제민주화와 재벌개혁 등이 민주주의 발전의 핵심과제로 되었다. 이는 노무현정부에 비판적인 진보 좌파 이론가들의 담론이다. 노무현은 다른 방향으로 헛발질을 하였다. 노무현의 민주주의 발전 담론은 2006년 12월 28일 대통령자문정책기획위원회 연설에서 잘 드러난다.

> 역사의 진보는 인간의 자유와 평등의 권리가 확산되고 권력이 보통사람들에게 나누어지는 것이며, 이러한 진보의 동력은 민주주의에서 나오는 것이다. (…) 4.19는 역류했으나 87년 6월항쟁은 문민정부 시기의 하나회 척결을 통해 군사독재로 되돌아갈 수 없게 되었다. (…) 그 다음 과제는 특권과 유착을 통한 부정부패를 척결하고 지역주의와 권위주의를 해소하는 것이었으며, 이러한 과제는 참여정부 들어 상당히 진전되었다. (…) 민주주의의 다음 과제는 자율적이고 창조적이며 상호 헌신과 관용에 기초한 대화와 타협의 민주주의로 가야 하는 것이며 (…) 이를 위해 신뢰라는 사회적 자본축적이 무엇보다 중요하다. (…) 권력이 소수에 집중되지 않고 소비자인 일반국민이 시장과 정치를 지배하는 소비자주권의 시대가 올 것이다.

'자율적이고 창조적이며 상호 헌신과 관용에 기초한 대화와 타협'과 '신뢰라는 사회적 자본의 축적'은 합리적 선거제도 및 정당체제와 선진적 정치이념의 결과이다. 무엇보다도 '해전사'식 역사인식으로는 절대로 도달할 수 없다.

모두가 약자 되고, 모두가 데모대 되기

1987년 컨센서스의 두 번째 가치는 내 권리·이익 쟁취, 기본권 상향, 약자 보호, 경제성장 과실에 대한 분배(격차 해소=평등) 강화와 복지국가를 시대정신처럼 만들었다. 유럽 복지국가와 사회주의·사민주의·공동체주의·평등주의 이상과 한국도 OECD 평균수준은 돼야 한다는 열망도 이 가치를 지지 옹호했다. 민주화는 국가·권력과 자본·재벌과 문화·관습에 억눌려 있던 욕구와 불만을 거리낌없이 발산하는 것으로 이해되었다. 그래서 억눌린 내 권리(노동권, 주거권, 재산권, 임차권 등)와 빼앗긴 내 몫(임금, 연금, 복리후생 등) 쟁취가 미덕으로 되었다. 하지만 권리와 이익에 상응하는 생산성, 생산력, 재정 여력, 의무, 부담 등은 논외였다. 권리와 이익은 논리가 아니라 단지 힘의 문제로 여겨졌다.

내 권리 쟁취를 미덕으로 보는 의식의 바탕에는 자신이 부당하게 빼앗기고 억눌려 온 힘없는 약자·피해자라는 의식이 깔려있다. 그래서 대기업(2001년 대우자동차, 2011년 한진중공업, 2013년 쌍용자동차 등)의 정리해고 등 구조조정 자체를 죄악시하였다. 최근에는 대우조선해양 하청노조의 불법적 선박 점거 행위(2022년 6~7월) 관련 손해배상을 무력화하려는 노란봉투법 등으로 나타났다. 국민 전체나 다른 이해관계자의 부담에 의해 통념상 사회적 약자(근로자, 여성, 장애인, 외국인 근로자, 성소수자 등)의 권리·이익 상향·강화를 자명한 진보, 개혁, 민주화로 여겼다. 노동자는 약자고, 노조는 약자의 무기고, 법은 자본과 강자의 무기며, 노조 투쟁은 정당하며, 종종 법의 굴레를 벗어날 수도 있고, 노조 탄압은 부당하다는 생각은 노조를 점점 강성하게 만들었다. 민주노총은 지대추구의 선봉장 역할을 하였다. 노조가 귀족화되면서, 모든 이익 집단(공무원, 교수 등)의 노조화를 추동하였다. '단결하면 힘 생기고, 투쟁하면 쟁취한다'는 신념이 사회 곳곳으로 퍼져나갔다. 학교 현장에서는 교사는 강자, 학생은 약자라는 생각이 아동학대방지법과 학생인권조례로 교사들의 정당한 교권 행사를 막았다. 학교 관리자(교장, 교감)는 여전히 아무것도 하지 않고, 지시 명령만 하는 벼슬아치처럼 여기면서, 교사들의 스트레스는 극에 달했다. 너도나도 국가에 의한 권리이익을 보장 받아야 할 사회적 약자요, 노동자임을 주장하게 되었다. 최근에는 서울 지하철의 정상 운행을 방해하는 방식으로 자신들의 요구를 관철하려고 하는 전장연(전국장애인차별철폐연대)이 기염을 토했다. 공무원의 고용·임금·연금·복지 등 근로조건을 정상으로 여기는 등 특정한 집단의 권리·이익을 과도하게 상향하면, 다시말해 시장이나 생산 성이나, 기업의 지불능력이나, 국가의 생산력 등이 허용 수준을 벗어나면, 국민이나 미래세대나 사회적 강자·부자에 대한 약탈과 억압을 초래한다 는 자명한 사실은 의외로 간과되었다.

약자보호 혹은 억강부약(抑强扶弱)을 시대정신처럼 여기면 너도 나도 약 자로 공인받으려 노력하게 되어 있다. 노동자, 농민, 빈민, 여성, 장애인 등 과 경제성장에서 소외된 사람 및 지역에 더하여 중소기업도 추가하니, 국 민 대다수와 기업 대다수가 국가의 보호·배려 대상이 되었다. 자신의 생산 성을 높여서 처지를 개선하는 것이 아니라, 국가 규제나 예산으로 처지를 개선하는 것을 능사로 만들었다. 억강부약은 통념상 사회적 강자의 정당 방위를 어렵게 만들기에, 이는 국내 투자와 고용의 위축시킨다는 것은 불 문가지. 눈 앞에서 피 흘리고, 눈물 흘리는 약자를 도와야 진보요, 개혁이 요, 정의요, 개념있는 사람(지식인·연예인)이라는 잔혹한 결과를 가져올 수 도 있는 짧은 생각을 널리 확산시켰다. 국가의 본질은 아버지 내지 전사의 역할이다. 엄격한 법과 원칙, 단호한 집행과 징벌, 공동체 수호 등. 그런데 1987년 컨센서스는 이를 지속적으로 약화시켰다. 군정 종식=문민정부와 복지국가=보모국가는 국가의 전사·아버지 역할을 훼손하였다. 주자성리 학-68혁명사조-페미니즘은 보이지 않게 국가의 본령을 갉아먹었다.

번지수 착오 경제민주화

경제민주화론은 민주화 담론(거대 경제권력으로부터 자유)과 억강부약 담 론(고삐 풀린 시장과 재벌이 불평등 양극화와 정경유착의 주범)의 결합이다. 권 력의 양대 축을 정치권력(대통령)과 경제권력(재벌)으로 상정하고, 후자의 전자에 대한 우위(포획)를 우려하였다. 이런 우려가 헌법 제119조 ②항의 "국가는 균형있는 국민경제의 성장 및 안정과 적정한 소득의 분배를 유지하고, 시장의 지배와 경제력의 남용을 방지하며, 경제주체간의 조화를 통한 경제의 민주화를 위하여 경제에 관한 규제와 조정을 할 수 있다"로 나타났다. 재벌(총수)에 의한 경제력 집중 및 오남용을 방지한다는 명분으로 김대중정부는 부채비율 200% 규제와 재벌개혁 5+3원칙(경영투명성 제고, 상호보증채무 해소, 재무구조 개선, 업종 전문화, 경영자 책임 강화 + 제2금융권 경영지배구조 개선, 순환출자 및 부당내부거래 억제, 변칙상속 차단)을 내세웠다. 하지만 2000년대 들어 중국 등 후발개도국의 급성장과 재벌의 주력 업종에서 축적한 기술력 등에 힘입어 그 경제적 위상이나 비중은 오히려 더 올라갔다. 재벌들의 주된 매출·이익이 해외시장에서 일어나기에, 정부를 대상으로 지대 추구를 위한 로비를 할 필요가 없었다. 오히려 해외 경쟁 기업들은 겪지 않는 한국 특유의 갈라파고스 규제를 혁파하는 것이 재벌의 초미의 관심사였다. 하지만, 정치는 이 요구를 입법에 거의 반영하지 못하였다. 복지국가론은 북유럽을, 경제민주화론은 독일식 사회적 시장경제를 이상(롤모델)으로 삼았는데, 한국과는 토양이나 체질이 너무나 다른 나라에서 잘 작동하는 시스템이 제대로 이식될 리가 없었다. 그럼에도 불구하고 강단 좌파들의 강력한 지적·이념적 헤게모니는 반시장, 반기업, 친노조, 친공공부문적 제도·정책·판결을 양산했다. 68혁명 사조도 가세하고, 포퓰리즘도 가세했다. 사실 경제민주화 조항은 한국의 정치경제 현실을 모르는 강단 좌파 지식인의 번지수 착오의 기념비다. 한국은 조선체제-식민통치체제-국가주도 경제발전(국가주의 시장경제)의 대성공에 따라, 경제를 포함한 거의 전 분야에 걸쳐 국가규제는 차고도 넘쳤기에, 전두환정부부터 윤석열정부까지 규제 개혁이 주요 국정 과제가 아닌 적이 없었다. 구조적으로 정치에 의해 시장과 경제가 왜곡될 소지가 많은데, 경제민주화의 이름으로 그 소지를 더 키우는 쪽으로 달려갔다.

대한민국의 말기암 환자화

원래 개인이나 집단의 과도한 권리·이익 추구를 제어하는 것은 국가의 법령, 시장경쟁(국내외 소비자와 경쟁자), 개인이나 집단의 자율적(장기이익·염치 등) 제어 등이다. 그런데 글로벌화된 시장의 제어 기능은 점점 강화되어 왔지만, 국가의 제어 기능은 점점 약화되어 왔다. 그 결과 잘 조직된 특수이익집단(호남 유권자, 노조, 전문자격사 협회 등)의 법령과 예산을 통한 합법적 약탈 행위는 점점 더 기승을 부리고 있다. 정치의 민의(民意) 정련 기능과 사회통합조정 기능이 후퇴하면서 서로 조화와 균형을 이뤄야 할 가치들; 권리와 권리(노동권-재산권, 노동권-비노동(자영업자 실업자 등)권, 교권-학생인권, 공무원-납세자, 현세대-미래세대), 권리와 의무·부담, 이익과 위험, 권한과 책임(자질)간 불일치, 불균형, 부조화가 점점 심해지고. 사회적 유인보상체계가 왜곡되었다. 부분적 개선이 전체적 기능부전으로 귀결되었다.

로비력, 정보력, 투쟁력에 의한 국가(제도·규제·정책·예산)를 통한 합법적 약탈=지대추구 시대가 도래하였다. 법관 등 웰빙추구도 한 몫 하였다. 군인도 군복입은 공무원으로 전락했다. 기득권 집단의 성채가 곳곳에 들어서고, 양대 정당, 공공부문, 규제산업, 면허직업, 조직노동, 부동산부자 등으로 대표되는 성안 진입 경쟁이 극심해졌다. 하지만 기득권자들이 사는 성 자체를 허물려고 하기보다는 대체로 진입 경쟁만 공정하게 하려고 하였다. 그래서 입시제도나 고시제도 등을 손봤지만(수시 비중 확대, 사법시험폐지와 법학전문대학원 도입 등) 기득권이 농간을 부릴 여지를 넓혀주면서 공정성에서 더 멀어졌다.

정치경제사회적 기득권층이 인맥, 재산, 정보 등이 모자란 약자와 투표권 없는 후세대를 배제하거나 위험부담을 떠넘겨 왔다. 후세대의 권리와 이익을 약탈하면서, 인구·연금·재정·지방·산업·교육·공직임용제도 등 다방면에서 지속가능성 위기가 심화되었다. 그 결과 대한민국은 온몸에 암세포가 퍼진 말기 암 환자처럼 되었다. 정신문화적, 정치사회적 견제와 균형 장치들이 제대로 작동하지 않음으로서 증식을 멈춰야 할 세포(가치, 기능, 기관, 조직)들이 무한 증식하여, 자기 자신은 물론 나라 전체를 죽음으로 몰아가고 있기 때문이다.

6장. 역사정의와 억눌린 민족적 자존심 회복

역사정의로 대한민국 근간을 허물다

1987년 컨센서스의 세번째 가치는 역사정의, 즉 역사바로 세우기다. 상처난 민족적 자존심의 발로다. 억울한 희생자와 역사의 패자에 대한 연민의 표현이자, 대한민국과 주류·보수의 권위를 훼손하고 고립화 시키려는 정략의 산물이다. 당연히 북한을 정통으로 보게 만들려는 음습한 공작도 숨어 있다. 역사정의 바로세우기 작업의 시작은 건국·호국 과정에서 양산된 억울한 희생자를 신원하고, 좌익 활동을 했다는 이유로 서훈 대상이 되지 못한 독립운동가를 복권하는 것으로 시작했다. 하지만 나중에는, 문재인 대통령의 4.3 관련 발언과 홍범도 흉상 육사 내 설치 등에서 보듯이 대한민국 건국의 정당성과 정통성 부정으로 내달렸다. 대한민국 건국·호국·부국의 영웅들 및 주도세력과 일본·미국을 혐오하게 하고, 북한을 외경하게 하였다. 이를 이론적으로 뒷받침한 책이 바로 1980년대 운동권의 필수 교양이던 『해방 전후사의 인식』이다. '해전사'식 역사인식은 노무현정부 하에서는 "일제강점하 친일반민족행위 진상규명에 관한 특별법"을 만들어냈다. 2003년 8월 14일 여야 국회의원 155명이 발의하여, 2004년 3월(열린우리당 압승 전) 통과되었다. 문재인정부 하에서는 광주 5.18과 제주 4.3사건 등 억울한 희생자가 많이 나온 사건의 진상을 규명하고, 명예를 회복하고, 국가 배상을 추진했다. 노무현정부 시절부터, 항일독립투사지만 사회주의자로 간주되어 서훈을 받지 못한 좌익 인사를 포용(서훈)하는 작업을 시작했다. 동시에 민족정기 바로 세우기라는 명분으로 대한민국 건국 산업화에 공적이 큰 사람이라 할지라도 친일 오점이 있는 인사(친일반민족행위자)의 서훈을 취소하는 작업도 병행했다. 해전사식 역사인식에는 역사적 사실에 대한 실사구시도 없고, 세계사와 동아시아사 속에서 조선과 남북한 역사를 조망하지도 않았다. 근현대사를 반외세-반봉건-반독재 투쟁의 역사로 보기에 기독교와 일본이 주역인 문명 발전사를 파묻었다. 대한민국 건국과 산업화의 영웅(이승만, 박정희, 친일파)은 악당, 가해자, 기득권자로 취급하고 그 대척점에 서 있던 인물(김구, 독립운동가, 전태일, 노무현 등)은 성자, 피해자로 취급하였다. 이는 x86세대 영화 감독, 시나리오 작가, 대중적 역사 강연자들을 통해 오랫동안 선전된 탓도 있지만, 기본적으로 조선에서부터 면면히 내려오는 오랜 감성과 호응하였다.

상처난 민족적 자존심 회복 심리는 일본의 식민통치를 더 세게 공격하기 위해 조선을 과도하게 미화하였다. 자본주의 시장경제의 맹아 등을 침소봉대하여, 조선은 자력으로 근대화 도정을 착실하게 밟고 있었는데, 일본제국주의가 강점하여 발전을 왜곡시켰다는 것이 요지다. 그래서 일제 잔재라면서 (대한민국 건국의 산실이기도 한) 조선총독부 청사를 폭파하여 조선을 애써 부활시켰다. 무엇보다도 조선 망국사, 잔혹사로부터 배우려 하지 않았고, 식민지 시대에 일어난 문명사적 변화를 부정하였다.

탈미반일 친북친중 외교

1987년 컨센서스의 네 번째 가치는 낭만적인 민족주의(우리민족끼리)와 신장된 국력에 걸맞게 외교안보의 자주성을 회복하자는 것이다. 이는 세 번째 가치와 결합되어 반일·탈미+친북+친중·친러 노선으로 나타났다. 소련 붕괴와 중국의 개혁개방에 따른 안보 불안 해소(북한의 고립, 소련·중국과 남한의 단독수교 등)와 경제성장에 따라 상처받은 자존심을 회복하고자 하는 심리가 밀고 올라왔다. 이는 미국에 대한 태도를 바꾸고(미국에 할 말을 한다와 미중 등거리 외교 등), 일본에 대해서는 무례한 한풀이로 나타났다. 소련 해체와 중국의 개혁개방에 따라 북한과 공산주의에 대한 경계와 공포는 증발했다. 북한, 소련, 중국, 베트남 등에 시각이 크게 바뀌었다. 하지만 김일성 왕가가 대를 이어 수령이 되어 지배하는 신정국가 북한과 집단지도체제 하에서 몇 번에 걸쳐 평화적으로 정치국원(권력 핵심)들이 교체되는 중국·베트남 간의 엄청난 차이를 간과하였다. 운동권과 민주당은 조선의 위정자들처럼 외교안보의 기본과 원칙을 몰라도 너무 몰랐다. 1980년대 후반부터는 북한 바로 알기라는 명분으로 북한에 대한 잘못된(?) 정보와 지식을 바로잡은 것이 아니라, 오히려 널리 확산시켰다. 1990년대 초부터는 북한의 외교적 고립과 경제난으로 인해 남북간 체제 대결은 사실상 끝났다는 생각이 널리 퍼졌다. 이런 낙관을 믿고 대한민국 땅에 살면서 몸에 밴 논리와 감성을 투영시켜 북한을 이해하려 하였다. 그 결과가 대한민국을 부유한 형으로, 북한을 가난하고 깡마르고 자존심만 남은 동생 정도로 생각한 것이다. 그래서 아낌없이 퍼주고 안아 주면 동생이 형의 품에 안길 것이라는 낭만적 생각을 하게 된 것이다. 북한에 대한 무지는 북한 비핵화를 낙관하게 만들고, 북한의 조기붕괴를 기대하거나, 관용·포용(온정주의 등)이 큰 변화를 초래할 것으로 낙관하였다. 햇볕정책이 남북간 화해, 평화, 협력(경협), 비핵화를 이루어, 남북 경제력 격차를 줄여, 평화통일에 다가 간다고 생각 했다.

김능환 대법관 '건국하는 심정으로' 위안부 배상 판결(2012.5), '독립운동은 못했어도 불매운동은 한다'는 캠페인, 문재인의 "다시는 일본에 지지 않겠다"는 발언, 김성수 격하와 친일 작곡가 교가 바꾸기 소동 등으로 나타났다. 일본에는 무례하기 짝이 없는 한풀이를 하고, 미국에는 탈냉전(미중 협력 시대)과 동북아 균형자 운운하며 동맹 외교의 원칙을 훼손했다. 반일탈미가 갈 곳은 친중친북밖에 없었다.

1987년 컨센서스를 한두 단어로 압축하면 민주화, 권익쟁취·약자 보호, 역사정의=대한민국에 대한 혐오 등이다. 이는 공개적이고 명문화된 정치적 합의를 거친 것은 아니지만 자유·보수·우파는 이를 정면으로 거스르지 않고, 대체로 정치공학적 혹은 절충적으로 수용했다. 특히 민주화와 권익쟁취 컨센서스는 적어도 1990년대 초중반까지는 전국민의 2/3가 공감했을 것이다. 아직도 공감과 지지가 결코 낮지 않을 것이다. 하지만 역사정의와 탈미외교 컨센서스는 상처난 자존심에서 비롯된 한(恨)의 표출로서 전국민의 2/3까지는 아니더라도 과반 이상의 지지와 공감을 받았을 것이다.

김영삼이 보수 정당의 적통인 신한국당을 장악하고, 대통령이 되면서, 1987년 컨센서스 모두 보수와 진보를 초월한 확고한 정치적 합의로 되었다. 대통령 취임사(1993.2.25.)에서 "동맹보다 민족"이라는 경악할 만한 발언을 하는 등 파격적인 대북 정책을 펼쳤지만, 국민적 지지와 공감은 견고했다. 한국갤럽에 따르면 김영삼 대통령의 1년차 지지율(직무 긍정율)은 1분기 71%, 2분기 83%, 3분기 83%, 4분기 59%인데, 부정율은 각각 7%, 4%, 6%, 18%에 불과하다. 역대 대통령 중 1년차 긍정율과 부정율의 차가 가장 클 것이다. 노태우·김영삼·김대중·노무현 정부 시기에 자유보수 일각에서 1987년 컨센서스에 흐르는 반대한민국성 등을 지적하며 경고를 했으나, 대체로 극우로 치부되었다. 하지만 문재인정부의 반역적 폭거를 경험한 이후에는 많이 달라졌을 것이다.

시간이 해결할 문제와 그렇지 않은 문제

지난 30~40년에 걸쳐 1987년 컨센서스의 패악은 크게 4가지로 집약할 수 있다.

첫째, 민주화의 이름으로 국가·시장·사회 전반에 대한 조정·통제 기능을 허문 것이다. 민주화는 권력의 무게중심의 아래(다수, 하부, 국민)로 이동을 의미한다. 그래서 먼저 대통령에게 집중된 권력=종합·조정·통제 기능을 횡적, 종적으로 분산·분권하려고 했으나, 그 아래 수많은 소제왕·소황제들의 권한과 책임의 균형을 맞추지 못하여 대통령에 의해 유지되는 종합조정통제 기능이 심각하게 훼손되었다. 국가권력이 주물럭거리는 자원(자리, 예산, 법령, 형벌 등)이 적지 않기에 이를 둘러싸고 당내 정파끼리, 또 양대 정당끼리 사생결단의 전쟁을 벌이면서, 정치의 본말전도가 일어났다. 시간이 가면서 정치는 점점 본말이 전도되고, 정치갈등은 저질화·조선화·전쟁화 되었다. 조선화는 경세(외교안보와 경제)에 무관심, 의리 명분 도덕 중시, 패자를 사법적으로 응징, 혈통 중시 등이다.

그 중심에는 바로 민주화 이념과 세력이 있다. 이들이 스스로 환골탈태하지 않고, 외적 견제와 균형 장치도 작동하지 않으니, 결과는 나라의 총체적인 퇴행·열화·쇠락·내파를 향해 질주하게 된 것이다. 대한민국이 하나의 유기체(생명체)라면, 뇌의 자율조정 기능이 훼손된 것이나 마찬가지다.

둘째, 기본권 상향(OECD평균 수준 도달)과 약자보호의 이름으로 자유와 책임, 권리와 의무, 혜택과 부담, 이익과 위험 등 가치 간 조화와 균형을 잡아주던 제도적·이념적·문화적 장치를 허문 것이다. 한마디로 기본권 상향, 억강부약, 공공성 강화 등의 미명 하에 이해상충 집단 간의 상호 선택권 및 거부권(무기)의 대등성을 훼손했다. 지대추구가 가능한 힘센 집단(공공부문, 규제산업, 면허직업, 조직노동 등)을 규율하던 상식과 염치와 눈치를 날려 버렸다. 이로써 책임 없는 자유, 의무 없는 권리, 부담없는 혜택, 위험 없는 이익을 추구하는 지대추구 심리 내지 도적 심리를 창궐하게 만들었다. 또한 자유와 자유, 권리와 권리, 이익과 이익 간 충돌이 극심해졌다. 요구, 기대, 권리, 이익의 상향 확장이 일어나면서 만인의 만인에 대한 약탈판; 실제로는 힘센 집단의 지대추구판이 초래되었다. 대한민국이 하나의 유기체라면, 각 세포와 기관들의 각개약진(과도한 자원 소모와 자기증식)이 공공·이념에 의해 제어되지 않으면서 말기암 환자처럼 되었다. 대한민국이 건물이라면, 모두가 자신의 영역 내지 공간을 확장을 부추겨 내부 갈등을 극심하게 만들었다.

셋째, 역사정의의 이름으로 민주주의의 토대이자 준거인 대한민국의 정체성과 정통성을 허문 것이다. 국가를 지탱하고, 미래를 개척하는 데 필수 불가결한 국가 서사와 헌정질서와 당면 과제에 대한 사회적 합의를 허물었다는 얘기다. 이른바 '해전사', 아니 '조선력사'식 역사인식을 민주진보가 적극 수용하고, 자유보수는 역사(진실과 해석)전쟁을 회피했기 때문이다. 이로 인해 민주진보의 주류는 대한민국 건국·호국·부국 주도세력과 그 정신을 무시, 혐오, 증오하게 되었다. 사실 대한민국 건국·호국·부국과 그 정신은 보수우파의 전유물이 아니고, 민국(민주화) 역시 진보좌파의 전유물이 아닌데, 이를 서로가 나눠 갖고, 아니 서로에게 떠밀고는 상대의 성과를 폄하하는 상황이 벌어졌다. 그러니 정치세력이 공유하는 가치가 별로 없는, 민주공화국의 토대와 기둥이 없는 희한한 나라가 되었다. 대한민국이 하나의 유기체라면 일종의 척추와 골반뼈를 훼손한 것이다. 대한민국이 건물이라면 초석과 기둥을 훼손하는 것이다.

넷째, 우물 안 개구리식 국제인식에 따라 동맹보다 민족의 이름 혹은 국가의 자주·자존·실리(안미경중)의 이름으로 대외 관계를 허문 것이다. 북한에 대한 낭만적 민족주의 접근, 일본에 대한 비이성적 적대와 증오, 미국의 남한에 대한 필요에 대한 과대 평가; 한국이 동맹 외교의 기본과 원칙을 무시해도, 미국은 동아시아 전략상 필요때문에 한미동맹을 깨지 않을 것이다 등이 핵심이다. 당연히 북한과 좌익과 주사파의 집요한 선전선동 공작이 주효했을 것이다. 우물 안 개구리식 세계인식은 조선시대 이래 한반도 지식인의 특성인지도 모른다. 사실 유럽, 중동, 인도, 중국, 동남아, 동아시아 등 문명국 중에서 15세기 이후 조선만큼 외교안보 환경이 안정적이고 단순했던 나라는 없을 것이다. 그래서 전형적인 힘의 세계인 국제정치를 부모-자식 관계의 연장으로 보는 유교적 사고방식이 깊이 뿌리를 내렸던 것이다.

이 뒤에는 진보와 보수, 운동권과 태극기시민을 가리지 않는 지적 부실이 있다. 그것은 첫째는 민주주의와 민주공화국의 작동 조건과 원리, 즉 하드웨어와 소프트웨어에 대한 몰이해다. 둘째는 약자와 강자 바뀌고, 갑과 을이 바뀌고, 그러면서도 상호 긴밀히 의존하는 역동적 시장·경제·기업·기술에 대한 몰이해다. 억강부약 담론과 경제민주화 담론은 여기서 나왔다. 셋째는 대한민국 역사와 동아시아와 세계사에 대한 몰이해다. 넷째는 국제정치경제(지구촌) 질서에 대한 몰이해다. 이는 자유·보수·우파 라고 해서 특별히 나은 것은 아니다.

이 중에서 시간이 해결해 줄 문제도 있다. 반재벌 경제민주화가 대표적이다. 재벌의 주력기업들이 대부분 해외 시장에서 매출이익을 올리기에 국내에서 착취와 억압을 할 이유가 없다는 것은 이제 널리 알려져 있다. 해외에 나가면 세계인들이 삼성, 현대 등 재벌 대기업을 통해서 한국이 대단히 발전된 나라로 인식하며 엄지 척 드는 모습을 보면서 비록 3대, 4대로 세습되고 있음에도 불구하고 재벌 기업 및 그 협력업체 종사자들이 선망의 대상이 되었다. 해전사적 역사인식도 워낙 허구와 편집이 많아서 역사적 진실의 태양이 뜨면 봄눈 녹듯 녹아내릴 것이다. 미국과 일본에 대한

콤플렉스도 없고, 북한에 대한 애틋한 마음(형제애)도 없는 세대가 국가의 중추세대가 되면 온정주의·민족주의 대북관도 녹아내릴 것이다. 아마 향후 10년만 있으면 86운동권이 가진 시대착오적 사고방식의 대부분 녹아내릴 것이다. 식민지 콤플렉스(열등감)에 뿌리를 둔 반일 한풀이도 마찬가지다. 일본과 경쟁에서 별로 밀리지 않고, 일본을 자주 오가다 보면 과거의 열등감이나 감정적 앙금은 사라지게 되어 있다. 국제정치경제 질서에 대한 참교육은 미국, 일본, 중국이라는 너무나 강력한 상대가 해주고 있다. 북한이라는 비이성적 공포와 증오와 허위의식으로 똘똘뭉친 사교집단도 참교육을 해주고 있다.

진짜 문제는 시간이 가면 더 악화되는 컨센서스이다. 그중 하나가 민주화 컨센서스다. 제왕적 대통령제를 죽인다면서, 정치와 정부의 통합 조정 기능을 죽여 일종의 무정부 상태=약육강식의 정글 상태를 만든 것이다. 다른 하나는 권익쟁취·약자보호 컨센서스다. 기본권=사회적 표준(눈높이)을 과도하게 끌어올려, 약자를 자처하는 강자(공무원, 대공기업 노조원 등)들의 지대추구=약탈을 방치한 것이다. 생산력과 생산성에 비해 너무 높은 권리이익을 보장한 것이다.

해전사적 역사인식에 기반을 둔 역사정의 컨센서스와 우물안 개구리적 세계인식에 뿌리를 둔 탈미외교 컨센서스는 급성질환, 즉 외인(外因)에 의한 국가 사고사(事故死)나 국가의 내파를 초래할 수 있다. 하지만 시간이 흐르면 해결이 될 문제다. 그런데 반독재 민주화와 권리·이익·혜택의 쟁취와 상향 컨센서스는 시간이 해결해 줄 문제가 아니다. 실사구시와 교육선전을 통해 바로잡지 않으면 대한민국을 총체적 노화(만성질환)와 말기암 환자로 만든다.

7장. 민주공화국의 하드웨어와 소프트웨어

대한민국 위기는 압도적으로 부실한 정치=민주주의에서 온다. 정치 부실은 정치리더십, 정당(당원과 시스템과 조직문화 등)과 열성지지층, 정치 제도(권력구조, 선거제도, 정당체제, 국회운영 등), 정치이념과 정책(콘텐츠) 등의 총체적 부실을 의미한다. 민주주의가 제도적으로 완성됐다는 노무현과 이명박의 얘기는 거대한 무지요 착각이다. 지금 대한민국 정치=민주주의 위기의 원인와 활로는 민주공화국의 하드웨어와 소프트웨어를 살펴보면 상당정도 알 수 있다. 민주공화국의 하드웨어는 횡적으로는 가치 배분 원리에 따라 국가(권력), 시장(경제), 사회(공동체)로 나누고, 종적으로는 포괄·규율하는 범위에 따라 중앙, 지방, 마을(소지역), 가족·개인으로 나눈다. 국가, 시장, 사회를 움직이는 주요 결정은 정치인, 관료, 지식인, 기술자, 투자자, 경영자, 종교인 등 전문직업인이 한다. 그러면 소프트웨어는 무엇일까? 제도 단위들 간의 종적·횡적 역할 분담의 원칙인 보충성의 원칙, 공직자와 전문직업인의 윤리를 규율하는 직업윤리, 개별 시민의 정치행위와 관련된 자세를 규율하는 '시민적 덕성', 그리고 국가의 근간 서사와 정체성,즉 건국·호국 정신과 헌법정신이다. 이는 일종의 공준으로 국가에 대한 애착심, 애국심, 자부심의 원천이다. 국가의 하드웨어 소프트웨어를 통합하는 이념이 바로 자유주의, 민주주의, 공화주의, 공동체주의 등이다.

하드웨어 특성은 사회·커뮤니티는 수백 년의 역사를 가진 종교, 문화, 지리, 풍토를 통해 알 수 있다. 시장·경제의 특성은 산업, 무역, 고용 등을 다룬 수많은 경제통계를 통해, 국가·권력의 특성은 헌법·선거법과 법·규제와 세금·예산과 선거 쟁점과 표심 등을 통해 알 수 있다. 자신의 얼굴은 거울에 비춰보고, 다른 사람 얼굴과 비교해 보면 알 수 있듯이, 한국의 국가·시장·사회와 지방·마을의 특성도 다른 나라들과 비교를 해야 명료하게 알 수 있다. 결론만 먼저 말하면, 대한민국 하드웨어 특성은 한마디로 국가·권력의 과잉 혹은 비대다. 국가·권력이 쥐락펴락·좌지우지하는 분야가 광내무변하다. 미국, 유럽, 일본이라면 시장이나 사회·커뮤니티(직능협회 등)가 자치적으로 처리하거나, 지방이나 마을·소지역이 자치적으로 처리하거나, 아니면 개인이 자치적=자율책임으로 처리 할 일을 국가가 처리한다. 이는 권력자의 욕망과 강압 때문만이 아니다. 거의 모든 제도·기관과 국민들이 국가와 대통령에 의한 공적 조정·통제를 요구하기 때문이기도 하다. 이는 중국, 조선(남북한), 베트남 등 유교문화권 국가가 다 비슷하다. 하지만 일본은 유교문화권이 아니다. 국가 자체가 제왕이니, 국가의 다양한 층위에서 크고 작은 권력을 휘두르는 존재; 대통령과 행정부는 말할 것도 없고, 국회와 국회의원, 법원과 법관, 지자체와 지자체장, 공공기관장, 방통위 등 합의제기관의 의사결정자들이 다 소제왕이 될 소지가 크다. 이것이 크고 작은 제왕적 권력을 위임받아 행사할 공직자를 결정하는 선거가 사생결단의 전쟁으로 되는 이유다. 이는 정치 발전 혹은 민주주의의 정상발육에 너무나 열악한 토질인 것이다. 척박한 토질이라 하더라도 농업 기술로서 옥토 이상으로 소출을 올릴 수도 있는 것처럼, 하드웨어 구조의 문제가 망국 정치의 변명이 될 수는 없다. 한국은 상호 선택권과 거부권 혹은 경쟁과 협력, 견제와 균형이 잘 작동하는 곳은 세계적 수준의 상품서비스를 쏟아내는 것에서 보듯이, 하드웨어 소프트웨어 특성을 정확하게 이해하고, 적절한 보완 장치를 달면 얼마든지 세계적 수준의 정치와 민주주의도 이룰 수 있다. 1987년 민주주의는 대한민국의 핵심 소프트웨

어인 국가 서사와 정체성은 말할 것도 없고, 그 못지않게 중요한 시민적 덕
성과 직업윤리와 시민종교에 대해서도 거의 신경을 쓰지 않았다. 그 결과
아파트, 빌딩, 공항, 항만, 고속철도 등 물질적 인프라는 선진국 수준으로
발달했지만 정치문화는 오히려 아프리카로 후퇴했다고 해도 과언이 아니
다. 민주화운동에 청춘을 바친 사람들이, 바다에 쟁기질했다고 느끼는 이
유 중의 하나다.

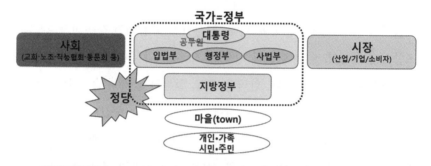

민주공화국의 하드웨어

사회와 지방의 특성

그 역사가 가장 긴 사회·커뮤니티의 특성을 보다 자세히 살펴보면 다음
과 같다.

조선 시대 이래 사회의 핵심 연대단위는 조상(중시조)을 공유하는 혈족·
친족공동체, 즉 가문·문중이었다. 이 목적은 조상에 대한 제사의례를 수
행하면서 친족끼리 상부상조하는 것이었다. 조선의 마을은 공동체성이 없
거나 취약했다. 마을의 지배자인 양반·사족들은 마을을 풍요롭게 하는

공용 인프라, 즉 공공재(도로, 다리, 둑방, 저수지 등) 건설에는 별 관심이 없고, 과거 준비 등을 빌미로 군역, 부역은 회피하고 지방관과 결탁하여 납세 등의 의무부담은 회피하였다. 그러면서도 '향약(조목)'과 '향회' 등을 통해 각종 유교적 교리와 예법으로 백성을 계도, 교화하려 하였다. 이 현대 일본이나 유럽과 달리 한국에 공동체문화가 취약한 이유이다. 국가권력의 교체기(인민공화국, 대한민국)인 1945~1953년에 얼굴을 맞대고 산 이웃(성씨)끼리 학살과 보복을 주고받은 참극은 수백 년 동안 축적된 멸시와 천대가 만든 원한을 빼놓고는 설명되지 않는다.

동시대 유럽, 일본, 중국에 비해, 생산판매 공동체인 상공업자(동업자) 조합이 취약했다. 이는 이른바 상도의=직업윤리가 튼실하게 자라날 토양이 없었다는 것을 의미한다. 한국은 유럽, 일본과 달리 세습 영주·귀족이 지배하는 '지방'이 없었다. 조선시대에도 응집력 있는 중간매개 집단이 아예 없거나 빈약한 '모래알처럼 원자화된 사회'였는데, 분단과 전쟁으로 인해 대규모 피난민(이산), 이농(도시화), 잦은 이사, 이웃과 교류 없이 지낼 수 있는 아파트 거주의 보편화 등에 따라 전통적인 관계망(공동체)은 산산이 쪼개졌다. 그래서 보충성 원칙의 출발 단위인 사회·커뮤니티와 마을과 지방은 없는 것이나 다름없다. 지방자치단체를 지방정부라 부르지 않는 것은 정부에 값하는 권능(자치입법권, 재정권, 조직권, 형벌권 등)이 너무 적기 때문이다. 그럼에도 불구하고 지자체장을 소황제라 부르는 것은, 이재명이 성남시장과 경기지사를 하면서 똑똑히 보여주었듯이 예산권과 인사권(비록 채용과 해임권은 제한되어 있지만)으로 무소불위의 힘을 발휘할 수 있기 때문이다.

지방민(특히 호남민)에 대한 사회적 편견이나 부당한 배제와 차별은 피해의식을 공유하는 특정 지방민의 연대를 촉진했다. 한 지방이 연대하여 특수이익을 추구하면, 다른 지방도 연대하기 마련. 여기에 정치인이 영합 혹은 편승하면 지역주의는 강화된다. 더 타락하면 염치와 상식을 완전히 팽개친 부족주의가 된다.

한편 산업화와 민주화에 따라 전근대사회를 떠받친 유교적 가치관과 무속적 가치관도 퇴조했다. 이산 이농=도시화·산업화에 따라 기독교 교세가 성장했으나, 2000년대 들어 퇴조하는 조짐이 역력하다. 반면에 개인주의, 물질주의적 가치관이 크게 성장하였다. 인간의 반사회적인 충동을 제어하고, 윤리적 사고와 행동을 유도하는 힘은 내면세계를 규율하는 종교(유교, 불교, 기독교 등)와 동업자들의 감시와 사회적 평판·명예인데, 2000년대 들어 이것이 모두 약화, 퇴조하는 경향을 보이고 있다. 물론 인간의 윤리적 사고와 행동을 유도하는 힘은 이해관계자(유권자, 소비자, 협력업체, 경쟁자, 내부 직원 등) 간의 선택권 및 거부권도 있고, 민형사상 응징도 있기에, 이들이 잘 작동하는 곳은 달랐다. 하지만 양대 정당의 독과점과 당권파의 독재가 가능한 구조 하에 있는 정치분야는 선택권과 거부권이 잘 작동하는 곳이 아니다.

유럽은 수백 년 동안 인간의 내면세계를 규율하는 보편 종교(루터교, 청교도 등)가 있었고, 이해관계자 간의 선택권과 거부권이 잘 작동하는 큰 시장도 있었고, 세금도 내고 무기를 들고 싸우는 시민의 지위가 급상승하는 국가총력전도 있었고, 시민혁명도 있었다. 그런데 조선은 이 모든 것이 결여되었다. 수기치인, 극기복례, 안빈낙도, 청백리 등 공직 윤리는 엄청나게 강조했다. 하지만 근로윤리는 '종'들에게만 적용됐다. 상공인이나 전문직업인의 상도의=직업윤리와 직무능력은 개념 자체가 없었다. 암행어사 제도 등 공직자에 대한 감찰·사정 기능은 잠깐(조선 숙종시대) 작동했다고 알려져 있지만, 조선 후기까지 작동했다는 증거는 없다. 분명한 것은 유교에서 발원하는 윤리 중에서 현재 살아있는 것은 거의 없다는 사실이다.

시장의 특성

한국 시장과 경제의 가장 주요한 특징은 엄청나게 개방된 자본주의 시장경제이면서도, 국가·권력의 영향력이 강한 '국가주의 시장경제'이다. 대한민국은 조선 유교체제, 식민통치, 분단·전쟁과 정전체제, 국가주도 경제발전의 성공이라는 독특한 역사로 인해, 국가·권력과 공공부문이 영향력은 상업무역계약(광대한 사적자치 영역)과 지방자치분권의 전통이 강한 대부분의 OECD국가들과는 비교할 수가 없을 정도로 크다. 유럽, 영연방, 북미, 일본, 중국의 시장은 한국과 달리 공급자도 많고(독과점 업역이 상대적으로 적고) 수요자도 많다. 한국은 지대 할당 방식(국가규제로 특정 사업자에게 특수이익 몰아주기)의 산업발전 전략으로 인해 수요자와 공급자 자체가 적다. 지리, 인구적 조건과 산업발전의 역사로 인해 수요와 공급이 독과점화되어 있는 산업(업종)이 많기 때문이다.

그래서 규제가 많다. 경제 분야만 보면 한국은 지리·인구 조건과 지대할당 방식의 산업발전 전략으로 인해 수요와 공급이 독과점화되어 있는 산업(업종)이 많다. 한국의 생산물 시장과 생산요소(노동, 금융, 부동산) 시장은 그 어떤 나라보다도 국가의 규제와 간섭이 심하다. 노동시장, 금융시장과 에너지(전기, 가스, 석유 등)산업, 보건의료산업, 토목건설(주택 SOC)산업, 교육, 농업, 국방, R&D, 방송통신, 공공정책 분야 등은 국가 규제, 정책, 예산, 공기업 및 공공기관에 의해 좌지우지된다. 대학과 방송통신과 공공정책연구 분야 역시 마찬가지다. 그러니 사회의 향도이자 목탁인 언론과 지식사회도 눈치 보기와 몸 사리기를 하지 않을 수 없다. 한국에서 재벌·대기업과 중소협력업체의 힘의 격차, 다시 말해 상호 선택권 및 거부권의 불균형이 심한 것은 기본적으로 국가주도로 수출대기업이 먼저 성립한 다음, 이들의 부품 국산화 내지 조달처 다변화 전략에 따라 중소협력업체가 생겨났기 때문이다. 그러니 원청 대기업과 하청 중소기업의 힘의 격차가 클 수밖에 없었다. 바로 이런 이유들 때문에 헌법에 중소기업 보호 조항이 들어가고, 시장(거래와 계약)에 대한 국가 간섭과 통제가 많은 것이다.

그럼에도 불구하고 한국에서 시장이 잘 작동하는 곳, 즉 경쟁과 거래가 자유롭고 공정한 곳, 상호 대항력(선택권 및 거부권)의 균형이 잘 잡힌 곳은 의외로 적다. 이곳은 격차는 클지언정 우월적 지위의 오남용 현상이 잘 일어나지 않는다. 하지만 독과점, 국가규제 등으로 인해 시장이 잘 작동하지 않는 곳에서는 대체로 먹이사슬 구조가 형성되어 있는 만큼 갑질이 횡행한다.

국가의 특성

1987년 헌법에는 국가의 보장이 총 24번, 보호가 총 13번, 보호·육성이 2번, 육성이 3번, 창달이 2번(민족문화), 진흥이 1번(평생교육), 계도 1번(건전한 소비행위) 규제조정이 2번(119조 경제, 125조 대외무역) 언급된다. 보호·육성 대상은 농업 및 어업과 중소기업(제123조)이며, 육성대상은 지역경제 농·어민과 중소기업의 자조조직(제123조)과 대외무역(제125조)이다. 대외무역은 규제·조정 대상이기도 하다. 보장대상은 '공무원의 신분과 정치적 중립성'(제7조) '복수정당 제'(제8조) '불가침의 기본적 인권'(제10조) '국민의 재산권'(제23조) '교육의 자주성·전문성·정치적 중립성 및 대학의 자율성'(제31조) '적정임금'(제32조)이며, '안전보장'이 10번 언급된다. 한국 헌법과 체계나 사용하는 개념어가 비슷한 일본 헌법(1946.11.3.)과 비교해도, 한국은 국가에 너무 많은 보장, 보호, 육성, 진흥 업무를 맡겼다. 예컨대 일본의 보장 대상은 거의 기본권(인권, 학문의 자유, 노동3권 등)이다. 보호라는 말도 딱 1번 나오는데 그것은 "26조 ②모든 국민은 (…) 보호하는 자녀에게 보통 교육을 받게 할 의무를 진다"이다. 육성, 진흥, 창달, 계도, 규제, 조정이라는 말은 일본 헌법에 나오지 않는 단어다. 또한 '정당(party)' 관련 조항도 없다. 공무원 관련 조항도, 한국은 제7조(총강)에서 '공무원의 신분과 정치적 중립성 보장'을 천명한 데 반해, 일본은 제15조(국민의 권리 및 의무)에서 '공무원 선정, 파면'을 '국민의 고유 권리'로 천명한 것이다. 지방 자치 관련 조항도 한국은 '자치에 관한 규정'(조례)을 '법령(법률+대통령령+부령)의 범위 안'에서 제정할 수 있는 데 반해, 일본은 '법률의 범위 내에서' 제정할 수 있다는 것이다. 이는 한국의 지방자치권은 국가(중앙정부)가 행정명령으로 얼마든지 쥐락펴락 할 수 있다는 것을 의미한다.

국가의 규제와 간섭이 엄청나게 많은 것은 기본적으로 정보의 비대칭성, 상호선택권·거부권의 비대칭성 등으로 인해 시장의 갑질(약탈과 강압)이 심하고, 사회·공동체는 전반적으로 모래알인데 몇몇 큰 덩어리(노조, 협회 등 조직된 이익집단)들은 거의 예외 없이 단기적이고 협소한 이익(지대)을 추구하고, 결정적으로는 국민 다수가 국가의 보호, 보장, 진흥, 육성, 계도, 보증 등을 원하기 때문이다.

한국은 법을 집행부(행정부)가 주로 만들어 왔기에 전통적으로 행정부 재량에 많은 것을 위임해왔다. 국회는 1987년 이전에는 통법부였고, 그 이후에는 행정부의 법안 청부업자거나 정부가 차려온 밥상(법률, 예산, 정책 등)을 앞에 두고 반찬 투정, 맛 투정을 하는 역할을 주로 하다가, 여소야대가 되면서 국정운영에 대한 책임은 지지 않으면서 권한만 행사하는, 아니 훼방만 놓는 것을 업처럼 하고 있다. 1987년 이후 경제주체이건, 조직된 이익 집단이건 자신의 이익이나 이념을 유지 또는 방어하거나 쟁취하기 위해서 점점 더 강하게 국가의 법·제도·정책과 예산에 매달리고 있다. 과거에는 대통령과 행정부만 바라보다가, 이제는 국회와 법원이 주요한 로비

대상이 되었다.

한국은 혁명 전의 프랑스처럼, 아니 그보다 백 배는 더 국가와 공무원에, 대통령과 행정부, 국회와 법원과 검찰 등에 권력을 집중시켜 놓고, 견제와 통제장치는 부실하게 만들어 놓았다. 따라서 대중의 관심은 점점 더 무소불위의 국가·권력 쟁취와 자기 사익 중심 운용으로 향할 수밖에 없다.1987년 이후 다수 대중은 '선거와 SNS와 시위' 등을 통해 점점 더 강한 위력을 발휘하고 있다. 이들은 다양한 정치적, 정책적 고려가 필요한 복잡미묘한 사안, 즉 외교안보 현안, 경제고용 현안(최 저임금, 근로 52시간제, 비정규직 규제, 해고 제한규제 등), 복지 현안(의료, 연금, 현금성 복지 등), 교육현안, 예산 현안 등을 흔들어 대고 있다. 선거 승리에 올인하는 주요 정당들은 여기에 휘둘리면서 민주주의 체제에 내재된 모순이 극심하게 드러나고 있다. 정치사회적 권위집단도 부실하고, 시민적 지성과 덕성도 부실한 가운데, 누군가 이들의 편견, 공포, 분노를 자극하면 대규모 폭민주의적 행동을 촉발할 수 있다. 2002년 여중생(미선 효순) 사건, 2008년 광우병, 2012년 한미FTA, 2016년 사드, 2023년 후쿠시마 오염수 관련 괴담을 근거로 한 대중시위가 그 기념비다.

민주공화국의 소프트웨어

토크빌이 『아메리카의 민주주의』를 출간했을 때(1835년), 아메리카 민주주의의 정수는 인구 2~3천 명 규모의 타운의 자치였다. 타운에서 주민 직접 참여하에, 숙의하고, 결정하고, 그에 따른 책임(재정 분담)을 지며, 타운에서 처리하기 힘든 사무는 보충성 원칙에 따라 상위 단위(카운티-주-연방정부)가 처리하도록 하는 것이다. 그런데 한국 운동권과 민주당이 이해한 민주주의는 반독재 촛불 집회·거리 시위와 5.18로 대표되는 반독재 유혈 항쟁이었다. 헌법 제1조 1항에 적시된 '민주공화국'을 소재로 한 노래도 즐겨 불렀지만, 정작 '공화국'이 무엇인지 몰랐다. 민주주의는 다수결 만능주의로 이해되었다. 민주주의의 학교는 파업이 아니라 소공동체에서의 자치, 즉 참여-숙의-결정-책임·부담의 중요성도 알지 못하였다. 상식과 헌법이 가리키는 민주주의는 자유민주주의 혹은 민주공화주의라는 것을 몰랐다. 김동규(21세기공화주의클럽 정책위원장)은 민주와 공화의 관계에 대해 이렇게 말했다.

나라의 기본 틀(사회계약)인 헌법은 만장일치로 만들지만, 나라 운영을 위한 정책과 법률은 1인 통치 또는 소수 통치 또는 다수 통치에 맡기는 것이다. '공화'는 만장일치 사회계약을 유지하는 요령이자 원칙이다. '민주'가 다수파에게 운전대를 줬는데, 이 다수파가 모두를 위해서가 아니라 자신들만의 이익만 챙기고 있다면 소수파는 사회계약에서 이탈하려 할 것이다. 다수파의 이런 행동을 막아 공공선(모두의 이익)에 봉사하도록 만드는 메커니즘이 '공화'다. (…) '공화'가 '민주'에 앞선다. 국민 모두의 의사를 받드는 것이 '공화'이며 다수파의 의사를 받드는 것이 '민주'다.

국가, 시장, 사회를 실제로 움직이는 것은 전문 직업인이다. 정치인, 선출직 공무원, 직업공무원, 기업인, 종교인, 전문가(의사 변호사 기술자 등) 등은 다 전문 직업인으로 포괄할 수 있다. 상식적으로 국가의 경쟁력 아니 흥망은 결국 이들 전문직업인의 기량(창의, 생산성), 열정, 윤리에 달려있다. 사람은 원래 끈끈한 관계망의 일원이 되면 진중해진다. 관계망은 사회적 연대망이기도 하고, 반사회적 일탈을 제지하는 감시망이기도 하다. 이는 자유롭게 혹은 제 멋대로 움직이려는 사람의 발목도 잡지만, 동시에 도덕적 일탈도 제지한다. 집단을 이루고 있기에 각종 정치·사회적 무례나 폭력으로부터 보호도 해준다. 인간의 윤리의식의 모태는 오랫동안 알고 지내면서 지켜보고 도움을 주고받는 사회적 관계망이다. 핵심은 가족이다. 인간의 윤리는 행위 주체를 감시하는 눈이 날카롭고, 일탈행위에 대한 징벌이 강력해야 강건해진다. 모든 것을 다 지켜보는 전지전능한 신이 존재하든지, 아니면 동업자들이 매의 눈으로 상호 감시를 하고 자율적으로 '물관리=평판관리'를 하든지, 그도 아니면 언론이나 국민(소비자)들이 날카롭고 기억력 좋은 감시자가 되어 주어야 강건해진다. 원래 직업윤리는 해당 직업 종사자들이 수백 년 간에 걸쳐 축적한 경험과 지혜의 총화이다. 직업 종사자들의 자정노력을 통해 사회적 신뢰를 획득하여 장기적으로 번영하려는 지혜다. 직업윤리는 직업적 소명에 충실한 태도가 핵심이기에, 자리나 기회를 준다고 덥석 맡으려 하지 않는다. 권력과 돈과 명예가 따라오는 자리를 준다해도, 자신의 자질이 현저히 부족하다고 판단되면 그 자리를 고사하는 것이 직업윤리다. 그런데 한국에서 선망의 직장이나 직업은 위험은 없고, 권한은 큰데 책임은 별로 없고, 일은 널널하고, 급여는 높은 등 일종의 귀족 같은 자리이다. 이는 한국의 정부조직이나 군대조직에 많은데, 대체로 위계서열상 가장 밑에 있는 사람이 가장 바쁘고 유능한데, 위로 올라가면 점점 무능해진다. 바로 그렇기에 승진 경쟁이 치열한 것이다.

한국은 너무 오랫동안, 광범위한 영역에서 국가권력에 의해 가치가 일방적으로 할당되어 왔기 때문에, 권한에 상응하는 책임, 권리에 상응하는 의무, 혜택에 상응하는 부담, 편익에 상응하는 비용 등을 묻는 문화가 취약하다. 그래서 고액연봉을 받고 놀면서, 일은 부하들과 외주 용역회사에다 시키고도 양심의 가책을 전혀 느끼지 못하는 사람이 부지기수이다. 가치의 자발적 교환=거래로 굴러가는 시장이 발달한 사회라면 이럴 수가 없다. 자신이 참여하여, 어떤 결정에 따르는 책임(자신의 돈과 노동력 제공)을 스스로가 지고, 그 편익을 쉽게 확인하는, 주민자치가 발달한 사회라도 이럴 수는 없다.

개인 윤리든 직업 윤리든 결국 가치관의 문제고, 이는 인생관 특히 사생관(死生觀)의 문제이다. 무엇을 위해 죽고, 무엇을 위해 살 것인지, 무엇이 보람이고, 행복인지에 대한 대답이 바로 가치관이요, 사생관이다. 이는 종교 혹은 종교심 없이 강건해지기는 어렵다. 평가가 쉬운 단순 노동은 감시, 평가, 보상 시스템의 합리화로 규율=강제할 수 있다. 하지만 정치인, 법관, 고위공무원, 기업 임원, 창의적 활동을 하는 엔지니어, 의사 등 자율책임 하에 큰 권한을 행사하고 열정을 발휘하는 전문직업인은 감시, 평가, 보상 시스템 합리화만으로는 부족하다. 내면을 규율하는 건강한 가치관·사생관이 필요하다. 실은 개인의 건전한 정치·선거참여 행위와 엄청난 희생·고통과 행복·기쁨의 원천인 결혼·출산·육아 행위도 건강한 가치관·사생관 뒷받침 없이 이루어지기 힘들다. 희생, 헌신, 양보, 인내, 친절, 자제, 절제 등 주요한 시민적 덕성들은 종교심 내지 시민종교에 뿌리박은 시민적 덕성과 직업윤리 없이 오래 유지되기 힘들다. 역사적으로 위대한 왕들이 기독교, 이슬람교, 불교 등을 받아들여 솔선수범하여 신도가 되고, 귀족들과 민중들까지 신도로 만든 것은 종교가 인간의 가치관·사생관 등 정신세계를 지배하기 때문일 것이다. 그래서 기독교나 불교든 종교를 쫓아내면 어떤 형태로든, 보이는 세계와 보이지 않는 세계, 생활 세계와 죽음 이후의 세계까지 관장하는 종교나 준종교 같은 사상이 들어올 수밖에 없다. 사회정치적 생명론을 가진 주체사상을 종교로 분류하는 이유가 있는 것이다.

서구에서 민주주의와 종교는 매우 중요한 주제였지만, 한국에서는 그렇지 않았다. 사실 이것이 한국 민주주의 담론의 큰 허점이다. 토크빌의 『아메리카의 민주주의』의 핵심 화두는 자연환경과 종교와 습속(moeurs, mores)의 관계였다. 토크빌은 습속을 마음의 습관(habits of heart)으로, 국민들의 도덕적, 지적 상태의 총체로 이해하였다. 습속은 사회 구성원들의 사고방식과 행동양식의 총체다. 세계관, 가치관, 역사인식, 감정반응(희로애락과 공포) 등. 습속에 결정적인 영향을 미치는 것이 바로 종교다. 토크빌은 남미의 풍요로운 자연은 "사람들을 현재에 집착하게 만들고 미래에는 무관심하게 만드는 어떤 힘 같은 것이 깃들어 있다"고 보았다. 18세기 말 이후 미국 정치의 상대적 안정과 프랑스 정치의 긴 혼란·불안정을 설명할 때, 전자는 종교(기독교)에 기반한 혁명인데 반해, 후자는 종교(가톨릭)를 적대시하는 혁명이었다는 차이로 설명한다.

한국 민주화운동은 박정희·전두환 시대에는 기독교(개신교와 가톨릭)의 보호와 배려를 많이 받았다. 기독교가 좌익 편향 민주화운동의 피난처 였다. 하지만 1987년 이후 민주화운동의 주류는 맑스주의나 주체사상을 뿌리를 두고 있었기에 종교와 오히려 적대적이었다. 한국 민주화운동은 이란이나 터키처럼 어떤 전통사상(이슬람)에 기반을 둔 것도 아니었다. 반외세(반일 반미) 민족주의 기치아래 일본과 미국으로부터 유래한 많은 것(법제도, 언어 등)을 배격하고 '우리 것'이나 민족문화(탈춤, 판소리, 설, 한복, 한의학 등) 복원을 강조했다. 그래서 조선적인 것(위정척사파 세계관)과 북한적인 것(구좌익 세계관)이 거세게 부활하였다.

자유민주주의는 개인·가족과 소공동체의 지성과 덕성이 높고, 전문가의 직업윤리가 튼튼하지 않으면잘 굴러갈 수 없는 제도이다. 특히 개인의 지성과 덕성이 강하지 않아, 비이성적 분노와 혐오에 사로잡히면 히틀러 같은 선동가나 이재명 같은 사기꾼의 먹이가 되기 십상이다. 개인의 덕성(시민적 덕성)은 종교심 없이 튼실할 수 없고, 시민적 덕성 없이 강건한 직업윤리와 민주정치를 만들기는 어렵다. 어쩌면 종교심 없이 선진 민주공화국을 건설한다는 것은 철근 없이 고층 건물을 짓는 격인지도 모른다.

'보충성의 원칙'은 개인과 지방(자치단체)과 국가의 관계에 있어서 문제해결에 가장 가까이에 있는 당사자 또는 하부단위가 주도권을 쥐고 문제를 해결하여야 한다는 원리다. 다시 말해 국가·권력 혹은 상부 단위는, 개인, 마을, 지방 등 하위 단위 필요하다고 인정하는 영역에만 개입하라는 것이다. 한 마디로 하부가 위임한 것만 상부에서 처리하고, 하부가 위임하지 않는 것은 상부가 개입하면 안 된다는 원칙이다. 보충성 원칙은 개인, 가족, 마을, 지방, 주(州)의 자유를 지키는 원칙이다. 보충성 원칙은 연방·중앙 정부와 주·지방 정부와 타운·마을(기초 자치단위) 간의 사회계약이라는 개념을 전제로 한다. 이는 국가(중앙정부)와 지방정부와 마을 간의 관계도 관통하고, 국가와 개인 관계도, 국가와 시장 및 사회·공동체 관계도 관통한다. 국가는 권력=폭력으로 사무를 처리하는 데 반해 시장은 상호 합의=상거래로, 사회는 연대 호혜 사랑의 원리로 사무를 처리하기에 시장과 사회가 할 수 있는 일은 시장과 사회에 최대한 맡기고, 필요 최소한으로 국가 권력을 발동시키는 것이 사리에 맞는다.

탈이념·탈종교의 위험

지금 시대가 요구하는 이념은 진실되고 균형잡힌 대한민국 근현대사 인식을 토대로, 인류의 경험·지혜·양심의 총화인 자유주의, 민주주의, 공화주의, 법치주의, 시장경제주의, 직업윤리, 시민적 덕성 등을 녹여낸 체계적인 역사관, 세계관, 사생(死生)관, 가치관 등이다. 이념도 종교처럼 삶에 의미와 소명을 부여하여 위대한 희생과 헌신을 가능하게 해 준다. 인생의 거듭된 실패와 좌절에도 굴하지 않게 하고, 부정한 유혹과 충동은 떨쳐내도록 한다. 이념이 없는 사람이나 집단(특히 정당)은 생각이 뒤죽박죽되고, 사생관과 소명이 흐릿해지면서, 유혹과 충동에 쉽게 넘어진다. 특히 거대한 이권을 주무르고, 수백만 명의 원성과 환호가 엇갈리는 사안을 다루는 고위공직자,

정당 권력자, 판·검사 등은 이념이나 종교에 뿌리박은 사생관이 흐릿하면 직업윤리를 견지하기 어렵다. 대장동 게이트 등을 통해 드러난 한국 정치·행정·사법·언론 엘리트의 추악한 거래는 직업윤리의 처참한 죽음을 증거한다. 높은 산은 고도가 올라가면서 생육 환경이 달라진다. 한라산 정상보다 킬리만자로산 정상이 더 혹독하다. 주무르는 이권이 클수록, 함성을 지르는 군중의 숫자가 많을수록, 권력의 칼날에 가까울수록 직업윤리의 생육 환경은 더 혹독해진다. 주권자인 다수 대중의 탈이념·탈종교도 문제지만, 정치·행정·사법·언론 엘리트의 그것은 국가 존망의 문제이다. 탈이념·탈종교는 자칫 더러워진 목욕물을 버리다가 아이까지 버리는 우를 범할 수 있다. 그런 점에서 보수는 이념을 강조해서가 아니라, 진짜 이념이 무엇인지를 모르고, 그나마 반공이나 반주사(주체사상)조차도 철지난 어떤 것으로 여기니까 문제라고 보아야 한다. 공산주의나 주체사상을 노골적으로 선전하는 집단은 거의 없지만, 이들의 뿌리에 해당하는 역사관, 인간관, 세계관은 건재하여, 대한민국의 퇴행·열화·쇠락·내파를 초래하는 악행을 방관하기 때문이다.

8장. 구시대의 황혼, 새시대의 새벽

운동권·문재인정부의 불멸의 공적과 과오

1987년 6월항쟁과 6.29선언 - 7~9월 노동자대투쟁 - 12월 대선 - 1988년 2월 노태우정부 출범 - 4월 총선에서 여소야대(1노3김의 4당 체제) 형성으로 민주화는 불가역적인 흐름이 되었다. 6공화국 첫번째 직선 대통령 노태우도 민주화라는 도도한 흐름을 거스를 수 없다는 것을 알았다. 그는 회고록에서 전두환과 자신이 재임하던 시기를 '민주화 시기'라 규정하면서 이렇게 말했다.

민주화의 시기는 욕구분출의 시기이다. 이 거친 욕구분출은 역사의 대세이고 당위이므로 도도히 흐르는 강물과도 같아서, 어설프게 막으려 하다가는 둑이 터지고, 그렇다고 내버려두면 마을을 휩쓸어 생존의 근거를 무너뜨린다. (…) 나는 지금도 민주주의는 공짜가 아니라 비싼 대가를 치러야 자기 것으로 만들 수 있는 귀중한 가치라고 생각한다. 오죽하면 미국 독립선언의 기초자인 토머스 제퍼슨은 "민주주의는 독재자와 애국자의 피를 마시며 자란다"는 끔찍한 이야기를 했겠는가.

민주화 시기는 민주화운동세력 혹은 민주·진보(평등)·노동(민중)·민족(평화)·인권·도덕 등을 파는 운동권 정치세력이 도덕, 문화, 이념, 정책 등에서 헤게모니를 행사하는 시대를 말한다. 민주화운동세력의 아명(兒名)이 재야·운동권인데 1985년 2월 총선과 1987년 6월항쟁을 도약대로 하여 점점 높이 날아오르다가 2017년 대선, 2018년 지선, 2020년 총선(민주당·정의당 189석) 승리로 경제를 제외한 거의 전 분야(행정-입법-사법-지방-방송언론-노동-교육-문화-시민사회 등)를 지배하기에 이르렀다. 하지만 이 헤게모니는 문재인정부의 폭정과 민주당의 반민주적 폭주(국회독재)와 함께 끝났다. 한 때는 다양한 분야(경제·교육·사법·정당·공장·에너지 등) 에서 변화와 개혁의 동력이었던 민주화 중에서 유효한 것은 하나도 없다. 정치민주화의 현주소에 대해서는 2부에서 길게 얘기했다.

경제민주화는 한마디로 경제의 정치화를 의미한다. 유인보상체계나 생산성 등 복잡미묘한 문제를 단순히 정치=권력 문제 혹은 강자와 약자 간 착취와 피착취 문제로 전환하면서 문제를 더 악화시켰다. 이는 반시장, 반기업, 반재벌 국가규제 강화로 내달렸다. 공장 민주화는 노조에 의한 현장 장악으로 되면서 기업 혁신=생산성 향상이 가로 막혔다. 노조위원장 직선제로 등치되는 노조민주화는 결국 노동시장 이중화, 직장의 계급화, 노조의 귀족화와 조폭화, 공공의 양반화로 귀결되었다.

교육 민주화는 처음에는 촌지거부로 시작했는데, 시간이 흐르면서 학생 간 경쟁 배제-수월성 교육 부정-학생인권 강조-교원의 권리·이익 상향-교육재정과 GDP연계(6%)-지방교육재정교부금법-총장·교육감 직선제 등으로 나타났다. 이는 결국 반대한민국 교육 콘텐츠 양산(참교육), 교권 붕괴와 교실의 정글화, 초중등학교에는 예산 홍수를 고등교육과 평생교육에는 예산 가뭄을 초래하였다.

법원 민주화는 법관이 승진이나 보직에 얽매이지 않고 법과 양심에 입각한 판결을 하도록 한다면서, 법원장 후보 추천제를 실시하고, 고법 부장판사 승진제를 폐지 했다. 또한 선임자의 조언 등도 재판 개입이라면서 단죄하였다. 결과는 법관들이 워라밸을 추구하면서 재판 연기·지체가 능사로 되었다. 법관들은 인사권자 눈치 뿐만 아니라 양심이나 상식(양형 기준이나 관례)의 눈치도 안보게 되었다. 그래서 상식을 크게 벗어난 판결이 나오면 판사의 출신지역과 정치성향을 의심하는 사람이 크게 늘어났다. 법원에 대한 신뢰가 크게 실추되었다. 사법(검찰)민주화는 피의자와 범죄자 인권 보호, 공수처와 검경 수사권 분리 및 검찰수사관 박탈 등으로 나타났는데, 결과는 범죄 수사와 처벌은 무뎌지고 지연되면서, 범죄자는 확실히 살판 났다.

김대중이 특별히 강조한 '서민을 위해서 싸우는 정당'도 대 국민사기극으로 판명되었다. 말이 마차를 끈다는 소득주도성장정책, 즉 노동 몫을 늘리면 경제가 성장한다는 정책이 그 기념비다. 법인세·소득세 증세와 약탈적 상속세제 유지, 탈원전(전기요금 인상 요인 늘리기), 문재인케어 정책 등의 현주소도 대 국민사기극을 뒷받침하는 정책 중의 하나이다. 한편 수많은 악덕을 약한 규제와 형벌에서 찾다보니, 규제와 형벌은 점점 세졌다. 중대재해처벌법과 민식이법, 그리고 학교 주변 30km 속도제한과 3배의 과태료 등의 패악도 모르는 사람이 없다. 파탄 난 것은 이 뿐 아니다. 촛불시민혁명 서사에 입각한 적폐청산, 역사 바로세우기를 명분으로 자행된 건국사 재해석, 탈원전과 태양광 확대, 환경보호(강 준설 반대와 4대강 보 철거), 광주·호남 지역에 특혜 몰아주기(5.18유공자 예우 강화) 등 민주·진보적 가치·정책의 정수들이 초래한 참담한 결과를 온 국민이 똑똑히 보고 있다. 민노총, 전교조, 공영방송 노조의 본질도 드러났다. 참여연대, 여성단체 등 시민단체들의 위선도 드러났다. 민주당이 간판상품으로 팔던 가치·비전·정책 중에서 온전한 것은 단 하나도 없다. 보수에 비해 비교 우위를 유지하는 것도 거의 없다. 뻔뻔함, 거짓말, 적반하장, 내로남불은 확실히 비교 우위라고 인정 받을 수 있을 것이다.

민주당의 중핵인 1980·90년대 운동권과 열성 지지층(조국기 부대와 개딸들)은 의도와 결과의 괴리를 깊이 천착하고, 가치·정책의 전제조건을 살피는 등 스스로 생각하는 능력을 잃어버린 화석이나 좀비와 다를 바 없다. 스스로 생각하는 능력을 잃어 버리면, 집요하게 사상이념 사업(공작)을 해대는 조선로동당과 깊은 뿌리를 가진 전통 사상(주자 성리학)과 1968혁명을 계기로 유행하는 서구 신좌파이념(환경, 여성, 성소수자 옹호)의 포로가 될수밖에 없다. 따라서 화석·좀비는 종북·반미·반일·친중에 친조선으로 기울어지기 십상이다. 스스로 생각하는 능력이 있었던 김대중·노무현이 지배하던 민주당에 비해 문재인 등 화석·좀비 운동권이 지배하는 민주당이 훨씬 좌익화, 조선화, 저질화된 것은 이 때문이다.

문재인정부의 불멸의 공적이자 죄악은 오래 전에 수명을 당한 1987년 컨센서스를 강하게 거칠게 실행하여, 시대착오, 위선거짓, 작동불능이라는 것을 만천하에 까발린 것이다. 이재명 후보·당대표의 불멸의 공적도 있다. 국정운영은 미숙해도 도덕성 하나는 비교 우위일 것이라는 막연한 신화를 박살낸 것이다. 한 때는 국회의석 81석으로도 민노총 등 진보시민사회단체와 연대하여, 행정권력, 입법권력을 완벽히 틀어쥐고, 지방권력도 상당부분 틀어쥔 이명박정부를 흔들었던 도덕성 우위 내지 문화적 헤게모니를 무너뜨린 것이다.

윤석열정부는 1987년 컨센서스와 이를 받아 안은 운동권정치가 낡고 썩어 문드러진 시기에 출범했다. 윤정부는 이명박·박근혜정부와 비교하면 겨우 행정 권력 하나만 차지했지만, 법과 원칙에 입각한 노조 불법 행위 단속, 글로벌 스탠다드에 입각한 노동개혁 연금개혁 시도, 제3자 변제 방식의 위안부 배상판결 처리와 한일관계 정상화, 북한인권 문제 제기 등 상식적 대북정책을 펼쳤다. 그 과정에서, 그 동안 주류 자유진영이 극력 회피했던 역사논쟁도 벌였다. 공산전체주의에 대한 이념 시비도 벌였다.

하지만 철학·가치·이념의 밀물과 썰물이 교차되는 시기라서, 윤석열정부는 구시대의 통념=1987년 컨센서스에 순응하거나, 굴복하기도 하였다. 5.18을 헌법 전문에 싣겠다는 공언과 제왕적 대통령 권력을 내려놓는다면서 스스로 대통령의 눈과 귀를 막고, 손과 발을 잘라내고, 뇌를 축소시키는 우(국정과제 12번)가 대표적이다. 책임총리·장관제라는 도저히 작동할 수 없는 정책도 추가해야 한다. .

문정부가 저지른 일 중에서 직업공무원 컨센서스에 현저히 어긋난 많은 정책; 소주성, 부동산, 문케어, 친노조, 탈원전, 공공부문 81만 개 등을 중단하거나 시정할 수도 있다. 하지만 그 역시 문정부가 늘린 공공부문 일자리 50만 개에 대해, 윤정부는 인위적 구조조정 없이 연 5천 명을 자연감원 방식으로 줄인다는 방침에서 보듯이, 정치가 큰 틀과 방향을 바로잡으면서 책임을 지겠다고 하지 않으면, 아무리 유능한 직업공무원이라도 언발에 오줌누기식 대응을 할 수밖에 없다. 120과제와 기획재정부가 주도하고 관계부처 합동 명의로 내놓은 경제정책 대부분이 언발에 오줌 누기거나, 여기저기서 튀어나오는 두더지 잡기 방망이질이나 다름없다. 사실 이 역시 1987년 컨센서스의 자장(磁場)을 벗어나지 못한 소치다.

책임정치를 무력화하는 공공기관장들에 대한 임기보장도, 정치의 입김을 차단하는 데 방점을 찍은 1987년 컨센서스의 발로다. 그래서 역대 정부들은 다 변칙적 수단으로 내몰았는데, 윤석열·한동훈 검찰에 의해 이를 직권남용 권리행사 방해로 처벌하므로서, 스스로의 손발(변칙적 축출 수단 방법)을 묶어버리니 1987년 컨센서스의 모순이 더 극명하게 드러났다.

1987년 컨센서스의 밀물의 시대, 민주진보 헤게모니가 강성한 시대에는 보수 혁신은 기조는 정통·강경·아스팔트 보수와 멀어지고 진보와 가까워지는 것이었다. 과거 한나라당 미래연대, 유승민, 이준석, 천하람(당대표 된다면 당사에 김대중 노무현 사진 걸겠다 운운), 오세훈 등이 표방한 개념

보수, 개혁보수, 유연보수, 따뜻한보수, 새로운보수의 노선은 본질적으로 1987년 컨센서스의 밀물시대, 보수가 정치정책적으로, 이념문화적으로 밀리던 시대의 보수혁신 노선이다. 그런데 1987년 컨센서스의 썰물 시대, 민주진보 헤게모니 퇴조 시대의 혁신은 민주당·정의당·진보당 노선과 멀어지고, 자유·보수·우파 와 가까워지는 것이다. 즉 시장·생산성·자유·개방 친화적이고, 미국·일본·유럽과 연대를 중시하고, 생산성 차이에 따른 격차를 존중하는 것 등이다. 최병천의 『좋은 불평등』이 역설하는 노선이다.

윤석열정부 1년 9개월 간의 한계와 오류의 핵심은 지피지기의 오류요, 시대인식과 시대적 소명 파악의 오류다. 그 결과가 대통령 프로젝트 선정의 오류와 정무에 대한 경시다. 윤정부의 비전하우스가 작고 좁은 오두막인 이유도, 국정운영 플랫폼이 삼륜차 수준밖에 안 되는 이유도 바로 시대(국내 정세 혹은 내치 과제) 인식의 부실에 따른 시대적 소명 파악의 오류에 있다. 실은 노무현, 이명박, 박근혜, 문재인정부가 자신이 가진 정치적 기회와 자원을 엄청나게 허비한 이유도 동일하다. 윤정부는 시대인식과 시대적 소명 파악의 오류에 더하여, 주류·우파 정부에 공통된 서사와 정체성 개념 부실도 탈피하지 못했다. 윤정부와 국힘당의 가장 큰 문제는 시대적 소명을 인식하는 사람도, 국정운영 플랫폼의 중요성과 부실함을 인지하는 사람도 거의 없다는 사실이다. 이것은 윤대통령-윤핵관-선대위-인수위-국힘당이 안고 있던 수많은 문제의 귀결이며, 윤정부 출범 후 보여준 주요 공직인사 등 수많은 문제의 근원이기도 하다. 1987년 컨센서스가 썩어 문드러진 시대, 밀물과 썰물이 바뀐 시대는 한반도 근대화의 중심세력인 자유보수의 서사, 철학, 가치, 정책에 자신감을 가지고, 과감하게 내 질러야 한다. 지금이 구시대의 황혼이요, 새시대의 새벽이라는 것을 인식하고, 웅장한 서사와 담대한 변화와 개혁을 역설해야 한다. 특히 지금 필요한 것은 변화와 개혁의 희망 아니 레토릭이다.

윤정부의 시대적 소명은 "비정상의 정상화", 즉 은연중에 이명박-박근혜 시대로의 회귀를 넘어, 대한민국 제2중흥시대를 열 이념과 세력 형성에 일조하는 것이다. 한국 대통령은 분노에 가득차 있고 자주 표변하는 민심이라는 호랑이 등에 탄 존재다. 달리다가 중간에 내리면 호랑이에게 물려 죽는다. 썩어문드러진 구체제를 죽이지 않으면, 구체제에게 죽임을 당할 수밖에 없는 운명이다. 이명박·박근혜 전 대통령처럼 시대가 요구하는 혁명을 하지 않고, 즉 기업인이나 공무원처럼 국정운영을 하면, 반동적 혁명을 당하게 되어 있다. 역사는 특별히 정책적, 사법적, 윤리적 잘못을 저지르지 않았음에도 불구하고, 다시 말해 폭군이나 혼군이 아니었음에도 불구하고 혁명이나 쿠데타로 일가가 도륙당한 군주들이 적지 않다는 것을 보여준다. 루이16세(프랑스 혁명)와 니콜라스2세(러시아 혁명)가 대표적이다. 실은 박근혜 전 대통령도 그런 경우다. 이는 그 전 수십수백 년에 걸쳐 누적된, 즉 그 전 왕조나 정권들이 외면 방치한 심각한 모순부조리가 당대에 폭발했기 때문이다. 각종 지표와 징후를 종합해 보면 21세기 대한민국은 그런 나라다.

3부
근대화 완성의 레일, 2024년 컨센서스

1장. 향후 수십 년의 설계도, 최소 10년은 걸릴 일

김대중·노무현 정부에 대한 강성 지지층의 주된 불만은 정책 노선이 덜 진보적=좌파적이라는 것이었다. 특히 경제정책이 신자유주의적이라는 것이었다. 무자비하게 짓밟아버려야 할 것 같은 자유·보수·우파를 너무 신사적으로 다룬다는 불만도 만만치않았다. 특히 이라크 파병, 민주당 분당과 열린우리당 창당, 한나라당과 대연정 제안, 한미FTA 등을 추진한 노무현에 대해서는 지지층을 배신했다는 불만이 강성 지지층으로부터 홍수처럼 쏟아져 나왔다. 2009년 5월 노무현이 부엉이바위에서 몸을 던진 것은 강성 지지층과 진보=좌파 언론이 등을 돌리면서 고립무원 상태가 됐기 때문이다. 김대중·노무현 정부에 대한 강성 지지층의 불만은 문정부에 와서 거의 대부분 사라졌다. 대신에 대한민국의 외교안보, 경제고용, 복지재정, 사회통합이 심각한 내상을 입었다. 지속가능성 위기와 말기암 증상이 훨씬 심화되었다.

그런데 윤석열정부에 대한 열성 지지층, 이른바 강성 자유·보수·우파의 불만은 별로 없다. 이재명·문재인을 왜 빨리 안 잡아들이냐 정도일 것이다. 반면에 국힘당에 대한 불만은 차고도 넘치는데, 대부분 제대로 못 싸운다는 것이다. 김문수처럼 이념 시비(김일성주의, 공산주의, 종북주사파, 간첩 시비)도 하지 않고, 한동훈처럼 민주당의 공격을 통쾌하게 받아치지도 못하고, 윤희숙처럼 정책적으로 날카롭게 찌르고 베지 못한다는 것이다. 한마디로 이슈가 생기면 싸움닭처럼 푸드득거리며 쪼아대는 사람이 별로 없다는 것이다. 한마디로 웰빙족 같다는 것이다.

김대중·노무현·문재인정부와 장외의 열성지지층은 시대착오적이라 할지라도 공유하는 정치·정책 노선이 적지 않다. 스스로를 정의, 개혁, 약자(서민·노동), 한반도 평화 편이고, 보수는 불의, 적폐, 강자(부자·자본), 한반도 전쟁 편이라고 생각한다. 그래서 김대중·노무현 정부의 일부 노선; 특히 경제·노동 정책 노선을 덜 진보적=좌파적=운동권적이라며 비판을 했던 것이다. 하지만 진보적=운동권적 노선들은 문재인정부가 대차게 실천하여 거의 파산 선고를 받았다.

하지만 이명박·박근혜·윤석열정부와 열성지지층은 공유하는 노선은 외치·법치 노선 정도다. 물론 좌파·공산주의 안 되고, 반미친북 안 되고, 법 어기면 안 되고, 포퓰리즘 안 된다는 것도 공유하고 있다. 이를 비정상의 정상화로 집약할 수 있을 것이다. 그래서 통상 안보 보수, 애국 보수, 기독교 보수로 부르는 국힘당 강성 지지층은 윤석열정부와 국힘당에 대해서는 노선 시비를 하지 않는 것이다. 하지만 경제 보수는 윤정부가 대한민국의 지속가능성 위기와 말기암 증상을 치유하기 위해 힘차게 내달리지 않으니, 윤정부와 국힘당에 대해 '왜 정권을 잡았는지, 왜 정당을 하는지' 모르겠다고 비판한다. 정규재는 윤정부와 국힘당에 대해 '하고 싶은 것이 없는 정당이요 정권'이라고 비판한다.

대체로 어떤 정권이든지 우리는 이렇게 대한민국을 개조하겠다, 경영하겠다, 개혁하겠다는 기치가 있다. 그런데 이 정권은 없다. 정말 없다. 이명박 정권은 선진국으로의 도약이었다. (…) 박근혜 정권은 초기에는 경제민주화를 내걸었다가 아차 싶었는지 나중에는 창조경제를 더 분명히 했다. (…) 문재인 정권은 그 얼토당토 않은 소득주도성장론이라도 내세웠다. 거꾸로 선 기치였다. 무지의

결과요 좌익적 오류였다.[9]

비유하자면 문정부와 민주당이 암초, 즉 외파 위기를 향해 힘차게 물살을 가르는 배라면, 윤정부와 국힘당은 어디로 갈 지 몰라서, 그저 떠 있는 배라고 할 수 있다. 그러니 물살을 가를 일이 없다. 이런 배들은 바람과 해류에 떠밀리기 십상이기에, 민주·진보·좌파=운동권정치 바람이 강하게 불면 암초 쪽으로 떠밀려 갈 수가 있다. 박근혜정부의 경제민주화가 그 증거다.

열성지지층이 성토하는 국힘당의 이미지는 첫째, 이슈가 있어도 싸우지 않고, 권좌 그 자체를 즐기는 웰빙족이다. 둘째, 좌고우면하는 유약한 기회주의자다. 셋째, 강성 자유·보수·우파를 극우라면서 걷어차는 배신자다. 넷째, 좌파라는 육식동물이 공격하면, 힘을 합쳐 싸울 생각은 않고, 같이 풀을 뜯던 동료를 먹잇감으로 내주고, 그 옆에서 한가롭게 풀을 뜯는 초식동물이다. 그 외에도 자신은 여전히 다수파·강자·주류라는 생각에서 헤어나지 못하여, 연대하려 하기보다는 비주류(한 때는 박근혜, 나경원, 안철수 등)를 축출하거나 거세하여, 진영의 헤게모니 하나는 확고히 틀어쥐려고 하는 등 뺄셈정치를 능사로 아는 이미지도 빼놓을 수 없다.

이는 기본적으로 이념적 자부심의 부재, 소명과 열정의 부실, 지피지기의 오류, 노선의 혼미에서 온다. 이념적 자부심과 소명·열정 등은 노선에 대한 확신이 있어야 생긴다. 그런데 이 확신은 자유보수=친미·반공·정의고, 민주진보=친북·좌익·불의라는 단순무식한 이분법으로 생기지 않는다. 노선에 대한 확신은 불에 달구어 구부렸다 펴기를 수백 수천번 반복하여 만드는 명검처럼, 다양한 각도의 실사구시와 비판과 회의(懷疑)이라는 연단 과정을 거쳐야 생긴다. 윤정부와 국힘당이 부족한 것은 바로 이런 과

9) [정규재 칼럼] '아무 것도 없는' 윤석열 정권 1년반, 최보식의 언론 2023.12.16.

정을 거쳐서 도출된 경세방략=국정운영 플랫폼이 없다는 것이다. 유일한 예외는 외치 노선 정도일 것이다.

배는 현재의 위치와 목적지를 알고, 해류와 바람을 알고, 엔진과 키가 있어야 힘차게 물살을 가르며 앞으로 나아갈 수 있다. 그런데 국힘당은 이 모든 것이 흐릿하거나 결여된 배와 비슷하다. 실은 국힘당 뿐만 아니라 윤정부와 자유·보수·우파 진영도 오십보백보라고 보아야 한다. 공천을 통해 웰빙 관료·교수 출신들을 아스팔트 투사들로 물갈이를 한다해도, 또 장년·노년 세대를 젊은 세대로 물갈이를 한다해도, 대한민국이 어디쯤 있고, 어디로 가야 할지, 가는 도정에 놓인 난관을 알지 못한다면 국힘당은 그 나물에 그 밥이라는 비판을 떨쳐내기 어려울 것이다. 그런 점에서 근대화세력의 위기는 윤정부와 국힘당을 포함한 자유·보수·우파 진영의 소명, 열정, 이념, 정책 등의 부실을 잘 모른다는 것이 위기의 핵심이 아닐까 한다.

나는 소명과 열정의 부실을 해결할 수 있는 방법은 알지 못한다. 하지만 지난 30~40년간 풍미한 1987년 컨센서스의 폐허 위에 건설해야 할 2024년 컨센서스의 골조에 대해서는 어느 정도 말할 수 있다. 제3부에서 제시할 시론, 즉 정책의 기본·개념 설계는 근대화완성으로 가는 레일인 2024년 컨센서스 중에서 내가 비교적 오랫동안 천착한 것들이다. 당연히 내가 잘 알지 못하는 사법, 조세·재정, 주택·부동산 분야 등은 다른 사람이 해 줄 것이라 기대한다. 새시대의 종합설계도는 자유·보수·우파 경세지성과 보편지성의 경험과 지혜를 총화하여 최소 10년은 정련하고 연단해야 만들어지지 않을까 한다.

2장. 3대개혁

연금개혁

120과제에서 '연금'이라는 말은 총 22번 등장한다. 국민연금이 8번, 주택연금 3번, 기초연금과 공적연금이 각 2번, 퇴직연금이 1번, 연금개혁이 3번이다. 하지만 공무원연금, 군인연금, 특수직역연금이라는 말은 없다. 국정과제 42번(지속가능한 복지국가 개혁)에서 국민연금 개혁을 다뤘는데, 골자는 "국민연금의 지속가능성과 공정성을 제고하고 노후소득보장 강화를 위해 사회적 합의 과정을 통한 상생의 연금개혁 추진"과 "현세대 노인빈곤 완화를 위해 기초연금을 단계적으로 인상(40만 원)"한다는 것이다. 그에 따른 "기대효과"를 "국민연금 적정부담-적정급여 체계 구축으로 안정적 제도 운영, 기초연금 인상 등 공적연금의 적정 노후소득보장 기능 강화 노인빈곤 완화"라고 적었다. 국민연금 개혁 관련된 얘기는 하나마나한 뻔한 얘기고, 기초연금은 40만 원까지 인상한다는 구체적인 목표를 적시했다. 새경방에서는 "적정 노후소득 보장 및 지속가능성 확보를 위한 연금개혁 추진"이라는 제목 하에, 주요 내용은 "(공적연금 개편) 국민연금 재정계산(~'23.3월)을 통한 국민연금 개선안 마련(~'23.下) 및 공적연금개혁위원회를 통한 공적연금 개혁 논의 추진"(국민연금기금의 장기적 수익성 제고를 목표로 전문성·책임성·독립성 강화를 위한 기금운용 개선방안 논의 병행), "(사적연금 활성화) 노후소득 보장 기능 강화를 위해 세제혜택확대 등 개인·퇴직연금의 가입률·수익률 제고 유도", "(건보료 부과체계 개편) 지역가입자 재산보험료 부담 경감, 소득중심 건보료 부과 등을 위해 건보료 2단계 부과체계 개편 추진" 등을 적시했다.

공적연금 문제가 지금보다 덜 심각하던 시기에 들어선 이명박정부는 백서에서 "국민연금과 기초노령연금 통합 및 재구조화"(3-10-1)와 "공무원연금 등 특수직역연금개선"(3-10-4)이 주요한 국정과제로 들어가 있었다. '국민연금' 76번, '공무원연금' 25번, '특수직역연금'은 17번 언급되었다. "국민연금과 기초노령연금 통합 및 재구조화"의 골자는 "국민연금과 기초노령연금을 통합하되 기초노령연금은 기초연금으로 전환해 고소득층 노인을 제외한 대부분의 노인에게 보편적으로 지급하고, 국민연금은 기초연금액을 제외하고 지급"하며, "국민연금은 현행 40%의 급여율과 9% 보험료 수준을 그대로 유지하며, 국민연금상의 균등부분과 소득비례 부분의 배분 구조도 그대로 유지하는 것을 원칙으로 하며 (…) 기초연금으로 전환된 기초노령연금의 지급대상자는 65세 이상 노인의 70%에서 80%로 확대한다"는 것이다. "공무원연금 등 특수직역연금개선"과 관련해서는 "현행 체계를 그대로 둘 경우 GDP에서 3개 특수직역연금 급여지출이 차지하는 비율이 3%를 훨씬 넘어서게 돼 더 이상 방치할 수 없는 상황"이라면서, "재정의 지속가능성을 높이고 국민연금과의 형평성을 제고하면서 제도를 선진화하는 방향으로 큰 틀의 제도 개편이 필요"하다면서, 그 방안으로 "국민연금 수준의 공무원연금(1층)+법정퇴직금(2층)+저축계정(3층)의 3층 체계로 전환"하는 방안을 제시했다. 지금으로서는 상상도 하기 힘든 근본적인 개혁 방안인데, 어찌된 셈인지 완벽히 실종되었다. 그래서 국힘당 강령(2020.9.2.)에서 조차 연금이라는 말 자체가 없다.

문정부 국정운영5개년 계획에서도 공무원연금, 군인연금, 특수직역연금이라는 말 자체가 없었다. 문정부는 지속가능성이 없는 국민연금을 개혁은 커녕 개악하는 것이 국정과제 43번(고령사회 대비, 건강하고 품위 있는 노후생활 보장)이었다. 요지는 국민연금의 지속가능성 제고가 아니라 노후 소득 보장 강화였으니! 그 결과 문정부의 국정과제는 (국민연금과 기초연금의 적정수준 보장을 위해) "국민연금 소득대체율 인상"과 "기초연금액 '18년 25만 원, '21년 30만 원으로 상향지급"과 "단시간·일용근로자, 경력단절 여성 등의 국민연금 가입 지원 확대 추진"이었다. 뿐만 아니라 고용보험과 건강보험과 필수의료 공급 체계의 지속가능성이 심각하게 대두되었지만, 역시 나 몰라라 하였다. 문정부는 매사가 이런 식이었다. 역대정부 중에서 이런 정부는 없었다. 바로 그래서 윤석열정부가 탄생했을 것이다. 그런데 큰 기대를 모은 윤정부도 연금개혁에 관한 한 의외로 소심한 면모를 보여 주었다.

　연금개혁의 기본 방향은 2022년 2~3월의 대선후보 4인 초청 방송토론 과정에서 정리 되었다. 안철수 후보가 자신의 견해를 피력하며 윤석열 후보에게 묻고, 윤후보가 답하는 방식이었다. 안후보가 피력한 국민연금의 문제점은 "낸 돈보다 훨씬 많은 돈"을 주며, "형편이 좋은 분들은 가입률도 높고 가입 기간도 길지만, 형편이 나쁜 분들은 가입 기간도 짧고 가입률도 낮아서 빈부 격차를 악화시킨다"는 것이다. 윤후보도 동의하면서 3층 체계 개편안을 검토하고 있음을 내비쳤다. 1층은 기초연금 혹은 기초생활보장으로, 2층은 현행 국민연금으로 하되 낸 것에 비례해서 주며, 3층은 자유로이 가입하는 개인연금으로 하는 방안이다. 안후보는 공무원연금 등 3대 직역연금과 국민연금의 통합 방안에 대해서도 물었는데, 윤후보는 부실이 더 심한 3대 직역연금을 개혁하지 않고 통합하면 국민연금 부실이 가속화된다면서 선(先) 직역연금 개혁을 시사했다. 윤후보는 "공무원연금은 과거 공무원 월급이 박봉이던 시절 퇴직 후 보상 차원에서 생겼다"면서 "월급이 올랐지만 연금제도를 개혁하지 못해서 문제"라 하였다. 안후보는 일본이 2015년에 공무원연금과 우리 국민연금과 유사한 후생연금을 통합하였다면서, 자신의 공약은 일본과 같은 제도라면서 "국민연금 개혁은 누가 대통령이 돼도 하자"는 4인 공동선언을 제안했고, 윤후보는 "이 자리에서 약속"하자고 동조했다. 대선후보 토론을 길게 소개한 것은 현세대와 공무원의 기득권을 침해할 수밖에 없는 공적연금개혁은 대선후보의 충심과 대선토론의 여운이 약간은 남아 있을 때 하지 않으면 결코 쉽지 않기 때문이다.

건강보험 제도가 건강한 사람(청장년)과 병자(노약자)의 연대라면 연금제도는 현직자와 은퇴자의 연대요, 현세대와 미래세대의 연대다. 당연히 초저출산에 따른 역삼각형 인구구조는 이 연대들을 어렵게 한다. 여기에 대응하기 위해 공적연금은 인구가 너무 적은 미래세대에 대한 부담을 완화하기 위해 적립금을 쌓았다. 문제는 저출산 고령화 현상이 예상보다 훨씬 심각하다는 것이다. 아마 세계에서 가장 심각할 것이다. 2018년 국민연금 재정추계 때 가정한 합계출산율은 2021년 1.25명이었다. 이를 전제로 국민연금 고갈연도를 2057년으로 봤다. 그런데 2021년 0.81명, 2022년 0.72명이고, 2023년에는 0.6명 대로 추락할 가능성이 높다. 앞으로 조금은 나아지겠지만 획기적으로 반전될 가능성은 희박하다.

대부분의 OECD국가들은 전쟁으로 적립금을 소진하기도 했고, 또 우리만큼 저출산이 심하지 않아, 우리 건강보험처럼 매해 필요한 만큼 거둬서 지급한다. 우리도 인구구조가 종(鐘) 모양이 되면 그렇게 갈 것이다. 먼저 종 모양이 된 OECD국가의 평균 연금보험료율은 18.4%다. 한국은 종 모양이 아니라 역삼각형이기에, 연금 지급액을 줄이지 않는 한 더 내는 것이 상식이다. 2023년 11월에 나온 국제통화기금(IMF) 자문 보고서에 따르면, 인구구조와 국민연금 수급연령·소득대체율·보험료율이 그대로라면 2075년 경 한국의 국가부채는 국내총생산(GDP)의 200%로 늘어난다. 연금충당부채가 GDP의 50% 내외인 공무원연금 등 특수직역연금은 계산에 넣지도 않았음에도 불구하고! IMF는 국민연금보험료율을 현재의 9%에서 13.8%p를 추가 인상한 22.8%로 올려야 국가부채가 더 이상 늘어나지 않는다고 하였다. 한국은 2000년대 초반까지만 해도 청장년 세대가 압도적으로 많고 노령자는 적은 피라미드형 인구구조라서 소득의 9%(기업 4.5%+본인 4.5%)만 걷어도, 적립금은 계속 늘어나 2041년 1,778조 원으로 정점을 찍고, 이후부터 급격히 감소하여 2057년에는 0원이 된다는 그래프를 보여주었다. 물론 그 이후부터는 유럽처럼, 지금의 건강보험처럼 필요한 만큼 걷거나 빚을 내서 지급해야 한다. 문제는 합계출산율 1.2 내외 등 낙관적인 계산으로도 유럽처럼 현직자에게 걷어서 연금을 지급하려면 소득의 30% 이상을 연금보험료로 걷어야 한다는 사실이다. 만약 이렇게 되면 연금보험료, 건강보험료, 소득세 등을 합치면 평균 50% 이상을 걷어야 할 것이다. 누진 소득세율이 적용되는 고소득자들은 소득의 60~70%를 내야 할 것이다. 이쯤 되면 재주 있는 능력자들은 다 한국을 떠나려 할 것이다.

그러므로 한국의 연금 개혁방향은 명확하다. 연금보험료율은 인상하고, 수급연령도 올리고, 소득대체율은 유지하거나 삭감하고, 그 외에도 주택연금이나 농지연금처럼 가진 재산을 현금화하기 쉽게 만드는 것이 기본이다. 물론 합계출산율을 어떻든 올려야 하고, 국민연금과 공무원연금은 통합해야 한다. 당연히 공무원과 노조와 좌파 시민단체 등의 소득대체율 인상(현행 40%에서 50%로) 요구는 사악하거나 미친 요구다. 연금보험료율 인상은 누구나 필요성을 느낌에도 불구하고 지난 24년간 못 올린 이유는 OECD국가에는 거의 없는 퇴직금(평균임금의 8.33%) 제도로 인해 기업은 부담할 만큼 하고, 근로자도 개인 소유를 공동소유인 공적연금으로 내놓으려 하지 않기 때문이다. 또 하나 어려움은 연금보험료를 전액 자신이 내야 하는 지역가입자가 30% 내외이기 때문이다. 이를 바꿀 수 없다면, 보험료율 인상은 최소화하고, 은퇴는 늦추고, 자산 현금화는 용이하게 해야 한다. 그럼에도 불구하고 정부 출범 1년 9개월이 지났어도 국민연금 개혁의 방향과 목표를 담은 정부안은 아직 나오지 않았다. 2023년 1월 하순 '국민연금 보험료율을 현행 9%에서 중장기적으로 15%까지 올린다'는 뉴스가 뜬 적 있었는데, 1월 30일 조규홍 보건복지부 장관은 긴급 브리핑을 갖고 "보도된 국민연금 보험료율 15%의 단계적 인상 방안은 국회 연금특위 산하 민간자문위원회에서 논의 중인 방안으로 정부안이 아니다"라면서 서둘러 진화했다. 10월 하순에는 정부가 국회에 제출한 국민연금종합운영계획(안)에는 구체적인 재정안정 방안 없이 국민 다수가 '더 내고 더 받는 것을 선호한다'는 내용이 들어있었다. 윤정부가 재정안정 방안을 제시하지 않다 보니, 국회가 개혁안을 내놓으라고 정부를 압박하는 것은 당연지사. 물론 윤정부가 재정안정 방안을 내놓으면 민주당은 국민을 못살게 한다고 난리를 칠 것이다.

노동개혁

윤정부가 가장 역점을 기울인 일은 외치와 법치의 정상화다. 외치 행위는 정상 외교로, 법치는 부정비리에 대한 단죄로 나타났다. 법치의 첫번째 과녁은 이재명 등의 권력형 부정비리고, 두번째는 노조의 불법집단 행동, 세번째는 각종 이권 카르텔의 합법 또는 불법 행위일 것이다. 노동개혁은 법치의 대상이자, 구조개혁의 대상이었다. 120과제에서 언급한 개혁은 규제개혁, 연금개혁, 지속가능한 복지개혁, 형사사법개혁, 국방 R&D 체계 개혁이다. 노동개혁과 교육개혁은 포함되지 않았으나, 정부 출범 1주일 뒤 국회시정연설을 통해 천명했고, 한 달 뒤에는 〈새경방〉을 통해 공공개혁과 금융·서비스 산업 혁신을 추가했다. 그런데 이 모든 개혁 중에서 윤정부가 가장 중시한 개혁은 노동개혁일 것이다. 그런데 120과제의 고용부(노동개혁의 주관 부처) 과제는 '⑩노동의 가치가 존중받는 사회를 만들겠습니다'라는 약속 아래 7개인데, "산업재해 예방 강화", "일자리 사업의 효과성 제고 및 고용서비스 고도화", "고용안전망 강화", "중소기업·자영업자 맞춤형 직업훈련 강화" 등 노조가 불편해야 할 만한 내용은 거의 없었다. 굳이 찾자면 국정과제 50번(공정한 노사관계 구축)의 "사용자의 부당해고·부당노동행위, 노조의 불법파업 등은 법과 원칙에 따라 처리, 공무원·교원노조 근무시간 면제제도 도입" 정도다. 한국 노동시장의 최대 문제이자, 정부 업무보고 등에서 윤대통령이 여러 번 강조한 이중구조라는 말이나 노동의 유연성과 공정성이라는 말은 나오지 않았다. 노조와 민주당이 '쉬운 해고'라면서 격렬하게 반발할까 두려워서일 것이다.

새경방의 노동시장개혁 관련 내용은 "획일적 노동규제·관행을 노사 자율·선택 방식으로 전환"한다는 제하에 "④노동시장 환경 변화에 맞게 근로시간 제도 합리적 개편 ⑤ 직무·성과 중심 임금체계 확산" 등 2개 과제를 제시했다. 윤정부출범 100일(2022년 8월 17일) 기념으로 내놓은 "윤석열정부 국민과 함께한 100일"에서는, "10. 법과 원칙에 입각한 노사문화를 세웠습니다"라는 제하에 "관행처럼 반복되고 있는 산업현장의 불법행위 근절"을 위해 "합법적인 노동운동과 자율적인 대화는 보장하면서 노사를 불문하고 불법은 용인하지 않는다는 기본원칙"을 천명하였다. "윤석열정부는 노동시장의 양극화와 이중구조 문제에 대해 관심을 가지고 이해관계자와 국민의 목소리를 경청하여 합리적인 대안을 만들어가겠다"라는 입장도 표명했다. 노동시장의 양극화와 이중구조가 이 때 처음 등장하여 〈다시 대한민국〉 등에서 거듭 강조되고 있다.

윤대통령은 〈다시 대한민국〉에서 노동개혁을 특별히 강조했다. "노동개혁, 교육개혁, 연금개혁을 인기가 없다고 하더라도 국가의 미래를 위해, 미래 세대를 위해서 반드시 해내야 하며", "2023년은 개혁 추진의 원년"이 되도록 해야 한다고 강조했다. 윤대통령은 "그 중에서 가장 우선적으로 해야 할 것이 노동 개혁이라 생각"한다면서 그 내용를 말했는데, 120과제와 확연히 다르다. 윤정부의 노동개혁은 2022년 6~7월 대우조선 협력업체의 선박 점거 농성과 11~12월의 화물연대의 불법폭력적 집단행동과 2023년 1~2월 건설노조의 조폭(건폭) 행위에 대한 단호한 대처, 그리고 이전 정부에서는 거의 없었던 노조회계투명성 요구로 그 특징을 선명하게 보여주었다. 노조부패를 공직부패와 기업부패와 같은 반열로 올린 윤대통령의 발언은 많은 비판을 받았지만, 2023년 6월 고용노동부는 노동조합법 시행령과 소득세법 시행령 개정을 밀어붙여, 노조회계공시와 조합비의 15%에 대한 세액공제 혜택을 연계하였다. 노조 집행부는 강력하게 반발하였지만, 결국 조합원 수 1,000명 이상 노조 739개 중 675개(91.3%)가 노조회계 공시시스템에 2022년도 결산결과를 공시하였다. 한국노총과 민노총 소속 노조의 참여율은 각각 94%였다.

노동시장 이중구조를 완화하는 데 작지만 확실한 도움이 되는 '근로시간 제도 합리적 개편'안은 고용노동부의 "노동시장 개혁 추진 방향"(2022.6.23.)의 핵심이었고, 상세안은 "미래노동시장 연구회 권고안"(12.12)으로 구체화되어, 2023년 3월 6일 정부입법예고안으로 이어졌다. 하지만 야당과 양대 노총의 반발(주69시간 근무제 운운)로 좌초되었다. 이로인해 법률 개정을 필요로 하는 거의 모든 노동개혁이 총선 이후로 미뤄졌다. 그에 따라 한국 노동시장 최대의 문제이자, 윤정부 노동개혁의 궁극적인 목표인 노동시장의 양극화·이중구조 개혁 또는 노동시장의 유연성·공정성 제고 관련 포부를 담은 레토릭도 사라졌다. 이는 윤전부의 불찰이다. 문정부가 악화시킨 청년들의 극심한 '기회·일자리 부족'에 대한 분노와 공감의 레토릭도 사라졌다. 한국에서 법률 개정안은 통과 자체가 목적이 아니다. 법안 발의 행위는 자신의 가치·정체성과 비전·포부를 제시하는 행위다. 법안 발의(언론 플레이)를 통해 정치사회적 관심과 논란을 불러일으켜 우리는 누구이고, 저들은 누구인지를 알린다. 민주당·정의당은 이런 점을 노린 법안 발의를 무수히 해왔다. 그런데 국힘당은 야당 시절에도 이런 경우가 적었고, 여당이 되면서는 더더욱 줄었다. 그렇지 않아도 대통령과 정부로 관심이 집중되게 되어 있는데, 국힘당은 국회 소수파에다가, 법안 발의나 (문정부 시절의 파행적 국정운영을 입증해 주는) 대정부 자료 요구 등을 통한 언론 플레이에 잼병이니 존재감이 더 없어진 것이다.

고용노동개혁은 기본·개념 설계부터 필요하다.

1987년 이후 가장 크게 달라진 것이 자유·보수·우파 와 민주·진보·좌파 간의 역관계, 자본·기업과 노동·노조 간의 역관계, 국가와 시민의 관계일 것이다. 이 뒤에는 1987년 컨센서스로 통칭되는 어떤 생각이 있다. 우리가 성토하는 고용노동 문제는 이 변화들이 법령(제도), 판결, 정신문화 등에 반영되면서 나타났다. 연금, 세금, 예산 문제 등은 체제의 관점에서 보지 않지만, 고용노동, 교육, 의료, 지방(자치·분권·균형발전), 사법, 부동산, 국내정치, 국제정치 등은 체제의 관점에서 봐야 문제의 본질과 해법에 접근할 수 있다. 고용노동 관련 1987년 컨센서스의 핵심은 노동자는 약자, 기업은 강자라는 것이다. 따라서 노조는 약자의 무기고, 노조 탄압은 부당하며, 법과 법원은 강자·자본·기업·보수우파 편이며, 노동자의 열악한 처지와 불평등·양극화는 자본의 전횡 내지 과도한 착취 탓이라는 것 등이다. 사실 이런 생각은 제헌헌법에도 있었지만, 분단과 전쟁에 따른 좌파의 몰락으로 사문화되었다가, 1987년 이후 부활한 것이다.

처지·능력·선호가 천차만별인 근로자 전체를, 19세기 자본론 시대 노동자처럼, 무자비한 착취와 억압에 시달리는 약자·피해자로 간주하고, 그 보호 장치, 즉 사용시간 규제, 가격규제(최저임금), 계약 해지·변경 사유·

절차 규제 등을 계속 늘려나갔다. 이에 따라 노동권과 경영권(재산권)의 불균형이 점점 심화되었다. 노동의 권리와 의무(기여) 간의 불균형, 현직자 권리와 구직자(노동시장 신규 진입자) 권리 간의 불균형, 현세대 권리와 미래세대 권리 간의 불균형 등이 심화되었다. 1987년 이후 노동관계법 제개정을 통해, 가치생산생태계의 최강자=갑인 대기업과 공공부문 노동자들을 과보호하여, 진짜 보호와 배려가 필요한 대다수를 더 곤궁하고 불안하게 만들었다. 이것이 바로 노동시장의 이중구조다. 근로자는 유권자의 대다수이기에, 근로자의 권리와 의무를 다루는 노동개혁은 첨예한 정치문제가 된다. 그리고 노조는 대부분의 나라에서 가장 강력한 이익집단이자 정치집단이다. 한국 고용노동 문제와 정치문제의 상당부분은 한국 특유의 기형적 노조에서 비롯된다. 물론 기형적 노조는 뿌리깊은 사회적 통념과 노동관계법의 산물이다.

노조(Trade Union)와 파업(Strike=Walkout)은 어느 나라나 다 있다. 그런데 한국의 노조는 갈라파고스 제도의 동물들처럼 아주 특이하게 진화했다. 유럽, 미국, 일본 등의 노조가 귤이라면 한국은 탱자다. 사회적 약자의 무기=귤이 아니라, 사회적 강자의 무기=탱자이다. 한마디로 노조는 약탈(지대추구)의 수단이다. 우리 헌법 제33조에서 노동3권을 보장한 것은 노조가 단체교섭을 통해 "직무에 따른 기업횡단적인 근로조건의 표준"을 형성하여 교섭력 약한 근로자의 자유와 권익 증진에 이바지한다고 보았기 때문이다. 그런데 한국의 힘센 노조는 그런 생각이 전혀 없다. 물론 기본적으로 노조의 생각과 행동을 규율하는 제도(노동관계법)와 문화 탓이다. 그러니 근로조건은 기업의 지불능력과 노조의 교섭력의 함수가 되고, 사람값(근로조건)은 개인의 직무성과=생산성이 아니라 소속(직장)에 따라 천양지차가 난다. 따라서 대우조선 같은 좋은 직장은 가능하면 직접 고용을 늘리려 하지 않고, 더 많은 일을 외주화하려 한다. 크고 힘센 원청 노조가

"기업횡단적인 표준"을 추구하지 않으니 원하청 간 근로조건 격차가 더 커지기 마련이다. 원청 근로자가 받아 안아야 할 위험과 부담이 오롯이 하청에 전가되면서 불평등이 심화되었다. 요컨대 모든 근로자를 약자로 보고, 노조를 약자의 무기로 간주하는 노동관계법이 노동시장의 이중구조를 심화시키고, 회사는 생존전략 차원에서 외주를 늘리고, 단가 인하를 압박하는 악순환이 일어난 것이다. 1987년 이후 몇 번의 우여곡절을 겪으면서 정착된 고용체제 내지 노동시장은 과거 조선 체제처럼 '거대한 위선' 덩어리다. 아마 우리 시대 가장 심각한 시대착오인지 모른다. 조선 체제의 최대 수혜자이자 사수대는 양반사족들이었다면, 한국 고용체제의 최대 수혜자이자 사수대는 공공부문과 조직노동이다. 반면에 청년·미래세대와 영세기업과 자영업의 취약근로자가 최대 피해자다. 그러므로 시장, 산업, 기업, 고용 문제의 세계적 보편성과 한국적 특수성을 고려한 새로운 고용체제=고용패러다임이 필요하다. 세계적 보편성은 지식정보화와 글로벌화, 중국과 인도와 동남아의 세계시장 참여(제조업, R&D), 제4차 산업혁명 등이다. 한국적 특수성은 노동조합과 노사관계, 상법 및 노동관계법(인력·조직·근로조건의 경직성), 고용임금 사상(지대추구 경향), 너무 높은 공공표준, 고학력 취업난(산업- 교육의 미스매칭), 생산물 시장 구조, 금융 등 창업 환경, 민간 독과점 등이다.

새로운 고용체제가 주요하게 고려해야 할 환경은 다음과 같다. 첫째, 인간의 수명을 제외한 모든 존재들; 상품, 기술, 설비, 기업, 직업 등의 수명이 짧아졌고, 변화부침, 탄생 소멸도 극심하다. 둘째, 통신수단과 교통수단 등의 발달에 힘입어 상품과 서비스 생산과정은 공간적, 시간적 분리가 쉽다. 노동의 기능적 분화(세분화, 전문화, 분업화)를 통한 생산성 향상도 피할 수 없다. 분리, 분화, 통합 여부는 거래비용에 달려 있는데, 한국은 내재화(정규직)했을 때 그 비용과 위험이 너무 높아지기에 기업들은 외주화

충동이 강하다. 그러므로 기간제, 시간제(파트타임), 파견·용역·호출 등 특수형태 근로의 증가는 법으로 막을 수 없다. 비정규직은 사라져야 할 악의 존재가 아니다. 셋째, 사람의 창의, 열정, 직무적성, 사회적 관계 역량 등의 총체인 노동생산성은 개인별 편차가 크지만 이를 사전에(일 시켜 보기 전에) 파악하기가 쉽지 않다. 넷째, 노동의 요구(임금, 안정, 보람 등)와 시장(기업)의 요구가 충돌하는 경우가 많은데, 한국의 높은 대학진학률과 산업·기업의 노동 수요의 충돌은 특별히 심하다. 다섯째, 인공지능, 시지각 능력이 향상된 로봇 기술 등이 발달해도 일자리가 사라지고 있다고는 속단할 수 없다. 인간의 욕망은 무한대고, 이를 만족시키는 창의적인 상품과 서비스도 무한히 개발되기 때문이다. 또한 지구적 차원에서 보면 한국처럼 창의와 열정이 넘치고 억척스러운 사람이 많은 나라는 해외로 나가든지 해외에 먹히는 상품 서비스를 개발하든지 하여, 기술 발전에 따른 일자리의 소멸 및 축소라는 세계적인 보편성을 거스를 수 있다. 여섯째, 한국에서는 노동관계법과 법원의 판결 등에 의해 노사간 힘(선택권과 거부권, 파업권과 직장폐쇄권 등)의 균형이 현저하게 무너져 있다. 공기업과 대기업에서는 노조가 압도적인 힘의 우위에 있고, 중소기업에서는 정반대다. 근로기준법상 정규직 해고의 어려움과 노동쟁의조정법상 파업시 대체인력 투입 금지와 사업장 점거 허용이 결정적이다.

패러다임을 전환해야 할 정책이 한 둘이 아니지만, 그중에서 고용노동정책은 최우선이다. 그 핵심은 고용형태(계약)의 자유화, 다양화, 유연화, 임금체계의 공정화, 단순화다. 무엇보다도 먼저 정규직은 정상, 비정규직은 비정상이라는 고용 패러다임 철폐가 필요하다. 한국에서 정규직은 주 40시간 이상 근로시간 보장+확고한 정년보장(정리해고와 징계해고 외에 중도퇴출 불가)+생산성과 무관한 가파른 연공임금체제+기업별 노조와 기업별 교섭에 따른 직무에 따른 기업횡단적인 근로조건 표준의 부재(대기업과 공공부문에서는 노조쪽으로 한참 기울어진 운동장)+두터운 기업복지+직접고용 (간접고용은 비정규직으로 규정) 등 온갖 혜택을 누리는 존재이다. 한국식 정규직은 상품과 기술의 수명이 짧아지고, 변화부침이 극심한 시장·기술 환경에서는 지극히 비정상적인 존재이다. 그럼에도 불구하고 이를 정상으로 간주하는 도식(고용노동 패러다임)은 일을 시켜 보고 근로자의 적성과 능력을 검증하여 퇴출 혹은 높은 보상을 하는 것을 어렵게 하기에, 고용주들은 직원 채용단계에서 검증을 철저히 하도록 몰아갔다. 이로부터 구직자들은 채용단계에서 높은 가점을 받을 수 있는 스펙 높이기 경쟁에 돌입했다. 개인의 직무나 생산성이 아니라 소속 직장에 따라 사람 값(임금 등 근로조건)이 정해지는 직장계급사회, 직무나 생산성이 같아도 정규직은 양반 귀족 대우를 받고, 비정규직은 상놈 천민 대우를 받는 정규직 계급 사회가 되었다. 이것이 바로 한국형 노동시장의 이중구조로. 구직·구혼을 앞둔 청년들의 연애·결혼·출산을 연기 기피하게 만드는 결정적인 요인 중의 하나이다. 따라서 한국식 정규직은 축소하고, 유럽식 정규직을 확대하는 것을 기조로 잡아야 한다. 다양한 고용형태, 적정한 고용유연성(상대적으로 약한 정년보장), 직무와 성과에 상응하는 공정한 임금체계가 확산되면 한국식 비정규직은 줄어들게 되어 있다. 한 번 정규직으로 채용되면 정리해고, 징계해고, 정년퇴직 외에는 근로자 의사에 반하여 내보내는 방법이 없고, 직무성과가 바닥이어도 임금을 깎을 수도 없게 만든 근로기준법(제23조와 제24조 등)에 대한 법원의 해석을 글로벌 스탠더드(경영상의 판단 존중)에 근접하도록 법률을 제·개정해야 한다. 이해당사자간 무기의 대등성 원칙에 따라 파업시 사업장 점거를 금지하고, 대체인력 투입을 허용하게 해야 한다.

노동시장의 공정성, 유연성, 연대성, 안정성은 반드시 구현되어야 할 가치다. 하지만, 현실적으로 연공임금체계의 수혜자로서 새로운 노동환경에 적응이 어려운 한국의 중장년 근로자들이 받아들일 수가 없다. 공정성, 유연성의 충격을 감내하기 힘든 고임금 중장년 세대와 노동시장에 막 진입하는 청년 세대에게 동일한 형태의 고용계약을 강요하게 되면, 청년 세대가 불리할 수밖에 없다. 그렇다면 시간제, 기간제 고용과 파견용역 고용 등 비정규직이어도 억울하지 않고 살 만한 세상을 만드는 것이다. 정규직과 비정규직이 노사의 처지, 조건에 따라서 얼마든지 선택 가능한 옵션이 되도록 하는 것이 중장기적 지향이다. 그렇다면 생산성이 같다면 시간제, 기간제, 계약직 등 비정규직이 더 높은 임금을 받도록 공공부문부터 솔선수범할 필요가 있다.

교육개혁

120과제의 교육부 주관 과제는 "⑮창의적 교육으로 미래 인재를 키워내겠습니다"라는 약속아래 5개로 정리되어 있는데, "100만 디지털인재 양성", "모두를 인재로 양성하는 학습혁명", "더 큰 대학자율로 역동적 혁신 허브 구축", "국가교육책임제 강화로 교육격차 해소", "이제는 지방대학 시대" 등이다. 과제 제목에서 알수 있듯이 교육을 경제(산업인재 양성, 혁신 허브 구축)와 복지(교육격차 해소, 유보통합·늘봄학교 추진 등)의 관점에서 본다는 것을 알 수 있다. 그래도 약간 진일보한 것을 교육을 지방발전의 관점에서도 본다는 것이다. '이제는 지방대학 시대'가 그것이다. 국정목표 6(지방시대)에서는 "지역인재 육성을 위한 교육혁신"이 10대 과제 중의 하나로 되어 있다. 그럼에도 불구하고 이 과제들은 투입 대비 산출이 현저히 낮은 공교육 틀을 그대로 둔 채 투입 예산을 늘릴 근거를 국정과제에 밀어 넣은 것처럼 보인다. 상식적으로 촘촘한 교육규제(법령) 및 관료적 통제와 전교조 등 거대 이익집단에 휘둘리는 것으로 정평이 나있는 교육부가 100만 디지털인재를 양성하겠다는 것은 넌센스다. 모두를 인재로 양성하겠다는 것도 마찬가지다.

국가교육책임제 강화에는 유보통합, 초등전일제 교육, 교육 사각지대 해소(기초학력, 위기학생 발굴·지원 등), 교원 업무부담 경감, 평생학습 기회 보장(평생교육바우처 지원 대상 단계적 확대) 등이 주요 과제로 잡혀있다. 학령 아동의 감소로 인해 여유가 생긴 예산, 공간, 인력 등을 활용하는 방안은 없다.

새경방의 교육개혁 관련 내용은 '현장수요 맞춤 미래 혁신인재 양성'이라는 제하에 "⑥첨단산업 인력양성을 위한 대학교육 혁신 및 자율성 강화 ⑦현장 수요에 맞는 지역·산업 맞춤형 인재양성 체계 구축"이다. 여기에는 "(대학규제 혁파) 반도체 등 첨단분야 인력양성을 저해하는 규제개선"과 "(재정여건 개선)고등교육 재정 확충과 연계한 지방교육재정교부금 제도 개편", "(지역중심 교육체계) 지역내 산업·기업의 필요인력 적시 공급을 위해 지방(전문)대, 직업계고에 대한 지원체계·교육과정 개편" 등이 들어있다. 120과제는 교육부 관료 등 교육 예산이 흘러가는 물길 주변에 늘어선 교육 이해관계자의 요구가 진하게 반영되어 있다. 한편 새경방은 기재부·산업부 경제 관료들의 안목이 강하게 반영되어 있다. 그래서인지 새경방에서는 초중등교육에는 예산 홍수를, 고등교육과 평생교육에는 예산 가뭄을 초래하는 "지방교육재정교부금법"의 문제가 거론되었다. 지방 교육청의 관할(서비스) 대상인 학령 아동은 급감해도 지방 교육청 예산은 꾸준히 늘고 있는 데 반해, 인구 고령화와 베이비붐 세대 은퇴와 산업·기술 변동에 따라 평생 교육, 인생 2·3모작 교육, 직업교육 수요는 폭발적으로 늘어나지만 예산은 그야말로 쥐꼬리 수준을 벗어나지 않는 부조리한 현실을 성토하는 사람은 많지만, 실제 정책과 예산 대응은 의외로 굼뜨다.

대부분의 국가들의 교육 개혁의 기조는 교육 수요자(학생, 학부모, 기업,

산업, 지역사회 등)와 교육 공급자(학교)의 상호 선택권을 강화하는 것이다. 경제·복지 관료 관점과 사법 관료 관점에서 교육을 바라보는 경향이 뚜렷한 윤대통령은 〈다시 대한민국〉에서 교육을 하나의 서비스로 보고, 수요자와 공급자가 자유로이 선택할 수 있게 제도 보장을 해야 한다는 것(경쟁 시장 구도 형성) 등을 역설했다. 하지만 이는 공교육의 큰 틀을 흔드는 일이다 보니 정책이나 법안으로 구체화 된 것은 거의 없다.

반면에 윤대통령의 수사 경험 탓인지 수능킬러 문항 문제와 사교육 이권 카르텔이 크게 부각되었다. 교육부는 사교육 카르텔·부조리 신고센터(clean-hakwon.moe.go.kr)를 운영하고 있다. 2024년 초 거세게 밀어붙이는 의대정원 확대 문제 역시 의료를 하나의 서비스로 보고, 경제학원론에 따라 수요·공급 관련 규제 혁파를 기조로 삼았기 때문일 것이다. 이주호 교육부장관이 교육부 업무추진 계획(2023.1.5.) 〈교육개혁, 대한민국 재도약의 시작〉을 통해 '4대 개혁분야, 10대 핵심정책'으로 정리했다. 교육부 주관 국정과제와 지역균형발전 요구와 자신의 소신을 녹여 내었다. 이로서 교육 자치행정의 큰 틀을 바꾸는 입법 과제가 제시되었다. 지방교육자치법, 공직선거법개정(러닝메이트제 도입), 교육자유특구 근거 법령 마련, 고등교육법, 사립학교법개정 등이 그것이다.

교육 개혁도 기본·개념 설계가 필요하다. 무엇보다도 교육은 교육기관(대학, 초중고)과 사설 학원에서만 하는 것은 아니다. 가족, 기업, 군대, 미디어(언론, 방송, 유튜브 등), 책, 영화·드라마, 공연(문화예술콘텐츠), 종교기관 등 사회에서도 한다. 사실 교육은 한 사회가 축적한 경험, 지식, 기술, 지혜와 가치, 윤리, 이념 등을 전수하여 인간(개인, 시민, 직업인 등)을 고양(高揚)하고 도야(陶冶)하는 일이다. 그래서 인간이 하는 모든 일은 교육을 필요로 한다. 생산성 향상 관련한 교육 외에도, 직업윤리 교육, 민주공화국 시민교육, 문화예술 창작·향유 교육, 사회복지·돌봄 교육, 건강한 개인·가족·사회구성원 교육, 개인의 육체적·정신적 건강 관리 교육 등 너무나 다양하다. 그러므로 교육은 교육 이해관계자(교육부, 지방교육청, 학교재단, 교수·교사·교직원, 학생·학부모, 사교육, 교육기자재 공급 업체 등)의 관점 외에도, 경제·산업 관점, 복지·돌봄 관점, 지방균형 발전 관점, 보건의료 관점, 문화예술 관점, 사법 관점, 정치·이념 관점 등에 따라 문제가 다르게 보인다. 교육·학습 방식과 기회·수단도 너무나 다양하다. 그런데 윤정부와 국힘당에는 다양한 곳에서 다양한 방식으로 이루어지는 교육 전체를 종합적으로 고민하는 단위가 없다. 무엇보다도 정치의 저질화, 반대한민국화, 전쟁화를 주도하는 사회 곳곳에서 생산 유통되는 편향된 교육·문화 콘텐츠를 고민하는 단위가 없다. 최근에는 '서울의 봄'이라는 역사적 사실을 멋대로 왜곡한 영화가 전두환 신군부와 주류·보수에 대한 분노와 증오를 부추기고 있는 현실을 고려할 때, 정부에 거의 위임되어 있고, 편향도 심한 중고교 역사 교과서 등 교육·문화 콘텐츠 문제가 120과제에서도, 새경방에서도, 〈다시 대한민국〉에서도 전혀 거론되지 않았다는 것은 넌센스다. 문재인정부 초기 교육문화 수석이 하던 역할을, 대통령실 슬림화라는 이름으로 사회수석 아래 교육비서관으로 편재하고, 그 사회수석 아래 3대개혁 등 정치적 폭발력이 강한 현안(고용노동, 보건복지, 교육, 문화체육, 기후환경)을 다 맡긴 것도 여간 무리수가 아니었다. 이는 국정과제의 기본설계나 개념설계를 건너뛴 징표가 아닐 수 없다.

이 외에도 교육 분야는 기본·개념 설계를 해야 할 일이 한둘이 아니다. 이명박정부 말기(2011년)에 시행되어 10여 년 이상 지속되면서, 대학을 속으로 골병들게 한 대학 등록금 동결 정책-국가장학금 지급과 등록금 동결·인하와 연계 정책-도 그중의 하나이다. 이는 근원적으로 대학이 누구나 다 가는 것으로 되어 있고, 또 대학이 지위재적 성격을 띠고 있는 데다가, 설상가상으로 지위를 결정하는 핵심 변수가 좀체 변하지 않는 심리적 서열과 위치(인서울)이기에 가격=등록금 수준이 수요공급에 별 영향을 못 미치기에 자율화 정책을 펴기 힘든 것이다. 요컨대 대학 등록금 동결이라는 단순 무식한 정책은 대학 교육의 가성비를 보고 소비자(학생·학부모)가 선택권을 발휘하기 힘든 환경에서 도입한 고육책이다. 전형적인 좌파적 정책이나, 일류대학의 일방적 등록금 인상에 소비자가 대항할 수단이 없기에 이념 성향과 관계없이 찬성이 높았다. 미국이나 중국처럼 대학 교직원의 고용임금 유연성과 공성성이라도 있다면, 즉 대학이 교수가 아닌 행정업무를 하는 교직원에게 신의 직장이 아니라면, 사양 학과와 교원들을 전쟁을 치르지 않고도 구조조정할 수 있다면, 대학 거버넌스(총장 직선제 등)가 교수 기득권 혹은 생존권 카르텔에 크게 휘둘리는 구조가 아니라면, 수요가 늘어나는 학과의 학생과 교수 정원은 과감히 늘리고, 교수 처우는 높여줄 수 있을 것이다. 하지만 현실은 그것이 아니기에 무식하고 둔탁한 규제가 대중의 지지를 받으며 10여 년 이상 존속했던 것이다. 2024년 초에 발표된 의대 정원 대폭 확대 정책도 의료 서비스 수요(노령화+중국 등 해외 수요)와 공급 원리로 보면 확대가 자연스럽지만, 대한민국의 부의 원천인 첨단산업의 국제경쟁력에 미치는 악영향(산업 인재의 질적 수준 저하)과 모든 의료기관의 건강보험 강제 가입제(귀족 병원 불허제) 등을 고려하면 장기적으로 소탐대실일 가능성이 크다. 교육 콘텐츠 문제, 대학 입시 및 경쟁력 문제, 의대 정원 문제는 말할 것도 없고, 저성장, 저출산, 일자리, 지방소멸, 이중구조 등 널리 알려진 치명적인 문제들도 하나같이 풀기 어려운 고약한 구조를 갖고 있다. 자주 하는 얘기지만, 90도로 솟아 있는 높은 암벽도 자세히 보면 손잡을 곳과 발 디딜 곳이 있다. 이런 포인트를 잘 보고, 손발가락과 팔다리 힘이 좋으면 높은 수직 암벽도 정복할 수 있다. 어려운 일에도 급소가 있고 맥이 있다. 기본·개념 설계는 문제 구조 분석을 통해 개혁 기조도 도출해야 하지만 궁극적으로 급소와 맥을 찾아야 한다.

3장 공공개혁

윤정부 개혁과제 중 꼭 있어야 하는데 실종된 것 중 하나가 바로 공공개혁이다. 새경방에서는 공공·연금 개혁을 하나로 묶었는데, 공공개혁은 "질 높은 공공서비스 제공을 위해 강도높은 공공기관 혁신 추진"이다. 이는 110대 과제 때부터 있던, 국정과제 15번(공공기관 혁신을 통해 질 높은 대국민 서비스 제공-기재부) 내용과 유사하다.

(공공기관 효율화) 공공기관 스스로 기능·인력 효율화 등 혁신 추진 시 인센티브를 부여하여 자발적 혁신 유도

- 기능점검을 통해 민간경합, 유사·중복 기능을 핵심역량 중심으로 전환하고, 기관 신설을 최소화

- 과다한 조직·인력은 단계적으로 축소, 복리후생, 호화청사, 불요불급한 자산(사옥, 사무실, 부대시설 등) 등 방만경영요소 정비

(재무건전성 확보) 재무위험이 높은 기관에 대한 집중관리제 도입 등 통해 기관별 건전화 계획 수립 및 출자·출연·자금관리 강화

2022년 6월 21일 국무회의에서 공기업 등 공공기관 구조조정 관련 주제 토론을 했다. 반도체 산업 인력 육성 관련 주제 토론(6월 7일)에 이어 두 번째였다. 윤대통령은 "공공기관 평가를 엄격하게 하고 방만하게 운영돼온 부분은 과감히 개선해야 한다"면서 호화 청사 매각 또는 임대, 고액 연봉자들의 연봉 일부 반납 및 복지 축소, 불필요한 자산 매각 등 구조조정을

주문했다고 한다. 그런데 윤대통령이 지적한 호화 청사, 고임금, 후한 복지, 방만 경영(운영), 경영적자는 말할 것도 없고, 지적하지 않은 철밥통, 널널한 노동강도, 가분수형 조직, 강성 노조, 주인 부재, 신의 직장, 낙하산(선거공신 보은)인사, 공무원 정년퇴직후 이모작 인생을 즐기는 놀이터 등도 끊임없이 거론되어 온 심각한 부조리다. 그래서 공공개혁은 거의 모든 정부의 주요 개혁과제로 채택되었다. 단 하나, 문재인정부는 빼고! 그런데 윤정부도 문정부에서 멀리 가지 않았다.

단적으로 윤정부는 국정과제에서 '강도높은 공공기관 혁신'을 호언은 했지만 그 내용은 '공공기관 스스로 기능·인력 효율화' 와 '공공기관 신설 최소화'가 골자다. 이명박정부에 비해 매우 안이한 것이다. 2008년과 2022년이라는 시간 차 혹은 부조리의 심각성까지 감안하면 엄청나게 후퇴한 것이다. 이는 기업인 출신 대통령과 공무원 출신 대통령의 차이 인지도 모른다. 이명박 백서에서는 "1. 섬기는 정부"의 "전략 1.예산절감과 공공기관 혁신" 제하에 총 7개의 국정과제가 있는데, ①예산 10% 절감 추진 ②정부기능과 조직 개편 ③공공기관 혁신 등이 주요하게 들어있었다. ③의 과제개요에서 "공공기관은 감시와 견제의 부족으로' 신이 내린 직장, 신도 부러워하는 직장'이라 불리며 방만한 운영의 대명사가 된 지 오래 됐다. 참여정부 5년간 45개 공공기관이 신설됐고, 인력은 2만 7천 명이 증가했다. 공기업의 이윤은 줄어들었음에도 직원과 부채규모는 동시에 늘어나는 기형적인 현상이 나타나고 있다"고 썼다. '추진계획'에서는 "새 정부는 그동안 방만하게 운영돼도 감시와 견제를 받지 않았던 공공기관의 현황을 파악하고, 공공기관의 기능을 철저하게 분석하여 (…) 분석결과에 따라 유사한 기능을 중복적으로 수행하는 공공기관은 통폐합하고, 민영화와 구조조정을 추진하기 위한 '공공기관 경영혁신 실천계획'을 작성할 계획이다"라고 썼다.

그런데 120과제에 적시된 공공기관 관련된 정책에는 "공공부문 노동이사제도의 안착 지원", "공공기관 자체 ESG역량 강화 및 민간 협력업체 ESG경영 지원" 등 공공기관이 모범을 보이면 민간이 따라온다는 등 시대착오적이지만, 공공부문 종사자들은 좋아할 만한 문정부의 공공기관 정책의 잔재들이 여전히 남아 있다. 120과제에서 공무원이 11번 언급되는데, 관련 정책은 예외없이 공무원 보호, 지원, 사기 제고, 공무원·교원노조 근로시간 면제 제도 도입, 공무원 디지털 역량 강화 추진 정책 등 혜택성 내지 부담·경감성 정책 뿐이다. 그 단적인 예가 공무원연금이라는 말 자체가 120과제에서 빠진 것이다. 이는 국힘당 강령(2020.9.2.) "5-2 (유능한 정부 혁신) 규제를 양산하고 막대한 혈세가 소요되는 공공부문의 규모를 늘리지 않으며 우수 인력의 이탈을 막는다"는 내용과 일맥 상통한다. 한국에서 공공부문은, 그것도 문정부를 거치면서 규모와 부실이 폭증한 공공부문은 누가 봐도 대폭 줄여야 할 상황인데, 이를 과감히 줄인다는 표현이 없다. 한국에서 공공부문은 규제산업이나 면허직업처럼, 우수한 인력의 이탈이 문제가 아니다. 오히려 민간기업이나 수출산업으로 가야 할 청년 인재들을 블랙홀처럼 빨아들이는 것이 문제이다. 그런데 강령의 문제의식은 1980~1990년대에 머물러 있다. 여기서도 공무원 정부의 특징을 여실히 보여준다고 할 수 있다. 그래도 포퓰리즘의 지존인 문재인정부처럼 문제를 악화시키지는 않으니 다행이라고나 해야 할까!

다른 개혁도 그렇지만, 공공개혁도 기본·개념 설계가 필요하다. 첫 단추는 정부=권력이 쥐락펴락하는 공공부문의 실체를 정확히 파악하는 것이다. 국제회계기준(UN2008SNA)에 따르면 공공부문(public sector)은 "정부 단위와 정부 단위에 의해 소유되거나 지배되는 모든 제도단위"다. 한국에서 공공부문은 국제회계기준에 부합하는 영역이 다가 아니다. 정치 권력이 다양한 수단으로 좌지우지하는 규제 산업, 면허 직업, 예산 사업까지다 봐야 한다. 민간기업이라 하더라도 정부 예산이 수입의 대부분인 사업체는 공공부문으로 잡혀 있는데, 이 외에도 공공기관(공기업) 협력업체, 대주주나 지배주주가 없는 민간기업(포스코, KT, 농협 등), 정부소유 은행이 목줄을 쥔 민간기업과 수많은 협력업체, 그리고 정부 인허가권이나 정책(국토개발, 대출규제 등)에 죽고사는 많은 산업(금융산업, 보건의료산업, 방위산업, 에너지 산업, 건설산업 등)도 공공부문이거나 준공공부문으로 보아야 한다. 이들은 유럽, 미국, 일본에 비해 훨씬 강력하고 촘촘한 정부 통제를 받기에 정부가 좌지우지 쥐락펴락할 수 있다.

국제회계기준(UN2008SNA)을 적용한 공공부문 인적 규모 관련 가장 최신 통계는 '2021년 공공부문 일자리 통계' (2023.1.19.)인데, 일자리 개수는 일반정부 242만 8천 개, 공기업 41만 1천 개로 도합 283만 9천 개다. 일반정부는 중앙정부(87만 4천 개), 지방정부(150만 6천 개), 사회보장기금(4만 7천 개)으로 분류하기도 하고, 정부기관(216만 8천 개), 공공비영리단체(25만 9천 개)로 분류하기도 한다. 정부기관 일자리는 공무원(공무원연금 대상자)과 비공무원으로 나누는데, 공무원(142만 8천 개), 비공무원(74만 개)다. 2016년에는 중앙정부 75만 5천 개, 지방정부 123만 1천 개, 사회보장기금은 2만 7천 개였고, 공무원은 127만 6천 개, 비공무원은 56만 6천 개였다. 2021년과 2016는 비교하면 일반정부에서 41만 5천 개, 공기업에서 5만 8천 개가 늘어, 공공부문 전체적으로 일자리는 47만 4천 개가 늘었다. 정부기관만 보면 공무원에서 15만 2천 개, 비공무원에서 17만 4천 개 늘었다. OECD국가 중에 동기간에 일반정부 고용 비중이 늘어난 국가는 거의 없다. 당연하다. 시장의 요구나 과학기술 발전에 따라 고용이 늘어날 만한 부문이 별로 없기 때문이다. 오히려 디지털화, 시장화(민간기업에 의한 공공서비스 제공), 도시화(도시로의 인구 집중에 따른 농산어촌 지자체의 주민수 급감), 초저출산(학령 아동 감소) 현상 등에 따라 업역이나 고용이 주는 것이 합리적이다. 과학기술과 시장(민간기업)을 활용하면 인력과 조직을 줄이거나 그대로 유지하면서도 정부·공공서비스의 양과 질은 얼마든지 늘리고 올릴 수 있기 때문이다. 그런데 한국에서 사람을 자르는 것은 엄청나게 힘든 일이기에 역대 정부는 공공부문 인적규모를 감히 줄이지 못했다. 단지 크게 늘리지는 않았을 뿐이다. 정부조직관리정보시스템에는 역대 정부의 공무원 숫자를 보여주는데, 김영삼 93만 6천 명, 김대중 90만 4천 명(전정부 대비 3.4%감소), 노무현 97만 9천 명, 이명박 99만 1천 명, 박근혜 103만 2천 명, 문재인 116만 3천 명(12.6% 증가)이다. 공공부문의 경직성을 잘 아는 김대중정부는 국가공무원총정원령(1999.1.1.)을 만들어 총정원을 27만 3,982인으로 못 박았다. 김대중, 노무현, 이명박정부 14년 동안 단 1명도 늘지 않았다. 박근혜정부 초기(2013.3) 경찰 인력 2만 명 증원을 염두에 두고 29만 3,982명으로 늘렸다. 하지만 문 정부는 2018년, 2019년, 2020년, 2021년 매년 총정원령 개정을 통해 32만 9,503명으로 늘렸다. 이는 국가=중앙정부 공무원만 해당되고, 지자체와 공공기관은 별도다. 공공부문 일자리 통계는 그것을 파악하기 위한 것이다.

공공기관은 오랫동안 자타가 공인하는 '신의 직장'이었다. 동시에 선거 승자의 전리품이요, 선거 공신과 퇴직 관료의 놀이터였다. 그래서 전두환정부부터 박근혜정부까지 7개 정부는 가능하면 공공부문의 규모와 업역을 줄이고, 방만한 운영에 통제를 가하고, 유능한 경영자를 선임하여 공공성과 효율성(수익성)을 조화시키려 하고, 경영과 인사를 투명화하고, 성과평가를 객관적으로 하려고 노력했던 것이다. 하지만 별무신통이었다. 소수의 뜨내기 기관장 및 임원의 성과급이 좀 깍인다해도, 노조로 뭉친, 수십 년 근속할 직원들이 얻는 이익에 비하면, 불이익은 새발의 피다. 게다가 한국의 노동관계법은 대기업과 공공기관에서는 노조가 압도적으로 힘의 우위를 행사할 수 있게 되어 있다. 이 곳 종사자들이 누리는 높은 권리,

이익에 따른 위험, 부담을 누군가는 받아 안아야 한다. 이것이 유럽, 미국, 일본보다 훨씬 더 적극적으로 외주화를 추진하도록 만들고, 중소기업의 대기업화를 가로막고, 갑-을 모순(격차)과 비정규직 문제도 심화시킨다.

무엇보다도 공공부문은 권력(공무원)의 손과 발이요, 젖과 꿀 단지라서 막상 5년 단임 권력을 잡으면 규모와 업역을 줄일 유인도, 투명성을 제고할 유인도 없다. 그럼에도 불구하고 정치적 도의와 양심이 있어서, 역대 정부들은 공공개혁 시늉이라도 했다. 그 때문에 예외없이 공공기관 노조와 불편한 관계 였던 것이다. 김대중, 노무현 정부에서도 공공기관 노조는 신자유주의 반대, 민영화·사유화 반대를 외치며 공공기관 구조조정에 강력하게 저항했다. 노조는 권력 핵심이 임명한 기관장과 임원 등에 대해 '낙하산' 시비를 걸며 출근 저지 투쟁을 하면, 대부분은 '좋은 게 좋은 거'라면서 노조의 부당한 요구를 뿌리치지 못했다. 그런데 문정부는 아예 소득주도성장 정책의 기치를 내걸고 공공부문을 폭발적으로 늘려 버렸다. 그 결과 2021년 기준 총취업자대비 일반정부 고용비중은 8.8%가 되었다. 의료와 보육·교육 서비스를 민간 공급자에 주로 의존하는 등 공공서비스 공급구조가 한국과 가장 비슷한 일본의 일반정부 고용비중은 4.55%에 불과하다. 그나마 이 통계 기준에는 정부예산으로 월급을 받는 사립학교 교사가 빠져있다. 공공부문 통계에서는 정부가 사실상 지배하는 포스코, KT, 농협과 그 자회사 임직원과 정부예산에 절대적으로 의존하는 협력업체 직원이 빠져있다. 그래서 한국에서 권력이 생사여탈권을 쥔 분야는 공공기관 통계보다 훨씬 크다. 이것이 선거가 전쟁처럼 되는 이유 중의 하나다.

국제회계기준(UN2008SNA)을 적용한 공공부문 재정 관련 최신 통계는 '2022년 공공부문계정(잠정)'(2023.9.20.)이다. 공공부문(일반정부+ 공기업) 총수입은 2017년 GDP의 44.0%에서 2022년 51.1%로 폭증하고, 총지출은 2017년 41.1%에서 2022년 55.5%로 폭증하였다. 이 중 일반정부의 수입과 지출은 OECD통계를 통해 국제비교가 가능한데, 총수입은 2017년 33.0%에서 39.0%로, 총지출은 30.3%에서 40.8%로 폭증하였다. 코로나 팬데믹 극복을 위해 미국, 유럽 등 대부분의 정부들이 2020년, 2021년, 2022년은 재정지출을 한국보다 더 폭발적으로 늘린 후, 2023년부터 급격히 줄이고 있다. 하지만 한국은 상대적으로 덜 늘렸지만, 쉽게 줄어들지 않는다. 그중의 하나가 바로 폭발적으로 늘린 공공부문 철밥통이다. 2021년 기준 한국의 조세 수입은 총 517.2조 원(GDP의 23.9%), 사회부담금(국민연금, 건강보험료 등) 수입은 203.7조 원(GDP의 9.4%)으로, 합치면 720.9조 원(33.3%)다. 이것이 바로 국민부담률인데 드디어 OECD평균 수준(대략 34%)에 근접했다. 코로나 팬데믹이 끝났지만, 늘어난 공공부문의 규모와 지출은 줄어들기 힘들게 되어 있다.

OECD통계를 통해 주요국의 GDP 대비 일반정부 수입과 복지지출을 비교하면, 한국의 일반정부 수입은 2017년 33.0%, 2019년 34.8%를 거쳐 2022년 39.0%로 뛰었다. 2019년 기준 한국이 GDP의 34.83%일때, 미국 31.8%, 스위스 34.6%, 일본 35.74%, OECD평균은 41.39%였다. (2021년에는 한국 37.24%, 미국 32.87%, 스위스 35.93%, 일본38.12%, OECD평균 42.36%로 뛰었다) 그런데 2019년 기준 국민부담률(tax revenue)은 한국 27.2%, 미국 25.2%, 스위스 27.3% ,일본 31.5%였다. 반면에 사회복지 지출은 한국 12.3%, 미국 18.3%, 스위스 16.1%, 일본 22.8%였다. 국민부담률 대비 사회복지지출은 한국이 45%에 불과하지만, 미국은 73%, 스위스는 59%, 일본은 72%다. 이 통계는 한국이 저부담 저복지 국가가 아니라 중부담 저복지 국가라는 것을 말해준다. 이는 한국 공공부문 종사자의 높은 인건비(임금, 복리후생, 연금 등)을 빼놓고는 설명이 되지 않는다. 물론 그 외에도 상대적으로 많은 경제예산, 국방예산, 사회부담금의 흑자 등도 중부담 저복지 현상을 초래하는 데 일조 했을 것이다. 2022년 정부 수입이 39.0%로, 국민부담률이 33.3%로 뛰었지만, 사회복지지출은 그만큼 뛰지 않았을 것이기에 중부담 저복지 현상은 더욱 심화되었을 것이다. 한국에서 공공부문 종사자는 최고 선망의 대상이다. 이상적인 배우자감의 직업 부동의 1위가 공무원·공사다. 한국의 생산력(1인당 GDP)이나 공공부문의 생산성에 비해 고용(안정), 임금, 복리후생 수준이 너무 높기 때문이다. OECD국가 중에서 한국 같은 나라는 없다. 또 하나 심각한 것은 이 외부효과다. 공공부문 종사자들이 누리는 근로조건(고용안정, 근무시간, 복리후생, 자기계발 기회 등)은 근로자 전체에 적용되어야 할 사회적 표준으로 여겨진다. 재벌이나 부동산 부자의 상속자는 선망의 대상일지언정, 사회적 표준이라고 생각하지 않지만, 공공부문 종사자는 그렇지 않다. 사회적 표준이 올라 가면, 10명이 나눠먹을 파이를 관문을 통과한 5명이 나눠먹고, 나머지는 쫄쫄 굶는 일이 발생한다. 실제 한국의 현실이다.

한국에서 노동개혁, 공공개혁, 교육개혁을 가로막는 것 중의 하나가 언어 프레임이다. 한국에서 정규직은 세계적 기준으로 보면 지극히 비정상적인데, 정규직=정상, 비정규직=비정상이다. 공공과 공교육이 지극히 비정상인데, 공공·공교육=공익 추구, 민간·사교육=사익 추구라는 등식이 위력을 발휘한다. 공공(公共)은 어감상 좀 더 늘려야 할 것처럼 보인다. 실제 문정부는 그렇게 했다. 하지만 공공의 실체와 본질을 알려면 '공공' 대신에 '정치', '권력', '관영'을 쓰면 된다. 공기업은 정치기업이고, 공영방송은 권력방송이다. 그러면 개혁 방향이 선명하게 보인다.

문정부의 공공부문 정규직 전환·채용과 정부(경찰, 법원 등)의 승진·보직 인사를 조사·감사하면 상당히 많은 문제가 드러날 것이다. 공무원의 정치적 중립성, 전문성, 소명의식도 심각하게 훼손되었을 것이라는 것은 불을 보듯 뻔하다. 특정 지연, 학연, 이념성향 편향이 뚜렷하게 나타날 것이라는 얘기다. 그럼에도 불구하고 윤정부와 국힘당은 최소한의 실상파악과 폭로(정부와 공공기관 대상 자료 요청) 작업도 하지 않았다. 공공개혁 관련 담대한 비전(비록 말이라도)도 제시하지 않았다. 간혹 정부(특히 법원)의 이름으로 내려지는 비상식적 결정이나 판결을 보고 경악만 할 뿐이다. 문정부와 민주당이 5년 간 정부·공공기관의 친민주당화와 지지자 수십만 명에 대한 철밥통 제공 전략은 아프리카 부족주의적 약탈·먹튀 정치의 전형이다.

2023년 10월 11일 행안부는 2024년까지 공무원 5천 명 감축 계획을 밝혔는데, 주로 자연 감원을 채우지 않는 방식이다. 비유하자면 문정부와 민주당은 정권 차원에서, 소득주도성장 정책(더불어 성장론)의 기치 하에 삽과 불도저로 부조리를 쌓았다면, 윤정부와 국힘당은 행안부 공무원을 시켜서 숟가락과 젓가락으로 그것을 골라내는 격이라고나 할까! 정권이 바뀌면 국힘당이 욕 먹어가면서 다이어트한 몸과 비워 놓은 위에 음식을 마구 집어 넣어, 친민주당 성향의 공무원 비중을 더 늘릴 것이다. 공공부문은 다시 비대해지고, 공공성, 전문성, 정치적 중립성은 더 나빠질 것이다.

공공개혁의 방향과 목표는 이명박 백서에 잘 정리되어 있다. 기본·개념 설계는 다 끝났다고 할 수 있다. 남은 과제는 정확한 실상파악과 주제 비교를 통해 이명박정부의 공공개혁 방략을 실천하는 것이다.

4장 자유개혁과 규제개혁

윤석열은 출마선언(2021.6.29.)에서 '자유'를 22번, 대통령 취임사
(2022.5.10.)에서는 '자유'를 35번 언급했다. 출마선언에서는 22번 중 8번
이 자유민주주의였는데, 취임사에서는 35번 중 자유민주주의는 불과 3번
뿐이었다. 32번은 자유 그 자체를 얘기하였다. 출마선언에서 자유민주주
의를 강조한 것은 인민민주주의, 민중민주주의, 사회주의, 전체주의의 위
협을 심각하게 봤기 때문이다. 그런데 취임사에서 세계 시민, 자유 시민,
보편적 가치, 보편적 국제규범과 함께 자유를 얘기했는데, 내용은 공허하
다. 한국에서 오랫동안 자유는 곧 반공이었다. 외환위기 이후부터는 신자
유주의나 승자독식주의로 왜곡되었다. 자유가 왜곡되었기에 국힘당은 중
도확장성 강화의 기치하에 당명에서 자유를 빼버렸다. 윤대통령은 후보 시
절, 자유는 목적이고, 민주와 공화는 수단이라는 것, 현대 국가의 헌법적
가치는 적극적 자유(자아실현 자유) 보장이라는 취지의 얘기를 몇 차례 하
였다. 하지만 주된 대립물은 거의 공산전체주의였다. 자유, 상식, 공정 등
아름다운 언설이 공허해지는 이유는 대체로 그 대립물을 말하지 않기 때
문이다. 자유민주주의의 저변에 흐르는 정신은 자유정신과 자치정신이다.
자유정신은 남에게 피해만 주지 않으면, 하고 싶은 대로 다 해도 된다는
것이다. 자치정신은 우리(주민)끼리 알아서 할 테니 중앙정부나 연방정부
등 제3자는 개입하지 말라는 것이다. 더 나아가 중앙정부나 연방정부가 개
입하려면 우리가 독자적으로 수행하는 것이 힘들거나 비효율적인 분야에

한해, 우리의 동의를 받는 위임 계약에 따라 하라는 것이다. 이것이 바로 보충성의 원칙인데, 한국 자유민주주의 담론에서는 사실상 빠져있는 개념이다. 자유권으로서의 지방자치권은 서구의 경우 애초에 강력한 중앙권력이 있어 본 적이 없기에-유럽은 16세기까지 독립된 정치체가 거의 500개 내외였다고 한다-서양에서는 갈등의 대상도, 담론의 주제도 아니었다. 하지만 한반도는 조선왕조이래 너무 강력한 국가권력이 있었고, 정전체제에 더하여 국가주도 경제발전이 대성공을 거두었다. 이 그늘을 해소하겠다고 등장한 민주화운동 역시 국가주의를 내면화 한 주자성리학과 마르크스주의 세례를 많이 받았다. 그나마 국가권력의 주인 교체=자기 차지에만 진력하였다. 또한 글로벌 자유시장에 대한 두려움이 넘쳐나다 보니, 재산권이나 사적자치권 및 지방자치권의 확대 강화에는 관심이 아예 없었다. 따라서 자유=반공으로 되지 않으려면, 자유권의 핵심이면서도 한국에서는 전통적으로 무시되어 온 재산권, 영업권, 주주권에 대한 과도한 침해를 시정하겠다는 의지를 천명해야 한다. 동시에 갑을 간, 노사 간 무기의 대등성확보와 기업과 구직자 간의 무기(선택권과 거부권)의 대등성 확보를 자유의 핵심 내용으로 삼아야 한다. 국가권력에 대한 개인과 기업의 두려움을 제거하기 위한 과도한 국가형벌권의 축소도 빼놓으면 안 된다. 이런 내용이 없는 자유는 단지 '나는 보수다' 혹은 '우파다'라는 정체성 선언에 불과하다.

5장 지방시대

　지방균형발전(지방소멸 혹은 지역간 발전격차) 문제는 불평등·양극화, 저출산, 일자리, 교육, 정치 문제와 함께 최우선 내치 현안이다. 이 현안들은 서로 맞물려 있는데, 선거가 다가오면 지방균형발전 문제의 중요성이 더 상승한다. 2022년 5월 초에 발표된 110대 국정과제가 7월에 120대 국정과제로 된 것은 국정목표 6(대한민국 어디서나 살기 좋은 지방시대 개막)의 10개 과제가 추가되었기 때문이다. 이 자체가 유래가 없는 일인데, 주요 내용은 지방분권 강화, 지자체 재정력과 자치역량 강화, 지역인재 육성을 위한 교육혁신, 기업의 지방 이전 및 투자 촉진, 공공기관 지방 이전, 지역 맞춤형 창업·혁신 생태계 조성, 지역특화형 산업 육성, 지역사회의 자생적 창조역량 강화, 균형발전 추진체계 강화 등이다. 주관부처는 행안부(5개), 기재부, 산업부, 중기부, 국토부, 교육부이다. 그런데 중앙부처 공무원에게 지방시대 과제는 생소할 뿐 아니라, 대체로 부처 기득권과 충돌하는 경향이 있다. 따라서 지방시대 과제 전체를 점검, 추동, 향도하기 위해서는 현재의 법제하에서는 대통령 직속 자문위원회인 지방시대위원회(위원장 우동기)가 적극적 역할을 해야 한다. 지방시대위원회는 2023년 9월 14일에야 비로소 18명의 위원(이정현, 마강래, 모종린, 이만기 등)을 위촉하여 출범 현판식을 가졌다. 우동기 위원장이 국가균형발전위원장으로 취임한 것이 2022년 9월 2일이고, 국가균형발전위원회와 자치분권위원회가 통합하여 지방시대위원회로 명칭을 변경한 것이 2023년 7월 1일인데, 민간위원 위촉이 한참 미뤄진 데서 짐작할 수 있듯이 지방시대위원회는 그동안 유명무실했다고 보아야 한다. 지방시대 관련 10대 국정과제의 현주소도 불을 보듯 뻔하다. 뒤늦게 출범한 것도 아마 총선이 가까워 지면서 지방 정치인의 아우성이 하늘을 찔렀기 때문일 것이다. 윤정부가 2023년 가을에 2030부산엑스포 유치에 엄청난 공력을 들인 것은 부산경남 지역 발전에 획기적인 전기로 보았기 때문일 것이다. 바꿔 말하면 다른 정책이나 사업으로 획기적이고 가시적인 지방발전 비전을 만들 수 없었기 때문일 것이다. 지방발전 과제의 방치, 외면은 문재인정부는 더 심하면 심했지 덜하지 않았다. 지방균형발전 문제를 최우선 국정과제로 놓다시피한 정부는, 수도이전을 대선 간판 공약으로 내건 노무현정부였다. 그 이후 대선후보나 당내 경선 주자치고 대형 지방발전 공약(주로 공항, 도로, 철도, 산업단지 등)을 내놓지 않은 사람은 없었다. 문재인정부도 국정목표 4(고르게 발전하는 지역)에 4개의 국정과제를 두었다. 74(획기적인 자치분권 추진과 주민 참여의 실질화), 75(지방재정 자립을 위한 강력한 재정분권), 76(교육 민주주의 회복 및 교육자치 강화), 77(세종특별자치시 및 제주특별자치도 분권모델의 완성)인데 대부분 공염불에 그쳤다.

윤정부의 지방시대 관련 10개 과제는 김병준 등 한국 지방자치·행정 관련 최고의 학자·전문가들의 경험과 지혜의 총화로, 더 이상 잘 만들 수 없을 정도로 완벽한 기획이라는 것이 중평이다. 하지만 실행은 국회와 중앙부처와 지자체 등이 주도하는데, 문제는 국회의원이나 지자체 공무원(단체장이나 지방의회의원 포함)들의 관심은 압도적으로 중앙정부가 가진 예산 등 자원을 그럴듯한 명분으로 뜯어오는 데에 가있다는 사실이다. 가장 강력한 명분은 바로 세계 스포츠(육상·수영)선수권 대회, 동계 올림픽, 세계 잼버리대회, 엑스포 등 국제행사 유치다. 신공항 건설은 대부분 예산 낭비 사업으로 악명이 높지만, 지방자치법상 관련 예산(진입 도로 포함) 거의 전액을 중앙정부 예산으로 충당하도록 되어 있기에 국회의원과 지자체장들이 가장 선호하는 사업이다. 이 외에도 국회의원이나 지자체 공무원들은 최대한 뜯어가려고, 중앙정부 공무원들은 어떻든 이를 견제, 통제하려고 하면서 갈등이 끊이지 않는다.

그러므로 지방시대를 위한 개혁도 기본·개념 설계부터 필요하다. 한국의 지자체는 그 어떤 나라보다 촘촘한 법령의 틀 안에 갇혀 있다. 외교, 안보야 어디든 연방정부·중앙정부 사무이다. 하지만 대부분의 선진국들은 교육, 치안, 소방, 보건의료, 세금, 기업·일자리 등에 대해 지방정부가 상당한 재량권을 발휘할 수가 있다. 하지만 한국 지자체는 다르다. 한국의 정치·행정·경제·노동 관련 규제는 최저임금 수준에서 보듯이 서울과 지방, 번잡한 대도시와 한적한 시골을 가리지 않는다. 같은 값이면 다홍치마라고, 같은 값(돈)이면 상품 서비스든 문화든 서울에서 소비하면 가성비가 높다. 그뿐 아니라 서울에서 교육받고, 서울에서 치료받고, 서울에 거주하면서 필요하면 지방을 오가고, 서울에서 창업하거나 취직하는 것이 훨씬 나은 경우가 많다. 회사의 주소지도 서울이면 해외 비즈니스에 조금은 도움이 된다. 게다가 중국, 일본, 미국, 유럽 등의 유동성(투자, 투기 수요)도 주로 서울로 몰려든다. 세금, 교육, 복지 제도도, 고용노동 규제도, 산업환경안전 규제도 서울과 지방이 거의 동일하기 때문에, 즉 같은 값으로 만들어 놨기에 다홍치마격인 서울을 선호하는 것이다. 게다가 고속교통망은 지방민이 서울의 강점 장점을 더 쉽게 이용할 수 있게 만들었다. 요컨대 전국단일 규제는 서울과 지방을 평등하게 만드는 것이 아니라, 서울이 가진 강점, 장점만, 지방이 가진 약점, 단점만 부각시킨다. 그 결과가 서울과 지방의 발전 격차다.

서울·수도권은 사람 간 소통과 교류를 통해 지식과 정보를 주고 받고, 창의와 열정을 조직하여 어떤 가치를 생산하는 시대, 다시 말해 중후장대형 장치 산업이나 조립가공 산업이 아니라 지식창의 산업이 중심으로 되는 시대는 서울·수도권의 인구와 인재, 교육, 교통, 의료, 문화 서비스 집적도는 커다란 강점이 된다. 행정 서비스도 서울·수도권이 나을 가능성이 크다. 잘난 사람들이 많고, 중앙언론사가 몰려 있어 감시와 비판의 눈이 많기 때문이다. 한 마디로 울산, 포항, 창원 등이 일취월장하던 개발연대에 비해 지방의 인구산업 흡인력이나 기회 창출력이 너무 약해져 있다. 설상가상으로 한국은 국가규제로 지방이 매력을 발휘할 소지를 없애 버렸다. 이대로 가면 지방은 상대적으로 싼 부동산, 비교적 낮은 밀도(널널한 공간) 등 몇 개의 매력만 존재하게 된다. 서울·수도권 집중은 점점 심해지게 되어 있다.

일반적으로 지방발전(지금 한국에서는 지방소멸 위기 극복)을 위한 핵심가치는 자치, 분권과 균형발전이다. 한국은 오랜 중앙집권 역사로 인해, 무엇보다도 1960년대 이후 경제사회발전이 지방자치·분권을 억압하고, 중앙정부의 경제개발 및 국토균형발전 전략 하에 항만, 산업단지, 철도, 도로, 공항을 건설하면서 이뤄졌다. 이 과정에서 지방자치·분권과 주민 자치는 철저히 무시 혹은 억압되었다. 그럼에도 불구하고 세계적인 경제기적을 창조했으니 지방자치·분권과 주민 자치에 대한 이해와 존중이 약할 수밖에 없다. 지금도 언론 지상을 장식하는 것은 지방자치의 효능감을 느낄 모범 사례가 아니라, 지방자치에 따른 엄청난 낭비·전횡·부정비리 사례다. 2023년 8월 파행으로 끝난 '새만금 잼버리'와 이재명이 성남시장 시절에 벌인 대장동, 백현동, 성남시FC 게이트는 지자체장과 일부 업자들이 결탁하여 얼마나 몰상식하고 몰염치한 약탈판을 벌일 수 있는지를 보여주는 기념비다. 이런 기념비는 전국적으로 수천 개는 될 것이다. 그럼에도 불구하고 지방자치 하에서 일어난 엄청난 낭비와 부정비리를 제도적으로 막는 방안에 대한 논의는 거의 없다. 그래서 한국에서는 지방균형발전의 필요성을 부정하는 사람은 별로 없어도, 지방자치의 필요성을 부정하는 사람은 엄청나게 많다. 그도 그럴 것이 법원, 검찰, 경찰, 근로감독, 선거관리 사무 등은 특별지방행정기관 형태로 중앙정부가 관할하고 있지만, 큰 불만은 없다. 적어도 불만이 있어도 지방자치가 미흡해서, 즉 지방의 현실을 제대로 반영하지 않아서 문제라고 생각하지는 않는다. 대부분의 나라에서는 지자체장이 지방현실에 맞게 인력과 조직과 업무를 신축자재하게 운영하는, 대표적인 지방사무인 소방업무 조차도 (지방에 이양되었다가) 오히려 중앙정부 사무로 회귀하였다.

한국의 지방발전 관련 담론에는 지방의 특장점(지리, 산업, 문화 등 지역자원 등)을 살려, 자신의 권한과 책임, 그리고 주민의 창의와 열정으로 지방을 발전시킨다는 자치·자립 담론이 지극히 왜소하다. 반면에 중앙정부가 가진 자원과 권한의 지자체 관할로 이전하는 것을 의미하는 균형발전과 분권 담론은 강성하다. 이러니 지방자치·분권과 주민자치의 확대 강화는 변방의 북소리에 머물고 있는 것이다.

원론적으로 자유민주주의의 기본 정신은 자신의 자유, 생명, 재산, 건강, 행복 등을 국가(중앙정부, 지방정부, 공공기관), 성왕(성군), 수령(위인), 대통령 같은 통치자에게 책임져 달라고 요구하는 것이 아니다. 최대한 자신과 가족이 책임지고, 그것이 곤란하면 자신의 눈과 귀와 손이 닿는 곳(마을이나 작은 지방)의 자치로 책임지는 것이다. 필요한 서비스가 있다면 자신이 소비자로서 선택권과 심판권을 발휘할 수 있는 시장에서 생산·구매하는 것을 최선으로 여긴다. 개인·가족과 작은 마을이나 시장에서 생산하기 힘든 공공재(국방, 치안, 교육, 도로, 공원, 상하수도, 폐기물, 전기통신 등)는 비용 편익을 엄밀히 따져서 자유·권리 위임과 의무 부담 이행 계약에 따라서 적절한 대리인, 기관, 제도에 생산 의뢰한다. 바로 이것이 보충성의 원칙이다.

자유민주주의 국가 혹은 민주공화국이 제대로 굴러가려면, 사적 자치(시장 자치, 공동체 자치, 개인의 자율책임) 영역과 지방 자치 영역이 크고, 잘 작동해야 한다. 고속교통망과 정보통신기술(ICT)에 의해 시공간이 축소되고, 소통을 가로막는 장벽이 많이 줄어들고, 많은 서비스가 글로벌 시장이나 민간기업에 의해 공급된다고 해서 권력을 주민 가까이 가져가는 일의 중요성이 줄어드는 것은 아니다. 이는 인구 860만 명, 공용어 4개, 면적은 남한의 41%임에도 불구하고, 26개의 주=국가로 구성된 스위스 연방이 잘 보여준다. 그럼에도 불구하고 많은 국민들에게는 지방자치의 확대강화는 공리공담으로 들릴 것이다. 지방자치의 효능감을 잘 느끼지 못하기 때문이다. 이를 현실로 인정한다면 중앙정부와 지방자치단체가 수행해 온 수많은 사무 하나하나에 대한 평가와 공공서비스(사무) 품질 및 주민 만족도 향상 방안을 먼저 도출해야 한다. 이를 근거로 서비스 공급 주체와 권한, 예산을 재설계해야 한다. 예컨대 지방자치단체의 재량권이 거의 없는 보편복지 서비스는 중앙정부가 재원과 공급을 전담해야 한다. 교육, 고용(근로기준 등), 공무원의 고용·임금, 인사조직 관련 규제는 연방 수준의 권한과 책임을 가진 광역 지자체의 자율 책임으로 해야 한다. 그 전에는 총액 인건비 한도 내에서 지자체의 자율 책임으로 해야 한다. 지방자치단체부터 공무원에 대한 정년보장은 대학의 테뉴어처럼 제공해야 한다. 지방이 자신의 처지와 특장점을 약진의 발판으로 삼을 수 있도록 지방의 자치권-인사조직권, 입법(조례)권, 재정권을 확대 강화해야 한다. 다만 오랜 지방 불균등 발전전략과 국가 규제 등을 감안하여 저발전 지역의 재정력을 전향적으로 조정하고, 지자체의 투명성(정보 공개 등)을 획기적으로 강화해야 한다.

대장동·백현동 게이트와 새만금 잼버리의 파행·부실과 속속 드러나는 부패 구조를 단순화하면, 예산을 편성하고, 사업을 집행하는 지자체와, 예산을 할당하고 사업을 승인하는 국가(중앙정부) 간의 권한과 책임, 혜택과 부담, 이익과 비용의 불일치가 최대의 모순이다. 이를 해결하기 어려운 것은 지역·지방 간 세원(稅源) 격차와 발전 격차 때문이다. 단적으로 주민은 거주하는 곳과 생산·소비하는 곳이 다른 경우가 많다. 거주하는 곳에서는 소득세·주민세를, 소비하는 곳에서는 소비세(부가세)를, 생산하는 곳(본사 소재지)에서는 법인세를 걷는다. 이로인한 세원의 극심한 집중과 불균형 때문에 국가가 지방세가 아닌 국세로 많이 걷어서 어떤 공식 또는 사업 평가 등을 통해 배분해야 한다. 한편 사업의 성격상 국가가 주로 돈을 대지 않으면 안될 사업도 많다. 공항과 국제행사가 대표적인데, 혜택과 부담의 불일치가 극심한 사업들이다. 정당간 경쟁시스템이라도 선진적이면, 다시말해 후보자들이 과거(업적) 평가를 제대로 하고, 미래 비전을 놓고 다투며, 유권자들이 거기에 잘 반응하면, 게다가 정당내 경쟁시스템과 교육훈련시스템이 선진적이면 보다 유능하고 양심적인 지자체장을 만들어 낼 수 있을 것이다. 그런데 불행히도 1987년 이후 조직내 민주화가 완벽히 비껴간 곳이 정당이다. 정당 간 경쟁체제도 작동하지 않는 지역도 너무 많다. 영남과 호남은 사실상 1당 지배체제다. 그러므로 문제해결 원칙은 명확하다. 권한과 책임, 혜택과 부담, 이익과 비용의 불일치를 최소화하는 것이다. 이는 지방자치를 없애는 것이 아니라 정상화 내지 발전시켜야 하는 것이다. 광역은 연방국가의 주처럼 더 크고 강하게, 기초는 실질적인 주민자치가 가능하게 지금보다 훨씬 작고 유연하게 가야 한다는 것이다. 광역은 공공·노동·교육·경제·규제 관련 정책 실험과 경쟁을 할 수 있도록, 선진국 주정부 수준의 자치권(인사조직권, 입법권, 재정권 등)과 권한에 상응하는 책임을 부여해야 한다. 대부분 법률 개정사항이다. 보수와 진보의 문제도 아니다. 그러므로 법률개정이 필요없는 정당의 민주화와 분권화로 개혁을 시작해야 한다.

6장 불평등 양극화 해법

노무현정부 중반부터 지금까지 거의 20년 간, 한국사회 최대 현안은 저출산과 과도한 격차 문제였다. 민주당은 격차를 불평등과 양극화로 명명했고, 중립적 연구자들은 이중화, 이중구조 등으로 명명했다. 어떻게 부르든 지난 20년을 관통한 시대정신은 격차 해소라고 해도 과언이 아닐 것이다. 국힘당의 간판 상품이 성장과 안보·안정이라면, 민주당의 간판 상품은 김대중·노무현 시대까지는 민주주의 발전이었고, 이후에는 분배·복지 강화=불평등·양극화 해소와 한반도 평화(남북관계 개선)일 것이다.

문재인정부의 5대 국정목표(①국민이 주인인 정부 ②더불어 잘사는 경제 ③내 삶을 책임지는 국가 ④고르게 발전하는 지역 ⑤평화와 번영의 한반도) 중 ②, ③, ④가 불평등과 양극화 해소를 최우선 가치로 삼고 있다. 국정운영 5개년 계획에서도 불평등이 13번, 양극화가 3번 언급되었다.

문정부는 "불평등과 격차 확대, 공공성 약화 현상"을 "시장만능주의의 확산"에서 찾으며, 그 처방으로 "소득 주도 성장을 위한 일자리경제"정책을 내놓았다. 핵심은 "공공부문 81만 개 일자리 확충"이다. "노동시장 양극화 해소"에 대한 처방은 "공공기관 비정규직의 정규직 전환"과 "비정규직 남용 방지, 처우 개선"이다. 문정부의 외교·안보·북한 정책만큼이나 문정부의 불평등·양극화 해소 정책도 상식에서 현저히 벗어나 있다. 따라서 윤정부는 차별화된 진단과 대안을 내놓아야 하는데, 의외로 관련 정책은 너무 빈약하다. 문제의 핵심을 거의 비껴가 버렸다.

120과제에서는 이중화, 이중구조, 대물림이라는 말은 없고, 불평등과 양극화가 각 1번 나온다. "사는 곳의 차이가 기회와 생활의 격차로 이어지는 불평등"을 멈추겠다, "(대중소기업 간) 양극화 해소 위해 성과공유제 확대"를 추진하겠다는 것이 전부다. 하지만 한국에서 주로 거론된 불평등·양극화는 민간 대기업과 중소기업, 정규직과 비정규직, 유노조-무노조 간 격차다. 반면에 부문(공공-민간), 세대(현세대-미래세대), 산업(규제-비규제, 수출-내수 등), 지역(서울수도권 지방), 교육(고학력-저학력, 면허직업-비면허직업), 가족(부모) 관련 격차는 문제의 심각성에 비해 덜 거론되었다. 120과제에서 격차는 34번, 기회는 36번 언급되는데, 격차 중 16번은 '초격차', 7번은 '교육격차'다. 그 외에 학습격차, 문화격차, 지역 간 격차(물서비스 품질), 보상격차(보훈) 군사력 격차 등이 있다. 초격차는 반도체, AI, 미래전략산업, K-컬처 등에서 세계적 경쟁우위를 유지한다는 것을 의미한다. 그런 점에서 120과제에서는 지난 20년 동안 민주진보가 집중적으로 거론해 온 격차=불평등·양극화 문제를 사실상 외면해 버린 것이다.

새경방에서도 불평등·양극화나 이중화·이중구조 문제를 정면으로 다루지 않는다. 경제운용 4대 기조가 자유 공정 혁신 연대 인데, '공정'을 물고 있는 정책기조는 "④불공정행위 관리·감독을 강화하고, 위반시 법에 따라 엄단 ⑤경제·사회 전반의 공정한 기회 보장"이다. '연대'를 물고 있는 정책기조는 "⑨취약계층 중심의 생산적 맞춤복지 구현 ⑩국익·실용의 관점에서 경제 안보 등 국제사회와의 연대 강화"이다. 앞에서도 봤지만 '노동시장 개혁' 방안의 핵심 정책은 "근로시간 제도 개편"과 "직무·성과 중심 임금체계 확산"인데, 전자는 69시간제 프레임에 걸려 좌초되었고, 후자는 공공부문이 솔선수범할 수도 있는 일인데, 관련 정책은 없다. 민주당의 불평등·양극화 해소 정책은 햇볕정책이나 소득주도성장 정책처럼 대표적으로 파산한 정책이다. 그럼에도 불구하고, 윤정부과 국힘당이 차별화된 정책(상품)을 거의 내놓지 않는다는 것은 대통령프로젝트를 선정하는 과정에서 기본·개념 설계를 건너뛴 증거다. 무책임한 일이 아닐 수 없다.

대통령 취임사에서는 양극화와 사회갈등을 자유와 민주주의를 위협하고, 사회발전의 발목을 잡는다고 역설했다. 불평등이라는 말은 사용하지 않았으나, 양극화라는 말은 3번이나 사용되었다. 〈다시 대한민국〉에서도 불평등이라는 말은 사용하지 않았으나(노동시장의 이중구조는 언급했다), 양극화라는 말은 3번이나 사용했다. 노노간 양극화(이중구조), 국가 간 양극화, (디지털 격차에 따른) 문화적 양극화가 그것이다. 그런데 윤정부는 양극화와 사회갈등 해법으로 '도약과 빠른 성장', 그리고 '과학과 기술과 혁신'에서 찾았다. 논리적 귀결은 수출 증대와 스타트업 활성화 일 수밖에 없다. 〈다시 대한민국〉에서 경제 위기를 '수출 드라이브'와 '스타트업 코리아'로 돌파하자는 취지의 발언을 숱하게 하였다. 단어 사용 빈도는 윤대통령의 관심사를 유추하게 해 준다. 수출 41번, 성장 43번, 과학 87번, 기술 122번, 혁신 54번, 개혁 53번을 언급하였는데, 개혁의 대부분은 노동·교육·연금 개혁에 대한 것이다. 문제는 3대개혁은 절실히 필요한 개혁의 극히 일부분에 불과하다는 사실이다. 이런 협소한 시각이 '2030년 부산 엑스포' 유치를 2023년 하반기 최우선 국정과제처럼 만들지 않았을까 한다.

윤정부의 수출, 성장, 과학기술에 대한 강조는 문정부와 민주당이 불평등 양극화의 원인을 사회적 약탈·갑질에서 찾고, 해법은 억강부약을 위한 국가규제와 분배·복지에서 찾은데 대한 반발인 측면이 있다. 하지만 빠른 성장과 과학기술 혁신은 그 성격상 정부의 노력으로 성과를 내기도 어렵지만, 설사 성과를 낸다 하더라도 불평등·양극화 해법으로는 한참 부족하다. 이는 실물 경제에 대한 탁월한 식견을 가진 이명박정부이 어떻게 평가되는지를 보면 알 것이다.

진보가 불평등·양극화로 부르는 격차 해법 역시 기본·개념 설계가 필요하다. 이 결론은 무엇을 없애고, 만들지, 무엇을 올리고, 내릴지, 누구와 싸우고 연대할 지 등이다. 그 전에 문제의 본질 및 구조와 해결의 킹핀에 대한 통찰이 필요하다. 동서고금을 막론하고 격차=불평등은 정당한 격차와 부당한 격차로 나뉜다. 전자는 주로 생산성에서 기인하기에 사회적 인정·수용의 대상이고, 후자는 경제적 지대(렌트)라고 하는데 최소화·제로화 대상이다. 생산성에 따른 격차는 상향평준화, 즉 낮은 쪽을 높은 쪽으로 끌어 올려 해결할 문제이다. 반면에 지대에 따른 격차는 최소화·제로화를 목표로 하되, 과도기적으로 연대임금제나 하후상박 등 중향평준화로 해결할 문제이다.

한국에서 격차는 소득·임금, 연금, 자산, 기회, 능력(학력 등), 이윤 등 다양하게 나타난다. 물론 모든 격차는 생산성과 지대의 중첩이다. 소득·임금 격차는 정당한 격차=생산성과 부당한 격차=지대(초과 소득·임금)의 중첩이며, 각각 소속·집단에 귀속되는 것도 있고, 개인에 귀속되는 것도 있다. 수요에 비해 공급이 고정적인 부동산에서 발생한 지대는 가장 고전적이고, 세계 보편적 지대로 세금이나 토지이용규제(용도, 고도, 용적율, 건폐율 등) 외에는 해법이 별로 없다. 경쟁이나 공급을 풀어서 해결하기 어렵기 때문이다. 공공지대는 한국에서 유달리 큰 편인데, 국가 규제와 표준을 공무원에 편향되게 설정하여 생긴 것으로, 기본적으로 정치의 혼미·무능과 공무원 편향성에서 기인한다. 시장지대는 독과점 지대가 대표적인데 시장이나 산업의 구조상 갑을 간, 독과점 생산자와 소비자 간 선택권·거부권 격차에서 기인한다. 노동지대(근로조건)는 근로기준법과 노동조합법 등 노동관계법이 노동을 한편으로 하고, 민간자본과 공공부문의 주인인 국민·대리인 등을 다른 한편으로 하는 권익 줄다리기 운동장을 노조와 정규직에 한참 유리하게 만들어 버렸기 때문이다.

요컨대 공공지대는 국가 규제와 표준을 바로잡아 해결할 문제고, 시장

(독과점) 지대는 경쟁을 저해하는 국가규제나 독과점 횡포 등 진입장벽을 낮춰서 해결할 문제고, 노동지대는 노사·노정·노노 간 기울어진 운동장을 바로잡아, 다시 말해 무기의 대등성을 회복하여 해결할 문제다. 핵심은 근로기준법 등을 통한 고용(정규직)에 대한 과보호와 노동조합법 등을 통한 파업시 직장 점거에 대한 허용과 대체인력 투입 금지다. 그런데 노동지대는 노사 간 무기의 비대등성에서만 연유하는 것이 아니다. 생산성과 상관없이 근속연수에 따라 자동으로 올라가는 연공임금체계와 기업별 단체교섭에 의해 올라가는 임금인상 관행에서도 연유한다. 그래서 노동시장개혁이 거론되면 항상 나오는 정책이 '연공급 위주의 임금체계를 직무·성과 중심 임금체계로 전환·확산'이다. 이는 〈새경방〉의 노동개혁 분야 두번째 과제이다. 첫번째 과제는 69시간제 프레임에 걸려 좌초된 '노동시장 환경 변화에 맞도록 근로시간 제도 합리적 개편'이다.

연공 임금체계는 임금을 개인의 기여=생산성에 대한 보상이 아니라 기업의 지불능력과 노동의 교섭력=단결투쟁력의 함수로 보는, 1987년 이후 널리 확산된 임금관에 의해 형성되었다. 또 하나는 임금을 생산성에 대한 대가가 아니라 생애주기상 필요에 대한 응답으로 보는 임금관이다. 그 연원은 사람을 직무 중심으로 보는 것이 아니라 집의 식구로 보는 중국과 조선이 공유하는 정신문화에 뿌리 박고 있다. 만약 사람을 직무 중심으로 보는 문화가 보편적이라면, 노조 역시 직무에 따른 기업횡단적인 근로조건의 표준을 만드는 데 매진하는 일을 하여, 노동시장의 이중구조를 완화하는 역할을 했을 것이다. 노동지대의 핵심인 초과임금을 담보하는 것은 기업이나 공공부문의 초과 이윤 내지 지불능력인데, 주로 국가표준이나 진입장벽의 산물이다. 진입장벽은 국가규제나 토지, 망(전파, 철로, 도로, 항공로 등), 자본, 기술, 브랜드 등에 의해 형성된다. 그런데 한국에서는 기업과 노동이 깔고 앉은 지대를 녹여내야 할 공공부문과 노동관계법이 오히려 이를 더욱 공고하게 만든다. 단적으로 공무원의 보수 기준은 한국사회의 최상층인 상시근로자 100인 이상 기업의 임금을 기준으로 삼고 있다. 동일가치노동 동일임금을 부르짖지만 공무원과 공기업이 오히려 더 가파른 호봉 임금체계를 유지한다. 노동관계법도 대기업과 공공부문에서의 노조의 압도적 힘의 우위를 뒷받침하고 있다. 이렇듯 불평등·양극화 해소 관련 개념 설계의 핵심은 생산성과 지대의 분별과 각각의 원천에 대한 통찰이다. 한국에서 시장이 잘 작동하는 영역, 즉 경쟁과 거래가 자유롭고 공정하거나 상호 대항력의 균형이 잡힌 영역은 의외로 적다. 이런 곳은 격차는 클지언정 우월적 지위의 오남용 시비는 잘 일어나지 않는다. 하지만 독과점, 국가규제 등으로 인해 시장이 잘 작동하지 않는 영역에서는 대체로 먹이사슬 구조가 형성되어 있다.

사회적 약자들의 삶터는 대체로 개방과 경쟁이 과잉이고, 사회적 강자들의 삶터는 개방과 경쟁이 과소하다. 한국은 국가와 노조 등에 의해 보호되는 성 안이 온실이라면 성 밖은 시베리아 벌판이고, 성 안이 권리와 혜택의 낙원이라면 성 밖은 메마른 사막이다.하지만 정치·정부 운영자인 공무원과 지식권력자인 교수·지식인들과 사회권력자인 조직노동이 성 안팎 5,100만 국민의 처지와 조건을 알지 못하니, 약자들이 사용해야 할 땔감과 식량을 자신들만을 위해서 과도하게 가져간다. 산업생태계 전반이 위계와 서열이 뚜렷한 먹이사슬 구조로 되어 있다. 이것이 반기업 정서와 과도한 규제의 산실이다. 그 동안 시장의 불균형, 불공정, 갑질 문제 등을 약자의 힘을 강화하여 해결하는 것이 아니라 자칭 약자(?)에 대한 국가의 더 많은 보호, 배려와 타칭 강자(?)에 대한 과도한 간섭, 통제, 형벌로 해결하려고 해왔다. 그 결과가 너무 많은 형벌 조항으로 나타났다. 그러므로 자유·정의·공정의 핵심은 국가가 보호·육성·균형자를 자처하며 강권력으로 억강부약(抑强扶弱)하는 것이 아니라, 약자와 을들을 자조, 연대하게 하여 거부권과 선택권을 강화하는 것이다.

한국 사회의 불평등·양극화 해소 전략의 핵심은 생산성 향상과 지대의 최소화다. 지대 축소의 관건은 첫째, 공급자 간 경쟁이 일어나도록 시장을 개방화·자유화 하는 것이고, 둘째, 갑을(자본) 간, 노사 간, 노노 간, 노정(국민의 대리인) 간 대항력(선택권과 거부권)의 균형을 회복하는 것이다. 셋째, 국가의 고용·임금·연금·복리후생 표준의 재정립과 세금·복지 정책을 통해, 일단은 격차의 성격을 불문하고 중향평준화를 목표로 격차 자체를 축소 합리화하는 것이다. 공공부문이 솔선수범할 것은 바로 이것이다.

7장 저출산 해법

국가 소멸 위기를 초래한다는 저출산·저출생 문제는 어떻게 다루고 있을까? 윤정부 출범전에 확정 발표된 110대 과제에서는 저출산과 저출생이 각 1번씩 언급되다가, 인수위 백서와 120대 과제로 가면서 저출생으로 용어만 통일되었을 뿐이다.

문정부는 국정운영 5개년 계획에서 "향후 5년은 인구절벽위기 극복을 위한 마지막 기회로서 전 사회적 총력 대응 필요"하다면서 "2016년 출생아 수는 40.6만 명으로 역대 최저"인데, 임기 중 "출생아 수 45만 명(출산율 1.4) 회복"을 공언하였다. 하지만 결과는 2022년 말 출생아수는 25만 명, 출산율은 0.78로 되었다. 문정부는 창대한 포부를 말한지 불과 1년 만에 저출생 대책의 패러다임 전환이라는 이름으로 정책 목표를 "출산율 높이기"가 아니라 "아이와 아이를 키우는 부모의 삶의 질을 개선"하는 것으로 전환하였다. 2018년 7월 발표한 저출산 대책에서는 정책 목표를 출산율·출생아수에서 2040세대 삶의 질로 바꿨다. 출산장려 캠페인에서 제도·구조개혁으로 전환한다고 하였다. 정책 대상도 육아기부모, 저소득 위주에서 중산층으로 변화시킬 것이라고 하였다. 2018년 12월 발표한 〈저출산·고령사회 정책 로드맵〉에서 수정 기본계획을 집약했다. 핵심은 "출산·양육비 부담을 최소화하고 아이와 함께 하는 시간을 최대화하는, 촘촘하고 안전한 돌봄체계 구축"하겠다는 것이다. 그 외에도 유럽의 정책 유행을 쫓아서 (혼외자 등을 의미하는) "모든 아동(출생) 존중과 포용적 가족문화

조성"과 "2040세대의 안정적인 삶의 기반(일·주거·교육)조성"을 천명하였다.

윤정부는 120과제에서는 저출산 문제를 외면했지만, 인수위 백서에서는 저출산 문제를 제법 심도있게 다뤘다. "제3장 주요 정책"의 "⑪ 인구 정책"에서 4쪽을 할애하여 진단과 대안을 썼다. 하지만 문정부의 2018년 정책과 본질적으로 다르지 않다. 저출산 추세를 반전시키자는 것이 아니라, (백약이 무효니) 인구 감소 추세에 적응하자는 것이다. 그래서 '저출산 대응 정책'이 아니라 '인구 정책'이라고 한 것이다. 윤석열백서에는 이렇게 적혀 있다.

> 인구 정책은 일반적으로 인구 변화 속도를 완화하는 정책, 변화하는 인구 구조에 사회가 잘 적응할 수 있도록 하는 정책 그리고 인구로 인해 발생할 위기를 기회로 바꿀 수 있는 것들을 기획하는 정책으로 구분할 수 있다. (…) 지금까지 우리나라 인구 정책은 '완화'에 초점을 맞춰왔다. (…) 보육 혹은 양육 환경을 개선하여 출산율을 높이려는 정책들, 일과 가정에서 젠더 평등이 실현될 수 있도록 돕는 정책들, 고령인구를 위한 보건복지 혜택을 강화하는 정책들이 모두 완화 정책들이다. 그런데 이 정책들이 효과를 그리 내지 못하면서 인구는 더 빠르게 변동하였고, 그 결과들은 한국 사회의 미래를 위협하게 되었다. (…) 그렇기 때문에 새 정부가 취해야 할 인구 정책은 완화보다는 미래를 바라보며 (…) 완화 위주의 인구 정책은 보육·양육 관련 정책들처럼 실제 사업을 마련하여 추진되어 왔다.

윤정부의 저출생 대책이 빈곤한 이유는 이렇듯 저출생 그 자체가 아니라, 저출생에 따른 후폭풍을 완화하는 쪽으로 정책 초점을 이동해 버린데 있다. 〈새경방〉에서는 저출산이라는 말이 6번이나 나온다. 저출산 후폭풍

(인구구조 변화 대응)을 완화하는 정책과 출산율 자체를 올리는 정책을 다 담았다. "3. 미래대비 선도경제"에서 '3)인구구조 변화 대응'의 기본방향은 4대 분야 8대 핵심과제로 정리했는데, ①경제활동인구 확충(경제활동 참여 제고, 인적자본 확충), ②축소사회 대비(학령·병역자원감소, 지방소멸 대응), ③고령사회 대비(고령층 복지, 돌봄서비스 확충), ④저출산대응이다. ④의 주요 내용은 (출산·육아) 부모급여 확대, 첫만남이용권(바우처 200만 원), 3+3 부모육아휴직제 도입 등 출산 인센티브 강화와 초등돌봄교실·방과후학교 확대 등 국가 돌봄책임 강화, 육아휴직기간과 배우자 출산휴가기간 확대가 골자다. 120과제에 비해 도전적이긴 하지만, 과연 이 정도의 정책으로 초저출산 추세를 반전시킬 수 있는지는 의문이다. 윤대통령은 2022년 9월 27일 국무회의 모두 발언에서 "출산율을 높이는 데만 초점을 맞췄던 기존 정책에 대한 철저한 반성을 시작으로 포퓰리즘이 아닌 과학과 데이터에 기반한 실효성 있는 정책 추진이 필요하다"고 말했다. 하지만 기존 정책이 출산율 제고에 얼마나 효과적이었는지는 제대로 따져보지 않았다. 〈다시 대한민국〉에서도 저출산 문제를 비껴 갔다. 교육 문제를 언급하면서 저출산 문제를 건드렸을 뿐이다. "교육이라는 것은 지방 균형발전, 또 저출산 문제 해결에 핵심적인 사안", "경제발전을 위해 (…) 전부 변화의 수요에 맞게 바꿔 나가야 한다. (…) 연금도, 저출산 문제도 마찬가지"다.

통계청의 인구 상황판(kosis인구로 보는 대한민국)을 클릭하면 끔찍한 그림이 뜬다. 중위연령은 1960년 19.0세, 2024년 현재 46.1세, 2072년 63.4세라고 되어 있다.

통계청에서 서비스하지 않지만, 대한민국의 쇠락과 후대의 끔찍한 고통을 말해주는 역삼각형 경제사회지표는 인구구조만이 아닐 것이다. 단적으로 지방의 인구구조는 더 끔찍할 것이다. 한강의 기적의 동력인 이공계 특히, 규제산업이나 면허직업이 아닌 글로벌 경쟁이 치열한 수출산업 쪽으로

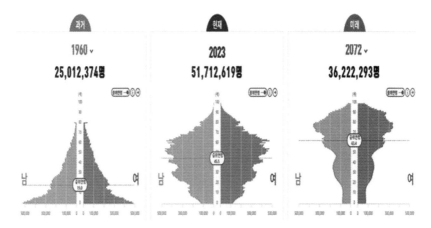

오는 인재도 끔찍한 역삼각형일 것이다. 정치 분야로 오는 공공인재도, 바이탈 의료 인력도, 직업윤리도, 기업가정신도, 후대나 공동체를 위한 희생과 헌신 정신도, 현세나 당대의 물질적 이익을 초월하는 종교심도 마찬가지일 것이다.

OECD 〈재정전망보고서〉(2021.11)는 오직 인구구조와 성장율 추세만 가지고, 한국이 '적절한 정책 대응'을 하지 않는다면, 2030~2060년 1인당 GDP 잠재성장률은 연간 0.8%(미국 1%, 일본 1.1%)로 OECD 38개국 중 최하위로 전망했다. 인구급감과 잠재성장률 저조가 중첩되기 때문이다. 2022~2054년 인구변동률은 한국이 -15.3%, 중국 -10.6% 인데 반해 미국은 +11.6%, 호주 25.5%, 노르웨이 18.8%다. 현재의 출산율이 지속된다면 생산가능인구(15~64세)는 2020년 3,738만 명, 2050년 2,419만 명, 2,070년 1,737만 명으로 추락한다는 전제하에서 골드만삭스의 〈2075년으로 가는 길〉 보고서에서 2075년 한국의 실질 GDP는 3조 4천억 달러인데 반해, 필리핀 6조 6천억 달러, 말레이시아 3조 5천억 달러, 인도네시아 13조 7천억 달러로 전망했다.

저출산 문제의 심각성이 사방에서 비상벨을 울려댔기 때문인지, 윤대통령은 '2023년 제1차 저출산고령사회위원회' 회의를 직접 주재했다. 대통령 주재는 2015년 이후 약 7년 만이다. 여기서 총 17쪽의 윤석열정부의 〈저출산·고령사회 과제 및 정책 추진방향〉을 발표했다. 그간 저출산 대응 정책을 "서비스·시간·수당 지원이라는 정책 외연은 갖췄으나 산발적인 정책 도입으로 인한 제도적·현실적 사각지대와 이에 따른 정책 체감도 저하 문제"가 있다고 평가하고, 불명확한 목표 설정, 근거 기반 평가 미흡, 백화점식 과제 나열, 실수요자 요구 반영 부족을 개선하겠다고 하였다. 그런데 지적한 4개의 문제는 정부가 하는 대부분의 융복합 현안 대응 정책·사업·예산의 공통된 문제일 것이다. 다시말해 명확한 목표 설정, 평가 방식 개선, 백화점식 과제 나열이 아닌 선택과 집중을 하고, 직접 지원 성격 가족지출을 OECD평균(GDP의 2.29%)으로 올린다하더라도 출산율이 OECD평균 수준(2020년 기준 1.61명)으로 회복될 것이라고 보는 사람은 거의 없을 것이다.

당연히 저출산 대응책도 기본 개념설계가 필요하다. 21세기 들어 한국사회의 큰 현안으로 거론된 사교육비, 입시경쟁, 격차(불평등·양극화), 고용불안, 좋은 일자리 부족, 정치의 저질화 등은 관련 이해당사자의 목소리 큰 쪽의 요구불만에 서 곧바로 추출한 즉자적 진단 및 처방(정책목표 설정)으로 인해 문제가 오히려 악화된 경우가 적지 않다. 예컨대 격차와 고용불안 문제에 대한 아우성이 들끓자, 노조, 공무원, 교수, 국책연구기관 연구자, 주요 언론·방송사 기자·피디 등 여론·정책 주도층은 정규직=정상, 비정규직=비정상이라는 도식을 만들었다. 문정부는 이 도식에 입각하여 공공부문과 대기업 비정규직을 일시에 정규직으로 만들었다. 교육 문제도 비슷한 경로를 거쳤다. 주로 공교육 종사자들의 이해와 요구를 받아 안아 공교육은 확대강화시켜야 할 선(善)이요, 소비자 선택권과 공급자 경쟁이 치열한 사교육은 축소시켜야 할 악(惡)이라는 도식에 입각하여 사교육 규제와 공교육에 대한 과도한 예산 투입을 통해 국가 독점·통제 공교육의 고질적인 문제를 더욱 악화시켰다. 격차 문제에 대한 처방도 비슷하다. 해법은 거의 상향평준화다. 노조, 공무원, 교수, 언론·방송사 기자 등 기득권 노동이 누리고 있는 권리와 이익이 적정한지, 즉 생산성이나 하는 일(직무의 가치)에 상응하는지, 시장환경이나 과학기술 혁신 등을 반영한 글로벌 스탠다드에 부합하는지 등을 묻지 않으니, 내부자(기득권 노동)와 외부자(구직구혼 과정의 청년)를 가르는 성을 더 높이 쌓고 사다리를 줄여버림으로써 노동시장의 이중구조와 결혼·출산 환경을 더욱 악화시켰다.

이렇듯 정치의 기능부전이 길게 이어지면서 치명적인 정치. 경제, 사회 문제에 대한 원인 진단과 정책처방(정책 목표와 방향)이 이해관계자 집단의 이해와 요구에 의해 크게 왜곡되거나 편향되는 일이 다반사다. 설문조사를 해도, 응답자들의 경험·지식의 한계와 설문 문항의 유도에 의해 문제의 본질 및 구조와 실효성있는 처방을 비껴가는 경우가 많다. 고용불안, 좋은 일자리부족, 노동시장의 이중구조, 교육 문제 관련 원인진단과 정책처방에서 보여준, 힘센 엘리트집단(공무원, 노조, 교수, 기자, SNS논객 등) 편향성, 일면성(장님코끼리 만지기식 진단과 곁가지 잡고 용쓰기 등)은 저출산 문제에서도 그대로 재연되었다.

2004~2005년 경부터 저출산 문제가 크게 이슈화되자, 가장 먼저 거론된 원인은 '애 낳아 기르기 너무 힘들다'는 것이었다. 이로부터 영유아 돌봄 부담을 완화하고, 일가정 균형(육아휴직, 근로시간 단축 등)을 이루는 것이 주요 처방이 되었다. 몇 년 뒤 신혼부부가 출산으로 가는 도정에 넘어야 할 결혼 문턱에 주목하자, 신혼집 문제와 안정된 일자리 문제가 대두되었다. 영유아 보육 단계를 넘어서면 사교육비 문제가 대두되게 되어 있다. 그런데 주거 문제는 한국 특유의 전세제도와 신랑에 대한 부담전가, 주거비용이 특별히 높은 서울수도권으로 인구·산업 집중과 미디어의 영향 등으로 너무 높아진 눈높이로 인해 엄청난 예산이 투입되어도 언발에 오줌

누기 정책이 될 수밖에 없다.

물론 신혼부부 주거 지원은 가장 많은 예산이 소요되는, 강력한 결혼-출산 유인책의 하나인 것은 분명하다. 하지만, 주로 주거비가 높은 서울수도권 거주 신혼부부만 큰 혜택을 보는 정책이다. 대학 학자금 지원이 고졸 청년에게는 아무 상관이 없듯이, 결혼 문턱 자체를 넘어서지 못하는 소득 하위 30~40%에게는 신혼부부 주거 지원 정책은 아무 상관이 없는 정책이다. 일과 가정 양립 정책은 고소득 전문직 여성에게는 엄청나게 중요한 정책이지만 사회정책으로 대안을 마련하기는 쉽지 않다. 전문직은 원래 근로시간이 오전 9시부터 오후 5시로 정해져 있지 않고, 근무시간 외에도 자신의 직무 생산성을 높이기 위한 연구를 해야 하기 때문이다.

2018년 7월 문재인정부가 발표한 저출산 대책('일하며 아이키우기 행복한 나라'를 위한 핵심과제 추진방안)은 저출산 요인을 "사회 전 영역에 걸친 삶의 질 악화"에서 찾고, 대응방향을 "사회시스템 혁신, 삶의 질 개선"으로 두었다. "출산, 영유아 의료비 경감, 촘촘한 돌봄"이라는 전통적 저출산 대책에 더하여 하나하나가 난제 중의 난제인 "공정한 기회, 안정된 일자리", "신혼부부 주거지원", "공교육 중심 교육제도 개편", "워라밸 확산, 평등한 일터"를 제시했다. 예산 확보에 관한 한 좋은 명분들이겠지만, 하나하나가 오래된 난제 중의 난제들이다. 삶의 질 제고는 저출산 정책이라기보다는 거의 모든 정부정책의 주요 목표일 수밖에 없다. 또한 이런 정책 목표는 이미 삶의 질이 충분히 높은 사람들이 더 많은 혜택을 보는 것으로 귀결되기 십상이다. 2018년 7월 대책은 "장시간 근로와 남녀 불평등, 독박육아"를 원인으로 지목하고, "워라밸 확산, 평등한 일터"를 제시했다. 일·육아 병행지원제도나 육아기 단축근로 및 유연근무는 모든 일·육아 병행 여성에게 다 필요한 제도는 맞다. 하지만 이 부담을 국가가 전향적으로 받아 안지 않고, 단지 법으로 기업에 강제를 하면 능력있는 기업만 혜택을 보면서, 노동시장의 이중구조 내지 직장계급 사회가 더 강화되게 된다. 과도하고 불합리한 격차(불평등 양극화 이중화 등)는 만악의 원인이니, 이를 해결할 수만 있다면 만병에 효험이 있을 것이다. 격차 문제를 해결할 수만 있다면 저출생 혹은 인구문제, 청년실업, 중소기업 구인난, 대학입시·사교육비 문제, 수도권 집중, 과도한 정치사회 갈등을 비롯한 수많은 문제를 완화할 수 있을 것이다. 그래서 2016~2017년 총선과 대선의 최대 이슈였던 것이다. 하지만 지금까지 문제는 악화일로를 걸었다.

저출산 대응책의 기본·개념 설계의 첫 단계는 문제의 양상, 원인, 처방(대책) 관련 국제적 비교와 역사적 비교다. 사고의 시공간을 확장하여 세계적(선진국)적 보편성과 한국적 특수성을 분별하고, 과거와 현재를 비교하여 무엇이 어떻게 달라졌는지를 파악하는 것이다. 결혼-출산-육아는 관점에 따라 기쁨과 행복감이 폭포수처럼 내리는 일로 다가올 수도 있고, 그 어떤 물질적 보상으로도 상쇄되지 않는 고통과 상실감이 폭포수처럼 내리는 일로 다가올 수도 있다. 그러므로 다른 정치사회 현안과 달리 그 원인과 대책은 정신문화적 측면과 제도물질적 측면 등 양측 면에서 마련해야 한다.

세계 보편적 요인은 주로 정책적 적응·수용 대상이다. 관련 정책은 선진국을 벤치마킹하면 되기에 후발자의 이익을 누릴 수 있다. 세계 보편적 요인은 다음과 같다.

첫째, 농경 사회라면 자녀는 노동력이라도 되지만, 지금은 그것도 아니다. 국가복지가 없는 시대라면, 자녀는 노후 복지의 제공자가 되지만, 지금은 그것도 아니다. 제사 의례가 그 어떤 것보다도 중요한 조선에서는 남아출산만큼 중요한 일이 없었지만, 지금은 그것도 아니다. 요컨대 출산을 독려, 강제할 가장 강력한 경제적·문화적 요인이 사라진 것이다.

둘째, 여권 신장, 여성 경제활동 증가, 여성의 고학력화, 여성의 고위직·

전문직 진출이다. 이는 여성의 경력단절 우려에 따른 결혼·출산 연기·기피와 (고위직·전문직의) 남성 독점 약화에 따라 전통적으로 상향혼을 추구한 여성들의 배우자 구인난과 소득 하위 30~40% 남성의 배우자 구인난을 초래한다. 사회적 발언권이 센 고위직·전문직 여성의 증가는, 일과 가정의 양립 문제의 우선순위를 최상위로 끌어 올린다. 하지만, 연애 결혼 문턱 자체를 넘지 못하는 남성(소득 하위 30~40%)을 대상으로 한 아동 수당 등 현금 지원 정책은 정책적 수혜 대상은 월등히 많아도 정책의 우선순위를 낮춘다.

셋째, 보건의료 기술발전(피임·낙태 용이, 영아사망률 감소)에 따라 출산율이 감소하고, 도시화와 치안의 강화 등으로 비혼 여성의 불편함이 대폭 줄었다.

넷째, 핵가족화로 인해 부모의 양육 부담은 대가족에 비해 상대적으로 커졌다. 양육은 물질만 필요한 것이 아니라, 절대적 시간도 필요하기 때문이다. 공보육을 강화해서 육아 부담을 덜어준다 해도 24시간 중 일부만 커버할 뿐이다.

다섯째, 미디어 등의 영향에 따른 눈높이(배우자에 대한 요구·기대) 상승으로 재산, 직업, 학벌, 외모, 성격, 가족배경 등이 밀리는 사람은 배우자 선택에서 제외되는 경향이 있다.

여섯째, 생육과 번성 혹은 가족구성을 명한 종교와 이념도 퇴조하고, 그에 반하는 물질주의 개인주의가 득세하는 경향이 있다.

한국 특수적 요인은 한국에만 유별난 문제들이다. 주로 기능부전 정치가 초래한 문제들인데, 여기에는 동아시아 유교문화권 자유주의 국가의 특성과 한국 2030의 세대적 특성 등도 중첩되어 있다. 한국 특수적 요인은 다음과 같다.

첫째, 청년·신규진입자에게 최악의 고용체제다. 노동관계법과 노조운동이 기득권 노동을 과보호하고, 노동시장 신규진입 청년에게 과도한 부담을 떠넘겨, 노동시장의 이중구조를 극단적으로 심화시켰다. 그 결과가 생산성에 비해 권리이익이 높은 이른바 좋은 일자리의 소멸과 그에 따른 취업난, 긴 수학(修學) 기간과 직장 탐색기간이다. 결혼의 연기·기피도 필연이다. 한국의 고용체제는 직장의 계급화, 정규직의 신분화, 노조의 귀족화, 공공의 양반화를 초래하고, 서열·등급주의적 사고방식을 확산시켰다.

둘째, 너무 높아진 눈높이다. 결혼 정보회사가 매년 발표하는 이상적인 배우자상은 결혼은 위너(winner)들 내지 정상(正常), 실은 정상(頂上)에 도달한 사람들만이 벌이는 잔치라는 인식을 주고 있다. 대부분의 루저들에게 결혼은 넘봐서 안될 대단한 일로 되었다. 노동시장 이중화 대책이나 저출생 대책 등을 만드는 공무원과 교수 들이 생각하는 고용·임금·복리후생 수준 자체가 개인의 생산성이나 한국의 생산력 수준 등에 비해 너무나 높은 것도 문제 악화에 일조하였다.

한국에서 중하층 일자리는 외국인 노동자와 경쟁에 너무 많이 노출되었다. 게다가 좋은 직장으로의 전직, 기술 배워 독자 창업, 부동산 투자·투기 등 다양한 계층 상승 사다리가 사라지면서 1980~1990년대에 비해 중하층 일자리를 가진 사람들의 상대적 소득수준과 사회적 서열은 더 낮아지고, 미래 비전은 더 어두워졌다. 이른바 공돌이 공순이의 순애보와 위대한 성공 스토리가 사라진 것이다. 그로 인해 소득 하위 30~40% 남성들은 여성의 배우자 선택 대상에서 대부분 배제되니 연애 결혼 문턱 자체를 넘지 못한다. 엎친데 덮친 격으로 미디어나 드라마는 자기비하의식이나 루저(loser)의식을 가진 청년을 대량 양산하고 있다.

셋째, 동아시아 유교문화권 자유주의 국가들 특유의 문화다. 핵심은 학위, 학벌, 시험성적, 소속직장, 직위 등에 의한 배제와 차별 혹은 멸시와 천대가 심한 사회문화적 특성(위계·서열·등급 중시 문화)이다. 이는 높은 교육열과 더불어 긴 수학(修學) 기간 및 직업탐색 기간, 결혼과 출산의 연기·기피 등을 초래하였다. 한국은 제사의례에 따른 남아선호 등이 유별난 국가였다. 하지만 이를 뒷받침한 유교문화는 급속히 퇴조했지만, 그 자리를 상당정도 대체한 기독교(개신교와 가톨릭)는 서구 사회의 저변에 흐르는 기독교 문화까지 이식시키는 데에는 한계가 있었다. 오히려 남성 전반을 충동성 강한 예비 성범죄자로 보는 기형적 페미니즘과 여성의 눈물이 피해의 증거라는 몇 건의 법원의 판결은 남성으로 하여금 남녀 교제 노이로제를 생기게 만들었다.

유럽이나 미국 사회에 뿌리깊이 박힌 '가족 중시' 가치 나 비물질주의적 가치도 그리 강성해지지 않았다. 반면에 유교문화의 일부는 편의적으로 잔존하는데, 대표적인 것이 결혼과 동시에 여성의 시댁에 대한 더 많은 의무 부담, 남성의 집(혼수) 마련 의무 존치(여성의 가계 보조자 의식), 여성의 과도한 가사 노동 분담 등이다. 한국, 일본, 대만, 홍콩, 마카오 등 유교문화권 자유주의 국가들의 출산율이 세계적으로 최하위를 기록하는 것은 출산·육아 관련 물질적 지원 부족 탓만은 아니다.

넷째, 저출산 꼬리표를 단 예산은 많지만 결혼·출산과 가족에 대한 실질적, 직접적 지원은 의외로 많지 않다. 2022년 저출산 꼬리표를 단 예산은 51조 원이라지만, 실제 출산·양육제도 관련 예산은 19.5조 원에 불과하다. 보육·교육료 지원(어린이집·유치원 바우처, 시설인건비 등)이 10.5조 원, 양육 관련 현금성 보편 지원이 5조 원이 대부분이다. 주거지원(다자녀가구 신혼부부 공공주택 공급확대 및 주거 금융지원)예산은 19.2조 원 인데, 누리과정 유아학비 예산이 4.2조 원, 육아휴직 및 출산휴가 예산이 1.8조 원, 다자녀 가구 국가장학금이 1.0조 원 등이다.[10] 명목 GDP 대비 가족지출 예산 비중은 OECD평균은 2.29%인데 반해 한국은 1.60%이고 현금

---

10) 홍석철. 2023. 저출산 예산 현황과 개선 방향. 한국재정학회 정책토론회 발표문

지출 예산 비중은 OECD평균은 0.82%인데 반해 한국은 0.30%이다.[11]

　저출산 문제 해결에 실질적으로 도움이 되는 예산은 그리 많지 않음에도 불구하고, 저출산 꼬리표를 단 예산이 하도 많아서, 백약이 무효라는 인상을 주었다. 그런데 실은 백약은 커냥 십약도 써 보지 않았다고 보아야 한다. 다각도에서 행해지는 비교분석 작업과 인과관계 규명 등을 건너 뛴 채, 우물안 개구리 전문가와 예산·인력·자리에 목을 매는 공무원 및 이익집단(영유아 보육업자 등)과 포퓰리즘에 휘둘리는 정치가 합심하여, 저출산 문제 해결과 별로 관련이 없는 예산을 팽창시키고, 사업 평가는 얼버무려 왔다. 당연히 출산율 제고에 실패했다는 뉴스가 도배를 하자, 저출생은 인류사적인 추세라서 "대량 이민 정책" 외에 어쩔 수 없다거나, "인구 감소가 왜 문제냐?"는 주장이 대두되는 실정이다. 결혼·출산·육아는 부모와 자식 간, 남편과 아내 간, 시댁과 친정 간, 국가·사회와 개인·가족 간 부담과 혜택을 나눠 가지는 문제이다. 당연히 갈등 사안이다. 한국은 출산·육아를 둘러싼 갈등을 포함하여 정치갈등, 사회(노사, 노노, 갑을, 20대 여성-20대 여성 등) 갈등, 현세대와 미래세대 갈등을 비롯한 거의 모든 갈등이 격렬하게 나타난다. 이는 부담과 혜택이나 이익과 위험 등을 나누는 제도, 이념, 문화가 선진국에 비해 확연히 다르기 때문일 것이다. 설상가상으로 이 충돌을 파괴적 갈등으로 몰아가는 어떤 이념(페미니즘과 피해자 중심주의 등)도 기승을 부리고 있다. 수많은 가치 ·집단간 충돌·갈등을 제대로 해결하지 못하는 제도, 이념, 문화라는 거대한 뿌리에서 뻗어나온 수많은 부조리 중의 하나가 바로 초저출산 문제이다.

　지금 한국은 제도-정책-이념-문화-정치지형-리더십 혹은 정치-경제·시장-산업-고용-교육-복지 등이 복잡하게 얽히고설킨 융복합 문제들은 대부분 원인 진단조차 제대로 되지 않았다. 정치, 노동, 교육, 공공, 지방,

---

11) 이영숙. 2023. 저출산 대응 정책 재원 확보 전략. 한국재정학회 정책토론회 발표문

저출산, 불평등·양극화 문제 등이 대표적이다. 이 책임은 압도적으로 정치의 협소하고 일면적 시각, 즉 종합적 경세방략(국정운영 플랫폼)의 부재에 있다. 세분화 전문화된 전공 혹은 업무분장의 우물에 깊숙히 앉아있는 교수, 관료, 시민운동가의 태생적 한계를 정치가 제대로 보완해 주지 않는다는 얘기다.

CIA월드팩트북 추계(2021)에 따르면 출산율 최상위 국가는 아프리카 국가고, 최하위국가는 동아시아 유교문화권 자유주의 국가다. 같은 유교문화권이라 하더라도 사회주의 국가들의 출산율은 높다. 중국 1.6, 북한 1.91, 베트남 2.06이다. 전반적으로 이슬람, 힌두교, 불교, 가톨릭, 유대교, 기독교 등 종교적 믿음이 강한 국가의 출산율이 상대적으로 높다. 선진국 중에서는 이스라엘이 2.57, 미국이 1.84인데, 이 두 나라의 출산율은 상당부분 독실한 신자층에 의해 지탱된다고 알려져 있다. 종교와 출산율의 상관관계는 충분히 밝혀진 것은 아니지만, 출산과 육아라는 행위는 개인의 입장에서 생명·자유·재산·시간·기회 등을 엄청나게 갈아넣는 문제다. 관점에 따라 기쁨과 행복일 수도 있고, 부담과 고통일 수도 있다. 만약 이를 부담과 고통으로 본다면 아무리 출산·보육·교육 지원이 많아도 갈아넣는 자유와 기회를 온전히 보상할 수는 없을 것이다. 결혼과 출산과 육아는 대개 여성(아내, 어머니)과 남성(남편, 아버지)에게 더없이 큰 기쁨·행복·자유와 더없이 큰 고통·불행·부자유(속박)도 안길 수도 있다. 따라서 정부의 저출산 대책이 중시해 온 "돌봄·교육, 일·육아 병행, 주거, 양육비용 지원, 건강"만큼이나 마음, 종교, 정신, 문화, 이념이 중요하다고 보아야 한다. 이씨 조선(주자학), 김씨 조선(주체사상), 대한민국은 공히 정신·이념·종교·문화와 정치·국가의 영향력이 큰 국가이다. 아시아 국가 중에서 2021년 기준 개신교 인구가 20%, 천주교 인구가 11%인 독특한 국가이다. 유전적, 역사문화적, 지리적 특성 등이 중첩되어 이런 현상을 초래했을 것이다. 아무튼 이런 나라에서 저출산 대책을 수립하면서, 정신·이념·종교·문화를 도외시한 것은 넌센스다. 특히 보수 정부는 주로 경제적 성과(성장)나 경제적 지원으로 문제를 풀려고 해왔다. 기존의 저출산 대책이나 담론은 주로 경제·사회·복지정책으로 접근했기에 마음, 정신, 이념, 종교, 문화 부분을 너무 간과했다. 물론 이는 사상·양심·신앙의 자유 영역이요, 사생활 영역이라 국가의 정책대상으로 삼기는 어려운 측면이 있다. 하지만 사람이 결혼, 출산, 육아와 가족을 바라보는 관점은 이념, 종교, 교육, 미디어, 유명인사(스타, 기업 경영자)의 영향을 크게 받는다는 것은 확실하다.

지금 절실히 그리고 긴급하게 필요한 것은 백약이 무효라는 절망감을 떨쳐 버리는 것이다. 20여 년간 하염없이 가라앉고 쪼그라드는 저출산 추세가 꺾일 수도 있다는 반전의 희망을 주는 것이다. 일본 등에서도 하는 획기적인 저출산 대응 정책, 특히 결혼·출산·육아 친화적인 예산·세금 정책을 앞세우고, 글로벌스탠다드에 입각한 노동개혁, 연금개혁, 교육개혁, 공공개혁, 주택·부동산 정책을 그 뒤에 세워야 한다. 사회정책적 수단으로 출산육아에 수반되는 물질적 부담을 아무리 경감 한다 하더라도 한계가 있지만 그럼에도 불구하고 출산 육아 관련 비용·부담을 개인·가계·기업에서 국가·사회로 더 많이 옮겨야 한다는 것은 확실하다. 특히 기업의 부담을 국가로 옮겨야 한다. 민간기업에 육아 관련 부담을 지우면 지불능력 있는 기업과 공공부문의 정규직의 권익만 계속 높아지면서, 노동시장 이중구조는 심화되고, 가임 여성 고용 기피 현상이 벌어지게 되어 있다. 또한 여성(아내, 엄마)의 부담을 남성(남편, 아버지)로 더 많이 이전하고, 더 나아가 조부모, 외조부모도 육아 부담을 나눠 가질 수 있게 해야 한다. 노인의 건강, 여가, 재산이 과거보다 훨씬 좋아졌기에, 육아 부담을 나눠 가지는 것이 노년의 큰 기쁨과 행복일 수 있기 때문이다.

선진국에서 다하는 결혼과 출산(유자녀)이 비혼과 비출산(무자녀)보다

선호되도록 하는 정책도 필수다. 예컨대 유자녀 가구가 비혼 가구나 무자녀 가구보다 세금·사회보험료 부담이나 복지급여 수급에서 혜택이 더 커지도록 하는 것이다. 결혼·출산·육아에 드는 물질적 정신적 비용 대비 편익이 무조건 커지도록 해야 한다. 그런 점에서 성인지 예산보다 더 필요한 것은 가족친화 예산이다. 아무리 출산·양육 관련 비용·부담을 줄여도 독신을 더 선호하는 사람, 무자녀를 더 선호하는 부부, 신체적 결함으로 인한 불임 부부는 과거보다 더 많이 나오게 되어 있다. 따라서 결혼하여 아이를 낳는 부부는 1명이 아니라 2명, 2명이 아니라 3명을 낳도록 유도하기 위해, 둘째와 셋째에 파격적인 인센티브를 제공할 필요가 있다. 요컨대 신혼부부에 대한 지원은 줄이고, 유자녀 가구나 특히 3자녀 이상 다자녀 가구에 대한 지원을 늘려야 한다. 3자녀 가구에 대한 혜택은 5.18민주유공자에 대한 혜택을 참고해야 한다. 그 절반이라도 제공한다는 생각으로 혜택을 늘려야 한다는 얘기다. 출산·육아 관련 가치관, 종교이념, 사회풍조, 미디어, 교육, 캠페인 등 정신문화적 요인을 주목하여, 목사들은 '생육하고 번성하라'는 하나님의 말씀을 줄기차게 선포해야 한다. 연애·결혼·출산 등은 일종의 유행인 측면이 있다. 친구, 친척, 지인, 유명인이 하기에 별 고민 없이 너도나도 따라 하고, 친구, 친척, 지인, 유명인이 안 하거나 늦게 하면 그 역시 따라 안 하거나 늦게 하는 경향이 있다. 스포츠예능 스타 등 유명인들이 아이 낳고 기르는 행복을 부러워하고, 격려하는 모습을 보여 주는 이벤트나 출산육아의 행복을 강조하는 종교인이나 입양아 가족 집단과 만남 이벤트도 필요하다.

저출생 문제를 해결할 획기적인 정책 개발도 여전히 필요하다. 사실 신혼 부부 주거 지원은 결혼 관문을 용케 통과한 소득 상위 30% 혹은 50% 청년에 대한 지원이다. 따라서 결혼과 출산을 꿈꾸기 힘든 소득 하위 30~40%는 완전히 소외 될 수밖에 없다. 마치 대학을 못 간 청년들이 대학생 학자금 지원에서 완전히 소외 되듯이! 따라서 특혜성 주거 관련 지원은 대폭 줄이고, 현금 지원을 대폭 늘려야 한다. 2024년부터 0세 100만 원, 1세 50만 원의 부모급여의 기간을 좀 더 연장할 필요가 있다. 그리고 대부분의 나라에는 다 있는, 고교 졸업 때까지 아동수당을 지급하는 방안도 검토해야 한다. 공무원 시험시 유자녀·다자녀 가산점 등도 최우선 검토 대상이 되어야 한다. 건설현장, 3D업종, 농수산업 등 중하층 일자리에 대한 청년 유입을 촉진하는 제도적(근로장려금 등) 지원 정책 등도 신혼부부가 과거처럼 낮게 출발하는 문화 회복에 도움이 될 수 있다. 이런 정책을 시행하고 나서 마지막으로 검토할 정책이 한국 역사문화에 적합한 이민 정책이다. 물론 이 정책에 관한한 한참 후발자이기에 유럽 등 선진국의 오랜 이민 정책에 대한 벤치마킹이 절실히 필요하다. 그런데 한국은 두뇌 유출이 많은 나라로서, 글로벌 인재들에게는 별로 매력이 없는 나라인 만큼 두뇌 유입=이민 정책 이전에 한국이 힘들게 키운 두뇌들이 한국에서 기회와 희망을 느끼게 만드는 제도와 문화를 구축하는 것이 먼저다. 그리고 두뇌(산업인재)를 빨아가는 블랙홀인 의사 등 면허직업의 보상수준을 국가규제와 시장매커니즘으로 낮아지게 해야 한다.

2024년 1월 18일 공교롭게도 양대 정당이 동시에 저출산 대책(총선공약)을 내놨다. 민주당의 정책이 훨씬 담대하다. 2자녀 출산 시 24평, 3자녀 출산 시 33평 주택을 각각 분양전환 공공임대 방식으로 제공하고, 모든 신혼부부에게 가구당 10년 만기 1억 원 대출 후 자녀를 낳으면 첫째 출산시 무이자 전환, 둘째 출산 시 원금 50% 감면, 셋째 출산 시 원금 전액 감면한다. 모든 아이에게 18세까지 월 10만 원씩 펀드를 적립해 주고 8세부터 17세까지 자녀 1인당 월 20만 원씩의 아동 수당을 카드로 지급한다는 것이 골자다. 반면에 국힘당은 육아휴직 급여 상한을 현행 150만 원에서 210만 원으로 상향하고, 출산휴가 중 아빠 휴가를 유급 1개월로 늘리는 것을 의무화하였다. 이는 중소기업은 큰 부담으로, 기본적으로 좋은 회사 직원만 혜택을 보게 되어 있다. 가치·정책 패러다임을 전면적으로 재검토하는 기본·개념 설계없이 20~30년간 악화되어 온 문제는 해결이 불가능하다고 보아야 한다.

8장 정치·민주주의 위기 대책

반지성주의의 중요도 시급도

윤정부 성패 혹은 역사적 평가를 좌우하는 것은 올바른 시대인식과 시대적 소명이고, 그 핵심은 국가적·국민적 위기인식이다. 120과제에서 위기는 총 43번 언급되는데, 그것은 기후(환경)위기, 감염병위기, 글로벌 공급망위기, 저출생 위기, 경제위기, 기업위기, 안보위기, 재정위기, 질병·실직 위기, 청소년 위기, 대학경영위기 등이다. '저출생'은 위기라고 써놓고, 이를 해소하는 대책이 없다. 〈다시 대한민국〉에서도 언급하는 위기(16번)도 거의 경제위기와 금융위기다. 국정과제는 거의 행정부의 과제이기에 국회, 정당 등을 규율하는 정치(제도, 이념, 문화, 리더십) 위기를 말하는 것이 적절치 않아서 일 것이다. 그럼에도 불구하고 정치·민주주의 위기에 대한 문제의식이 투철하면 말과 인사와 대통령프로젝트 등으로 나타나기 마련이다. 아니나 다를까 대통령 취임사(2022.5.10.)에서 이례적으로 민주주의 위기에 대해 길게 얘기했는데, 반지성주의를 주요하게 거론하였다.

정치·민주주의 위기를 초래한 다양한 원인 중에 반지성주의, 곧 '과학과 진실' 무시를 지목한 것은 윤정부가 처음일 것이다. 그런데 반지성주의 극복이라는 과제의 중요도, 시급도, 난이도는 어느 정도일까? 그리고 반지성주의라는 진단에 따른 처방=해법을 정책과제로 풀어내면 어떻게 될까? 교육·문화·미디어 정책 등에서 풀어낼 수는 있을 것이다. '반지성주의론'

의 가장 큰 한계는 정치·민주주의 위기에서 대중의 감성의 위력과 정당의 저열한 지성과 영성 문제를 간과한 것이다. 이 책에서 서사와 정체성, 그리고 시대인식과 시대적 소명의 강조한 것은 그 때문이다. 시간이 가면서 윤 대통령은 정치위기, (자유)민주주의 위기, 이념 위기, 반지성주의 위기 등에 대한 언급이 점점 많아지고 격해지고 있다. 그런데 주된 비판의 대상은 반지성주의에서 공산전체주의라는 이념과 정부여당의 투쟁회피 경향으로 옮겨간 느낌이다.

정치개혁 혹은 민주주의 위기 대응책만큼 기본·개념설계가 필요한 것은 없다. 사실 지금 밀어닥치는 거의 모든 위기의 근원은 본말이 전도된 정치다. 정치가 영혼이나 소프트웨어라면, 육체나 하드웨어는 너무 많은 곳에 손을 뻗쳐 쥐락펴락하는 정부(법령, 예산, 조직, 사람)다. 위대한 영혼이 건장한 육체를 지배할 때는 영웅이 되지만, 낡고 썩은 영혼이 육체를 몸을 지배할 때 악당이 되듯이, 위대한 정치가 정부를 지배하면, 위대한 역사가 창조되고, 낡고 썩은 정치가 정부를 지배하면 망국으로 간다.

한국에서 국가는 외적의 침략을 막아 내는 존재라는 개념은 흐릿한 데 반해, 윤리=예(禮)와 형벌(刑罰)로 백성이나 사회를 계도하는 존재라는 개념이 강하다. 대한민국 국가권력은 기본적으로 과잉이고, 집중되어 있고, 전제적(專制的)이다. 외적 견제균형 장치와 내적 자율제어 장치(직업윤리 등)가 다 부실하다. 국가권력의 과잉은 정치·정부 권력이 좌지우지 쥐락펴락하는 영역이 광대무변하다는 것을 의미한다. 권력과잉은 공적 강제력의 미치는 영역이 과잉이며 시장, 사회(커뮤니티), 개인의 자유, 자치, 자율책임 영역의 과소를 의미한다. 이 뒤에는 국가권력에 의존하여 문제를 해결하려는 문화가 뿌리깊다는 것을 의미한다. 국가권력의 집중은 긴 설명이 필요치 않다. 민주공화국은 거의 행정부는 군주정, 입법부는 민주정, 사법부는 귀족정의 원리로 운영되면서, 상호 견제와 균형을 이루며 공공선(국리민복 증진)을 구현하는 존재인 만큼, 권력의 집중은 필수불가결한 현상이다. 그럼에도 불구하고 선진국과 비교해 보면 한국의 권력 집중 현상은 확연하다. 국민과 공무원의 눈으로 보면 행정부와 대통령에게 권력(인사권, 감사권 등)이 집중되어 있고, 법관의 눈으로 보면 대법원장에게 권력이 집중되어 있다. 당원과 지지층의 눈으로 보면 당대표에게 권력(공천권 등)이 집중되어 있다. 지방의회의 눈으로 보면 국회에 권력이 집중되어 있고, 지방주민의 눈으로 보면 지자체장에게 권력이 집중되어 있다. 기업인의 눈으로 보면 국가(입법 행정 사법 공공기관)에 시장과 기업 및 기업인을 잘 되게 할 수 있는 수단은 없어도 못되게 할 수 있는 수단이 너무 많다. 대표적인 것이 국가규제와 형벌조항이다. 가장 최근에 추가된 것은 2022년 1월 17일부터 시행된 중대재해처벌법이다. 산업 현장의 안전사고(재해)로 사망 혹은 2명 이상 중상자가 나오면 기업 CEO와 임원, 대주주까지 최소 1년 이상 징역형에 처할 수 있게 하였다. 중대재해의 대부분은 과실에 의한 사고임에도 불구하고, 고의 중범죄 엄벌을 목적으로 하는 하한이 있는 형벌을 가한다는 것은 여간 비상식이 아니다.

제왕적, 전제적 국가권력은 권력의 과잉 및 집중과 견제와 균형 장치의 부실 3개가 결합되어야 탄생한다. 한국에서는 대통령만 제왕적인 것이 아니다. 국가 그 자체가 제왕적이다. 대통령, 행정부(직업공무원), 입법부(국회의원), 사법부(법관), 지자체(단체장), 공공기관 등도 다 크고 작은 제왕적 권력을 갖고 있다. 제왕적 권력은 아래로부터의 종적 통제도, 권력 기관간 횡적 견제와 균형도, 내면적 통제(종교나 직업윤리에 의한 자율적 통제)도 잘 작동하지 않는 곳에서 출현한다. 이재명이 성남시장과 경기도지사를 하면서 자행한 권력형 범죄는 그 기념비다. 사생결단의 권력투쟁도, 정치의 본말전도도, 소모적인 정치경쟁과 갈등도, 강력한 국가주의와 국가를 통한 지대추구도 기본적으로 제왕적·전제적 국가권력에서 연유한다. 국가권력 과잉이 해소되지 않으면 대통령과 국회(의원) 권력을 아무리 축소 분산하고, 선거제도와 정당체제를 어떻게 개혁해도 정치가 제 역할을 할 수가 없을 것이다. 그러므로 정치개혁의 대전제는 전제적 권력 그 자체를 축소하고 철폐하는 것이다. 수많은 정부기관(대통령, 국회, 행정부, 사법부, 지자체 등)과 공무원들이 휘두르는 자의적 권력 그 자체를 축소하고 종적, 횡적으로 견제와 균형 하에 놓아야 한다는 얘기다.

다시말해 행정부, 입법부, 사법부, 지자체 등에서 하는 많은 일(공공서비스 생산·공급)은 소비자 선택권과 심판권이 잘 작동하는 시장에 의해, 주민 참여·숙의·통제가 원활한 지방(자치)에 의해, 공공성, 전문성, 정치적 중립성을 견지하는 해당 분야 전문가에 의해 수행되게 해야 한다는 것을 의미한다. 또한 더 많은 것이 개인의 자율책임 하에서 이뤄져야 한다는 것을 의미한다. 이는 행정부, 입법부, 사법부, 지자체 등의 수장이 자신의 권력을 무조건 내려놓는다고 해서 되는 것이 아니다. 시장, 지방, 전문가, 개인 등이 자치적·자율적으로 그 일을 할 수 있도록 제도적 문화적 환경을 조성하고, 능력의 성장·발전을 촉진하고 기다려야 한다는 얘기다.

권력의 절대량 자체를 줄이는 것을 전제로 권력을 횡적, 종적으로 분산·분권해야 한다. 횡적 분산·분권을 위해서는 사정·감독·감사 기능(검찰, 감사원, 국정원, 국세청, 공정위, 금융위 등)은 행정부에서 제4부(감독부)로 독립시키는 것도 검토할 필요가 있다. 종적 분산·분권을 위해서는 상하 양원제 도입과 주민자치 강화가 필요하다. 지자체가 제공하는 공공서비스도 더 많은 것이 시장이나 전문가협회에서 생산·공급되도록 하는 것을 전제로, 다시말해 지자체 권한과 인력을 상당폭 축소하는 것을 전제로 지방자치를 강화해야 한다. 법관이 권력이나 특수이익집단이나 떼법(국민 감정)에 휘둘리지 않도록 신분보장을 강화하되, 이 역시 전관예우나 후관예우 등 사실상의 공직부패도 막고, 이념 편향도 막는 제도적 장치 마련을 전제로 한다. 검찰과 법원의 수사, 기소, 재판 등에는 배심원제를 적극 도입하는 것을 검토할 필요가 있다.

1987년 민주화가 완벽히 비껴간 정당

1987년 이후 밀물처럼 밀려온 민주화가 거의 완벽히 비껴 간 곳이 정당이다. 그것도 헌법 제8조 ②항에서 "그 목적·조직과 활동이 민주적이어야 하며, 국민의 정치적 의사형성에 참여하는 데 필요한 조직을 가져야 한다"고 되어 있는 정당이다. 이는 1987년 민주화의 주역이 제도권 정당을 은근히 무시한 운동권과 제왕적 당총재인 김영삼·김대중과 역시 정당을 중요하게 생각하지 않은 권위주의 정권이었기 때문이다. 결과적으로 한국 민주화 담론은 정당의 선진화·정상화(민주공화적 운영)의 중요성을 간과하였다. 정당은 김영삼·김대중의 반박정희·전두환 투쟁의 도구라는 의미를 부여받았기에, 국가는 지원은 하되 당 운영에는 간섭하지 않는 것이 미덕처럼 되었다. 그런데 정당은 현대 국가의 왕이다. 한국은 양당 구도를 강제하는 선거제도와 중앙집권적인 권력구조 및 정당구조로 인해, 민주당과 국힘당이라는 두 왕에 의한 중앙·지방 정치 독점이 공고하다. 1987년 이후 대한민국은 부실할 수밖에 없는 두 왕이 돌아가면서 국가와 사회를 지배하고 있다고 해도 과언이 아니다. 1987년 이전에는 사실상 대통령과 행정부가 왕 이었고, 여당은 청와대의 여의도 출장소, 국회는 통법부 수준이었다. 하지만 1987년 이후 이 조건은 상전벽해가 되었지만 정당은 여전히 부실하다. 이념, 정책, 문화, 의사결정 구조, 리더십 창출 구조, 차세대 리더십 교육훈련 구조 등 뭐 하나 발전한 곳이 없다. 서구에서 30대 총리나 대통령이 나오는 것은 좋은 정당을 딛고 서 있기 때문이다. 개인의 집권이 아니라 정당의 집권이기 때문이다.

선출직 공직자가 통합하는 권력은 너무나 비대하고, 견제 감시 장치는 부실하고, 선출직 공직자를 추천하는 정당은 양당·양강 정치독과점 체제이고, 당원의 의무는 느슨하게 하고(월 1~2천 원 당비 납부와 투표), 권한과 권리를 강화하면(핵심 당직과 공직후보자 선거권·피선거권 부여 등), 오로지 공직 후보를 노린 수많은 이익·이념·종교 집단 이 당을 장악하기 위해 몰려들 수밖에 없다. 노조나 교회가 한국 정치에 과도하게 개입하려고 하는 것은 기본적으로 양대 정당의 이념이나 조직이 너무 허약하기 때문이다. 단적으로 중앙선관위가 발간한 〈2022년도 정당의 활동개황〉에 따르면 당원 수는 민주당 485만 명, 국민의힘 430만 명이고, 그중 당비 납부자는 민주당 140만 3천 명, 국민의힘 89만 7천 명이다. 당비 수입 총액은 민주당 525억 9천만 원(1인평균 월 3,100원), 국민의힘 290억 3천만 원(1인 평균 월 2,700원)이다. 윤정부의 노조회계 투명성 제고 정책에 따라, 조합원 수 1,000명 이상 노조 739개 중 675개(91.3%)가 2022년도 결산결과를 공시하였는데, 총 수입은 8,424억 원이었다. 조합비 수입 규모는 민주노총 전국금속노조(595억 원), 민주노총 전국금속노조 현대자동차 지부(228억 원), 한국노총 전국금속노조연맹(224억 원), 민주노총 본조(181억 원), 민주노총 전국교직원노조(153억 원) 순이었다. 2010년 타임오프가 도입되기 전 한국노동연구원이 실시한 실태조사에 따르면 노조 전체 전임자 수는 1만 583명(2008년 기준)이었는데, 지금도 타임오프제 적용 받는 노조 전임자와 조합비로 급여를 지급하는 노조 전임자를 합하면 1만 명은 넘을 것이다. 그런데 양대 정당의 유급 사무직은 민주당 187명(중앙당+시도당), 국민의힘 156명에 불과하다. 노조 전임자들은 유사시에 노조의 이해와 요구를 전투적으로 대변하는 SNS 전사로 얼마든지 변신 할 수 있다. 이는 범진보와 범보수의 엄청난 SNS 화력 차를 낳는 주요한 원인 중의 하나이다. 그런데 SNS를 포함한 담론과 여론에서 결정적인 화력 격차는 이 노조가 공영

방송을 포함한 주요한 민간 언론사의 편집·인사 거버넌스를 좌지우지한다는 데 있다. 한국 양대 정당이 노동운동 노선도 없이, 단지 선거 때나 법개정 때만 노조를 찾는 행태가 반복되면, 노조는 넘쳐나는 힘으로 오히려 양대 정당과 국회와 지자체를 포획하려고 하기 마련이다. 당대표·최고위원 선거에서 한 표를 행사하는 권리당원(민주당)과 책임당원(국힘당) 당비를 각각 월 1천 원으로 낮게 책정하자, 편협한 가치나 이념으로 뭉친 정치 훌리건(폭력을 서슴지 않는 극성팬)들이 당에 대거 난입하여(?) 전당대회를 좌지우지하는 정치군단이 되어 버렸다. 그 결과 탄생한 최악의 정치 괴물이 이재명이다. 이재명과 개딸들은 권력을 다수에게로, 당원에게로, 국민에게로 내리는 것을 능사로 안다. 공화주의 정신과 시민적 덕성과 직업(정치)윤리 등을 모른다. 이는 제왕적 대통령 권력을 내려놓는다고 해서 해결되거나 완화될 문제가 아니다. 오히려 가치의 균형(우선순위) 및 이익집단 간 힘의 균형을 잡아줄 대통령 마저 눈과 귀가 막히고, 손과 발이 잘리면 문제는 더 악화된다.

정치개혁도 노동시장 이중구조 개혁이나 저출산 대책만큼 난제 중의 난제다. 정당개혁은 정당으로 하여금 가치와 이념과 정책을 공유하는 결사로서, 국정 노하우를 축적하고, 종합적이고 체계적인 국가비전과 정책을 정련하여, 정치리더십을 선발, 검증, 교육·훈련하는 기능(본령)에 충실하게 만들어야 한다는 것이다. 물론 대통령제(대통령 중심 권력구조)에서 정당의 강화가 쉽지 않다. 집권 주체는 사실상 개인과 대선 캠프이기 때문이다. 그럼에도 불구하고 정당이 자신의 소명에 충실하게 만드는 방법이 없을 리 없다. 관건은 당원의 자격, 권리, 의무(교육 이수, 참여 등)와 선거(리더십 창출) 제도가 아닐까 한다. 작지만 효과가 큰 개혁 방안 중의 하나가 정당의 교육비는 국고에서 보조하되, 정당으로 하여금 지지자 및 국민의 요구, 불만에 둔감하게 만들고 당권파가 당원과 정당민주주의를 무시하게 만드는 국고보조금 제도는 철폐하는 것이다. 그렇다면 당비를 올릴 수밖에 없고, 당원도 지금보다 훨씬 소수정예화 될 것이다. 그러면 당원 주권주의와 상향식 공천 등 당내 민주주의를 발전시킬 수 있을 것이다.

4부
운동권정치 청산

1장. 자부심에서 자괴감으로, 또 책임감으로

1980년대 내 개인적 정체성은 운동권 학생이었다. 운동권은 오랫동안 내 자부심의 원천이었으나 2009년 김대중·노무현의 죽음 이후, 특히 2012년 1월 민주당(민주통합당) 전당대회를 기점으로, 운동권이 정치의 중심으로 성큼 다가서면서부터는 자괴감(自愧感)의 원천으로 바뀌었다. 지금은 자부심과 자괴감이 운동권정치 청산의 책임감에서 만났다. 내가 운동권의 이념적·정서적 후진성과 위험성을 깨달은 것은 대우자동차에 근무하던 시절(1995.4~2004.2) 아프게 목도한 시대착오적 이념의 파괴력 때문이다. 나는 대우자동차에서 대우그룹의 세계경영과 자동차산업을 통해 세상을 보는 눈이 확 열렸다. 동시에 1980년대 중후반, 내 위장취업 시절에 풍미한 생각을 전형적으로 체현한 노조운동과 진보좌파 이념의 파괴력을 똑똑히 보았다. 마침 그 시기에는 인터넷(카페 대화방)의 대중화로 인해, 2001년 9.11테러를 미국이 중동에서 저지른 죄악에 대한 정당한 응징이라고 주장하는 익명의 운동권 네티즌들을 숱하게 보았다. 이에 책임감을 느껴 쓴 책이 『대우자동차 하나 못 살리는 나라』(2001)와 『한 386의 사상혁명』(2004)이다. 2006년 9월부터는 사회디자인연구소를 하면서, 김대중·노무현 정부의 한계와 오류를 뛰어넘는, 언젠가 탄생할 새로운 민주진보 정부의 비전과 정책을 연구하는 것을 업으로 삼게 되었다. 미국 민주당, 영국 노동당(제3의길), 독일 사민당(신중도) 등의 노선 혁신을 보면서, 한국판 '제3의길' 노선이 시대적 요구임은 자명해 보였다. 이 생각을 체계적으로 정리한 책이 『진보와 보수를 넘어』(2007), 『노무현 이후』(2009), 『2013년 이후』(2011) 등이다. 이 과정에서 유시민, 송영길, 문재인 등 민주당 유력 정치인들과 이들을 돕는 많은 참모·논객·연구자들과 대화하고 토론할 기회를 많이 가졌다. 그런데 2012년 이후 한명숙-이해찬-문재인에 의한 민주당 장악 이후, 보여준 통합진보당과 선거연합 등 이른바 좌클릭 행보는 너무나 당혹스러웠다. 이에 월간조선 2012년 6월호에 민주노동당-통합진보당-민주통합당(민주당)의 강령과 〈4·11총선, '국민 승리를 위한' 범야권 공동정책 합의문(2012.3.11.)〉에 대해 상세하게 분석하고 비판했다.[12]

한미(韓美)FTA와 제주해군기지 반대 주장은 즉흥적 선거 전술(戰術)이 아니었다. 민주통합당(민주당)과 통합진보당(진보당) 두 당과 시민사회단체 대표(백승헌·박석운)가 합의한 3자 공동정책 합의의 산물이다. 동시에 두 당의 강령에 명기된 외교·통상 정책의 산물이자, 강령 전반에 흐르는 철학·가치·비전·정서의 산물이다.

민주당 당적을 유지하면서 비판적 의견을 개진하는 것은 불가능하다고 결론을 내리고, 비록 평당원에 불과했지만 2013년 8월 14일 장문의 개인 성명 '민주당 탈당에 붙이는 비망록'[13] 을 발표하고 탈당하였다. 주요 내용은 다음과 같다.

저는 민주당의 주류적 생각과 행보에 공감하지 못하는 경우가 너무 많았고, 앞으로도 많을 것 같습니다. 그 동안 한미FTA, 비정규직 해법, 한진중공업과 쌍용자동차 사태, 야권연대, 4.11총선 공천, 민주당의 신·구 강령, 정년연장법,

---

NLL대응, 세제개편 등 참 많은 사안에서 입장이 갈렸습니다. 물론 거의 빼놓지 않고 비판 글을 썼습니다. (…) 지난 6~7년 동안, 나름대로 치열하게 실천해 보고 나서 깨달은 것이 몇 개 있어 나누고자 합니다. 첫째는 사람의 생각의 프레임이랄까 정책 패러다임(이데올로기)이 종교적 신념만큼이나 강고하다는 것입니다. 뒤틀린 역사가 각인시킨 피해의식과 증오가 의외로 컸습니다. 즉물적, 단편적 사고도 아주 질겼습니다. 정말 낡은 생각의 강고함은 그야말로 충격과 공포였습니다. 성조기와 태극기 들고 설치는 '어버이연합'이 남의 일이 아니었습니다. 그래도 이 분들은 10~20년이면 자연적 수명이 다할 텐데, 외세-민족, 불의-정의, 자본-노동, 독재-민주 프레임으로 세상을 보는, 저와 한 때 어깨를 걸고 달렸던 사람들의 자연적 수명이 30~40년이 남은 것을 생각하면 끔찍합니다. (…) 진보, 보수를 초월하여 사회역사적 통찰력 자체가 부실해서, 댐과 강둑이 무너지는 것은 보지 못하고, 집 문지방으로 넘어 들어오는 물이나 열심히 퍼내는 듯하였습니다. (…) 등소평과 대처, 클린턴과 블레어가 했던 혁신을 하려면, 기존 패러다임과는 다른 패러다임을 가진 사람들의 독자적 세 결집 외에는 달리 수가 없어 보입니다.

그 이후 10여 년이 흘렀지만 독자적 세 결집은 실패했다. 2016~17년 이른바 '촛불시민혁명' 성공 이후 문정부와 민주당의 노선과 행태는 예상과 우려를 훨씬 뛰어넘는 수준이었다. 너무나 친북좌익적이고, 과격하고 퇴행적이었다. 그래서 문재인 대선 공약부터 정부 출범 이후 정책까지, 이를 분석하고 비판하는 글을 정말 많이 썼다. 그 때 자주 언급했던 것이 1980년대 운동권 대학생 1~2학년 수준과 총학생회 수준이라는 말이었다. 한편 2010년 경부터는 페이스북 등을 통해 20~30년 전에 자주 보던 운동권 동료·선후배들의 최근의 생각을 실시간으로 지켜보면서, 20대 초에 형성된 생각의 기본 틀(운동권적 사고방식)이 엄청나게 강고하다는 것을 거듭 거듭 절감했다. 연구와 고민이 깊어지면서 저성장, 일자리, 불평등과 이중구조, 저출산, 정치의 본말전도 등 1987년 이후 경향적으로 악화되어온 대한민국의 만성병의 구조적 원인과 대안을 천착하게 되었다. 그 과정에서 1987년 이후 36년 간 대한민국이 타고 온 6공화국 플랫폼의 구조적 문제점을 천착하게 되었다. 육체에 해당하는 1987년 체제와 영혼에 해당하는 1987년 컨센서스의 빛과 그늘과 유효기간을 캐물으며, 7공화국 플랫폼의 얼개를 고민하게 되었다. 대한민국이 어디쯤 있고 어디로 가야 할지를 연구고민했기에 1987년 컨센서스의 극좌적 변종인 운동권의 노선을 거의 그대로 받아안은 문정부와 민주당의 노선이 완전히 시대착오라는 것을 느꼈다. 1980년대 운동권이 죽기는커녕, 오히려 2017년 이후에 전성시대를 맞았다는 생각이 들었다. 이렇듯 긴 성찰, 통찰, 모색과 대화, 토론, 연구의 중간 결산이 『7공화국이 온다』(2020)와 『왜 7공화국인가』(2020)이다. 1930~50년대 좌익 운동가들의 수기나 평전을 읽다보면, 그 아들·손자뻘인 1980년대 운동권 학생과 철학이나 정서가 참 유사하다는 느낌을 많이 받았다. 종교가 잘 보여주듯이 사고방식은 세대전승하는 불멸의 존재일 수 있다. 그런 점에서 운동권의 정치·사회·문화적 주도권이 2020년대에도 계속된다면 대한민국은 거의 100년 전의 사회주의·민족주의 철학과 정서에 의해 끌려가는 나라가 될지도 모른다. 끔찍한 일이다. 있을 수 없는 일이다.

2장. 민주당 정체성의 변화, 중도개혁에서 운동권으로

진보·중도·개혁·좌파는 어디로 갔나

　민주당 스스로 자신의 정체성을 규정하는 말이 있다. 민주, 진보, 개혁, 한반도평화, 서민, 촛불시민혁명세력 등이다. 1980년대 운동권은 김대중·김영삼의 민주당을 기회주의 보수야당으로 불렀다. 자유·보수·우파시민들은 2010년대 민주당을 좌파, 종북주사파 등으로 불렀다. 김대중은 민주당의 정체성을 한반도평화·민주주의·서민을 위해 싸우는 정당으로 규정했다. 물론 지금은 철저히 파탄났다. 햇볕정책으로 대표되는 한반도평화는 김정일·김정은에 의해, 민주주의와 서민은 문재인과 이재명에 의해 파탄났다. 오세훈도 중앙일보 인터뷰(2024.1.3.)에서 이 점을 짚었다.

　　북핵 기정사실화했고, 서민을 위하는 정책 한다며 부동산값 올려놓고 비정
　　규직 정규직화로 인건비 올리고 그나마 있던 일자리 다 없앴고. 게다가 지금 저
　　당이 민주주의 정당입니까? (···) 민주주의를 내걸고 전체주의하고 있다고요.
　　세 가지 다 처참하게 실패했죠.[14]

　김대중은 민주당 노선을 표현하는 말로 '중도개혁'을 선호하고, 노무현은 '유연한 진보'을 선호했다. 민주당은 합리적 진보로, 국힘당은 개혁적 보

---

14)　www.joongang.co.kr/article/25219325

수나 따뜻한 보수로 거듭나서 생산적 경쟁을 하자는 제안은 정치개혁을 열망하는 사람 대부분이 공감했다. 그런데 민주당 정체성을 규정하는 이런 말들은 어디로 가고, '운동권'이라는 말이 큰 공감을 불러일으킬까? 그것은 운동권 출신 의원의 숫자가 많기도 하고(민주당 의원의 대략 40%), 지위와 역할도 높기 때문이다. 또한 이념·정책적 줏대가 없는 민주당을 쥐고 흔드는 김어준 등 진보 논객들과 '개딸들'로 대표되는 강성 지지층(정치 훌리건)이 1980년대 운동권 멘탈을 가지고 있기 때문이다. 결정적으로 김대중·노무현 정부 및 당시 여당인 새천년민주당·열린우리당과 문재인정부 및 지금 집권야당인 민주당의 노선과 행태가 달라도 너무 다르기 때문이다. 2012년 이후 문정부와 민주당을 앞에서 끌고 뒤에서 밀고간 운동권 세력은 한국판 '제3의길'이나 '진보의 미래'를 고민하던 김대중·노무현과는 영혼이 완전히 다른 존재다. 김대중과 재야·운동권 사이에는 상당한 긴장과 갈등이 있었다. 그의 눈에는 재야·운동권은 너무 이상주의적이고, 급진주의적이고, 좌파적이었기 때문일 것이다. 노무현과 운동권 간의 긴장과 갈등은 더했다. 대통령 취임 2개월 째인 2003년 5월 한총련의 5.18기념식장 소란과 전교조의 NEIS반대 연가투쟁 등을 보고 "전부 힘으로 하려고 하니 이러다 대통령을 못 해 먹겠다는 위기감이 든다"라는 그 유명한 푸념을 하였다. 이는 임기 말까지 해소되지 않았다. 노무현은 2007년 6월 참여정부평가포럼 연설에서 "참여정부의 진보는 시장친화적인 진보, 개방 지향의 진보, 배타하지 않는 자주를 주장하는 실용적 진보"라면서, 민주노동당의 진보와 다르다고 주장했다. 노무현은 퇴임 후, 진보의 노선 혁신을 촉구하는 책을 쓰려고 했다. 이 책은 미완성 원고였지만, 사망 후 6개월이 지난 2009년 11월, 노무현을 지은이로 하여 『진보의 미래』라는 책으로 출간되었다. 그런데 문재인과 운동권 간의 긴장과 갈등은 별로 없었다. 문재인 대통령과 당·정·청 핵심은 물론이고, 주요 진보언론(한겨레, 경향신문,

오마이뉴스 등) - 주요 시민단체(참여연대, 민변 등) - SNS 빅마우스(김어준 등) 등이 하나같이 운동권 철학·가치와 정서를 공유했기 때문이다. 그래서 문재인정부는 대한민국 역사상 처음으로 등장한 좌파 정부였고, 자타가 공인하는 운동권 정부였다고 해도 과언이 아니다. 내가 관찰한 바에 의하면, 민주당의 정체성은 2012년 1월과 8~9월(문재인 대선후보 선출) 전당대회가 작은 변곡점이었다. 결정적인 변곡점은 2016년 12월 9일 박근혜 대통령에 대한 국회 탄핵 소추가 의결되고 문재인이 민주당의 유력한 대선후보(후보 확정은 2017.4.3.)로 떠오르고, 마침내 대통령에 당선되면서부터다. 정책 측면에서 민주당의 정체성의 변화를 보여주는 상징적인 사건이 공공부문 일자리 81만 개 창출 정책이다. 2017년 2월 8일 문재인캠프 총괄본부장으로 임명된 송영길 의원은 공공부문 일자리 81만 개 창출 정책에 대해 "국가 예산과 세금을 걷어서 나눠주는 일자리는 누가 못하겠느냐? (일자리 공약은) 당연히 다시 검토하겠다. (일자리는) 기업 활성화를 통해 지속 가능하게 만들어야 한다. 공공 일자리는 보완적인 것"이라고 말했지만 문재인은 "후보는 접니다"라는 말로 가볍게 일축했다. 공공부문 일자리 81만 개 정책의 배후는 소득주도성장이론인데, 이에 대해서도 송영길은 정부 출범초기에 이의를 제기했으나 요지부동이었다. 송영길은 2023년 11월 쓴 책 『송영길의 선전포고』(송영길·박정우, 출판사 시월, 2023)에서, "노동자한테만 임금을 올려주면 생산이 늘어나고, 심지어 이게 지속 가능하다는 건 말도 안 되는 주장이다"라며 "우리나라 진보주의 학자들의 고질적인 문제점이 고스란히 드러나는데, 이들 대부분이 우리나라를 폐쇄경제로 상정하고 논리를 전개한다"고 비판했다. 또한 "(이 정책은) 현실을 제대로 바라보았다면 결코 시행하지 말았어야 할 정책"으로 "괜히 최저임금만 무리하게 올린 탓에 자영업자들만 다 죽어나갔다"고 평가했다. 송영길의 항변은 민주당이라는 마차가 김대중·노무현을 뒤로 하고 운동권 쪽으로 굴러가는 것을 막으려는, 당시까지는 약간은 남아있던 송영길의 정치적 소신의 저항이었다. 문정부 5년은 김대중·노무현의 정신과 방법을 남김없이 쓸어내어, 민주당의 정체성을 운동권 정당으로 확실히 바꾸는 과정이었다. 민주당은 권력형 부정비리의 백화점이자, 희대의 패륜아 이재명을 2021년에는 대선후보로, 2022년에는 당대표로 선출하면서 김대중·노무현의 민주당과 완전히 결별하였다.

운동권과 김대중·노무현과 문재인의 차이

사실 2000년대 이후 운동권은 거의 사어(死語)였다. 제도권 정치로 세상을 바꿔 보겠다는 포부를 가진 재야·운동권 인사들 대부분은 양대 정당 입당(수혈)이나 독자 정당 창당에 나섰기 때문이다. 박원순, 최열 등 많은 운동권 출신들은 시민단체를 통해 시민운동을 했다. 박원순은 참여연대(1994년 창립) - 아름다운재단(2000년 창립) - 희망제작소(2006년 창립)를 주도했는데, 자유보수세력이 우세한 정치지형 탓인지 어떤 소신때문인지는 몰라도, 아무튼 정치권과 거리두기를 하는 모습을 보였다. 그래서 박태준은 박정희대통령이 사줬고, 자신이 40년을 산 북아현동 집을 판 돈 15억 원 중 10억 원을, 이명박은 서울시장 재임(2002~2006년) 기간에 받은 4년 치 급여 전액을 아름다운재단에 기부했던 것이다. 망각의 지층 깊숙이 묻혀있던 운동권이라는 말을 부활시킨 것은 촛불시민혁명 정부를 자처한 문정부와 민주당, 그리고 이를 지지하고 엄호한 수많은 진보 시민단체, 노동단체, 진보 언론, SNS 논객 등이 보여준 1980년대 운동권스러운 행태다

운동권정치는 2017년 이후 문정부와 민주당의 과격·친북·좌익 노선과 운동권 출신 정치인들의 오만·독선·위선 등을 설명하기 위한 개념이다.

2017년 이후 문재인정부와 민주당과 범진보 진영을 관통하는 철학, 정서, 문화를 종합하면 이들의 정체성은 김대중·노무현 정부보다 1980년대 운동권과 훨씬 가까워졌다. 이는 내가 두 정부와 1980년대 운동권을 제법 깊게 천착했기에 단언할 수 있다. 예컨대 김대중·노무현 정부의 과오도 적지 않았지만, 그래도 에너지를 거의 전량 수입하는 좁은 나라에서 탈원전과 원전생태계 고사를 밀어붙이지는 않았다. 소득주도성장론이라는 상식과 이성에 반하는 포퓰리즘 경제이론으로, 최저임금을 폭등시키고, 공공부문을 폭증시키고, 비정규직의 정규직화 이름으로 철밥통을 마구 늘리는 짓은 하지 않았다. 김대중·노무현 정부는 노동시장 이중구조를 조금이라도 약화시켜 보려고 노동·공공 개혁을 추진하였다. 이 과정에서 운동권과 노조로부터 신자유주의 주구라는 비난을 엄청나게 받았다. 문정부는 강자 약탈(지대추구)의 무기로 전락한 지 오래인 노조에 대한 최소한의 견제 장치(2대 지침 등)를 제거하여 노조의 약탈성을 더욱 강화하였다. 문정부는 2017년 이후 세계에서 거의 유일하게 노조 조직율을 10%에서 14%(2021년)로 껑충 뛰게 만들었다. 공공부문과 건설부문을 중심으로 노조원이 거의 100만 명이 늘었는데, 지지 기반 확충 차원에서 인위적으로 늘린 것이 분명하다. 문정부는 집(주택)을 사는 것(buy)이 아니라 사는 곳(live)이라면서 임대주택 공급원인 다주택 소유자에게, 이전보다 훨씬 심한 징벌적 세금(종부세, 양도세 등)을 때렸다. 임대료(전월세) 5% 상한제 등 거친 가격 규제 정책으로 시장을 교란하였다. 문재인정부는 독특한 이분법으로 편을 갈라 싸우게 하였다. 경제는 자본-노동, 사람·생명-돈·이윤, 공공-민간으로 편 갈랐고, 정치는 선-악, 정(개혁)-사(적폐), 반일-친일, 민주-독재, 평화-전쟁으로 편을 갈랐다. 사회도 의사-간호사, 임대인-임차인, 프랜차이저 본사-가맹점을 갈라치면서, 억강부약(抑强扶弱)의 기치로 다수인 간호사, 임차인, 가맹점을 자기 편으로 만들려고 하였다. 정책적 결론은 국가규제 강화, 공공부문 규모·역할 확대, 곧 민간 시장 영역 축소다. 또한 재벌의 불법부당한 갑질을 엄단하여 정의를 바로 세우고, 최저임금 대폭 상승을 통하여 가계소득을 증대시켜 사회 양극화를 완화하고, 노동 시간 단축을 통해 고용률과 삶의 질(저녁이 있는 삶)을 보장하고, 비정규직 규제 및 엄격한 집행과 노조와의 연대를 통해 자본의 탐욕을 제어하고, 부동산 규제를 통해 투기도 제어하고, 의료 규제(비급여 영역 대폭 축소=문재인 케어)와 탈상품화를 통해 의료비를 절감하고 의료 공공성을 제고한다며 기염을 토했다. 결과는 성장율 하락과 성장동력의 약화, 노동시장의 이중 구조와 저출산의 심화 등이다. 이를 그림으로 표현하면 다음과 같다.

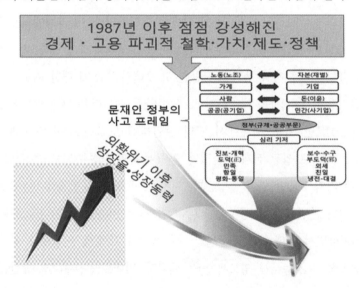

문정부는 양승태 대법원장 등을 재판거래(직권남용 권리행사 방해) 혐의로 기소하였다. 잘 나가는 법관들을 솎아내어, 법원의 주류를 교체하기 위한 무리수였다. 국정원은 주류 교체 정도가 아니라 핵심 기능을 파괴해 버렸다고해도 과언이 아니다. 2017년부터 국정원 '적폐 청산 TF'를 만들고, 국정원 서버를 샅샅이 뒤져 국정원 인사 40여 명을 구속하고, 그보다 훨씬 많은 인사들을 징계하거나 보직 해임하여 국정원을 초토화시켰다. 전통적으로 정권 교체 바람을 덜 탔던 법원, 국정원, 군 등의 주류를 적대시한 것은 문정부가 처음일 것이다. 이는 대한민국의 주류·보수에 대한 운동권의 오랜 적개심과 증오심의 발로다. 주류·보수에 대한 적대와 증오는 공직 사회의 불문율이던 실력·평판 중시 인사 관행을 파괴하였다. 윤대통령은 후보 시절 경북선대위 출범 연설(2021.12.29.)에서 문정권의 인사 행태를 "전문가들이 들어오면 자기들이 해먹는 데 지장이 있을까 봐 무식한 삼류 바보들을 데려다가 경제, 외교, 안보를 다 망치고 있다"고 비판했다.

김대중은 반일팔이를 하기는 커녕, 윤석열정부도 계승을 천명한 김대중-오부치 선언(1998)을 통해 한일관계의 신기원을 열었다. 햇볕정책은 최종적으로 파산했지만, 한미 간의 공조를 유지하여 한미동맹을 결코 훼손하지 않으려 했다. 노무현은 운동권 의원들과 좌파 시민단체의 반대를 무릅쓰고 이라크 파병, 한미FTA, 제주해군기지 건설을 추진했다. 김대중·노무현 정부라면 9.19 군사합의 같은 무리한 짓을 하지 않았을 것이다. 김여정 하명법(대북전단금지법) 같은 것도 통과시키지 않았을 것이다. 윤대통령의 말대로, "핵무장을 고도화하는 북한에 대하여 유엔 안보리 제재를 풀어달라고 읍소하고, 북한이 다시 침략해 오면 유엔사와 그 전력이 자동적으로 작동(개입)"되게 하는 장치인 유엔사 해체를 노린 종전선언을 노래 부르고 다니는" 짓은 절대로 하지 않았을 것이다. 전직 대통령 2명에게 사실상의 무기징역을 때리는 정치보복도 하지 않았을 것이다. 곧 퇴임할 대통령이 사저 경호인력을 27명에서 65명으로 늘리는 대통령령 개정을 퇴임 직전에 의결하는 염치없는 짓도 하지 않았을 것이다. 이동관 방통위원장 해임을 통해 회의 정족수(2명)를 미달시켜 방통위 자체의 무력화하는 등 대선불복적 행위도 하지 않았을 것이다.

1988년 총선이후 여소야대를 몇 번 경험했지만, 지금처럼 야당이 숫자를 믿고 법안 단독 강행 처리를 밥 먹듯 하는 경우를 나는 본 적이 없다. 아니 상상도 못했다. 김대중·노무현의 민주당이라면 설사 국회 다수 의석을 가졌다손치더라도 적어도 검찰 무력화를 노린 공수처법과 검수완박법(검경수사권 조정법)을 강행처리하지 않았을 것이다. 소비하고 남은 쌀을 정부가 의무적으로 사들여야 하는 양곡법, 대통령의 인사권을 제한하는 방송3법, 불법파업에 대한 손해배상청구를 제한하는 노란봉투법, 중대재해 발생 가능성을 완전히 차단하기 힘든 산업(건실업, 제조업 등)의 기업 경영은 물론 소유조차 교도소 담장 위를 걸어가는 위험천만한 일로 만든 중대재해처벌법 등도 밀어부치지 않았을것이다. 김대중·노무현의 정신과 방법을 아는 사람이라면 이 판단에 전적으로 동의할 것이다. 김대중·노무현은 운동권과 연대와 협력은 했지만, 경계를 풀지 않았다. 김대중은 자신의 정치노선을 '진보'나 '혁신'이라는 말로 표현하는 것도 꺼렸다. 하지만 문재인은 운동권과 완전히 일체화되었다. 문재인 스스로가 철학과 정서 측면에서 운동권 대중(촛불 군중)과 싱크로율이 매우 높았기 때문일 것이다. 이것이 문정부 말기까지 지지율이 견고했던 이유이자, 대한민국 병을 훨씬 악화시킨 이유다.

김영삼·김대중·노무현 정부와 당시 여당인 신한국당·새천년민주당·열린우리당에도 운동권 출신은 많았지만, 아무도 이 정부를 운동권 정부나 운동권 정당이라고 하지 않았다. 운동권 출신은 정당 혁신과 국민통합의 상징이자, 운동권의 온건 합리화의 증거였다. 그런데 문재인정부는 달랐다. 운동권은 민주노동당 노선과 싱크로율이 높았기에, 김대중·노무현의 노선을 우경화라고 비난해 왔다. 김대중·노무현 정부 시기에는 민주당의 주변적 존재로, 김대중의 '중도개혁' 노선과 노무현의 '유연한 진보' 노선의 대립물이었다. 그런데 이들은 노무현 사후, 노무현과 인연을 강조하며, 정치적 직계 행세를 하기 시작했다. 손학규 당시 민주당 대표가 함세웅, 백낙청 등 재야 진보 원로들의 야권 통합 종용에 밀려 당을 개방하자 (2011.12.16. 민주당과 시민통합당의 신설 합당으로 민주통합당 출범), 이해찬의 기획 및 명망있는 인사 조직과 문성근의 대중동원에 의해 2012년 1월 전당대회, 4월 총선(공천), 8~9월 대선후보 선출 전당대회를 거치면서 문재인-이해찬-한명숙-문성근-임종석 등이 민주당을 장악하였다. 이 과정에서 모바일 투표제도를 통해 운동권 대중(네티즌)들의 대거 참여로 인해, 당의 저변이 호남향우회 중심 늙은 자영업자에서, 운동권 대중으로 바뀌었다. 그 이후 2016~17년 촛불시위-박근혜 대통령 탄핵-문재인정부 출범-2020년 총선 압승으로 운동권 정당화를 굳혔다. 이재명 당대표 하에서는 수사검사를 탄핵하는 등 사법방해를 일삼는 법치파괴 정당이 되었다. 최소한의 염치나 도의도 없는 저질 운동권 정당으로 추락하였다. 그런데 민주당 정치인만 문제가 아니다. 당 밖의 자칭 진보 인사들도 끼리끼리 작당하여 김건희 명품백 몰카, 윤석열 대통령 발언(날리면·바이든) 자막 조작, 한동훈 관련 가짜뉴스, 수많은 거두절미·맥락무시 언론 테러를 저질렀다. 아이 하나를 키우려면 한 마을이 필요하다고, 조직 범죄나 비열한 행위 역시, 적지 않은 사람의 협력과 방조가 필요하다. 한두 사람의 '극좌파'나 '또라이'의 돌발 행동이 아니기에 문제가 심각한 것이다. 이는 자칭 진보 진영의 많은 사람들이 정치적 경쟁 상대인 주류·보수 정부와 정치인을 온갖 비열한 수단을 동원해서라도 쓰러뜨려야 하는 적으로 본다는 것을 의미한다. 정치적 경쟁 상대인 주류·보수에 대한 과도한 증오와 혐오는 다른 선진민주국가는 말할 것도 없고, 김대중·노무현 정부 시절과도 비교할 수 없다.

3장. 1980년대 재야·운동권 컨센서스

반전반핵가의 부끄러움

원래 한국 재야·운동권은 '한국적 민주주의'로 포장한 유신 반대 운동과 노동자·농민 권익·생존권 옹호 운동이 중심이었다. 하지만 1980년 5.18의 충격 혹은 유혈 진압=항쟁 실패를 명분으로 민주화운동은 폭력혁명에 의한 체제 변혁 운동적 성격을 강하게 띠기 시작했다. 자유민주주의를 부르주아 민주주의라 폄하하고 인민민주주의나 사회주의를 기웃거렸다. 대한민국을 혐오하고 북한을 외경(畏敬)하였다. 노동운동은 사회적 약자의 권익 향상이 아니라 혁명의 주력군 양성 수단으로 바라보았다. 1980년대 중반에는 소련을 모델로 삼는 민중민주파와 북한을 모델로 삼는 민족해방파가 각축하다가, 1980년대 후반으로 가면서 후자가 대세를 장악하였다. 1987년 대통령선거와 1988년 총선의 여소야대(1노 3김)로 민주화가 거스를 수 없는 대세가 된 후부터는 학생운동의 주류적 흐름은 민주화운동이 아니라 연북 통일운동이었다. 미국이 한반도 분단을 초래했고, 분단을 고착화하고(2개 조선 책동), 북한에 대한 핵공격을 기도한다고 보았다. 1980년대 후반 이후 학생운동의 주요 노선; 1988년 남북공동올림픽 개최와 남북학생회담 추진, 1989년 평양 세계청년학생축전 참여, 한반도 핵무기 철거(반전반핵)투쟁, 1994년 김영삼타도 투쟁 등은 북한 방송 지시를 받아 결정했기에, 운동권 지도부조차 자신의 머리로 노선을 고민하지 않앉다. 그러니 자신이 한 일이 객관적으로 무엇인지 모르는 사람이 부지기수다. 1980년대 운동권이 즐겨 부른 '반전반핵가'는 운동권의 무지와 착각, 그리고 무책임의 기념비다. 이 노래는 1986년에 나와서 반미 집회시위 현장에서 많이 불리어진 노래다. 가사는 이렇다.

제국의 발톱이 이 강토 이 산하를 / 할퀴고 간 상처에 성조기만 나부껴 / 민족의 생존이 핵폭풍 전야에 섰다 / 이 땅의 양심들아 어깨 걸고 나가자 / 사랑하는 조국을 위해 이 목숨 다 바쳐 (…) 반전반핵 양키고홈!

그런데 그 때나 지금이나 미국이 북한을 핵공격할 이유는 조금도 없다. 지금 러시아조차도 우크라이나에 전술핵조차 사용하지 못하는데, 하물며 재래식 군사력이 압도적인 미국이 북한에 왜 핵공격을 하나? 반면에 북한체제는 내일 당장 수령독재체제를 타도하려는 쿠데타나 폭동이 일어나도 이상하지 않다. 김씨 일가는 이라크의 사담후세인(2003년)이나 리비아의 카다피(2011년)처럼 비참하게 죽을 수 있다. 바로 그래서 북한은 미국의 핵공격 위협을 날조한 후, 대한민국의 쓸모있는 바보, 바로 주사파 운동권들을 "이 땅의 양심들"이라 추켜세워 '반전반핵가'를 부르고 다니게 하였다. 그러면서 비핵화 의지가 있는 것처럼, 또 북핵은 단지 협상용인 것처럼 속여 핵무력를 완성한 후, 이제는 법까지 만들어 대한민국에 노골적인 핵공격 위협을 가하고 있다. 그 결과 지금 핵폭풍 전야에 선 것은 민족이 아니라 대한민국의 생존이다. 완전하고, 검증가능하고, 되돌릴 수 없게 해체(CVID=Complete Verifiable Irreversible Dismantling)되어 버린 것은 북핵이 아니라 햇볕정책이다. 그럼에도 불구하고 '반전반핵가'를 불러댄 그 많은 운동권들, 그것도 문정부와 민주당에서 책임있는 자리에 간 사람들조차 상전벽해(桑田碧海)가 일어난 현실을 모르쇠한다. 원래 연설 능력과 외모 등을 주요하게 고려한 총학생회장들이야 그렇다쳐도, 지하 지도부조차 본인들이 객관적으로 뭘 했는지도 잘 모르는 것처럼 보인다. 그리고는 청년대학생 시절 한 일을 몽땅 민주화운동으로 미화한다. 이 역시 운동권 정치의 주요한 특징 중 하나이다.

1990년대 초 주류 운동권(전국연합)의 노선

1990년을 전후한 국내외 정세 변화(세계사적 격변)에 따라, 재야·운동권의 주요 인사들이 제도권 정치(민중당 등)나 늦깍이 전문 직업인으로 빠져나가면서 남은 운동권은 소수화되면서 극좌화되었다. 혁명주의(전민항쟁노선), 사회주의, 김일성주의가 주류가 되었다. 1990년대 초 재야·운동권 주류의 가치와 지향은 전국연합 강령, 민주노총·금속노조 강령, 민주노동당·통합진보당·진보당 강령 등을 통해 엿볼 수 있다. 2017년 이후 문재인정부와 민주당의 노선과 행태는 이 순한 맛이라고 해도 과언이 아니다. 1991년 말~1992년 초 민주주의민족통일 전국연합(1991년)의 총선강령(제3차 상임정책위원회)은 당시 운동권 주류들이 가치와 이념을 잘 보여준다. 민주화운동기념사업회 아카이브에 있다.

2)정치체제를 민주적으로 개혁하고 국민의 기본적 권리를 전면 보장한다.

1.안기부, 백골단, 전투경찰 등 폭압기구 해체 / 2.방만한 행정기구를 축소하고 검찰과 경찰의 중립화 및 선거법 개정 / 3.국가보안법, 노동법, 교육법 등 반민주악법 개폐

3)민생위주의 자주적 민족경제를 건설한다.

1.대외의존적 경제정책을 지양하고, 독점재벌을 해체 / 5.해고와 실업 등 고용불안을 해소하고 노동시간을 국제적인 수준으로 축소하여 최저임금제의 현

실화 / 6.농축산물 수입을 규제하고 가격을 보장, 농업 보호,육성

　6)한반도의 평화정착과 민족의 자주, 통일을 위한 과감한 조치를 실시한다.

　1.민간차원의 자주적 교류, 국가보안법의 철폐, 통일인사의 석방, 사상의 자유를 보장 / 2.예비군제도와 민방위훈련 등 상호 불신을 야기하는 제도를 척결하고, 국군 현대화 계획 등의 군비경쟁을 중단하여 남북상호간의 감시와 통제하에서 무기와 병력을 대폭 감축 / 3.남북한 공히 핵무기 개발, 배치, 반입, 통과 등을 전면적으로 금지함으로써 '핵위협 없는 한반도'를 실현 / 4.팀스피리트 훈련을 즉각 중단하고 빠른 기간 안에 주한미군을 완전 철수시키고, 외국과 맺고 있는 각종 군사동맹 등 불평등 조약을 전면적으로 개폐

이는 문재인정부의 국정원(안기부), 군기무사, 삼성 재벌 등에 대한 과도한 적대와 증오, 그리고 미국과 북한에 대한 비상식적 태도의 원형도 잘 보여준다. 이 강령 작성을 주도한 당시 운동권 지도부 중에서 공개적으로 성찰반성한 사람을 본 적이 없다. 현대기아자동차, 현대중공업 등 굴지의 대기업을 포괄하는 조합원 17만 명 규모의 전국금속노조(2001.2월 창립)의 선언과 강령도, 1987년 이후 부상한 한국 노동운동의 독특한 정치·이념 성향을 잘 보여준다. 이는 지금도 금속노조 홈피에 당당히 걸려있다.

"선언"에서는 "노동자는 역사의 주인이자 역사발전의 원동력이다. 우리 금속노동자는 생산의 주역으로서 (…) 자본주의 착취와 억압구조, 외세에 맞서 한국 노동운동의 선봉에 서서 투쟁해왔다. (…) 우리 금속노동자는 예속과 차별, 빈곤의 확산을 가져오는 신자유주의 자본의 세계화에 맞서 전 세계 노동자와 연대해 투쟁할 것이며 (…) 노동자·민중이 주인되는 사회, 억압과 차별이 철폐된 평등사회, 남북이 하나 된 통일조국 건설에 앞장 설 것이다"라고, "강령"에서는 "【국제연대】우리는 전세계 노동자와 연대하

여 국가간 예속과 불평등, 그 어떤 명분의 전쟁에도 반대하며, 신자유주의 타파를 위해 투쟁한다. 【통일】우리는 우리의 국토를 강점한 미군을 조속히 철수시키며, 자주 평화 민족대단결의 원칙에 기초해 통일조국을 건설하기 위해 투쟁한다"라고 되어 있다.

금속노조 선언과 강령에 흐르는 생각은 죽은 것이 아니다. 2022년 8월 13일 용산 한미연합사 앞에서 "남북노동자 3단체 결의대회"와 오후 숭례문 앞에서 "8.15전국노동자대회"와 "8.15자주평화 통일대회"로 나타났다. 3단체 결의대회의 정식 명칭은 "한미연합군사연습 반대! 한미일 군사협력 반대! 민족의 자주, 평화, 대단결을 위한 남북노동자 3단체 결의대회"였다. 민주노총이 홈페이지에 올려놓은 공동결의문의 주요 내용은 다음과 같다.

민족내부문제에 대한 외세의 간섭과 전횡을 배격하고, 사대매국세력의 외세의존책동을 저지시키기 위한 (…) 내외반통일세력의 합동군사연습 반대 투쟁의 전열에도 우리 노동자들이 서 있었다. (…) 우리 민족을 갈라놓고 자주통일을 방해해온 미국은 한반도에서 군사적 긴장을 격화시키고 남북대결을 고취하면서 저들의 침략적, 약탈적 목적을 이루어보려고 혈안이 되어 있다. (…) 남북 노동자들은 우리 민족문제에 끼어들어 훼방을 놓고, 온갖 불행과 고통만을 강요하는 미국의 부당한 간섭과 전횡을 단호히 배격(하고) 외세와의 동맹강화와 관계개선을 떠들며, 민족의 존엄과 이익을 내던지는 보수집권세력의 외세의존책동을 저지시키고 (…) 미국과 그 추종세력의 무분별한 북침합동군사연습과 한미일 군사협력을 저지시키기 위하여 (…) 9월 19일까지를 '남북노동자 공동실천기간'으로 선포하고, 외세와의 합동군사연습과 침략전쟁 장비반입을 비롯한 전쟁대결책동을 단호히 배격하기 위한 투쟁에 나설 것이다.

"8.15전국노동자대회"에서 양경수는 "전쟁을 준비하는 훈련을 하겠다는 것은 전쟁을 하겠다는 것과 다르지 않다"면서, 윤정부를 북한이 즐겨 사용하는 '미제의 괴뢰'라는 표현의 변주곡인 "꼭두각시 노릇 하는 하청 바지사장"에 비유하며, "실질적 사용자 (⋯) 미국에 맞서 싸워야" 한다고 역설했다. 연대사의 제목은 "로동자의 억센 기상과 투지로 미국과 그 추종세력의 무분별한 전쟁대결 광란을 저지파탄시키자"였다. 2000년에 출범한 민주노동당의 주류는 통합진보당으로 이어졌고, 헌재의 해산 판결 후 진보당으로 부활했는데, 주도 인물은 거의 같다. 1980년대 후반이후 운동권 주류의 철학과 가치를 온전히 강령에 담았다. 주요 내용은 이렇다.

진보당은 자주와 평등, 통일의 기치 아래 민족자주시대, 민중주권시대, 항구적 평화시대를 개척하는 민중의 직접정치정당이다. 진보당은 동학농민혁명과 4.3민중항쟁, 촛불혁명 등 민중투쟁의 역사와 정신을 계승한 정당이다. (⋯) 2.일제 식민지배의 잔재를 청산하고 불평등한 한미관계를 해체하여 민족의 자주권을 확립한다. 3.우리 민족의 힘으로 남북 사이에 합의한 모든 공동선언을 이행하여 자주, 평화, 번영이 보장된 중립적 통일국가를 건설한다. 4.대외의존 경제체제와 초국적 자본 및 재벌의 독점경제를 해체하고 민중이 경제정책을 결정할 권한을 강화하여 경제주권이 실현된 민생중심의 자주자립 경제체제를 확립한다. 5.비정규직 제도를 비롯한 반 노동 정책을 폐기하고 (⋯) 노동중심사회를 실현한다. 6.교육·의료·주거·이동·에너지·정보이용의 권리를 무상으로 제공하고, 보편복지사회를 실현한다. 8.식량주권을 실현하며, 무분별한 개발주의와 성장만능주의를 지양하고 화석연료와 핵에너지를 넘어서 모든 생명을 살리는 생태사회를 실현한다.

운동권 정체성의 모태, 역사인식

1980년대 운동권의 핵심 특징은 대한민국 주류·보수에 대한 상식적으로 이해가 안 되는 지독한 적대와 증오다. 그 원천은 독특한 근현대 역사관과 대한민국관이다. 2017년 1월에 출간한 『대한민국이 묻는다 - 완전히 새로운 나라, 문재인이 답하다』(21세기북스)에서 문재인은 '해전사'식 역사인식을 전형적으로 보여준다.

문형렬: 정말 우리에게 필요한 시대정신은 무엇이라고 생각합니까?

문재인: 상식과 정의 아니겠습니까? (…) 해방 때 친일 역사가 제대로 청산되고, 독립운동을 한 사람과 유족들에게 제대로 포상하고 그 정신을 기렸어야 사회정의가 바로 서는 것이었죠. 친일세력이 해방되고 난 이후에도 여전히 떵떵거리고, 독재 군부세력과 안보를 빙자한 사이비 보수세력은 민주화 이후에도 우리 사회를 계속 지배해나가고, 그때그때 화장만 바꾸는 겁니다. 친일에서 반공으로 또는 산업화 세력으로, 지역주의를 이용한 보수라는 이름으로, 이것이 정말로 위선적인 허위의 세력들이거든요. 또 한 번의 기회를 놓친 건 1987년 6월 항쟁 땝니다. (…) 하지만 노태우 정권이 들어서면서 기회를 또 놓쳤죠. (…) 부패 대청소를 하고 그 다음에 경제교체, 시대교체, 과거의 낡은 질서나 체제, 세력에 대한 역사교체를 해야 합니다. (책 67~68쪽)

1979년에 제1권이 출간된 해전사 시리즈는 이해찬이 기획·출판하고 유통시킨 책이다. 이해찬은 7선 의원에, 2020년 총선 압승의 주역(당대표)에 노무현정부 책임총리, 김대중정부 교육부장관을 역임했다. 2022년에 낸 『이해찬 회고록』에서 대한민국은 "여야 정치세력이 항일세력이 아니었고 상층에 친일, 친미가 주류"여서 "자주적인 정부"가 될 수 없었고, 여기서 수많은 문제가 발원했다는 운동권 대학생 시절의 역사·현실 인식을 가감없이 드러냈다. 해전사식 역사인식의 골자는 대한민국은 권력욕의 화신이자 권모술수의 달인인 이승만과 친일에서 친미·반공으로 변신한 비양심 기회주의 세력이 합작한, 태생이 더러운 나라라는 것이다. 또한 박정희 시대의 경제발전이라는 것도, 외채와 민중 수탈 및 억압으로 이룬 모래성으로 보았다. 외자의존 수출지향공업화는 경제적 불균형과 대외 종속을 심화시켜 저발전을 구조화할 것이라 보았다. 박정희 시대의 경제발전에 대한 지독한 무지와 중상모략은 한국경제의 놀라운 성과에 의해 산산조각 났으나, 이승만에 대해서는 그렇지 않았다. 북한, 필리핀, 미얀마, 태국, 동유럽, 인도, 중국, 중동 등 출발 조건이 월등히 좋았던 많은 나라와 대한민국을 비교해 보면, 이승만이 주도적으로 깐 자유민주체제와 한미동맹이 얼마나 대단한 위업인지 알 만한 사람은 다 안다. 1960년 4.19혁명, 1985년 2.12총선, 1987년 직선제 개헌 투쟁과 그 누구도 거역하지 못한 민주화, 자유화, 세계화, 지식정보화도 자유민주체제가 국가의 공준으로 정착되었고, 한미동맹이 안보위협을 해소해 주었기 때문이라는 것은 상식이다. 그럼에도 불구하고 이승만에게 덮어씌워진 누명을 벗기는 일은 극히 일부의 역사학자와 언론인들의 고군분투 사안이었다. 유명 정치인치고 이 일에 나서는 사람은 거의 없었다. 한반도 근대화·문명화 혁명 주도세력 혹은 자칭 자유·보수·우파·애국 세력의 역사전쟁에 대한 무지, 회피 또는 패배의 후과(後果)가 아닐 수 없다.

운동권 정체성은 1980년대 쏟아진 시대착오적 사상이념의 폭우의 일부가 지하(운동권의 머리와 가슴)로 스며들어 흐르면서 구멍이 생기면 분출하는 지하수에서 나온다. 지하수 분출의 결정적인 계기는 노무현의 죽음과 박근혜 대통령 탄핵과 주류·보수의 견제력 상실, 결정적으로는 화석 운동권의 전형 문재인을 앞세운 86운동권에 의한 정부와 민주당 장악이다.

이 지하수에는 1980년대까지는 약간이나마 섞여 있었던 비전과 대안(박현채의 민족경제론이나 사회주의 계획경제 등)은 완벽히 증발했다. 남은 성분은 거의 적대와 증오다.

첫째, 대한민국 건국산업화의 주류세력인 이승만·박정희·전두환과 그 정치적 후예인 주류·보수정당에 대한 지독한 적대와 증오다. 대한민국 근현대사를 친일청산 실패로 '정의가 패배하고 기회주의가 득세한 역사'로 보았다. 대한민국 건국은 국힘당의 조상과 민주당의 조상(한국민주당)의 합작으로 이뤄진 일인데, 자신들은 김구처럼 분단 건국에 반대하고, 평생을 민주주의와 한반도 평화와 서민을 위해 풍찬노숙한 것처럼 꾸몄다. 적대와 증오는 역사와 현실을 정(正)과 사(邪), 도덕과 부도덕, 항일과 친일, 평화와 전쟁, 민주와 독재 등의 대립 구도로 보아야 정당성을 얻기 마련이라, 현실 정치적 필요성도 이런 허구를 끊임없이 강화시켰다.

둘째, 계급해방론(투쟁론)과 민족해방론(반제투쟁론)으로 집약되는 마르크스-레닌, 스탈린, 마오쩌둥, 김일성의 좌익 혁명 이념의 잔재다. 매사를 착취와 피착취, 억압과 피억압, 사람과 돈(이윤), 강자·부자와 약자·빈자의 관계로 보니 결핍이든 불안이든 단결·투쟁·쟁취 혹은 타도·청산의 문제로 보았다. 특히 19세기 제국주의 열강의 침략(서세동점)과 일제 식민통치를 거치며 강화된 반일 민족주의는 2023년 여름, 민주당이 후쿠시마 오염 처리수 방류 반대 캠페인을 벌인 데서 보듯이 아직 죽지 않았다.

셋째, 역시 세계적 유행이던 서구 68혁명 사상(페미니즘, PC주의 등)도 지하수가 되어 흐르고 있다.

넷째, 조선 유교적 세계관의 잔재다. 이는 한반도의 풍토병 비슷한데, 외교·안보와 경제·민생에 문외한이면서 자신을 지조와 의리가 앞선 군자, 상대를 비루한 소인으로 몰아 배척하면서, 자신들의 특권·특혜를 누리려고 한 조선 사림(士林)의 위선적 사고방식이다. 이는 북한에서는 백두혈통과 출신성분에 따른 배제와 차별로, 남한에서는 5.18유공자법과 민주유공자법 등 특혜 대물림 등으로 나타난다. 폐쇄적 농경사회에서 자라난 제로섬적 세계관이기에 많은 모순부조리를 인간의 과다 소유=탐욕의 문제로 바라보는 사회주의적 세계관과 일맥상통하는 데가 많다. 인간의 완전성을 믿기에 성왕·성군에 의한 통치를 이상형으로 여기는데, 이는 위대한 수령에 의한 통치로 연결된다. 조선 유교 특유의 혈통 중시 사상도 그대로 이어졌다. 도덕을 자신을 포함한 사회에 보편적으로 적용되는 원칙이 아니라, 오직 상대에 대한 정치적 공격 무기로 삼으니, 위선과 내로남불도 필연이다. 운동권 학생들의 철학과 가치는 이념 서적 몇 권으로 정립했다기보다는 한국인의 정신세계에 단단히 뿌리내린, 유교적 습속의 영향에 크게 힘입고 있다고 보아야 한다.

한편 건국 시기부터 면면히 흘러온 지표수에 해당하는 사상이념도 있다. 미국 등 선진국 민주주의를 모델로 삼은 반독재 민주화다. 언론·출판·집회·결사의 자유, 공명선거, 공직자의 청렴 등 도덕적 의무였다. 4.19유공자를 국가유공자로 기리는 데서 보듯이 부정선거를 자행하면 4.19식 의거로 맞서야 한다는 것도 국가의 공준이 되었다. 하지만 선진국 민주주의가 딛고 선 정신문화적 토양은 제대로 보지 못하였다. 이념 부실의 주요한 이유 중의 하나는 근대화와 민주공화국의 핵심가치인 자유 개념이 운동권의 뇌리에는 깊숙히 뿌리를 내리지 못했다는 사실이다. 이승만(1875년생), 안창호(1878년생), 윤치호(1865년생)는 양반·관료에 의한 잔혹한 착취와 억압이 횡행하던 조선 말기에 혁명을 꿈꾸던 운동권 청년으로, 대체로 기독교에 의해 개명되었다. 그래서 자유·평등·법치·재산권·교육·기독교 등 서구 문명의 핵심가치를 바로 보았고, 1920~30년대 세계적 유행이던 공산주의에 현혹되지 않았다. 하지만 20세기 초에 태어나, 러시아혁명과 3.1운동 이후부터 민족적·정치적 자각이 시작된 청년들은, 1980년대 운동권들처럼 그 전세대 운동권들과 달리 시야가 좁았다. 자유와 재산권과 법치 등이 없었던 조선을 알지 못하고, 상거래와 전쟁과 기독교에 의해 형성된 서구 문명의 정수를 알지 못했다. 러시아혁명(반종교)과 대공황과 나치즘의 영향으로, 당대 세계적 유행인 반외세민족주의, 반자유시장경제=친국가계획경제=사회주의 등 정치경제적 자주·자립 노선에 매료되었다. 자주는 곧 경제나 안보에서 대외 의존을 줄이는 것이며, 외세의 문화적 영향력을 막아내는 것으로 간주하니 결론은 반일·반미였다. 이렇듯 북한에도, 1980년대 운동권에게도, 문재인정부에게도 결여된 것이 바로, 대한민국 정체성(건국·헌법 정신)의 핵심이자, 세계사적 기적의 동인이자, 근대 문명국가의 핵심인 자유 개념이다. 자유는 한국 운동권의 핵심가치가 된 적이 없다. 사실 자유, 공화, 번영, 중흥 등은 운동권의 가치로 된 적이 없었다. 무엇보다도 자유를 모르니 민주공화국과 근대화·문명화에 대한 이해가 온전할 수가 없다. 또 하나의 큰 부실은 인간의 정신세계를 규율하는 종교(기독교) 혹은 시민종교가 민주주의의 핵심 토대라는 것을 간과한 것이다.

4장 1987년 컨센서스와 운동권 컨센서스

영남만인소와 민주화운동

1987년 6월항쟁과 6.29선언-7~9월 노동자대투쟁-10월 헌법 개정-12월 대선-1988년 2월 노태우정부 출범-4월 총선에서 여소야대(1노3김의 4당 체제) 형성으로 불가역적인 흐름으로 굳어진 민주화는 어림잡아 최소 2/3 이상의 국민적 합의로 1987년 컨센서스를 만들었다. 일종의 헌법 정신이다. 이는 김영삼·김대중·노무현·문재인정부는 적극적으로 받아안았고, 노태우·이명박·박근혜·윤석열정부는 소극적 혹은 정치공학적으로 받아 안았다. 반독재 민주화(장기 집권 불용, 대통령의 제왕적 권한 축소 등), 국민기본권(자유권과 사회권 등) 상향과 약자보호가 대표적이다. 건국 과정에서 생겨난 억울한 희생자에 대한 신원(伸冤), 북한에 대한 포용 정책(부유한 형의 가난한 아우에 대한 자세), 일본에 대한 한풀이와 미국에 대한 할 말 하기 등으로 분출된 구겨진 민족적 자존심 회복도 그 반열에 있는 컨센서스들이다. 이 말석에 반재벌 경제민주화 등이 앉아 있는데 지금은 대부분 시대의 모순부조리를 해결은 커녕 악화시키는 것이다.

'그 아름다운 운동권'과 김대중·김영삼과 전두환·노태우가 타협하고 절충하여 만든 1987년 컨센서스 중에서도 유효한 것, 수명이 다한 것, 법고창신할 것이 있기 마련이다. 재야·운동권의 가치와 지향은 그 시대의 보편적인 무지와 착각으로 인해, 의도와 다르게 근대화 역행적, 즉 수구반동적일 수 있다. 재야·운동권의 가치와 지향의 특징과 한계를 잘 보여주는 것이 2000년 1월 제정된 민주화보상법 제2조의 "민주화운동"에 대한 정의다.

"1964년 3월 24일 이후 자유민주적 기본질서를 문란하게 하고 헌법에 보장된 국민의 기본권을 침해한 권위주의적 통치에 항거하여 헌법이 지향하는 이념 및 가치의 실현과 민주헌정질서의 확립에 기여하고 국민의 자유와 권리를 회복·신장시킨 활동"이라고 되어 있다. 1964년 3월 24일은 서울시내 대학생 5,000여 명이 대일 굴욕외교에 반대하는 가두 시위를 벌인 날이다. 이는 5월 20일 서울대 문리대 교정에서 열린 (박정희 정부가 표방한) '민족적 민주주의 장례식' 시위와 5월 30일 '자유쟁취 궐기대회' 및 단식투쟁 등 크고 작은 시위를 거쳐 6월 3일 전국적으로 학생 10,000여 명이 한일수교 반대와 매판자본 반대, 박정희 정권 타도를 외치는 대규모 시위로 발전하였다. 4.19 전야를 연상시키는 이 시위에 놀라 박정희 정부는 계엄령을 선포하고 집회·시위금지, 언론 사전검열, 각급 학교 무기휴교, 통금 연장, 무영장 체포·구금 등을 천명하였다. 이를 6.3사태라 부른다. 지금 와서 보면 한일수교 반대 운동은 우물안 개구리 같은 1960년대 선비 내지 성균관유생(대학생)들의 시위와 유사하다. 1881년 영남만인소(嶺南萬人疏)의 1960년대 버전이다. 황준헌의 『조선책략』에 따른 미국과의 수교에 반대하여 이만손(李晩孫, 1811~1892) 등 영남 지역 유생들의 연명 상소인데, 그 요지는 이렇다.

조선책략에서는 우리더러 중국, 미국, 일본과 손을 잡고 러시아를 견제하라고 언급하고 있지만 이는 터무니 없는 소리입니다. 중국은 우리와 친밀한 나라이나 일본은 임진왜란 이후 우리와 원수지간이며 미국은 우리가 잘 모르는 나라입니다. 또한, 러시아는 본디 우리가 경계해야 할 필요조차 없는 나라입니다. 그런데 이런 내용의 책을 전국에 나누어 주며 읽으라고 명하시니 머리카락이 저절로 곤두서고 쓸개가 흔들리며 통곡하지 않을 수 없나이다.

그런데 지금 방식대로 여론조사를 했으면 아마 당시 국민의 2/3 이상이 시위 학생들에게 동조하고 박정희 정부에 반대했을 것이다. 1960년대 한 국민의 반일감정과 민족주의 정서는 지금 시대를 사는 사람들은 좀체 이해를 못할 것이다. 1968년 12월 박정희 대통령이 직접 낭독한 국민교육헌장의 첫 머리; "우리는 민족중흥의 역사적 사명을 띠고 이 땅에 태어났다"는 말은 개인의 자유와 행복을 최우선으로 여기는 지금 시대 사람들로서는 좀체 공감하기 힘든 언설이다. 그래서 강력한 민족주의를 뒷배로 한 거족적 한일국교정상화 반대 투쟁을 뒤로 하고 고독한 결단으로 '한강의 기적'의 초석을 놓은 박정희·김종필이 위대한 것이다.

이렇듯 운동권의 가치와 지향 중에는 국민의 압도적 다수(2/3 이상)가 동의한 것도 있고, 국민 과반 이상이 동의한 것도 있다. 극좌파들만 동의하여 김영삼·김대중·노무현조차 손사래치며 거부할 만한 것도 있다. 당연히 극우파들만 동의하여 윤석열·박근혜·이명박정부조차 손사래를 치며 거부할 만한 것도 있다. 뿐만아니라 국민의 2/3 이상이 동의했다 해도 보편 이성과 상식에 다 부합되는 것은 아니다. 같은 사안이라도 시간에 따라 동의 수준이 변하기 마련이다.

5.18을 민주화운동의 일환으로 보는 것은 2/3 이상의 국민적 합의라고 해도 과언이 아닐 것이다. 하지만 이를 국가유공자의 반열에 올리는 것은 아닐 것이다. 노동권 강화도 2/3 이상의 국민적 합의 사항이었으나, 지금의 대·공기업 노조원들이 누리는 권리·이익과 보여주는 행태는 아닐 것이다. 노태우정부가 기본 틀(1991년 12월의 남북기본합의서 등)을 만든 대북

정책도, 당시에는 2/3 이상의 국민적 합의 사항이었을 것이다. 1990년대 초에는 소련과 중국의 사정이 너무나 나빠서, 북한의 결사 반대를 뿌리치고 한소 수교(1991년)와 한중 수교(1992년)를 하고, 북한은 고립무원 상태였고, 핵 개발 역시 아주 초기 단계였기 때문이다. 하지만 이 모든 것이 크게 변한 상황에서 2018년 4.27정상회담이나 9.19군사합의 등은 전혀 아니라고 보아야 한다. 독재자로 폄하되어 온 이승만·박정희도 북한이나 다른 많은 개발도상국과 선명하게 대비되면서, 또 그 시대에 대한 이해가 깊어지면서 20세기 세계사적 기적을 창조한 위대한 지도자로 재평가되고 있다. 그러니 운동권의 핵심 정체성인 반이승만·박정희 투쟁과 반전두환 투쟁 역시 재평가될 수밖에 없다. 1987년 컨센서스의 대부분이 이런 식이다. 초기에는 국민적 합의 사항이었으나, 수십 년의 시간이 흐르고, 정세가 바뀌면서 합의 수준은 떨어졌다. 결정적으로 문재인으로 대표되는 화석 운동권들이 정부와 민주당을 장악하면서, 합의에서 현저히 벗어나 버린 것도 많다. 운동권 컨센서스는 대부분이 벗어나 버렸다.

1987·88년에는 국민의 2/3 이상이 동의·공감한 컨센서스; 다수 지배, 대통령직선제와 5년 단임제, 기본권(노동권) 강화, 약자 보호, 억울한 희생자 신원, 민족적 자존심 회복(일본에 한풀이와 미국에 할말 하기)은 시간이 가면서 그 동의·공감 수준이 시나브로 줄어들었다. 재야·운동권 컨센서스, 즉 반대한민국, 반주류·보수, 반미·반일·친북·친중, 반자유시장경제 등은 초기에는 소수 극렬 운동권만 공유했고, 김대중·노무현이 거부하거나 지양하려던 것이었는데, 운동권과 민주당이 밀어붙였다. 비유하자면 1987년 컨센서스가 한 때는 약효가 좋아서 많은 병을 치료했으나 지금은 약효가 거의 없어진 약이라면, 운동권 컨센서스는 김대중·노무현과 주류·보수의 견제 길항력이 살아 있을 때는 약간의 약효가 있었으나, 지금은 거의 독극물로 전락한 약이라고 할 수 있다. 지금 대한민국은 두 약을 다 퇴

출시키고 새 약을 만들어야 한다. 새 약의 목적은 한반도 근대화의 완성이다. 가칭은 '2024년 컨센서스' 혹은 '제2중흥시대 컨센서스'다.

과거가 아니라 현재와 미래의 문제

한동훈 국민의힘 비대위원장이 취임수락 연설(2023.12.26.)에서 '운동권 특권정치' 청산을 강조하자, 대표적인 86운동권 출신 정치인 임종석은 자신의 페이스북에 "함부로 돌 던지지 마라"면서 격렬하게 반발했다.

12.12 군사 쿠데타와 전두환 군사정권에 맞서 저항했던 우리의 삶을 함부로 대하지 마라. 내가 원해서 군화발에 채이고 감옥에 가고 친구를 먼저 보낸 것이 아니다. 나의 꿈은 그저 소박한 공학도였다. 평범한 일상을 무너뜨리며 그들이 쳐들어왔고 무서웠지만 도망가지 않고 견뎌냈을 뿐이다. 견디고 회복하고 이겨내기 위해 날마다 두려움과 맞서며 거리로 나섰던 것이다. 그런 삶들이 모여 6월 항쟁이 되었다. 박종철을 잃고 이한열을 잃고 민주주의를 얻었다. (…) 다른 이의 희생으로 일상을 지키고 평생 검사만 하다가 권력에 취해 마구 휘두르는 당신들에게 충고한다.그 입에 함부로 기득권이니 특권이니 하는 낯뜨거운 소리를 올리지 마라.

운동권정치 청산 목소리를 높이면 1212사태를 다룬 영화 서울의봄 (2023년 개봉)과 박종철 고문치사 사건과 6월항쟁을 다룬 영화 1987(2017년 개봉)를 연상시키며, "다른 이의 희생으로 일상을 지키고 평생 검사만" 한 사람은 함부로 운동권을 비판하지 말라는 식의 맞대응은 계속될 것이다. 여기에 대해 '당신의 친북통일운동이 민주화운동이 맞긴 맞냐?', '당시 전대협을 배후 조종하던 주사파 지하 조직의 사주를 받은 것 아니냐'며

반박하기도 한다. 공인에게는 대단히 중요한 문제이기에 진실과 현재의 입장을 밝히는 것은 반드시 필요하다. 구렁이 담 넘어가듯이 넘어갈 일이 아니다. 하지만 진짜 중요한 문제는 공인이 되고 난 이후의 생각과 행동이다. 임종석은 2000년 이후 국회-민주당-문재인정부의 중책을 맡아서 한 일은 무엇인가? 임종석은 2005년 7월부터 2017년 5월 대통령비서실장으로 취임하기 직전까지 남북경제문화협력재단 이사장을 맡아 북한 측 저작권 대리인 역할을 했다. 이 재단은 북한에 저작권료 명목으로 2005~2017년 13년간 187만 6,700달러(22억 5,206만 원)를 송금하였다. 임종석은 문재인정부에서는 초대 대통령비서실장(2017.5.~2019.1.)이자, 2018년 4월 27일 1차 남북정상회담 준비위원장으로 외교안보 상식에서 크게 벗어난 4.27정상회담과 9.19군사합의의 주역이었다. 뿐만 아니라 정치보복적 적폐수사, 탈원전, 최저임금 폭등, 공공부문 폭증, 약탈적 노조에 대한 견제장치 제거 등 소득주도성장 정책의 주역이기도 하였다. 의정활동 과정에서도 국가보안법 폐지, 북한인권법 제정 반대, 대북 교류사업 등에 주력하였다. 2012년 총선 때는 민주당 사무총장으로 임수경을 비례대표로 발탁하는 데에 결정적 역할을 하였다. 임수경이 의원시절에 북한인권운동을 하는 탈북자 백요섭에게 퍼부은 막말은 역대급이다.

어디 근본도 없는 탈북자 새끼들이 굴러와서 대한민국 국회의원에게 개겨. 너 그 하태경하고 북한인권인지 뭔지 하는 이상한 짓 하고 있다지? 아, 하태경 그 변절자 새끼 내 손으로 죽여버릴 거야. 하태경 개새끼, 진짜 변절자 새끼야.

임수경식 사고방식은 전대협, 한총련 간부출신 운동권 정치인에게 보편적이라는 것이다. 임종석의 문제는 30여 년 전의 전력이 아니라, 국회의원 8년, 민주당 사무총장, 문재인정부 대통령비서실장을 맡아서 실제 한 일과 앞으로 할 일이다. 이는 과거의 문제가 아니라, 현재와 미래의 문제이기 때문이다. 이것이 제대로 짚어지면, '그 아름다운 운동권'을 지지·성원한 수백만 명은 배신감을 느낄 사람이 대부분일 것이다.

5장
운동권정치 청산은 낡고 썩은 구시대 청산과 새시대 개막 담론

운동권정치의 3대 패악

운동권과 운동권정치 청산이 시대정신처럼 되었다. 한 때 민주화와 군정종식, 복지국가와 격차해소가 그랬던 것처럼! 운동권정치 청산 담론은 1980년대 민주화운동 참여를 자부심으로 삼고 있는 수백만 명의 50~60대와 민주화운동 과정에서 희생된 사람들(박종철, 이한열 등)에 대한 부채감을 가지고 있는 다른 수백만 명의 마음을 얻는 문제다. 더 적나라하게 말하면 현 운동권정치의 주역을 민주화운동 정신과 방법을 능멸한 배신자임을 분명히 인식시키는 것이다. 운동권정치 청산 담론은 운동권의 폭력과 비리, 특권과 이념에 대해 진작부터 우려를 표했고, 운동권이 현실정치 입문하여 보여준 후안무치한 정치행태를 보면서 분노했으나, 이들의 '연탄재 서사'(우리가 피흘리며 투쟁할 때 너는 뭐했냐)의 위세와 난폭한 운동권 대중(개딸들과 조국수호대와 손가락 혁명군)의 거친 언어폭력에 주눅이 들어, 분노와 불만을 잘 표출하지 못한 당대의 '비운동권' 수백만 명에게 '당신들이 정당하다'는 확신을 불어넣어 주는 문제다. 또 하나 민주화운동을 영화로 접하여 약간의 경외심은 있지만, 대학진학, 병역, 취업, 연애, 결혼, 출산, 주택, 재테크 문제 등을 놓고 골머리를 앓는, 운동권에도 정치에도 별 관심이 없는 2030세대의 마음을 얻는 문제다. 더 정확하게 말하면, 총선 최대의 스윙보터인 2030세대의 분노와 불만의 방향을 바로잡아주고, 윤정부와 국힘당에서 약간의 기대와 희망을 찾을 수 있도록 하는 것이다. 셋 다 만만치않은 일이다. 특히 민주화운동 참여를 자부심으로 삼고 있는 수백만 명은 국힘당에 좀체 마음을 열지 않는다. 이들의 마음은 '아무리 이재명과 민주당이 문제가 많다고해도 어떻게 윤석열과 국힘당을 찍을 수 있지?'이다. 운동권과 민주당 정치인의 변질, 타락, 부패, 특권, 기득권 등이 설령 사실이라 할지라도, 유튜브 '백년전쟁'이나 영화 '서울의봄'을 보면서 국힘당의 도덕적 허물에 비해 '새발의 피'라고 생각하는 사람이 많기 때문이다.

운동권정치의 패악은 크게 도덕적 허물, 경제적 패악, 정치적 패악으로 삼분할 수 있다. 한동훈 국힘당 비대위원장을 비롯하여 대부분의 정치인과 논객들이 주로 질타하는 것은 운동권 출신 정치인의 도덕적 허물이다. 그런데 이는 권력과 인간의 기본 속성이다. 시대도 초월하고, 세대·이념도 초월한다. 한동훈은 국힘당 비대위원장 수락연설(2023.12.26.)에서 운동권정치의 대표적인 허물로, "(민주)당을 숙주 삼아 수십 년간 386이 486, 586, 686이 되도록 썼던 영수증 또 내밀며 대대손손 국민들 위에 군림하고 가르치려 드는" 행태를 지적했다. 한동훈은 그리 길지 않은 수락연설에서 '운동권 특권정치'를 4번, '운동권 특권세력'를 3번이나 언급하며 강하게 질타했다. 법무장관 시절(2023년 11월)에는 송영길의 '어린 놈' 발언을 논박하면서 "민주화운동을 한 분들이 엄혹한 시절 보여준 용기를 깊이 존경하지만, 일부가 수십 년 전의 일만 갖고 평생 대대손손 전 국민을 상대로 전관예우를 받으려 하는" 행태를 지적했다. 운동권정치 청산을 부르짖는 사람은 한위원장 외에도 많은데, 이들이 주로 거론하는 운동권의 허물을 모아보면, 특권, 오만·독선, 무례, 위선, 타락, 변질, 부패, 고인물(국회의원 자리 장기 독점), 그리고 숨기고 있는 주사파 전력(前歷)과 파렴치 전과(살인·폭력·부정·부패) 등이다. 특권은 5.18유공자법·민주유공자법이 웅변하고, 오만은 국민들 위에 군림하고 가르치려드는 태도가 웅변한다. 부패는 이재명의 대장동 사건과 송영길의 돈봉투 사건이, 무례(패륜적 막말)는 이재명의 형수 쌍욕 등 너무 많아서 헤아리기 힘들다. 위선은 조국 전장관과 조국기부대가 웅변한다. 고인물은 이렇다 할 업적이 없는 운동권 출신 다선 의원이 웅변한다. 이재명은 대학생 때는 운동권이 아니었지만, 지금은 권력형 부정비리와 인간적 패륜의 백화점을 차렸다. 변질, 타락, 고인물 등은 과거에도 있어왔고, 미래에도 있을 것이고, 운동권이든 비운동권이든 피하기 힘든 보편적 문제일 것이다. 아마 지금 운동권정치를 비판하는 젊은 정치인들도 세월이 흐르면, 적어도 변질, 타락, 고인물이라는 비판을 피하기 힘들 것이다. 그럼에도 불구하고 운동권 출신 의원의 도덕적 허물에 대한 시비는 국민적 공분을 일으키기에 매섭게 질타해야 한다. 하지만 이는 총선 때마다 항상 나오는 과거사 혹은 도덕성 시비로, 본질은 인물교체론이다. '나는 새롭고 깨끗한 사람, 쟤는 낡고 더러운 사람' 이라는 상투적 주장의 변주곡이다. 과거에도 구태·고인물 정치에 대해 새정치를, 부패한 정치에 대해 깨끗한 정치를 외치는 정치인은 있었다. 안철수는 전자, 박찬종은 후자로 유명해진 인물이다.

한국 정치판은 세대 교체, 다선의원 교체, 범법자나 부도덕한 인사 낙선·낙천, 당권파 패권주의 반대 혹은 비주류 공천학살, 여성 할당제, 전문직능 안배, 제3당 지지 등 갖가지 명목으로 끊임없이 물갈이와 인물 교체를 시도해왔다. 그 결과 1988년 이후 전세계에서 초선의원 비율이 가장 높은-대체로 40~60%-국회를 운영했다. 하지만, 대한민국을 쇠락·퇴행·자살로 몰아가는 치명적인 위기·부조리는 조금도 완화되지 않았다. 사실 운동권정치 청산론과 검찰독재(정권)심판론을 비롯하여 모든 정치개혁·인물교체 담론은 이 오래된 문제에 응답해야 한다. 어쨌든 민주당의 86운동권 출신 의원 비중이 매우 높은 것은 사실이고, 국민적 공분이 있는 것도 사실이기에 인적청산은 외쳐야 한다. 민주당도 야당인 이상, 갖가지 이유(무능·무심·무도·무리 등)를 대며 정권심판을 외치듯이! 당연히 정치판이라는 진흙탕에 발을 디뎌본 적도 없고, 권력 근처에도 가 본적이 없어서, 특권·오만·변질·타락·부패할 기회 자체를 가져 본 적이 없는 젊은 정치인이 앞장서서 외치면 될 것이다. 다만 운동권정치의 집요한 선전선동으로 특권·타락·부패에 관한 한 일신의 영달을 위해 산 사람들이 대부분인 주류·보수가 훨씬 심하다는 통념을 대중의 뇌리에 깊숙이 박아 넣었다는 사실을 간과하면 안 된다. 뿐만 아니라 1987년 이후 사회문화적 헤게모니를 틀어쥔 범진보진영은 '서울의봄' 같은 천만 관객 영화를 통해 주류·보수를 악마화하거나, 민주화운동과 운동권의 역사적 정당성을 공고히 해 왔다는 사실도 간과하면 안 된다. 도덕적 허물을 질타하거나 주사파 전력을 들추는 것이 소총이나 수류탄급 공격이라면, '서울의봄'은 핵폭탄급 공격이다. 기울어진 운동장 임을 명심하고 공을 차야 한다는 얘기다. 그런데 진짜 문제는 운동권정치의 패악 중에서 특권·오만·변질·타락·부패 등은 어디까지나 패악의 깃털에 불과하다는 사실이다. 몸통은 한마디로 기업도 사람(아이)도 태어나기도 힘들고, 자라기도 힘든 조선(朝鮮)스러운 좌파국가를 만든 것이다. 동시에 정치가 사회통합은 주도하기는커녕, 파괴적 분열과 갈등을 주도하여, 치명적인 위기를 외면, 방치하여 자멸하는 국가를 만든 것이다. 요컨대 운동권이 타락하지 않고, 변질·부패하지 않고, 특권을 추구하지 않는다 하더라도, 시대착오적 철학·가치를 버리지 않는다면 외교안보는 물론이고 경제·민생·미래를 파괴하게 되어 있다는 사실이다. 운동권정치의 진짜 문제는 문정부가 보여주었듯이 시대착오적 철학·가치와 정책으로 국정과 의정을 운영하는 것이다.

지금 대한민국이 당면한 치명적인 모순부조리; 저성장, 저출산, 고비용,

취업난과 대선불복, 국회폭정 등과 운동권정치의 상호관계를 정확하게 파악하지 않으면, 운동권 출신 정치인에 대한 과거사 시비나 도덕적 시비 이상을 하기 어렵다. 한동훈이 수락연설에서 '운동권 특권'이라는 말을 무려 7번 사용했으나, 그 이후 거의 언급하지 않는 것은, 운동권정치의 몸통을 정확하게 파악하지 못했기 때문이 아닐까 한다. 사실 아무리 똑똑한 정치인이라 할지라도 국가의 공준처럼 자리잡은 1987년 컨센서스와 그 극좌 변종인 운동권정치의 철학·가치 및 정책패러다임과 그것이 외화된 정치·정책·운동과 초래된 치명적인 위기 증상의 상호관계를 파악하기는 어렵다. 패러다임이 다른 가치·정책 대안까지 제시하는 것은 더 어렵다. 그래서 제3부에서 몇몇 분야나마 시론적 가치·정책을 제시해 보았던 것이다. 그런 점에서 나 같은 사람의 무능과 부덕이 아프다.

운동권정치의 경제·사회적 패악

운동권정치의 핵심 문제는 경제·사회적 패악과 정치·문화적 패악이다. 패악의 현상·증상과 이를 만든 정책·운동과 그 근저에 흐르는 철학·가치 간의 상호관계를 규명해야 운동권정치 청산 담론이 탄탄하게 정립되고, 더 나아가 2024년 총선 이후 창조할 새시대 비전도 도출된다. 운동권정치가 압도적 책임이 있는 경제·사회적 패악은 저성장, 취업난, 고비용, 저출산, 불평등·양극화, 노동시장의 불공정과 이중구조(직장의 계급화, 노조의 귀족화, 공공의 양반화), 산업인재의 양적 감소와 질적 저하, 지방소멸, 필수의료 붕괴 등 대한민국의 총체적 쇠락·퇴행·소멸 위기 등이다. 단적으로 운동권정치가 밀어붙인 대표적인 정책이 소득주도성장 정책이다. 최저임금 폭등-공공부문 폭증-고용의 경직화·철밥통화-주 52시간제와 경직된 근로시간 운영-친노조(노조원 늘리기와 노조에 대한 견제 장치 제거)등이다. 노란봉투법과 중대재해처벌법도 빼놓을 수 없다. 탈원전을 통한 원전생태계 고사도 빼놓으면 서러워할 것이다. 이 시대착오적 정책들의 근저에 흐르는 철학·가치는 무엇일까? 운동권정치는 약자, 피해자 의식에 찌들어 생산성과 임금, 위험과 이익, 비용과 편익(안전), 부담과 혜택, 노동권과 재산권, 환경보호와 경제성장 등 가치 간 조화와 균형 개념이 부실하다. 임금, 이익, 편익, 혜택, 안전, 고용안정(보호) 등을 늘리는 것을 자명한 진보요 개혁이요 정의라고 생각한다. 그 극단에 무상=기본=공짜 시리즈 정책이 있다. 임금과 고용 등 근로조건을 생산성이나 경쟁력의 문제가 아니라, 노사 간 역관계 문제로 바라본다. 그 결과 주로 대·공기업 조직노동과 국가의 보호를 받는 규제산업·면허직업 종사자와 공공부문 종사자 등 힘센 집단의 권리·이익은 생산성과 상관없이 상향되면서 힘없는 집단(청년·미래세대, 하청기업, 영세자영업, 비정규직, 납세자 등)에 대한 사실상의 약탈을 자행해 왔다. 노조는 약자의 권익 쟁취에 사용하는 무기가 아니라, 생산성에 비해 월등한 권익을 누려온 강자가 더 많은 권익을 쟁취하는 무기로 된 지 오래인데, 노조에 대한 견제장치를 제거하고, 노란봉투법 등으로 무기를 늘려주려 하니 결과가 어떻겠는가? 노조는 주주 몫, 협력업체 몫, 비정규직 몫, 미래투자 재원 등을 빨아가면서 능력있는 기업들의 국내투자와 고용 의지을 고사시켜왔다.

공무원도 약자=근로자 임을 강변하면서 장기근속과 복리후생과 공무원연금 등을 종합한 생애소득이 세계 초일류 기업인 삼성전자를 능가하게 되었다. 국민세금을 선취하여 자신의 임금, 복지, 연금에 사용할 수 있으니 최고 선망의 직업이 되었다. 사회적 표준, 즉 통념상 정상(正常)으로 인정되는 수준을 한참 높여 놓고, 승자 기득권(정규직 고용보호 등)을 공고하게하니, 패자 부활전=승자 재신임전이 사라졌다. 작고, 낮고, 주변적인 곳에서 크고, 높고, 중심적인 곳으로 올라가는 사다리가 없어진 것이다. 직무가 아니라 직장이 계급이 되어 버린 것이다. 결국 첫 직장을 좋은 곳으로 잡기 위한 경쟁이 치열해지면서, 갖춰야 할 스펙도 올라가고, 대학 재학 연한도, 직장 탐색 기간도 길어지고, 직장 진입 연령과 결혼·출산 연령도 계속 올라갔다. 연애 결혼 기피자나 탈락자도 엄청나게 늘어나면서 한국 특유의 초저출산 현상을 초래했다. 인구·연금·재정·지방·산업 등의 지속가능성 위기가 심화되었다. 정신문화적, 정치사회적 견제와 균형 장치들이 제대로 작동하지 않으니 증식을 멈춰야 할 세포(가치, 기능, 기관, 조직)들이 무한 증식하여, 사회 곳곳에 암 세포가 퍼진 꼴이 되었다. 운동권정치가 체현한 이 시대착오적인 철학·가치는 도대체 어디서 왔을까? 경제·사회적 패악의 현상과 원인·원흉과 패악 간 상호관계는 풍부한 통계와 엄밀한 논증과 간명한 설명이 필요한 일인데, 결론만 먼저 말하면, 노동과 자본, 가계와 기업, 하청과 원청, 프랜차이저 가맹점과 본사를 피착취·착취 관계로 보는 것은 맑스주의에서 왔다. 사람과 돈, 생명·안전과 이윤을 대립 관계로 보고, 공공은 공익을, 민간(기업)은 사익을 추구한다는 허구적 이데올로기는 주자성리학에서 왔다. 2030 남성의 남녀 교제에 대한 불안과 공포의 상당 부분은 서구 68혁명이 확산시킨 급진 페미니즘에서 왔다. 그리고 민주주의 자체에 내장된 포퓰리즘과 인간의 부패와 타락의 불멸의 원천인 '먹고 사니즘'도 빼놓을 수 없다. 아르헨티나·그리스·베네주엘라 등의 경제파탄을 초래한 포퓰리즘은 원래 진보와 보수를 가리지 않는다. 다만 한국 보수는 염치나 눈치는 좀 있어서 포퓰리즘 정책을 살살 펼쳤다면, 문재인·이재명으로 대표되는 저질 운동권은 자신들을 선, 정의, 약자, 피해자, 소외자의 대변자라는 자의식이 있어서 부끄러움도 거리낌도 없이 대차게 펼쳤다.

운동권정치의 정치·문화적 패악

운동권정치가 압도적 책임이 있는 정치·문화적 패악은 국회·다수 폭정 (국정 발목잡기 등), 대선 다음날부터 탄핵을 공공연하게 거론한 대선불복 행위, 사법방해, 공천권자 독재(정당 민주주의 형해화), 가짜뉴스와 편집조작을 능사로 아는 언론테러 등이다. 대표적인 정책과 운동은 후쿠시마 오염수 괴담 공세, 이재명 방탄국회, 사리에 전혀 맞지 않는 김건희 특검법과 수사검사 탄핵, 이태원 특별법, 대선불복 촛불행동, 역사뒤집기(4.3, 5.18), 편파적 과거사위 운영, 그리고 종전협정-유엔사 해체시도, 9.19군사합의, 김여정 하명법 등이다. 윤정부 출범이후 2023년 말까지 정부 제출 법안 총 363건 중 실제 국회를 통과한 법안은 106건(29.2%)으로, 문재정부의 법안 통과율 61.4%의 절반 수준에도 미치지 못한다는 사실도 빼놓을 수 없는 다수 폭정이요, 국정 발목잡기다.

이런 만행을 낳은 철학·가치 아니 적대와 증오, 오만과 무례는 도대체 어디서 왔을까? 이는 압도적으로 '해전사'식 역사인식에서 왔다. 상대를 악마로 규정하면, 수단 방법 안 가리고 이겨야 하니, 정치 윤리나 도의가 설 자리가 없다. 진영논리와 내로남불은 필수요, 거짓과 조작과 위선은 실력이다. 이것이 언론테러의 동기이자 개딸들과 조국기 부대의 핵심 동력이다. 운동권정치의 또 하나의 거대한 패악은 사실을 혹은 모순부조리를 있는 그대로 보지 못하거나 보려고 하지 않는 것이다. 망치를 들면 모든 것이 못의 문제로 보인다고, 운동권·민주당은 매사를 친일·독재·반노동·친자본(재벌) 프레임으로 보려 한다. 민주 망치를 휘둘러 하도 재미를 많이 봐서인지 지금도 검찰독재, 친일독재 운운하며 윤정부와 국힘당을 공격한다. 그런데 실제로 하는 일은 민주공화국의 기본과 원칙의 파괴다. 사실 '망치-못' 증후는 운동권만 앓는 병이 아니라 인간의 보편적 질환이다. 다만 운동권의 증상이 아주 심한 편이다. 이를 도식화하면 다음과 같다.

운동권정치의 패악

유형	도덕적 허물	경제·사회적 패악	정치·문화적 패악
현상	특권·오만·무례, 고인물, 위선, 타락, 변질, 부패	저성장, 저출산, 고비용, 취업난, 이중구조, 지대추구, 부동산 폭등, 지속가능성 위기와 사회의 말기암 증상	대선불복, 국회독재(다수폭정), 당권파독재, 언론테러, 적대와 증오의 정치, 반일·탈미·친북
정책운동	5.18유공자법·민주유공자법, 조국수호-검찰개혁	무상·기본시리즈, 소주성(최저임금, 주52시간 등), 공공부문 폭증, 비정규직 정규직화, 친노조, 중대재해법, 노란봉투법, 탈원전, 경제·교육·공장민주화, 과도한 상속세	후쿠시마 괴담, 방탄국회, 김건희 특검법, 수사검사탄핵, 검수완박, 대선불복 촛불행동, 역사뒤집기(4.3, 5.18), 편파적 과거사위 운영, 국정원 무력화, 종전협정-유엔사 해체시도, 9.19군사합의
철학가치	●권력과 인간의 기본속성(초역사적 허물) ▶ 세대·이념과 무관한 총선 때마다 나오는 인물 교체론의 하나. 민주화는 오직 운동권이 피로써 쟁취한 것으로 간주. 2.12총선 등 선거와 넥타이부대 참여와 위정자의 결단 무시, 항쟁만 중시.	● 좌파이념+유교이념+68혁명사조+포퓰리즘 ▶ 노동-자본 대립 프레임(맑스주의) 사람·생명·돈·이윤, 공공-민간의 대립 프레임(주자성리학) 가치 간 조화와 균형 개념 부재로 특정 가치(환경보호, 노동권, 임금, 혜택, 권리, 평등)만 우선. 사회적 표준 상향을 능사로 앎. 지대추구·공짜심리 조장.	●반일민족주의+낭만적 민족주의(우리끼리)+설마주의+북한의 선의·도의에 의한 평화 ▶ 정치를 선-악, 정(正)-사(邪), 양심-비양심(기회주의), 생(生)과 사(死)의 건곤일척 대결로 간주. 보수=친일·독재·냉전·전쟁·기득권·기회주의·강자 편. 진보=항일·민주·화해·평화·비기득권·양심·약자 편
서사	'해전사'적 역사인식=대한민국 만악의 근원은 친일·독재·기회주의 주류보수 청산 실패		

저성장, 취업난, 저출산, 불평등·양극화, 노동시장의 이중화 등은 운동권과 문재인정부가 급속도로 악화시키긴 했지만, 최초로 만든 것은 아니다. 이 증상 혹은 질환들은 1987년 이후 정부의 이념 성향에 관계없이 경향적으로 악화되어 왔다. 그런 점에서 유효기간이 지난 1987년 컨센서스가 대한민국병의 근본 원인이라면, 운동권정치는 이 병을 급속도로 악화시켰다고 보아야 한다. 역대 정부들은 이 병을 고치지는 못해도, 악화시키지는 않으려고 했고, 최소한 진통제라도 처방했다면, 운동권정치는 아예 독극물을 처방했다고나 할까? 하지만 정치·문화적 패악은 거의 전적으로 운동권정치가 만든 것이다. 운동권정치 청산의 관건은 우리 시대 치명적인 위기·부조리가 압도적으로 낡고 늙고 썩은 운동권과 운동권정치에 있다

는 것을 국민들에게 인식시키는 것이다. 낡고 썩은 것을 효과적으로 쓸어 내기 위해서는 싱싱한 새것, 즉 새로운 대안과 대비시켜야 한다. 매력적인 새시대·7공화국 비전이 있어야 운동권정치가 효과적으로 청산된다는 얘기다.

군정종식과 운동권 청산

운동권 청산은 1987~88년의 군정종식 혹은 군부독재퇴진과 비슷하다. 전세계적으로 2차 대전 종전 후, 한국의 경우 1953년 휴전후, 참전군인들과 전쟁으로 팽창되고 현대화된 군부 및 군출신들이 정치를 주도하던 시대가 수십 년간 이어졌다. 이들 군인이나 군출신의 핵심 지향은 반외세나 반공산주의였다. 한국 운동권의 핵심 지향은 반주류·보수·기득권이였다. 주류의 지향이 권위주의와 반공산주의와 친자유시장경제였기에 운동권은 정반대로 반독재(군위주의)와 친공산주의와 반자본주의로 달려갔다. 일제 식민지 경험 때문인지, 반일 민족주의는 군정이든 민정이든, 운동권정치이든 공무원정치든 가리지 않았다. 한국은 1961년 5.16 정변, 1972년 유신 체제, 1980년 군부 권위주의 정부가 길게 이어지면서(1953년~1988년까지 35년) 군정 종식·퇴진·청산이 시대정신처럼 되었다. 하지만 수백만 명의 참전 군인들과 제대 군인들은, 적어도 1980년대에는 운동권이 앞장서서 싸운 군부 권위주의 정권(군정)과 일체감이 전혀 없었다. 그래서 군정 종식이나 군부독재 퇴진이 광범위한 지지를 받았던 것이다.

운동권정치와 군출신 주도 정치(군정)는 여러가지로 닮았다. 둘 다 피흘리며 강대한 적과 싸워 이긴 위대한 서사가 있다. 그 과정에서 정치사회적 권위도 획득했다. 싸우는 과정에서 수많은 동지(네트워크)도 생겼고, 전사(戰士)적 자부심과 조직문화도 생겼다. 종전·휴전후 상당 기간은 전쟁을 해 본 군부나 군인들이 당대 평균적 국민·관료·지식인들보다 안목도 넓고, 소명도 투철했다. 바로 이런 힘들이 각 나라의 대통령, 수상, 각료, 의원들을 양산하여 정치를 주도하게 했던 것이다. 한국에서 운동권이 정치적으로 득세하는 과정도 비슷하다. 당연히 운동권정치가 쇠락, 고립, 퇴조하는 과정도 비슷할 것이다.

한국 운동권도 6.25나 월남전 참전 군인 같은 수백 만 학우 대중이 있다. 이들은 최루탄에 눈물 흘리기도 하고, 시위하다가 끌려가고 얻어맞고 제적 당하고 해고 당하는 친구·학우·노동자들에게도 눈물 흘렸다. 그리고 1987·88년에 승리의 감격을 맛보았다. 사실 한국 민주화 투쟁 과정에서 겪은 탄압이나 고초는 민주화 몸살을 앓았거나 앓고있는 많은 나라에 비하면 아무것도 아니다. 하지만 모든 고초는 주관적이기에, 민주화 투쟁에 참여한 운동권 대중 수백만 명이 참전군인 같은 자의식과 자부심을 가지는 것은 그 누구도 말릴 수는 없다. 그런 점에서 운동권정치 청산은 그 의미와 대상을 분명히 할 필요가 있다. 군정 종식이 수백만 명의 참전군인과 제대군인들 전체의 청산·퇴출을 의미하는 것이 아니었듯, 운동권정치 청산이 민주화운동 참여와 성원을 자랑스럽게 생각하는 수백만 명을 청산·퇴출을 의미하는 것은 아니다. 그렇게 비치면 안 된다. 오히려 운동권정치가 수백만 명의 피와 땀과 눈물을 배신하고, 민주화 성과를 파괴하고 있다고 비판해야 한다. 사실 이것이 진실이다.

구시대 청산과 새시대 개막을 말하려면, 1987년 이후 36년 가량 지속된 구시대의 죄상을 간명하게 말해야 한다. '해전사'식 역사관으로 대한민국은 자학하게 하고 북한은 외경하게 한 시대, 선악과 정사 프레임으로 정치를 죽이고, 다수결의 이름으로 소수파 죽인 시대라고 해야 한다. 노동인권 이름으로 기업가 정신 죽이고, 정규직 보호의 이름으로 청년·비정규직을 죽이고, 공공성의 이름으로 민간을 죽이고, 현세대의 이기심으로 후

세대를 죽인 몰염치한 시대라고 말해야 한다. 구시대를 수명이 다한 민주시대, 비이성적 떼법시대, 데모 만능 시대, 투사(민주건달)시대, 노조천국-기업지옥시대, 이중화시대, 사다리 걷어차기 시대, 캐치업(catch up)시대, 공무원시대, 낡은 6공화국 등 이름을 붙여야 한다. 당연히 새시대의 이름을 붙여야 한다. 자유시대, 민주공화시대, 법치시대, 숙의시대, 공정시대, 역동시대, 언제나 어디나 있는(Ubiquitus) 사다리 시대, 상공인이 존중받고 제복이 자랑스러운 시대, 제2중흥시대, 근대화의 마지막 고비, 7공화국 등. 구시대의 이름에서는 치명적인 위기·부조리를 연상하게 하고, 새시대 이름에서 가치와 비전을 연상하게 해야 한다.

청산과 개막의 메신저

운동권정치 청산을 위해 쉼 없이 폭로해야 할 사실이 몇 개 있다.

첫째, 지난 30~40년 동안 운동권과 민주당이 팔아먹던 가치·이념과 비전·정책이 완전히 파탄났다는 것이다. 건국 전쟁 과정에서 양산된 억울한 희생자 신원(伸寃), 민주주의 발전(평화적 정권교체 등), 고난 서사와 도덕적 우위, 사회적 약자 보호와 서민·민생 중시, 불평등·양극화 해소, 햇볕정책을 통한 한반도 평화, 탈원전과 원전해체산업 육성, 신재생에너지 강국, 소득주도성장 정책, 확장 재정과 부자 증세에 입각한 보편적 복지국가, 공장민주화(노조의 작업장 지배), 방송민주화, 교육민주화, 에너지민주화, 경제민주화(재벌개혁), 사법민주화(공수처, 검경 수사권 분리, 법원장 후보 추천제와 고법 부장판사 승진제 폐지 등), 정당민주화, 민중문화론과 민족문학론 등 뭐 하나 온전한 것이 없다. 이 중에는 한 때는 국민의 2/3 이상이 동의했지만 국내외 환경·정세 변화로 유효기간이 지난 것도 있고, 김대중·노무현조차 반대했을 정책임에도 불구하고 문재인과 운동권이 무리하게 밀어붙인 것도 있다. 탈원전과 소주성 정책이 대표적이다. 당연히 국힘당이 결사 반대한 것도 있고, 방조한 것도 있고, 정치공학적으로 동조한 것도 있다. 포지티브한 비전·정책이 완전히 파탄났음에도 불구하고 성찰반성은 없고, 새로운 것을 만들어낼 능력은 없는데, 권력에 대한 집착은 더 강해졌으니, 남은 수단은 황당한 괴담이나 가짜뉴스 등으로 상대를 악마화하는 것 뿐이다.

둘째, 김대중·노무현 민주당과 운동권(문재인·이재명) 민주당은 완전히 다른 존재라는 것이다. 훨씬 저열화, 좌익화, 종북화되고, 조선화되었다는 것이다. 한마디로 1980년대 운동권과 전국연합과 민주노동당에 더 가까워졌다는 것이다. 이는 문재인의 생각과 멘탈이 운동권 대중(촛불군중)과 구분이 되지 않아 쉽게 일체화되었고, 포퓰리즘까지 가세했기 때문이다. 김대중·노무현의 정신과 방법 혹은 정책을 아는 사람들이 증언할 일이다.

셋째, 1987년 민주화가 키운 가장 대성한 자식은 민주당과 민주노총과 노조인데, 민주노총과 전태일은 전혀 상관이 없는 존재라는 것이다. 오히려 전태일 정신을 능멸한다고 해도 과언이 아니다. 그리고 한국에서 노조는 약자의 권익을 지키는 무기가 아니라, 강자의 약탈(지대추구)의 무기로서, 좋은 일자리 분쇄기요, 노동시장 이중구조를 심화시키는 존재라는 것이다.

넷째, 운동권의 핵심 상징 자산은 사심없는 희생과 헌신, 불굴의 소신과 용기로 풍찬노숙하며 자유민주주의 정상화 운동을 한 1960·70년대 학번 및 1980년대 초반 학번 운동권과 1987년에 거리와 광장에 쏟아져나온 넥타이 부대, 그리고 노동·농민·빈민 권익 운동가들이 만든 것인데, 현재 민주당을 지배하는 운동권은 이를 정면 배신하고 있다는 것이다. 이는 북한 김씨 3대 정권이 1930~40년대 좌익·독립운동가들의 희생·헌신과 당시 소박한 민중들의 기대와 여망을 정면 배신하고 있는 것과 전적으로 같다.

소수 전문가가 아니라 국민 대중을 설득하려면 메시지(콘텐츠)의 설득력 못지않게 메신저(말하는 자)의 신뢰성도 중요하다. 임종석의 논법에서 봤듯이 운동권의 온갖 패악을 5.18과 전태일·박종철·이한열 등 고난(ordeal) 서사로 방어한다. 민주화 투쟁을 책이나 영화로 접한 젊은 세대에게는 군사정권에 맞서 뜨거운 희생과 헌신을 해 보지 않은 사람은 입 닫으라고 윽박지른다.

운동권정치 청산론은 원래 구시대 청산=파괴와 새시대(제2중흥시대) 건설=창조 담론이다. 운동권정치는 2009년 이후 급속히 자라난 독초이고, 1987년 체제와 가치정책 패러다임은 독초가 자라기 좋은 토양 혹은 환경이다. 구시대 청산은 운동권정치라는 독초 제거와 토양·환경의 근본적인 변화 둘 다를 필요로 한다. 이를 위해서는 대안으로서 7공화국의 비전이 필요하다. 대안이 있어야 희망이 있고, 희망을 틀어막는 것에 대한 분노로부터 투지와 자부심이 생기는 법이다. 운동권이 가진 많은 덕목은, 결국 허위나 망상으로 판명은 되었지만, 그럴듯한 대안과 비전이 있었기 때문이다. 모순부조리의 증상-문정부와 민주당의 정책과 법안-운동권정치의 철학과 가치-서사 등을 연계하여, 증상에서 원인을, 원인에서 증상을 설명하고 대안을 말해야 자기확신도 생기고, 호소력도 강해진다. 30~40대 청년 정치인이라면 운동권정치의 패악(悖惡)을 질타하면서 청산과 퇴출만 외쳐도 된다. 하지만 50~60대라면 그것만으로는 부족하다. 치명적인 위기·부조리에 대한 해법과 대안을 제시해야 한다. 구시대 청산 이유와 새시대 비전을 동전의 앞뒷면처럼 얘기해야 한다. 운동권정치 청산은 운동권이 주도적으로 밀어붙인 정책의 아름다운 의도와 처참한 결과를 잘 아는 정책전문가들과, 진실과 이성으로 운동권의 적대와 증오의 양산공장을 폭파할 근현대사 연구자들과 정치철학자들도 나서야 한다. 운동권정치가 전가의 보도(傳家寶刀)처럼 휘두르는 고난(ordeal)서사에 주눅들지 않는, 사는대

로 생각하지 않고, 생각하는 대로 살면서 고난 서사까지 갖춘 '찐 운동권'
도 함께 하면 금상첨화다.

에필로그

아프게 다가온 세 가지 사실

내가 운동권정치 청산을 개념화하고, 비교적 체계적 담론으로 만든 것은 2023년 7월경이다. 긴 세월 성찰하고, 공부하며 생각을 진화발전시킨 '어제의 용사' 개명 운동권들의 역사적 책임과 쓰임이 있다고 봤기 때문이다. 이에 따라 남영동 사회디자인연구소에서 6~8월까지 열 차례에 걸친 비공개 세미나를 했다. 내 발제의 요지는 운동권정치는 구시대를 청산하고, 새시대를 개막하는 데 가로 놓인 거대한 장애물이며, 운동권 출신 정치인들은 구시대에서 새시대로 건너가는 다리를 가로막는 구시대의 핵심 방위군이라는 것이었다. 나는 2차대전을 소재로 한 미군과 독일군의 철교를 둘러싼 전쟁영화를 떠올렸다. '머나먼 다리'(A bridge too far)와 '레마겐의 철교'가 생각났다. '어제의 용사'들의 역할은 본대가 진격할 다리를 확보하는 특공대 역할이 아닐까 생각했다. 아무튼 내가 생각하는 운동권정치 청산은 운동권 출신 정치인 몇 십명 청산이 아니라, 백낙청·문재인·이해찬·유시민·이재명·김어준부터 그 20년 아래 김남국과 그 아래 20대 좌파 청년을 한데 묶는 어떤 역사관, 세계관, 정의관의 재건축과 정책·운동 노선의 혁신이었다. 다시말해 1987년 이후 한국 정치와 사회에 대한 지배력을 점점 높여온 운동권 철학·가치·정책 패러다임 청산이었다. 사람은 나이들면 늙고 병들어 죽는 존재지만, 철학·가치·정책 패러다임은 종교처럼 불멸이기 때문이다. 운동권정치 청산은 1987년 이후 36년을 풍미한 시대정신, 즉 1987년 컨센서스와 그 극좌·퇴행 버전인 '운동권 컨센서스' 청산을 의미했다. 운동권 출신 정치인은 이를 상징하는 인적 대립물에 불과했다.

1987년 체제를 청산하고, 새로운 체제를 만들어야 한다고 생각한 것은 꽤 오래 되었다. 2011년 말에 출간한 『2013년 이후』에서 나는 2012년 총선과 대선을 통해 '2013년 체제' 개막을 역설했다. 지금 생각해 보면 너무나 앞선 꿈이었다. 2020년에 출간한 『7공화국이 온다』에서도 또 비슷한 주장을 했다. 그러다 보니 상습적 가치·정책 패러다임 대전환 주창자가 되어버린 것 같다. 3.9대선 이후에는 가치·정책 패러다임 대전환을 통한 구시대 청산과 새시대 개막이 더욱 절박하게 다가왔다. 그것은 세 가지 사실이 아프게 다가왔기 때문이다. 하나는 2017년 이후 약 7년 간에 걸쳐 문재인정부와 2020년 이후 무소불위 국회 의석수를 가진 민주당을 규율한 철학·가치·정책·정서의 원류가 서구 좌파나 일본 좌파도 아니고, 소련·중국·북한도 아니고, 김대중·노무현 정부도 아닌, 1980년대 한국 운동권이라는 사실이다. 이는 내가 학생운동에 입문한 1982년부터 운동(노선)의 의미를 캐묻고, 그 의도와 결과를 따지는 일을 게을리 하지 않은 이른바 품성이 나쁜 회의(懷疑)하는 운동권이었기 때문이다. 둘째는 문정부와 민주당은 운동권이 오랫동안 비장하던 대북·대일·대미 정책, 탈원전정책, 친노조정책, 최저임금정책, 공공부문 확대 정책 등을 거침없이 실천하여 파산을 입증했다는 사실이다. 셋째는 운동권 스스로 성찰반성할 용기도, 법고창신할 지력도 없다는 사실이다. 둘째와 셋째는 내가 2006년부터 사회디자인연구소를 기반으로, 민주진보의 노선 혁신을 위해 민주당의 주요 정치인과 및 참모와 정책전문가와 정말 많은 대화와 토론을 해 봤기 때문이다. 이 과정에서 대략 20권 가까운 책과 수많은 발제토론문이 생겼다.

악성 변종인 운동권정치 청산과 6공화국 플랫폼의 재건축을 통한 7공화국 플랫폼 구축은 담론 정립에만 최소 10년 이상 걸리지 않을까 한다. 지난 2년간 윤정부와 국힘당이 보여준 말, 정책, 인사(공천 등), 기풍 등을 종합하면, 2024년 총선도 역사의 변곡점 내지 국운의 변곡점이 되기는 힘들어 보인다.

간양록

책을 쓰는 내내 내 귓전에 맴돈 노래가 조용필의 간양록(看羊錄)이었다. 1980년에 나온 노래인데, 역사드라마 작가 신봉승이 작사하고, 가왕 조용필이 작곡과 노래를 했다. 처음 들었을 때부터 가사와 노래가 예사롭지 않았다. 너무나 애절했다. 2014년 아버지가 돌아가신 후 더 심금을 울렸다.

이국땅 삼경이면 밤마다 찬서리고/ 어버이 한숨쉬는 새벽달일세/ 마음은 바람따라 고향으로 가는데/ 선영 뒷산에 잡초는 누가 뜯으리(어야어야야…) 피눈물로 한줄한줄 간양록을 적으니/ 님그린 뜻 바다되어 하늘에 닿을세라(어야어야야…)

이 노래 때문에 간양록이라는 책을 읽게 됐다. 조선 선조(재위 1567~1608)때 문신 강항(1567~1618)이 정유재란 때인 1597년 9월에 포로가 되어, 일본으로 끌려가 1600년 5월에 돌아올 때까지 2년 7개월간 보고 듣고 느꼈던 것을 기록한 책이다. 원래 강항은 생전에 자신의 문집을 죄인이 탄 수레에서 쓴 글이라는 뜻인 건거록(巾車錄)이라 하였는데, 1656년(효종 7년) 책이 간행될 때, 그의 제자 윤순거(1596~1668)가 간양록으로 바꾸었다. 간양(看羊)은 양을 돌본다는 뜻으로, 중국 한나라 무제 때 흉노에 사신으로 갔다가 억류되어 흉노왕의 회유를 거부하고 양을 치는 노역을 하다가 19년 만에 돌아온 소무(기원전 140~60)의 충절과 강항의 충절이 다르지 않다고 생각하여 제목을 그렇게 단 모양이다. 간양록은 크게 다섯 부분으로 되어 있다. 일본에서 비밀리에 선조에게 보낸 상소 〈적중봉소(賊中封疏)〉, 일본의 지도, 관직, 장수의 특징 등을 염탐하여 쓴 보고서 같은 글 〈적중문견록〉, 귀국 후 임금에게 올린 〈예승정원계사(詣承政院啓辭)〉 등이다. 여기에는 일본이 비서구 세계에서는 거의 유일하게, 서양 문명을 소화하여 세계 열강에 합류한 지적, 문화적 힘에 대한 기록이 있다.

왜인들은 성질이 신기한 것을 좋아하고 다른 나라와 통교하는 것을 좋아하여 멀리 떨어진 외국과 통상하는 것을 훌륭한 일로 여깁니다. 외국 상선이 와도 반드시 사신 행차라고 합니다. 교토에서는 남만 사신이 왁자하게 전하는 소리를 거의 날마다 들을 수 있으니, 나라 안이 떠들썩한 이야깃 거리로 삼습니다. (…) 먼데서 온 외국인을 왜졸이 해치면, 그들과 통교과 끊어질까 염려하여 반드시 가해자의 삼족을 멸한다 합니다. (귀국하여 임금께 올린 글)

강항의 충절과 통찰과 답답함은 거의 주목받지 못한 것처럼 보인다. 조선의 사상가, 경세가들의 그것과 마찬가지로! 그 결과가 조선 망국일 것이다. 그런데 따지고 보면 강항의 삶은 해피엔딩이었다. 북녘 땅에 두고 온 가족과 선영을 그리다가 이제는 거의 다 돌아가신 남북이산가족 1세대의 한(恨)이 강항보다 천백 배는 될 것이다. 남과 북과 중국 등을 넘나들면서, 자연스레 체제 비교를 하면서, 북한을 자유민주공화국으로 변혁하여 '대동강의 기적'을 창조할 수 있는 경세방략을 가슴에 품고 늙어가는 탈북민 경세가들의 한도 그 못지 않을 것이다. 간양록이 자꾸 귓전을 때린 것은 내가 오랫동안 사랑했던 운동권과 민주당은 재생불능으로 썩어 버렸고, 윤정부와 국힘당은 혼미하기 짝이 없고, 나와 동지들은 푸른 청춘이 한참 지나버렸고, 대한민국은 속절없이 무너져 내리는 것이 내 눈에 너무 선명하게 보여서다.

5년 유배형

뜬금없이 조용필과 강항의 간양록을 불러낸 것은 내 처지가 소무나 강항과 그리 다르지 않은 것 같아서다. 나는 포로된 것이 아니라, 유배 상태이기 때문이다. 유배 경위는 어이가 없다. 2020년 4월 7일 오전 10~12시에 관악구 선관위 주관 관악갑 국회의원 후보 5명의 비공개 토론회가 있었는데, 토론 주제 7개 중의 하나가 '관악구 장애인 체육시설 건립'이었다. 미래통합당(현 국민의힘) 관악갑 후보였던 나는 '나이가 들면 다 장애인이 되니 장애인 체육시설을 짓는다면 장애인과 비장애인이 함께 이용할 수 있는 시설로 만들어야 한다'고 발언했다. 물론 이 발언 관련하여 현장에서 그 어떤 이의제기도, 논란도 없었다. 그런데 스튜디오 대여와 촬영을 맡은 현대HCN관악방송이 내 발언 '나이 들면 다 장애인'에 대해 다른 후보들이 즉각 선긋기를 하는 등 논란이 됐다면서 '이틀 연속 세대 비하 발언의 주인공' 운운하는 자막을 넣어 뉴스 형식으로 보도를 했다. 선거관리 규정상 녹화 이틀 뒤 (4월 9일 18시 이후) 편집없이 지역구민들에게 내보내게 되어 있는 토론회 영상을 잘라서, 사실과 다른 자막을 넣어 뉴스라면서 현대HCN관악방송 블로그에 올려놓자, 공영방송 호소인 ytn과 mbc가 이를 "노인 비하 발언"이라면서 당일 오후 5시경부터 대대적으로 보도하자, 김종인 총괄선대위원장이 오후 6시 30분경 언론에 제명을 공언하고, 그 다음날 4월 8일 오전 8시 윤리위를 개최하여, 궐석상태에서 제명을 의결하고(독자적으로 인지하고 판단했다 함), 자정에 최고위를 열어 제명을 추인하고, 다음날(사전 선거일 하루전) 아침 9시 25분 경 관악구 선관위에 당적 이탈자라는 행정서류를 넣어, 후보 자격을 박탈당했다. 그로 인해 무효표가 12,601표가 나왔다. 정치적, 경제적 손실은 말할 필요가 없고! 그런데 미래통합당=국민의힘 당규 제5조①항에 의하면 제명 당원은 최고위의 승인이 없으면 5년 이내 재입당이 불가하다. 제명은 규정상 윤리위 회부→윤리위 1심→이의 제기→윤리위 재심→최고위 의결을 거치게 되어 있다. 대개 징계위에 회부된 당원은 최종 의결 전에 탈당하기에 제명된 당원은 거의 없다. 하지만 나에 대한 징계는 김종인의 지시→윤리위 1심→(이의제기를 했음에도 불구하고) 최고위 의결을 불과 14시간 만에 완료하였고, 한술 더 떠서 당적이탈 서류를 관악구 선관위에 집어 넣어 후보 자격을 박탈하고, 그 다음날(4월10일) 윤리위 재심을 했으니 탈당할 틈도 없었다. 그러니 국민의힘 당원규정 제5조①항의 적용을 받는 자는 나 한 명뿐일 것이다. 뭐든 부정비리 혐의자나 공천에 반발하여 출마한 사람 등 숫자가 많으면 최고위의 의제가 되는데, 나는 단 한 명 만 있는 무명소졸이었으니, 장기 유배 상태가 된 것이다. 당에 엄청난 해악을 끼친 이준석과 김철근 등은 궐석 재판이 아니라 충분한 소명기회를 부여받고 당원권 정지라는 징계를 받았으나, 인요한 혁신위의 건의로 김기현 최고위가 사면해 주었다. 총선에서 먼 시기에는 무명 후보 오직 한 명 만 해당되는 사안이라 최고위 의제가 되지 못하고, 선거일이 임박하면 막말논란을 불러일으킬 우려가 있기에 최고위 의제가 되지 못한다.

2020년 4월 말, 제명 주범 김종인이 비대위원장으로 추대되었는데, 그의 지시로 만든 4.15총선 백서는 총선 패인을 정리했는데, ①중도층 지지 회복 부족 ②막말 논란 ③공천 논란 ④당 차원 전략 부재 ⑤탄핵에 대한 입장 부족 ⑥40대 이하 연령층의 외면 순이다. ①과 ⑥은 동어 반복인데, 한마디로 '겨울이 다 가지 않아서 여전히 춥다'는 소리와 다를 바 없다. 결국 2020년 총선 참패의 첫번째 원인은 막말 논란이고, 그 제1원흉은 김대호, 제2원흉은 차명진 후보라고 할 수 있다. 상식과 이성이 있는 사람이라면 다 실소를 터트릴 것이다. 황교안이 주역인 공천 파행과 한심한 선거전략(언론테러 대응 등)으로 텃밭 외에 거의 모든 후보가 전멸하여 당과 대한민국에 지금까지도 지속되는 엄청난 피해를 준 4.15총선에 대해 제대로된 복기도 성찰반성도 없다 보니, 180석 민주당을 도저히 믿을 수 없는 열성 지지층은 지금도 부정선거(투개표 조작)를 주장한다. 국힘당은 총선 참패에 대한 복기나 성찰은커녕, 나 같은 소졸에게 책임을 다 덮어씌워놓고 몰라라 하니, 소 잃고 나서도 외양간을 고칠 리가 없다. 복기나 성찰을 제대로 했다면, 0선 당대표와 대선후보가 잇따라 나오지도 않았을 것이고, 나 역시 5년간 묶인 몸이 되는 어이없는 일도 없었을 것이다. 나는 2021년 2월 『국민의힘당으로는 안 된다』 부제 '4.15총선 평가와 22년 대선전망'이라는 책을 썼다. 피눈물로 쓴 간양록 제1권이었던 셈이다. 이번 책은 민주공화국의 주권자 대한민국 국민과 4~5년 짜리 대리인 윤정부와 국힘당에 바치는 또 하나의 간양록이라고 할 수 있다. 내 5년 유배형은 왜 국힘당 중진의원들을 지도력에서 거의 배제해 버리는 비상 상황이 계속되는지를 말해주는 기념비다. 내 문제는 내 가치나 존재가 널리 인정되거나 알려졌다면, 벌써 해결되었을 것이다. 그런 점에서 문제는 내 무능과 부덕에 있다 도의가 아니라 힘의 세계인 한국 현실 정치에 뛰어든 이상 불운과 무력(無力)도 송구스러울 뿐이다.

'그 기대'에는 부응하지 못했지만, 이 책으로 내게 주어진 역사적, 정치적 소명을 이행하려 한다. 그래서 혼신의 힘을 다했다.